Histoire des peuples de l'ex-URSS

Du même auteur

I. LIVRES ET ÉTUDES

• *Le commerce extérieur des démocraties populaires,* Paris 1965 (N. et Et. Doc. 3245).
• *Histoire de la Hongrie,* Paris 1966 (P.U.F.).
• *La situation économique de l'Allemagne orientale,* Paris 1967 (N. et Et. doc. 3397).
• *Un aspect des relations byzantino-hongroises à l'époque des Comnène, les tentatives d'union personnelle entre Byzance et la Hongrie* in Mélanges offerts à Aurélien Sauvageot, Budapest 1972 (Akadémiai Kiadó).
• *Les problèmes des minorités nationales dans les « États successeurs » de l'Autriche-Hongrie,* Louvain 1976 (Cahiers de l'Institut de recherches de l'Europe centrale n° 6).
• *Séries d'articles relatifs aux Arméniens, Biélorusses, Budapestois, Estoniens, Hongrois, Géorgiens, les habitants de Leningrad, Moscovites, Russes et Soviétiques* in *l'Europe et ses populations,* La Haye 1978 (M. Nijhoff éditeur).
• *La question royale en Hongrie au lendemain de la Première Guerre mondiale,* Louvain 1979 (Cahiers de l'Institut de recherches de l'Europe centrale n° 7).
• *De Varsovie à Sofia : Histoire des Pays de l'Est,* Paris 1982 (Dossiers de l'Histoire).
• *From Warsaw to Sofia : a history of Eastern Europe,* Santa Fe/U.S.A. 1989 (éd. Pro Libertate).
• *Histoire des pays de l'Est,* Paris 1990 (Perrin).

II. ARTICLES

In Le Courrier des Pays de l'Est, Paris.
– *La Hongrie et le tourisme international* (1966).
– *Le IIIe Plan quinquennal hongrois* (1967).
In *La Documentation sur l'Europe Centrale* (Louvain).
– *A propos du millénaire de la naissance de saint Étienne, premier roi de Hongrie* (VIII. 3. 1970).
– *La situation actuelle des Hongrois de Transylvanie* (XVI. 3. 1977).
– *Munich 1938. Mythes et Réalités* (XVII.I.1979).
– *Aspects et Problèmes de la politique extérieure de la Hongrie 1919-1939* (1980).
– L'Empereur Charles, Prince de la Paix (1982).
In *Les Dossiers de l'Histoire* (n° 27 septembre-octobre 1980).
Les minorités nationales dans les Pays danubiens.
– In *Austriaca* (n° 18, mai 1984).
Les historiens hongrois et le Dualisme.

HENRY BOGDAN

HISTOIRE DES PEUPLES DE L'EX-URSS

Du IXᵉ siècle à nos jours

Perrin
12, avenue d'Italie
Paris

ISBN : 2-262-00940-6

AVANT-PROPOS

Au cours de l'été 1991, le monde a soudain pris conscience que l'URSS était en train de sombrer et que chacune de ses composantes manifestait clairement sa volonté d'indépendance. L'Agonie du régime en Russie soviétique, *pour reprendre ici le titre du remarquable ouvrage prémonitoire de Michel Garder*[1] *passé totalement inaperçu au moment de sa parution, entrait alors dans une phase critique.* L'Empire éclaté *annoncé dès 1978 par Hélène Carrère d'Encausse*[2] *devenait brutalement réalité, et pourtant certains avaient alors accusé l'auteur de cette vision prophétique de « désinformer » l'opinion publique occidentale en mettant l'accent sur les « prétendues » faiblesses du monde soviétique.*

Le « putsch » manqué du 19 août 1991 a singulièrement accéléré le processus de désagrégation en cours depuis 1986. Les trois républiques baltes, en état de sécession depuis le début de 1990, sont devenues indépendantes et ont été reconnues comme telles par la communauté internationale. Puis, le 31 décembre 1991, c'est l'URSS elle-même qui disparaissait comme entité politique. Dix jours plus tôt, à Alma-Ata, les représentants de 11 des 15 républiques de l'ex-URSS avaient décidé la création d'une nouvelle structure confédérale, la Communauté des États indépendants (CEI) qui regroupait autour des 3 républiques slaves toutes les autres ex-

1. M. Garder, *l'Agonie du régime en Russie soviétique*, Paris, 1965.
2. H. Carrère d'Encausse, *l'Empire éclaté*. (On trouvera les références bibliographiques complètes en fin d'ouvrage.)

républiques fédérées, à l'exception des républiques baltes et de la Géorgie.

La disparition de l'Union soviétique, même si elle a déconcerté ou chagriné les tenants de l'ordre établi, était en réalité l'aboutissement d'un lent processus engagé depuis de nombreuses décennies. Dès sa naissance, le régime bolchevique avait suscité des oppositions de la part de ses adversaires politiques, mais aussi de la part des différents groupes ethniques qui vivaient dans l'ancienne Russie. Ces oppositions avaient été anéanties par la répression brutale et sanglante qui a suivi chacune de leur manifestation, sous Lénine tout autant que sous Staline, sous Khrouchtchev ou sous Brejnev.

Depuis la fin des années soixante-dix cependant, on a assisté dans le monde soviétique à l'émergence de nouvelles forces d'opposition, et en particulier d'une opposition venue des élites issues des nationalités non russes. Notre attention a alors été périodiquement attirée par des dépêches d'agence laconiques faisant état d'« agitation nationaliste » ici ou là, ou rendant compte de procès où étaient impliqués « des nationalistes bourgeois et des hooligans ». En fait, ces bribes d'informations distribuées parcimonieusement dissimulaient mal un mouvement d'une ampleur considérable et qui n'a pu s'exprimer au grand jour et avec des risques réduits qu'à la faveur de la perestroïka *et de la* glasnost. *Depuis l'arrivée au pouvoir de Mikhaïl Gorbatchev, en effet, les différents peuples qui composaient l'Union soviétique ont profité du climat de relative liberté qui s'est instauré pour exprimer haut et fort leurs aspirations.*

Ce réveil des nationalités a visiblement déconcerté tous ceux qui, imprégnés de la culture livresque et « officielle » dispensée généreusement par nos manuels d'enseignement secondaire, voire supérieur, croyaient que « la question des nationalités avait été définitivement réglée par le régime socialiste [1] ». On était persuadé que « le fédéralisme, qui laisse de larges initiatives administratives et culturelles, est une réussite et constitue une solution origi-

1. Rapport de M. Gorbatchev au comité central du PCUS en date du 2 novembre 1987, cité dans la plupart des manuels des classes terminales.

nale au problème colonial... Le brassage des populations dû aux transformations économiques achève de détruire des antagonismes qui comptaient parmi les plus graves de la Russie tsariste [1] ». La section du KGB chargée de la « désinformation » pouvait être fière des résultats obtenus. L'image d'un Homo Sovieticus *parfaitement heureux dans « la communauté fraternelle des peuples de l'Union soviétique » s'était imposée à l'Occident. Or, cet Homo Sovieticus que le Parti communiste se vantait d'avoir créé est bien mort. Les peuples de l'Union soviétique se sont réveillés de leur léthargie apparente et ont revendiqué leur droit à vivre libres, selon leurs propres traditions, dans leur propre territoire et sous leurs propres lois.*

Ce réveil des « oubliés de l'Histoire » dérange car, il faut le reconnaître, il provoque en certaines régions des affrontements interethniques inquiétants; il suscite la méfiance de tous ceux qui préfèrent le maintien d'injustices au désordre que pourrait entraîner et qu'entraîne parfois leur disparition. Et l'on préfère se cramponner contre vents et marées aux principes frileux et aujourd'hui dépassés de l'ordre établi et de l'intangibilité des frontières.

Les événements récents qui se sont produits à l'Est ont balayé toutes les valeurs sûres, tous les principes et les vérités reçues auxquels étaient habituées de croire les opinions publiques occidentales systématiquement désinformées par la propagande soviétique tout autant que par leurs propres gouvernements. Aujourd'hui, tout est remis en question. Brusquement, les yeux s'ouvrent, ou feignent de s'ouvrir sur une réalité tout autre que la vérité officielle. On découvre soudain que l'ex-URSS était un État multinational dans lequel les aspirations légitimes des nationalités et peuples cohabitants avaient été étouffées, voire broyées par le système politique mis en place par Lénine et consolidé et renforcé par tous ses successeurs. Et l'on prend conscience aujourd'hui que l'on se trouve en face d'un véritable problème de décolonisation à l'intérieur même de l'ex-Union soviétique.

Comment l'Empire russe s'est-il constitué? Pourquoi et comment les Russes se sont-ils trouvés à la tête des quel-

1. Y. Lequin et J. Maillard, *l'URSS et le monde socialiste européen* (Dossiers d'histoire Masson), Paris, 1970, p. 25.

que 150 nationalités de langue et de culture différentes installées sur le territoire de l'ex-Union soviétique? Qui sont ces peuples allogènes? Quelle a été leur histoire avant leur incorporation au monde russe? Quelle a été la politique du pouvoir tsariste, puis celle de l'État soviétique à leur égard? Voilà autant de questions auxquelles nous tenterons de répondre. Et à partir de là, nous serons peut-être en mesure d'aider le lecteur à se faire lui-même une opinion sur les causes profondes de l'éclatement de l'Empire soviétique. L' « empire éclaté » va-t-il se reconstituer en totalité ou partiellement sur de nouvelles bases fondées sur une véritable égalité entre les nations cohabitantes et sur un réel partage des responsabilités du pouvoir[1]*, ou bien va-t-on assister, au moins pour un temps, à un émiettement, à une atomisation de l'empire avec l'apparition d'une multitude d'États nationaux souverains mais parfois non viables économiquement et dont la fixation des frontières risque d'être source de conflits en raison de l'enchevêtrement des ethnies dans certaines régions? Voilà autant de problèmes que nous tenterons d'aborder au cours de notre étude, en ayant toujours à l'esprit l'idée qu'il faut fournir au lecteur les éléments d'information qui lui permettront de forger lui-même sa propre opinion.*

1. C'est le point de vue en particulier d'Alexandre Soljenitsyne qui envisage la reconstruction de l'ex-URSS à partir d'un regroupement au sein d'une « Union de Russie », des Grands Russiens, des Ukrainiens et des Biélorusses. *Cf.* Alexandre Soljenitsyne, *Comment réaménager notre Russie?*, Paris, 1990, p. 10-13.

I

L'EMPIRE SOVIÉTIQUE A LA VEILLE DE SON ÉCLATEMENT

L'ESPACE SOVIÉTIQUE

« L'URSS est plus qu'un État, c'est un continent, et un continent qui se suffit presque à lui-même. »

GUSTAVE WELTER.

Avec une superficie de 22 400 000 km², le territoire de l'Union soviétique dans ses frontières au 1er janvier 1991 constitue un véritable pont entre l'Europe et l'Asie et couvre le sixième des terres immergées. L'immensité est ainsi la caractéristique dominante de ce pays qui, par ailleurs, s'étend sur 11 fuseaux horaires. Plus de 10 000 km séparent la gare frontière soviéto-polonaise de Brest-Litovsk du principal port de l'Extrême-Orient soviétique Vladivostock – « le maître de l'Orient » –, plus de 4 000 km séparent l'île de Novaïa-Zemlia dans l'océan Glacial arctique des monts du Pamir aux confins du monde irano-afghan. Avec plus de 60 000 km de frontières terrestres et 46 000 km de côtes, le monde soviétique se présente comme un véritable continent.

Cet immense territoire aux aspects physiques variés et aux contrastes climatiques et biogéographiques prononcés a fait l'objet d'une lente et méthodique conquête par l'État russe dès sa formation au cours du IXe siècle. Pendant plus d'un millénaire, ceux qui se trouvaient à sa tête, les princes de Kiev, les grands-ducs de Moscovie, les tsars

Romanov tout autant que les fondateurs de l'État bolchevique, Lénine et Staline, ont eu à cœur d'étendre dans toutes les directions la domination de la Russie et des Slaves – en particulier celle des Grands Russiens ou Russes – sur ce qui est devenu en 1922 l'Union des républiques socialistes soviétiques, qui, depuis le 1er juin 1991, s'est appelée provisoirement l'Union des républiques souveraines soviétiques, avant de prendre le nom de Communauté des États indépendants à la fin de la même année.

Ce vaste espace se compose pour une grande part d'un ensemble (71 % de la surface) de terres basses, plaines et bas plateaux, que ceinture un gigantesque arc montagneux allant presque sans interruption de l'Europe danubienne jusqu'au Pacifique.

Ces terres basses sont le prolongement vers l'est de la plaine germano-polonaise; elles sont constituées de plusieurs parties aux caractères spécifiques bien prononcés. On rencontre ainsi successivement d'ouest en est la plaine russe, la plaine de Sibérie occidentale, la dépression aralo-caspienne et les plateaux de Sibérie centrale. La plaine russe, immense socle formé de roches primaires plus ou moins recouvertes de sédiments tertiaires et fortement marqué par les glaciations quaternaires, notamment dans les zones marécageuses de Biélorussie et dans la région des lacs des confins finno-caréliens, a été le berceau et le champ d'expansion des deux premiers États russes, la principauté de Kiev, puis la Moscovie. La plaine russe en sa partie centrale prend l'aspect de deux bombements constitués par le plateau de Valdaï (343 m) et le plateau central russe (293 m), véritables châteaux d'eau d'où diverge un important réseau hydrographique. Une partie de ces cours d'eau se dirigent vers le nord-ouest en direction de la Baltique; c'est le cas du Niémen long de 880 km et de la Zapodnaïa Dvina ou Dvina occidentale longue de 1 024 km; ou vers le nord en direction de la mer Blanche comme la Severnaïa Dvina ou Dvina septentrionale longue de 1 293 km. D'autres fleuves, beaucoup plus importants pour l'économie en raison de leur longueur, et qui ont joué un rôle décisif dans l'histoire de la Russie, coulent en direction du sud, vers la mer Noire comme le Dniepr (1 950 km de longueur) et le

Don (1 967 km), ou vers la Caspienne comme la Volga (3 688 km). Quant aux autres fleuves du sud de la plaine russe qui coulent en direction de la mer Noire, ils prennent leur source dans les massifs précarpatiques comme le Prut (950 km) et le Dniestr (1 411 km).

Séparée de la plaine russe par la chaîne de l'Oural, frontière « officielle » entre l'Europe et l'Asie qui, en dépit de son altitude relativement élevée (1 894 m au mont Narodnaia, le point culminant), n'a jamais constitué une véritable barrière – l'Oural, en effet, est franchissable en de nombreux points par des cols situés à 400-500 m d'altitude, et peut en outre être contourné par le sud –, la plaine de Sibérie occidentale s'étend de l'Oural jusqu'à la vallée de l'Ienisseï sur plus de 3 millions de km^2. Les sédiments tertiaires et quaternaires y recouvrent en couches plus ou moins discontinues le soubassement cristallin. La présence de nombreux marécages, de tourbières et de lacs y rappelle l'influence des glaciations. La plaine de Sibérie occidentale correspond au bassin de l'Ob (4 016 km) et de son principal affluent l'Irtych (2 970 km).

Au sud de l'Oural et de la plaine de Sibérie occidentale, la dépression aralo-caspienne couvre une étendue de 3 millions de km^2, vaste zone semi-désertique à l'exception des deux mers intérieures en cours de régression, la mer Caspienne à l'ouest (425 000 km^2) et la mer d'Aral au nord (65 000 km^2) vers laquelle convergent deux fleuves, l'Amou-Daria et le Syr-Daria dont les vallées patiemment aménagées par l'homme au cours des siècles sont devenues de riches oasis.

Vers l'est, les plateaux de Sibérie centrale s'étendent de la vallée de l'Ienisseï (3 800 km) jusqu'à celle de la Lena (4 624 km). Ils sont formés d'un socle cristallin morcelé en plusieurs blocs disposés en gradins délimités par des abrupts de faille. Les altitudes s'échelonnent de 500 m à l'ouest pour atteindre par paliers successifs 1 500 m à l'est au pied des monts de Verkhoïansk.

Toutes ces « basses terres » s'appuient au sud comme à l'est et au nord-est sur un puissant système montagneux, quoique fragmenté et souvent discontinu. Ces « hautes terres » comprennent tout d'abord à l'extrémité occidentale du pays le versant oriental de l'arc carpatique devenu frontière d'État à la suite des annexions territoriales faites par l'URSS à l'issue de la Seconde Guerre mondiale aux dépens de la Roumanie. Et à la hauteur de l'oblast d'Ukraine carpatique, ce sont même les deux versants des Carpates et leur piedmont occidental qui sont devenus soviétiques depuis l'accord soviéto-tchécoslovaque de 1945.

Plus au sud, la chaîne de Crimée qui culmine à 1 545 m prolonge, après une longue solution de discontinuité, le Balkan bulgare et forme un pédoncule montagneux en bordure de la mer Noire et de la mer d'Azov. Au-delà, vers l'est, l'ensemble des massifs caucasiens constitue un bastion montagneux séparant les zones d'influence russes des zones d'influence turques et iraniennes, même si la frontière politique est loin de coïncider avec la frontière ethnique. Le Caucase est formé de deux chaînes puissantes : le Grand Caucase au nord avec des sommets qui dépassent souvent 5 000 m (5 633 m au mont Elbrouz et 5 047 m au mont Kazbek), s'étend sur 1 250 km de longueur de la mer Noire et de la mer d'Azov jusqu'à la Caspienne; et les massifs frontaliers du sud dont les points culminants sont les volcans d'Arménie (4 055 m au mont Alagöz et 5 156 m au mont Ararat à la frontière entre l'Arménie soviétique, la Turquie et l'Iran). Les deux composantes montagneuses du Caucase sont séparées par de hauts bassins intérieurs (Colchide, bassin de Tbilissi) et par des dépressions ouvertes en direction de la Caspienne (vallée de la Koura et du Terek). Au-delà de la mer Caspienne, les « hautes terres » soviétiques se présentent sous la forme d'une guirlande continue de chaînes et de blocs montagneux parallèles, de direction ouest-est, avec les monts du Pamir (7 495 m au pic Communisme, ex-pic Staline) et les monts Tian Chan (7 139 m au pic de la Victoire), séparés par la Porte de Dzoungarie, traditionnelle voie de passage entre le monde russe et le Xinjiang chinois, utilisée au cours des siècles à la fois par les envahisseurs et par les marchands; puis les monts de l'Altaï (4 508 m au mont Biolioukha) et les monts Saïan (3 491 m au Mounkou-Sardouk). Au-delà des monts Saïan, les montagnes de Sibérie orientale aux directions plus irrégulières et aux altitudes moins élevées avec les monts Stavonoï (2 412 m), les monts de Verkhoïansk (2 389 m), les monts Tcherski (3 147 m) se terminent par des massifs volcaniques aux altitudes sensiblement plus élevées dans la presqu'île du Kamtchatka – le volcan Klioutchevskaïa culmine à 4 780 m – et dans les îles Kouriles.

On peut remarquer que toutes ces « hautes terres », à défaut d'être une limite ethnique ou linguistique, constituent une frontière naturelle à caractère essentiellement stratégique que le pouvoir russe, tout au long de son histoire millénaire, a cherché à contrôler. Les annexions réalisées en 1940 et 1945 furent le point d'achèvement de cette politique, conquérante et défensive à la fois.

Les conditions géomorphologiques ont joué un rôle important dans l'expansion territoriale de l'État russe. Si les plaines et les bas plateaux ont été les régions occupées les premières et avec le plus de facilité, les régions montagneuses et leur avant-pays en revanche ont souvent été des zones de résistance à l'expansion russe et furent plus tardivement et jamais complètement soumises. Mais le peuplement et la colonisation furent aussi largement tributaires des conditions climatiques et biogéographiques de l'espace.

Dans ce vaste pays dont la majeure partie est comprise entre le cercle polaire et le 40e degré de latitude nord, le climat joue un rôle fondamental dans la vie, les activités et la répartition spatiale des populations. En s'en tenant strictement aux coordonnées géographiques, le territoire soviétique s'inscrit dans la zone tempérée, mais la continentalité, de plus en plus affirmée au fur et à mesure que l'on se dirige vers l'est, accentue le caractère extrême du climat. La majeure partie de l'espace soviétique – près de 80 % du pays – est le domaine d'un climat continental aux hivers rigoureux, aux étés relativement chauds et aux précipitations faibles. Ces caractères sont atténués ou aggravés en fonction de la latitude, du relief et du plus ou moins grand éloignement par rapport aux mers occidentales. De ce fait, ce climat continental est supportable dans la partie occidentale du pays où s'est constitué le premier État russe et où la population est relativement dense, alors qu'il demeure un facteur répulsif pour le développement des groupes humains conséquents dès que l'on franchit l'Oural ou que l'on aborde les régions proches du cercle polaire.

A côté de ce climat continental dominant existent des climats exceptionnels aux confins du territoire soviétique. C'est ainsi que les côtes de la Crimée, protégées des influences continentales par les montagnes, bénéficient de conditions climatiques assez proches de celles que l'on rencontre sur certains rivages de la Méditerranée, et on parle parfois, non sans exagération, de la « Riviera soviétique », en dépit des hivers assez frais et de l'absence de saison totalement sèche. Les régions littorales des confins orientaux de la mer Noire, elles, jouissent d'un climat subtropical chaud et humide propice aux cultures exotiques (canne à sucre, riz, thé). Dans la dépression aralo-caspienne en revanche, c'est la sécheresse qui l'emporte et qui, jointe à la continentalité absolue, fait de cette région un désert glacial balayé par les vents du nord l'hiver et un désert torride l'été. Enfin, en bordure de l'océan Pacifique, en Extrême-Orient soviétique, on trouve un climat moins rigoureux qu'à l'intérieur et plus humide que dans l'arrière-pays sibérien voisin.

Ces conditions climatiques associées à l'immensité du territoire expliquent la répartition des grands ensembles biogéographiques du pays. L'extrême-Nord, de part et d'autre du cercle polaire, est le domaine de la *toundra*, véritable steppe froide à la végétation réduite et discontinue, qui couvre plus de 3 millions de km^2 (14 % du territoire) en bordure de l'océan Arctique, sur une profondeur de 200 à 300 km en général mais qui peut atteindre jusqu'à 800 km en Sibérie orientale. Au sud de la *toundra* s'étend sur près de 12 millions de km^2 (52 % du territoire) une immense zone forestière aux essences et aux formations végétales très variées, et communément désignée par le terme général de *taïga*, bien que ce mot ne s'applique originellement qu'aux formations de conifères. La taïga présente des aspects multiples, forêts plus ou moins denses de conifères au nord, forêt « mixte » mêlant conifères et feuillus au sud-ouest et au sud, étagement des espèces sur les reliefs. La taïga est le domaine des podzols, sols gris et pauvres, à l'exception des franges sudoccidentales où apparaît le lœss plus fertile. La toundra, et la taïga – à l'exception des clairières de la Russie d'Europe – sont peu favorables au peuplement. Il en est de même des zones désertiques *(poustynia)* ou semi-désertiques *(polou poustynia)* d'Asie centrale, où la végétation est quasiment absente, à l'exception des oasis ou des piedmonts méridionaux qui offrent des conditions de vie plus favorables et qui ont donné naissance à des zones d'habitat permanent dense. Les zones considérées comme désertiques représentent 30 % de la surface du pays.

La région la plus favorable par son climat et par sa végétation est la zone de la *Stiep* – c'est-à-dire une formation végétale de graminées équivalente à la « prairie canadienne ou étatsunienne » – qui s'étend sur 3 millions de km^2 de la frontière roumaine jusqu'à Omsk aux confins de la Sibérie occidentale. C'est dans la partie occidentale de la zone de la stiep que se trouvent les meilleures terres du pays, les *Terres noires* (Tchernoziom) entre le Prut et le Don, et c'est là justement dans cette « Beauce gigantesque de 600 000 à 700 000 km^2 [1] » qu'est né au IXe siècle le premier État russe. C'est à partir de ces Terres noires que s'est faite l'expansion russe vers le nord en direction de la Baltique, vers le sud en direction de la mer Noire, vers l'est en direction des vastes espaces sibériens et au-delà vers le Pacifique, et vers l'extrême sud en direction du Caucase et du Pamir.

L'ÉVOLUTION DE LA POPULATION SUR LA BASE DES RECENSEMENTS

En dépit des vicissitudes de l'Histoire qui ont fortement marqué la démographie, on dispose d'un certain nombre de données, dont la fiabilité prête souvent à discussion. Si le recensement de 1897 constitue une appréciation correcte de la population de l'Empire russe à la fin du XIXe siècle, et si le recensement de 1926 réalisé par les autorités soviétiques est également en gros valable, les dénombrements et recensements ultérieurs ont donné lieu à des controverses parmi les experts et à diverses

1. A. Leroy-Beaulieu, *l'Empire des tsars et les Russes*, p. 28.

manipulations, c'est le cas notamment de ceux qui furent réalisés à l'époque stalinienne. On sait par exemple qu'en 1937 Staline fit annuler les résultats d'un dénombrement qui imputait à l'URSS une population de 163 millions d'habitants et imposa peu après le chiffre de 190 millions comme étant celui de la population de l'URSS en 1940. Les recensements ultérieurs, ceux de 1959, de 1970 et de 1979 semblent avoir été réalisés d'une façon beaucoup moins politique et beaucoup plus scientifique. En revanche, le recensement réalisé au cours de l'hiver 1989 à l'initiative du Comité d'État pour les statistiques, n'avait pas encore révélé tous ses secrets, deux ans après sa réalisation. Mais on est en droit par avance d'émettre quelques doutes sur les résultats qui seront publiés, lorsqu'ils le seront, dans la mesure où en un laps de temps très court – huit jours – 910 000 agents recenseurs ont dû procéder au dénombrement de près de 300 millions de citoyens répartis sur un si vaste territoire.

Ces remarques préliminaires étant faites, on peut à présent présenter un certain nombre de résultats. Sur la base du territoire administré au moment de la réalisation des recensements, on constate que la population du pays qui était déjà de l'ordre de 125 millions d'habitants en 1897 s'élevait à 167 676 000 habitants en 1926. Au lendemain de la guerre, un démembrement partiel réalisé en 1950 donnait le chiffre de 181 700 000 habitants. Les recensements ultérieurs de 1959, 1970 et 1979 ont donné respectivement les chiffres de 208 800 000, 241 700 000 et 262 400 000 habitants. D'après les premiers résultats du recensement de 1989, il y aurait 286 717 000 habitants qui se répartissent ainsi :

Hommes : 135 500 000 soit 47,3 % (contre 45 % en 1959).

Femmes : 151 200 000 soit 52,7 % (contre 55 % en 1959).

Ce qui indiquerait une disparition quasi totale des effets de la guerre sur la répartition par sexe de la population. Le poids de la population urbaine s'est encore accru. Les citadins représentent aujourd'hui 65,9 % de la population, contre 48 % en 1959, 56 % en 1970 et 62 % en 1979. Mais au moment de la révolution de 1917, moins d'un habitant sur cinq habitait en ville !

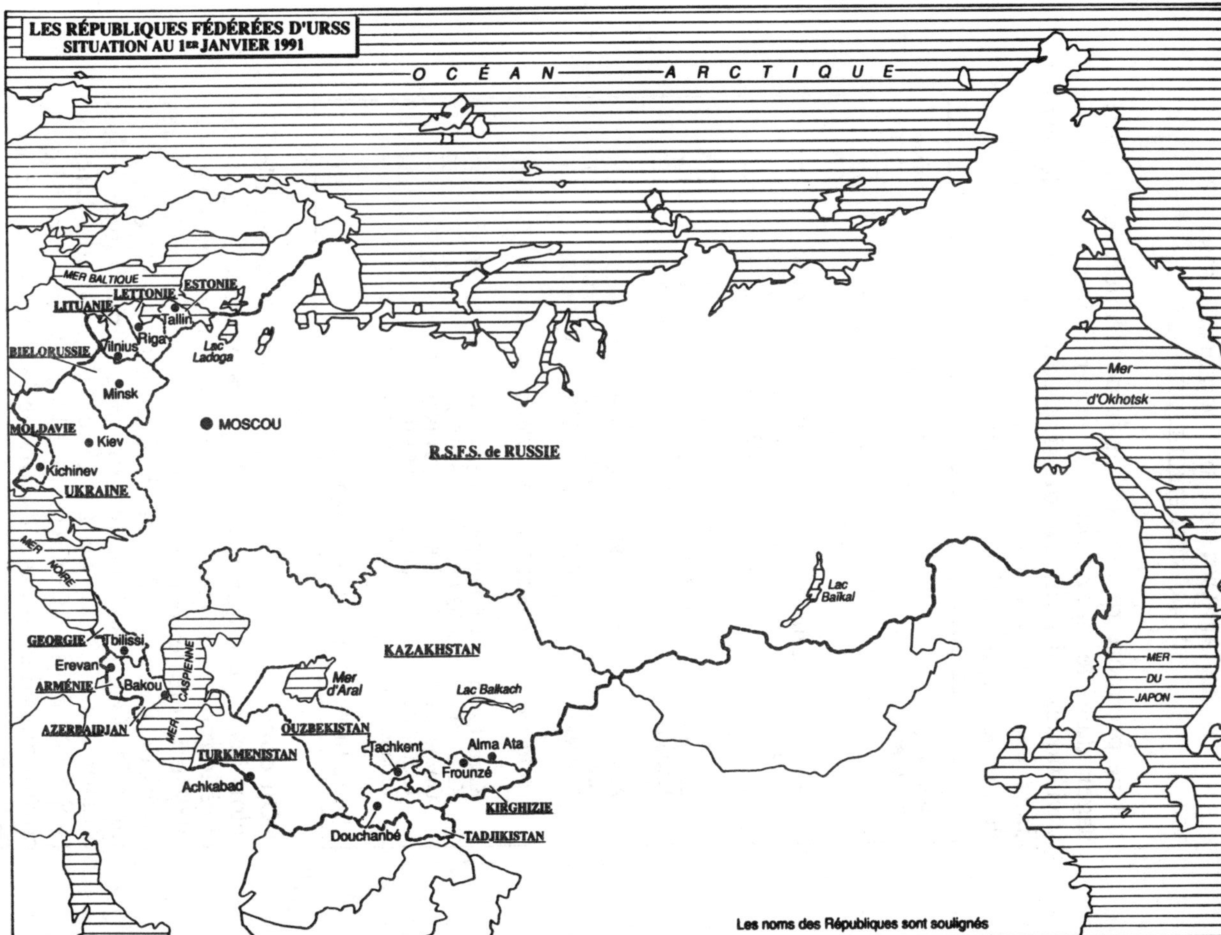
LES RÉPUBLIQUES FÉDÉRÉES D'URSS
SITUATION AU 1ER JANVIER 1991
OCÉAN ARCTIQUE
MER BALTIQUE
ESTONIE
LETTONIE
LITUANIE
Tallin
Riga
Vilnius
Lac Ladoga
BIELORUSSIE
Minsk
MOSCOU
MOLDAVIE
Kiev
Kichinev
UKRAINE
R.S.F.S. de RUSSIE
MER NOIRE
GEORGIE
Tbilissi
Erevan
ARMÉNIE
Bakou
AZERBAIDJAN
MER CASPIENNE
Mer d'Aral
KAZAKHSTAN
Lac Balkach
OUZBEKISTAN
TURKMENISTAN
Achkabad
Tachkent
Alma Ata
Frounzé
KIRGHIZIE
Douchanbé
TADJIKISTAN
Lac Baïkal
Mer d'Okhotsk
MER DU JAPON
Les noms des Républiques sont soulignés
Carte : Patrick Merienne

LA RÉPARTITION DE LA POPULATION PAR RÉPUBLIQUE FÉDÉRÉE

Une première répartition de la population peut s'envisager dans le cadre des 15 ex-républiques socialistes soviétiques qui furent la division administrative de base dans les Constitutions de 1936 et de 1977; elle nous donne les informations suivantes :

Républiques fédérées	Population 1970	Population 1979	Population 1989	*Indice d'évolution 1979-1989 (100 en 1979)*
Russie	130 079 000	137 551 000	147 386 000	107
Ukraine	47 126 000	49 755 000	51 704 000	104
Biélorussie	9 002 000	9 560 000	10 200 000	107
Estonie	1 356 000	1 466 000	1 573 000	107
Lettonie	2 364 000	2 521 000	2 681 000	106
Lituanie	3 128 000	3 398 000	3 690 000	109
Arménie	2 492 000	3 031 000	3 283 000	108
Azerbaïdjan	5 117 000	6 028 000	7 029 000	117
Géorgie	4 686 000	5 015 000	5 449 000	109
Moldavie	3 569 000	3 947 000	4 341 000	110
Kazakhstan	13 009 000	14 684 000	16 538 000	113
Kirghizie	2 934 000	3 529 000	4 291 000	122
Ouzbékistan	11 799 000	15 391 000	19 906 000	129
Tadjikistan	2 900 000	3 801 000	5 112 000	134
Turkménistan	2 159 000	2 759 000	3 534 000	128
Total URSS	241 700 000	262 400 000	286 717 000	109

On constate un accroissement inégal de la population selon les républiques. Dans les républiques de tradition chrétienne et européenne, l'accroissement entre 1979 et 1989 est inférieur à 10 % : c'est le cas des républiques slaves de Russie (+ 7,1 %), d'Ukraine (+ 3,9 %) et de Biélorussie (+ 6,7 %); également des républiques baltes d'Estonie (+ 7,3 %), de Lettonie (+ 6,3 %), de Lituanie (+ 8,6 %), de la Moldavie (+ 10 %) et des républiques chrétiennes du Caucase, l'Arménie (+ 8,3 %) et la Géorgie (+ 8,6 %).

En revanche, les républiques de tradition musulmane ont des taux d'accroissement nettement supérieurs. Le record est détenu par le Tadjikistan avec un accroissement de 34,5 % entre 1979 et 1989, mais on atteint 29,3 % en Ouzbékistan, 28,1 % en Turkménie, 21,6 % en Kirghizie, 16,6 % en Azerbaïdjan. Le Kazakhstan présente une situation intermédiaire avec un accroissement relativement modéré de 12,6 % qui s'explique par le fait que, dans cette république, les Kazakhs musulmans ne représentent que 40 % de la population.

Cette opposition entre des populations différentes aussi bien sur le plan du régime démographique que sur le plan socio-culturel et religieux, n'est qu'un des aspects de la diversité ethnique de l'ensemble des populations cohabitantes.

LA RÉPARTITION DES PEUPLES DE L'URSS SELON LES LANGUES

L'ex-Union soviétique est une mosaïque de peuples qui se sont trouvés associés de gré ou de force à une structure politique unique. Le recensement de 1989 fait état de 126 nationalités (Narodnosty) dont 23 d'entre elles ont plus de 1 million de représentants. Le même dénombrement fait état de 180 langues parlées dans tout le pays, mais le nombre des locuteurs pour une bonne centaine d'entre elles est très réduit. Certaines de ces langues sont d'ailleurs en cours d'extinction par assimilation de populations très marginales par la population majoritaire cohabitante.

On admet que les langues parlées sur le territoire de l'Union relèvent de quatre grandes familles linguistiques [1].

A. La grande majorité des habitants de l'Union soviétique parlent des langues du groupe indo-européen. C'est le cas en premier lieu des populations slaves : Russes, Ukrainiens et Biélorusses. Ces trois langues sont parlées

1. Les dernières statistiques sont tirées, sauf indication contraire, du recensement de 1979 car les résultats du recensement de 1989 sont encore trop partiels pour être systématiquement utilisés.

par 70 % de la population. Le russe, à lui seul, est la langue maternelle d'un Soviétique sur deux, et sert en outre de *Koinè* pour la plupart des autres populations. Appartiennent également au groupe slave le polonais et le bulgare, parlés respectivement par 1 151 000 et 361 000 locuteurs, sans parler des communautés extrêmement réduites de Tchèques (17 800) et de Slovaques (9 400). En dehors des Slaves, les langues indo-européennes du groupe européen sont représentées par les langues baltes, le letton avec 1 439 000 locuteurs et le lituanien – assez proche du polonais – parlé par 2 850 000 locuteurs ; par une langue généralement rattachée au groupe des langues latines, le roumain sous sa forme dialectale moldave (2 968 000 locuteurs en Bessarabie) ou sous sa forme pure (129 000 locuteurs) ; par le grec parlé par quelque 344 000 locuteurs ; par une langue germanique, l'allemand parlé à la fois par les descendants des communautés allemandes implantées au XVIIIe siècle en Russie centrale, « les Allemands de la Volga », et par les populations de l'ex-Prusse orientale devenue soviétique en 1945 et qui furent dispersées à travers tout le territoire : au total, près de 2 000 000 de Soviétiques, au bas mot, sont germanophones. Aux langues indo-européennes se rattache l'arménien parlé par plus de 4 627 000 locuteurs, dont 3 400 000 vivent en république d'Arménie [1], mais également par les minorités arméniennes présentes en Azerbaïdjan dans l'enclave du Nagorny-Karabagh, et en Géorgie. Le groupe des langues iraniennes, qui relèvent des langues indo-européennes, est représenté en premier lieu par la langue tadjik parlée par 2 898 000 locuteurs, principalement au Tadjikistan mais aussi par la minorité tadjik d'Ouzbékistan. A ce groupe iranien appartiennent aussi l'ossète parlé par 542 000 locuteurs, descendants des Alains vivant principalement dans la région autonome d'Ossetie du Sud qui dépend de la Géorgie, et dans l'oblast d'Ossetie du Nord qui relève de la Russie, ainsi que les langues parlées par des groupes réduits de Kurdes (116 000), de Perses (31 000), de Tates (22 000) et de Baloutches (20 000).

1. Recensement de 1989.

Selon le linguiste Vendryes, l'ossète serait une survivance lointaine des parlers scythes.

Il est clair que le poids des populations slavophones, en particulier russophones, est considérable, et qu'il se trouve en outre renforcé à la fois parce que c'est autour et sous la direction des Russes que s'est constitué l'empire, et parce que les Russes sont largement majoritaires sur le territoire de leur république (82,6 %) mais également présents en pourcentage plus ou moins élevé dans toutes les autres républiques, comme il ressort du tableau suivant :

Pourcentage des russophones dans les républiques fédérées autres que la Russie

	1959	1979	1989
UKRAINE	16,9	21,1	21,0
BIÉLORUSSIE	8,2	11,9	12,0
ESTONIE	20,1	27,9	28,0
LETTONIE	26,6	32,8	33,0
LITUANIE	8,5	8,9	9,0
ARMÉNIE	3,2	2,3	2,0
AZERBAÏDJAN	13,6	7,9	8,0
GÉORGIE	10,1	7,4	7,0
MOLDAVIE	10,2	12,8	12,8
KAZAKHSTAN	42,7	40,8	40,8
KIRGHIZIE	30,2	25,9	27,9
OUZBÉKISTAN	13,5	10,8	10,8
TADJIKISTAN	13,3	10,4	10,0
TURKMÉNISTAN	17,3	12,6	12,6

On soulignera que dans les républiques et territoires européens de tradition chrétienne, situés aux confins occidentaux de l'Union, le pourcentage de russophones a sensiblement augmenté, essentiellement par mouvements migratoires liés à une politique de « colonisation sécuritaire »; au contraire, et malgré une volonté délibérée de colonisation, le pourcentage des russophones dans les républiques de tradition musulmane a nettement reculé depuis 1959, en raison de la démographie vigoureuse des populations autochtones. Le cas de l'Arménie et de la Géorgie est quelque peu particulier : la forte cohésion des communautés autochtones et leur démographie plus vigoureuse que celles des populations slaves expliquent le recul en pourcentage des éléments russophones.

B. Un deuxième groupe linguistique est celui constitué par la famille des langues ouralo-altaïques. Ces langues, très différentes les unes des autres par leur vocabulaire et par leur évolution, tout autant que par le nombre de leurs utilisateurs, ont en commun d'être des langues agglutinantes, c'est-à-dire ajoutant au mot-thème non seulement des suffixations casuelles plus ou moins abondantes et des suffixations pour indiquer un rapport de possession, mais aussi de pratiquer l'harmonie vocalique.

a) Les langues ouraliennes sont représentées par trois ensembles linguistiques de poids inégal.

• Les cinq parlers samoyèdes de Sibérie centrale utilisés aujourd'hui par quelque 35 000 locuteurs dispersés dans un vaste espace allant de la basse vallée de l'Ob jusqu'au-delà de l'Iénisseï et jusqu'au pied de l'Altaï d'où sont venus leurs ancêtres. Les plus nombreux parlent les dialectes Enets et Nénetz.

• Le groupe des parlers lapons, pratiqués par quelque 2 000 locuteurs dispersés dans la péninsule de Kola, et plus particulièrement sur les côtes méridionales et orientales, ainsi que dans le district de Petsamo enlevé à la Finlande.

• Les langues finno-ougriennes qui constituent l'élément le plus important du groupe des langues ouraliennes. Les langues finno-ougriennes se répartissent selon le schéma suivant [1].

1. Hajdu Péter, *Finn-Ugor Népek és nyelvek* (« Peuples et langues finno-ougriennes »), Budapest, 1962; Toivo Vuorela, *The Finno-Ugric Peoples*; Laszlo Gyula, « *Östörténetünk legkorabbi szakaszai* (« Les plus anciens textes de notre préhistoire »), Budapest, 1971.

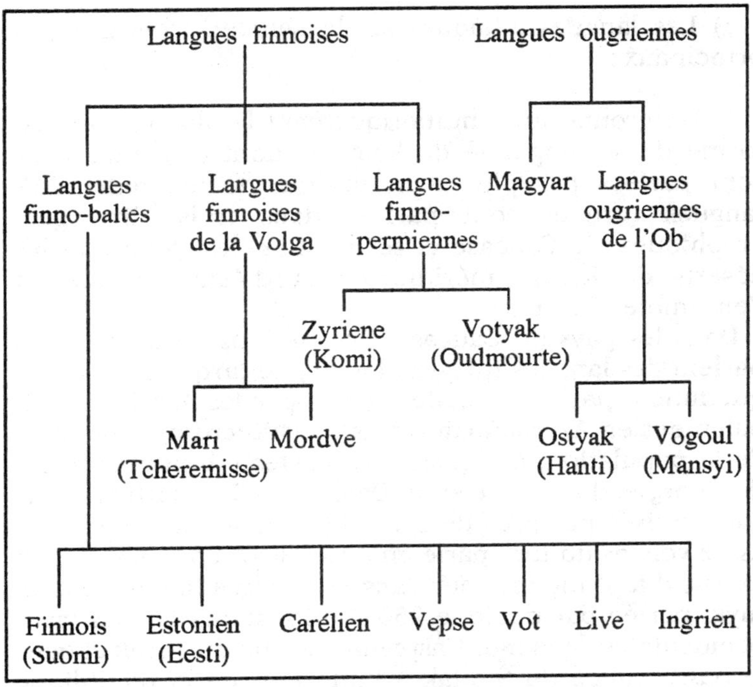

De toutes les langues finno-ougriennes parlées en URSS, ce sont les langues du groupe finnois qui sont le mieux représentées. Or le nombre approximatif de leurs locuteurs à l'heure actuelle s'établit ainsi :

Langues finnoises de la Volga	1 900 000
dont mari	600 000
mordve	1 300 000
Langues finnoises de la Baltique	1 350 000
dont estonien	1 100 000
Langues finno-permiennes	1 175 000
dont zyriene	475 000
votyak	700 000

Les langues du groupe ougrien sont beaucoup plus marginales : elles sont parlées par moins de 200 000 locuteurs ; le magyar parlé par les populations du sud de l'Ukraine carpatique en est l'élément le plus conséquent (170 000 locuteurs aujourd'hui).

b) Les langues altaïques se divisent en trois groupes principaux :

1. Un groupe turc, numériquement le plus nombreux, formé d'une vingtaine de langues, dont 8 d'entre elles sont parlées par plus d'un million de locuteurs. Les langues turques sont parlées dans trois aires géographiques : le Caucase et ses confins, les steppes et les déserts de Russie méridionale et d'Asie centrale, et l'ensemble sibérien.

Dans les pays du Caucase, 5,5 millions de Soviétiques parlent des langues turques. La langue turque la plus fréquemment parlée est celle utilisée par les Azéris, principalement en Azerbaïdjan où ils constituent près de 80 % de la population, et également par les minorités azéries de Géorgie, d'Arménie et du Daghestan. Les parlers azéris sont utilisés par près de 5 millions de locuteurs et sont assez voisins du turc parlé en Anatolie. A côté des parlers azéris, il faut mentionner dans le Caucase la langue koumyk, parlée par quelque 250 000 locuteurs sur les rives occidentales de la mer Caspienne au sud du Terek et dans la basse vallée du Soulak à l'intérieur de la république autonome du Daghestan, la langue karatchaï parlée par 132 000 locuteurs groupés à l'intérieur de la région autonome des Karatchaïs-Tcherkesses dans la haute vallée du Kouban et de ses affluents, la langue balkare assez proche de la précédente est parlée par quelque 70 000 locuteurs de la république autonome de Kabardino-Balkarie, et la langue nogary par 60 000 locuteurs dispersés au nord-est du Caucase dans l'espace compris entre la basse Volga et la Kouma. Les langues turques les plus importantes par le nombre de ceux qui les utilisent sont parlées dans le vaste espace steppique et demi-désertique qui s'étend de la Volga jusqu'à la dépression aralo-caspienne. Là, plus de 30 millions de personnes ont pour langue maternelle une langue turque et ont pour ciment spirituel l'Islam.

Dans les plaines et steppes de la basse et moyenne Volga, deux peuples relativement groupés parlent des langues turques. Il s'agit des Tchouvaches qui sont au nombre de 1 300 000, une nette majorité d'entre eux (1 000 000) vivant sur les rives de la moyenne Volga dans la république autonome de Tchouvachie, le reste dispersé en Bachkirie et dans les régions voisines; et des Bachkirs qui pour la plupart vivent dans la république de Bachkirie (dont ils ne représentent que le quart de la population) entre l'Oural et la Volga.

Dans la dépression aralo-caspienne, les langues turques sont représentées par l'ouzbek parlé par 15 millions de locuteurs dont 85 % vivent dans la république d'Ouzbékistan, le reste vivant au Tadjikistan (1 200 000) et au Kirghistan (500 000); par le kazakh parlé par le tiers des habitants de la république du Kazakhstan soit un peu plus de 5 millions de locuteurs auxquels il faut ajouter la minorité kazakh de Karakalpakie et du Turkménistan, et par le kirghize, langue parlée par 2 millions de locuteurs au Kirghistan où ils représentent 48 % de la population, et par la minorité kirghize du Tadjikistan (20 000). Enfin, il faut citer les 210 000 locuteurs de la langue ouïgoure installés au nord-est du Kazakhstan aux confins du Xinjiang chinois où vivent l'immense majorité de leurs compatriotes.

La langue tatare est une langue du groupe turc, parlée par des populations mongoles ou mongoles turcisées qui ont été islamisées. Longtemps, leurs locuteurs ont bénéficié d'un territoire propre, correspondant à leurs deux principales localisations, la Crimée, et la Tatarie de Kazan. Mais de nombreux Tatars s'étaient depuis longtemps déjà installés dans toutes les villes de l'empire et nombre d'entre eux avaient été aussi assimilés plus ou moins par le milieu russe ambiant. A l'issue de la Deuxième Guerre mondiale, les Tatars de Crimée et de Kazan furent privés de leur territoire et dispersés dans l'ensemble du territoire soviétique. On trouve les groupes les plus conséquents de tatarophones en Bachkirie (970 000), en Kirghizie (860 000), en Ouzbékistan (850 000), mais également dans les républiques autonomes d'Oudmourtie (45 000), de Mordovie (45 000), des Maris (45 000) et des Tchouvaches (40 000).

On parle encore des langues turques dans certaines régions de Sibérie, mais il s'agit de groupes dispersés et numériquement moins importants. C'est le cas notamment de la langue iakoute parlée par 400 000 locuteurs dispersés à travers l'immense territoire (3 103 000 km²) de la république autonome de Iakoutie dont ils représentent moins de 40 % de la population. C'est le cas aussi de la langue que parlent les quelque 180 000 Touvas ou Touviniens de la haute vallée de l'Ienisseï, de celle que parlent les 75 000 Khakasses de la vallée de l'Abakan, voisins occidentaux des Touvas, de celle que parlent les quelque 60 000 Altaï-Kizï, Mongols turcisés du Haut Altaï, sans oublier la langue des Chors des rives de la Tom parlée par moins de 15 000 locuteurs aujourd'hui, et celle des Dolganes parlée par 5 000 locuteurs dans la presqu'île de Taimyr au nord de la Toundra sibérienne, à l'estuaire de l'Ienisseï.

2. Un groupe mongol représenté principalement par la langue des Bouriates parlée par 350 000 locuteurs de part et d'autre du lac Baïkal et par des groupes isolés dans la haute vallée de l'Amour, et par la langue kalmouk parlée entre le Don et la Volga dans la république autonome de Kalmoukie par quelque 135 000 locuteurs.

3. Un groupe de langues toungouzes rassemblant moins de 50 000 locuteurs, et formé des parlers evenki, evenes, nanaïs utilisés en Sibérie centrale et orientale par des populations dispersées en voie d'extinction par assimilation.

C. La troisième grande famille linguistique est représentée par les langues dites caucasiennes, très nombreuses et très différentes les unes des autres, et qu'on ne peut rattacher ni aux langues indo-européennes, ni aux langues ouralo-altaïques, ni aux langues sémitiques. Les linguistes les rapprochent volontiers des langues asiatiques parlées autrefois par les populations autochtones d'Asie Mineure, et on évoque aussi certaines analogies avec des langues mal définies comme le basque et l'étrusque. On admet généralement qu'il y a 37 langues dites caucasiennes parlées par quelque 6 millions de locuteurs. Les langues caucasiennes se répartissent en 4 groupes :

1. Le groupe adygue-abkhasien divisé en cinq langues que l'on parle au nord-ouest du Caucase. Les langues tcherkesses sont constituées de trois parlers, l'adyguéen parlé par les quelque 110 000 Tcherkesses occidentaux de la région autonome des Adyguéens, le kabarde est parlé par la moitié des 760 000 habitants de la république autonome de Karbadie-Balkarie qui vivent dans le piedmont caucasien, et le tcherkesse proprement dit par quelque 100 000 habitants de la région autonome des Karatchaï-Tcherkesses. Il faut y ajouter la langue abkhaze parlée par quelque 100 000 locuteurs, qui constituent un groupe minoritaire dans la république autonome d'Abkhazie, et le dialecte abaza ou abazine que parlent une trentaine de milliers de locuteurs minoritaires dans la région autonome des Karatchaï-Tcherkesses.

2. Le groupe des langues nakh au nombre de trois, parlées sur la rive droite du haut et moyen Terek, à l'ouest l'ingouche (galgay) parlé par 150 000 locuteurs et plus à l'est le tchetchéni (ou nakhtchio) parlé par 620 000 locuteurs, vivant les uns et les autres dans la république autonome des Tchetchènes-Ingouches, auxquelles il faut ajouter un parler en voie de disparition, le bats.

3. Les langues caucasiennes du Daghestan divisées elles-mêmes en trois groupes : le groupe des langues avares dont la plus importante est l'avat (khunzog) parlé au nord de l'Azerbaïdjan et à l'ouest et au centre du Daghestan par près de 500 000 locuteurs si l'on y ajoute la douzaine de dialectes voisins (andes, artchis, didos, akhwakhs, etc.), le lak (kazimuk) divisé en cinq dialectes parlés au Daghestan central par une centaine de locuteurs, les langues lezguiennes (küris) parlées par 350 000 locuteurs et comportant de nombreux dialectes du centre du Daghestan, et les langues darguines parlées par 300 000 locuteurs de la même région.

4. Le groupe des langues kartveliennes représentées essentiellement par le géorgien (kartveli), la plus répandue des langues du Caucase, divisée en une dizaine de dialectes (kartlieri, kakhuri, ingiluri, etc.). La langue

géorgienne est parlée aujourd'hui par près de 4 millions de locuteurs, principalement en république de Géorgie, mais avec des groupes minoritaires en Azerbaïdjan, en Arménie et en Russie.

D. A côté de ces trois familles linguistiques nettement caractérisées, il existe en URSS un certain nombre de langues résiduelles parlées par des populations marginales des régions excentriques, comme les langues du groupe eskimo (moins de 2 000 locuteurs) ou du groupe paléo-sibérien (moins de 25 000 locuteurs dont 13 600 pour la langue tchouktche parlée au nord-est de la Sibérie orientale). Une place particulière revient à la langue coréenne parlée par 400 000 locuteurs localisés dans l'île de Sakhaline et en Asie centrale.

LA DIVERSITÉ RELIGIEUSE

Dans un État où l'athéisme a été institué comme dogme officiel depuis 1917 – on a même lancé dans les années trente un « plan quinquennal » de l'athéisme –, il fut longtemps très difficile de se faire une idée exacte du poids réel des religions dans la société soviétique. Les travaux déjà anciens de Struve [1] et la renaissance religieuse unanimement constatée depuis le début de la perestroïka, et grandement facilitée par la nouvelle loi du 1er octobre 1990 sur la liberté religieuse et l'exercice des cultes, attestent de la vigueur du fait religieux en URSS au début des années quatre-vingt-dix.

Les Églises chrétiennes sont largement majoritaires, et en tout premier lieu, l'Église orthodoxe. C'est là un héritage de la Russie des tsars qui avaient voulu faire de Moscou la « Troisième Rome ». Au début des années soixante, on estimait la population potentiellement orthodoxe à 160 millions sur une population totale qui se situait alors autour de 210 millions d'habitants : là-dessus, on estimait à 90 millions le nombre des baptisés. A la même époque, l'estimation du nombre des pratiquants allait de 30 à

1. N. Struve, *les Chrétiens en URSS.*

50 millions [1], surtout localisés dans les régions occidentales de l'URSS, et davantage en milieu rural et dans les villes historiques que dans les centres industriels. Une autre estimation portant sur la pratique religieuse au début des années soixante-dix donnait une fourchette allant de 30 millions (chiffres officiels) à 115 millions selon l'Action orthodoxe, avec un nombre souvent avancé de 60 à 70 millions de pratiquants, c'est-à-dire 36 % de la population orthodoxe [2]. A l'Église orthodoxe russe, il faut ajouter les Églises dites « périphériques » et de tradition orthodoxe représentées dans le Caucase par l'Église grégorienne d'Arménie et l'Église orthodoxe de Géorgie. Au début des années soixante, l'Église arménienne semblait d'ailleurs beaucoup plus dynamique que l'Église de Géorgie.

Pour les autres religions chrétiennes on disposait pour la même époque d'estimations fragmentaires. L'annexion des pays Baltes, des provinces orientales de la Pologne et de l'Ukraine carpatique en 1945 augmenta considérablement le nombre des catholiques de rite latin estimé avant ces annexions à 1 600 000. La Galicie et les autres territoires enlevés à la Pologne comptaient environ 3 500 000 de fidèles, auxquels s'ajoutaient les 2 500 000 catholiques de Lituanie, ainsi que les 479 000 catholiques de Lettonie. D'autres catholiques relevaient du rite gréco-catholique ou uniate, avec 4 000 000 de fidèles en Galicie et près de 500 000 en Ukraine carpathique. Mais l'État soviétique intégra de force à l'Église orthodoxe les Églises uniates à la suite du pseudo-synode de Lvov tenu du 28 février au 10 mars 1946 [3].

Quant aux Églises protestantes, elles regroupaient au début des années soixante 500 000 membres en Lettonie (contre 1 070 000 en 1939) et 350 000 en Estonie (contre 800 000 en 1939), les uns et les autres de confession luthérienne, tout comme l'étaient les membres de la communauté allemande transférés en Sibérie pendant la guerre. La confession calviniste avait au début des années

1. *Ibid.*, p. 153 et ss.
2. *Bulletin de l'Œuvre d'Orient*, avril 1975, p. 264 et ss.
3. N. Struve, *op. cit.*, p. 226 et ss.; et *le Monde*, 7 septembre 1978.

soixante quelque 120 000 fidèles parmi les membres de la minorité hongroise d'Ukraine carpatique [1].

Aujourd'hui, même si nous ne disposons que d'informations fragmentaires sur l'activité des Églises chrétiennes en Union soviétique, un fait néanmoins est indéniable. Les Églises chrétiennes sont actives, bien vivantes, et elles ont participé et participent activement aux changements en cours. Dans les pays slaves, aussi bien que dans les États baltes et qu'en Arménie, les Églises, leur clergé tout autant que le peuple de Dieu, sont à la pointe du combat aussi bien pour la défense des identités nationales que pour la mise en œuvre des réformes démocratiques [2].

L'Église orthodoxe, malgré les épreuves endurées, a maintenant récupéré la plupart des établissements de culte qui avaient été fermés, et la plupart du temps ce sont les habitants eux-mêmes qui ont exigé des autorités qu'elles rendissent au culte les églises devenues cinémas, musées ou granges. On a estimé à 60 millions le nombre des orthodoxes pratiquants dépendant du Patriarcat de Moscou en 1990 [3], sans compter ceux des Églises périphériques du Caucase, Arméniens et Géorgiens, mais si l'on tient compte seulement du monde des croyants – par opposition aux athées et aux indifférents –, certains avancent le chiffre de 131 millions [4].

Les catholiques de rite latin ou de rite grec uniate ont largement profité de la liberté religieuse retrouvée. Leur nombre se situerait aujourd'hui autour de 12 millions : ils seraient plus de 2 millions en Lituanie, 500 000 en Lettonie, de 2 à 2,5 millions en Biélorussie, sans compter d'importantes communautés dans les républiques asiatiques. Quant aux Uniates qui, durant plus de quarante ans, avaient conservé leur foi dans la clandestinité, ils sont réapparus au grand jour; ils seraient autour de 5 millions à l'heure actuelle. La rencontre historique entre Gorbatchev et Jean-Paul II le 1er décembre 1989 a permis la reconnaissance de facto de leur existence.

Les Églises protestantes ont, elles aussi, profité de la

1. N. Struve, *op. cit.*, p. 232-233.
2. *Le Monde*, 24 février 1988.
3. *Le Figaro*, 28 septembre 1990; *le Monde*, 19 septembre 1991.
4. *Time Magazine*, 15 octobre 1990.

nouvelle législation. Même si le phénomène général de déchristianisation les a davantage touchées que les autres Églises chrétiennes, leur rôle n'en a pas moins été important dans l'émancipation des Pays baltes. Ils seraient actuellement 675 000 auxquels il faut ajouter 1 500 000 baptistes [1].

Le second groupe religieux de l'URSS est constitué par l'Islam. Dans les cinq républiques d'Asie centrale et dans toutes les régions qui leur sont contiguës, ainsi qu'en Azerbaïdjan et dans plusieurs zones du Caucase, l'Islam est actif et même aux époques où l'athéisme militant combattait les signes extérieurs de la pratique religieuse, l'Islam était demeuré présent dans le mode de vie, dans les coutumes traditionnelles, et cela d'autant plus qu'il était étroitement associé au fait national. La liberté religieuse retrouvée n'a fait qu'officialiser un état de fait; les mosquées ont été rouvertes là où on les avait fermées, et les jeunes sont de plus en plus nombreux à les fréquenter. Aujourd'hui, près de 55 millions de Soviétiques sont musulmans et l'affirment sans complexe; ils étaient un peu moins de 25 millions en 1959 et 17 millions en 1926 [2].

Les Juifs d'URSS constituent un cas particulier. Les statistiques soviétiques les considèrent comme l'une des nationalités du pays. Leur nombre est passé de 2 692 00 en 1959 à 2 151 000 en 1970, à 1 800 000 en 1979 et à 1 500 000 aujourd'hui. Cette diminution est due à l'émigration vers Israël qui s'est accélérée au cours des deux dernières années. Rien qu'en 1990, 453 000 Juifs soviétiques ont quitté le pays, craignant la montée du nationalisme russe et avec lui une renaissance de l'antisémitisme [3].

Diversité des langues, diversité des cultures, diversité des traditions religieuses, telles étaient les caractéristiques de ce gigantesque empire qui aujourd'hui nous apparaît en pleine décomposition.

1. *Le Monde*, 19 septembre 1991.
2. D. Hamon, *Géographie de l'URSS*, p. 42-43; et V. Monteil, *les Musulmans soviétiques*, p. 13 et ss.
3. *Le Figaro*, 22-23 novembre 1990, 22 mai 1991; et *le Monde*, 23-24 décembre 1990.

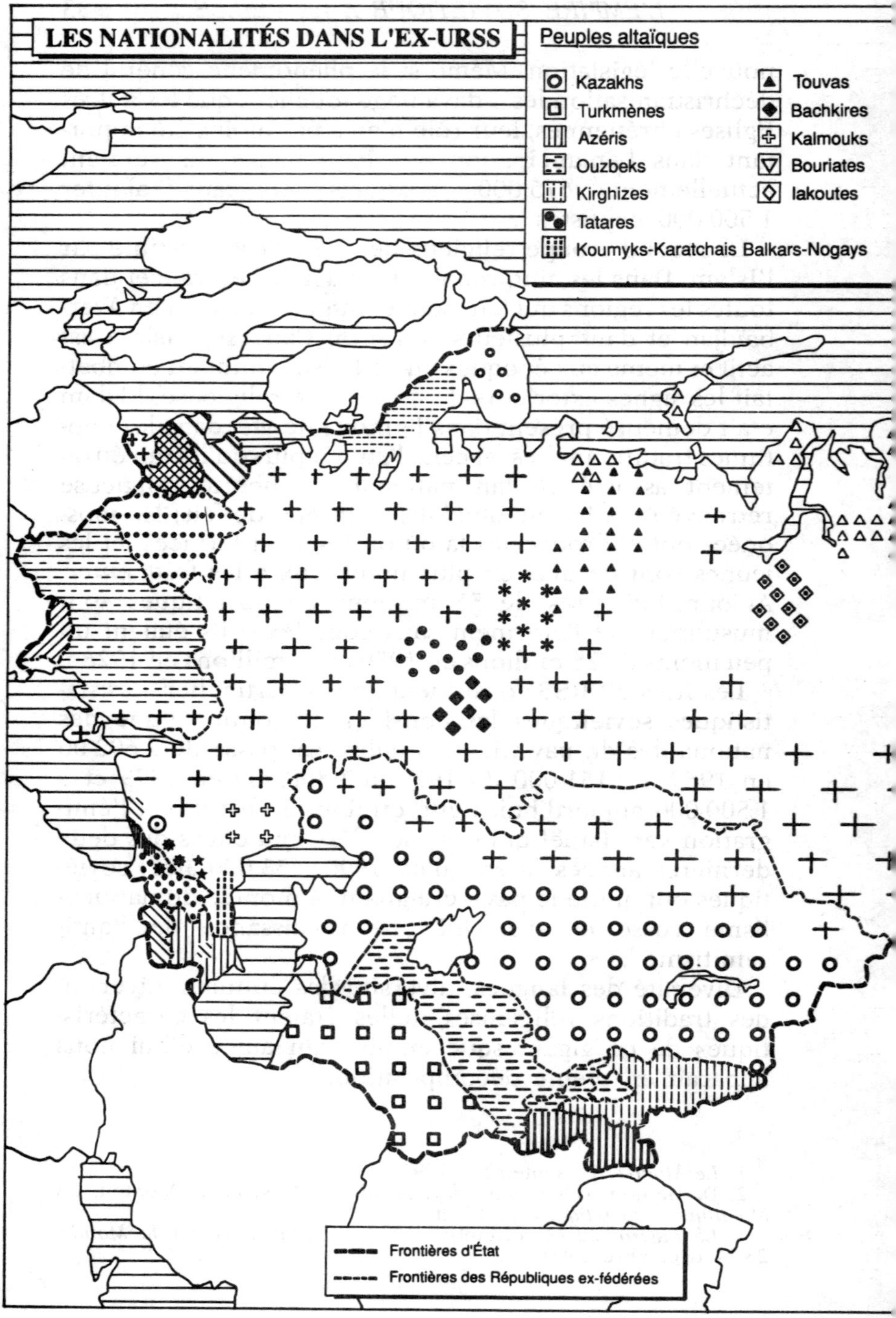

LES NATIONALITÉS DANS L'EX-URSS
Peuples altaïques
Kazakhs
Turkmènes
Azéris
Ouzbeks
Kirghizes
Tatares
Koumyks-Karatchais Balkars-Nogays
Touvas
Bachkires
Kalmouks
Bouriates
Iakoutes
Frontières d'État
Frontières des Républiques ex-fédérées

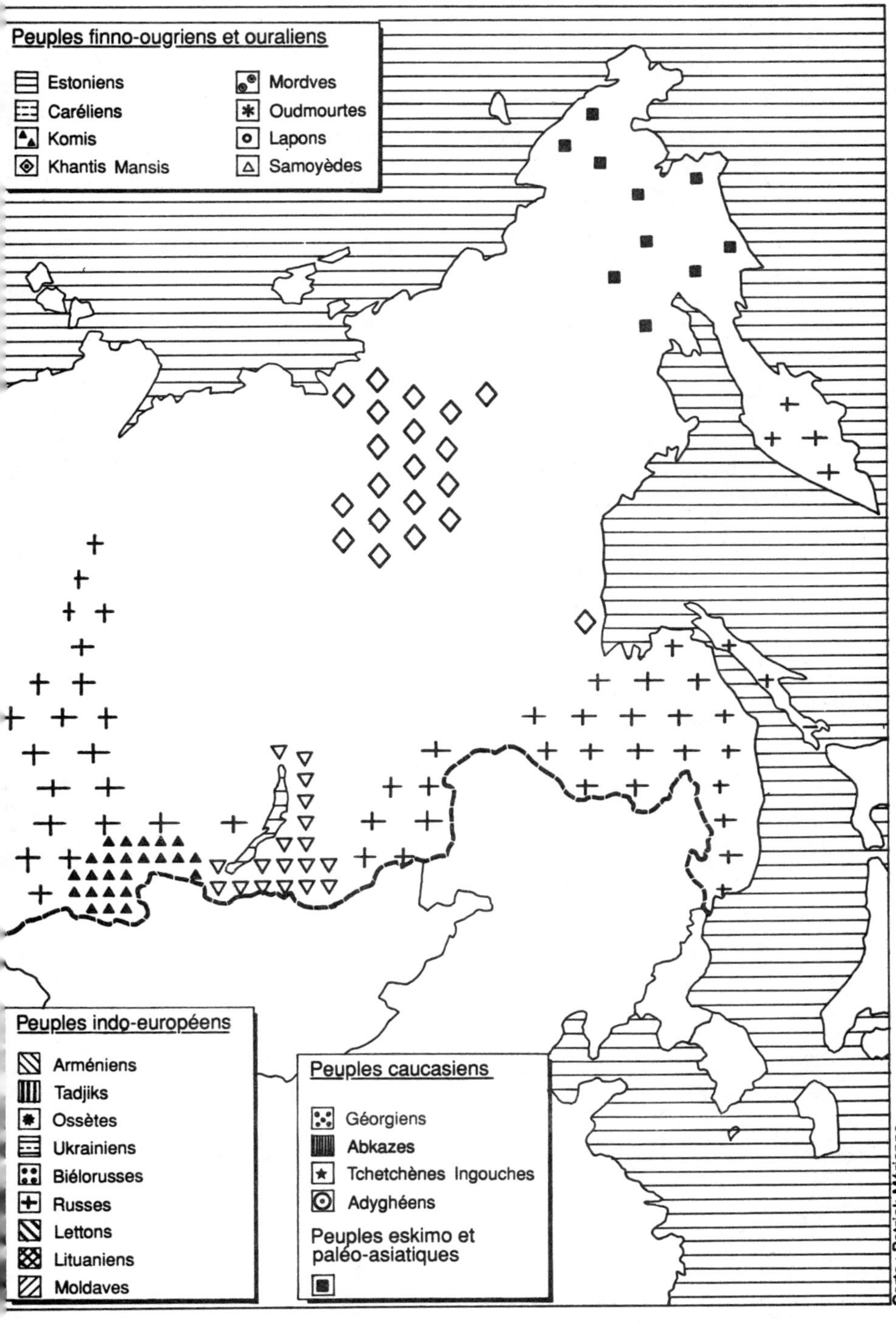
Peuples finno-ougriens et ouraliens
Estoniens
Caréliens
Komis
Khantis Mansis
Mordves
Oudmourtes
Lapons
Samoyèdes
Peuples indo-européens
Arméniens
Tadjiks
Ossètes
Ukrainiens
Biélorusses
Russes
Lettons
Lituaniens
Moldaves
Peuples caucasiens
Géorgiens
Abkazes
Tchetchènes Ingouches
Adyghéens
Peuples eskimo et paléo-asiatiques
Carte : Patrick Mérienne

LA LENTE ÉMERGENCE DE LA RUSSIE

II

L'ENTRÉE DES RUSSES DANS L'HISTOIRE [1]

Le vaste ensemble territorial que le peuple russe a transformé en un empire peuplé aujourd'hui de près de 300 millions d'habitants appartenant à quelque 150 nationalités est l'aboutissement ultime de la politique continue d'expansion menée par ses dirigeants pendant plus d'un millénaire. Cette expansion a été largement facilitée par le fait que le peuple russe possède « l'instinct d'émigration et de colonisation [2] ».

C'est dans le courant du IXe siècle que les Russes entrent véritablement dans l'Histoire, avec la création en 856 par Riurik de l'État slave de Novgorod, puis avec l'occupation de Kiev en 882 par Oleg, successeur de Riurik. Les Russes constituent alors l'un des nombreux peuples païens qui vivaient aux confins de l'Europe « civilisée » et chrétienne dans les immenses plaines s'étendant de la Baltique à la mer Noire et que parcouraient les marchands scandinaves et ceux venus du monde byzantin.

LA RUSSIE AVANT LES RUSSES

Avant le regroupement en une structure étatique des Slaves orientaux longtemps divisés en tribus plus ou

1. Par souci de commodité et pour ne pas induire en erreur le lecteur, nous utiliserons le terme de « russes » pour désigner dès maintenant les populations slaves orientales qui ne seront qualifiées de Russes qu'après l'arrivée de la dynastie scandinave.

2. A. Rambaud, *Histoire de la Russie des origines jusqu'à l'année 1884*, Paris, 1884, p. 26.

moins rivales, le territoire qui allait devenir le point de départ de l'Empire russe avait été lieu de séjour ou simplement lieu de passage pour des populations d'origine et de civilisation très diverses.

La partie méridionale du futur État russe correspondait aux confins septentrionaux du monde méditerranéen où s'étaient successivement développées les civilisations grecque, hellénistique, romaine puis en dernier lieu byzantine. Dès le VIIe siècle avant J.-C. avec la création de colonies sur les rives septentrionales et orientales du Pont-Euxin (mer Noire) comme Olbia à l'embouchure du Dniepr, Chersonésos (Sébastopol), Panticapeion (Kertch), les Grecs avaient noué très tôt des contacts avec les différents peuples qui vivaient dans les steppes russo-ukrainiennes et entretinrent avec eux des relations commerciales permanentes que poursuivirent plus tard les Romains et les Byzantins.

Depuis le IVe millénaire avant J.-C., l'actuel territoire de l'Ukraine était occupé par des populations sédentaires constamment menacées par les nomades venus de l'est. A la fin du IIe millénaire avant J.-C., des envahisseurs indo-européens connus sous le nom de Cimmériens exercent leur autorité sur les populations indigènes dans le cadre d'un vaste empire qui s'étend des Carpates orientales jusqu'au nord du Caucase. Au VIIe siècle avant J.-C., les Cimmériens sont supplantés en Russie par les Scythes venus d'Asie centrale. Les Scythes sont des Indo-Européens du groupe iranien mais mêlés à des éléments turco-mongols. Les Cimmériens fuyant devant les Scythes passèrent en Asie Mineure, puis disparurent sous les coups des Assyriens. Quant aux Scythes, de tradition nomade, ils se fixèrent en Russie méridionale où, selon Hérodote, ils contrôlèrent un immense territoire allant du Dniestr au Caucase [1]. Sous l'influence des populations indigènes, les Scythes se sédentarisèrent, ils bâtirent des cités fortifiées, notamment en Crimée. Vers le nord, la domination scythe s'étendait jusqu'à la limite méridionale de la forêt.

Au moment de l'installation des Scythes, les régions forestières du nord et du centre de l'actuelle Russie

1. *Cf.* Hérodote, *Histoires*, t. IV, Paris, 1960.

d'Europe étaient peu à peu occupées par les tribus finnoises qui, descendues des versants occidentaux des monts Oural, progressaient lentement en direction de la Baltique et de la Scandinavie. La dislocation de la famille des peuples finno-ougriens aurait commencé à la fin du IIIe millénaire avant J.-C. Les premiers à avoir quitté le tronc commun auraient été les Ougriens, c'est-à-dire les ancêtres des actuels Magyars, Vogouls et Ostyaks. Puis, le groupe des peuples finno-permiens se serait mis en marche vers le nord. Vers l'an 1000 avant J.-C., les Finnois de la Baltique se seraient à leur tour dirigés vers l'ouest, laissant dans leur patrie primitive les Mordves et les Tcheremisses, dont les descendants s'y trouvent encore à l'heure actuelle. Les peuples finnois ou *tchoudes* [1] qui occupèrent tout le nord et le nord-ouest de la Russie étaient peu nombreux; ils vivaient en tribus sans aucune organisation politique. Ceux qui parcouraient la zone de la toundra étaient des nomades éleveurs, ceux qui s'étaient répandus dans la taïga se sédentarisèrent peu à peu et fondèrent des villages de défrichement. Une grande partie des Finnois furent absorbés et assimilés par les Russes au moment de leur première expansion aux IXe et Xe siècles; leur trace se retrouve encore aujourd'hui dans la toponymie – Moskva par exemple serait un nom d'origine finnoise – et dans certains caractères physiques des populations russophones de la Russie du Nord. Seuls les groupes finnois numériquement les plus importants parvinrent à préserver leur identité et leur langue, tout comme ceux d'entre eux qui, comme les Estoniens, furent intégrés tardivement à l'État russe. Les descendants de ces populations proto-finnoises sont encore aujourd'hui 4 500 000 à avoir conservé leur identité culturelle et linguistique.

A partir du IVe siècle avant J.-C., les Scythes se heurtèrent aux Sarmates. Tout comme les Scythes, les Sarmates étaient d'origine iranienne, vivant en tribus guerrières nomades. La « confédération » des tribus sarmates regroupaient, outre les Sarmates proprement dits, les Roxolans, les Alains et les Iazyges. Venus des steppes du

1. Le mot *tchoude* est un terme d'origine slave signifiant les « monstres » ou les « étrangers ».

nord de la mer d'Aral, les Sarmates ont commencé dès le VIe siècle leur lente marche vers l'ouest. A la fin du IIIe siècle avant J.-C., les Scythes de Russie, au terme d'une longue lutte, sont totalement supplantés par les Sarmates et refoulés en Crimée où ils seront finalement absorbés et assimilés par les nouveaux venus.

Pendant quatre siècles, les Sarmates règnent en maîtres sur les plaines et les steppes de la Russie méridionale. Ils entretiennent des relations commerciales régulières avec toutes les colonies grecques de la mer Noire. Épisodiquement à partir du Ier siècle avant J.-C., Roxolans, Iazyges et Sarmates dévastent les plaines du Bas Danube ou tentent de s'y établir.

La période sarmate en Russie s'achève à la fin du IIe siècle après J.-C. A ce moment-là, les Sarmates sont supplantés dans la future Russie par les Goths. Les Goths sont des Indo-Européens eux aussi mais appartiennent au groupe germanique. Venus de Scandinavie, ils ont séjourné un moment sur les rives méridionales de la Baltique puis ont remonté le cours de la Vistule, et en suivant les vallées du Dniepr et du Dniestr, ils ont atteint les rives de la mer Noire. Sous la pression des Goths, la « confédération » sarmate éclata : les Roxolans se fixèrent aux confins de l'Empire romain au nord du Bas Danube ; une partie des Alains se dirigèrent vers les premiers contreforts du Caucase où vivent encore aujourd'hui leurs descendants sous le nom d'Ossètes. Mais beaucoup de Sarmates et d'Alains se sont intégrés à l'empire des Goths et devaient participer à leurs côtés aux grandes migrations de peuples appelées improprement « invasions barbares » qui déferlèrent sur l'Occident au début du Ve siècle. En Russie, les Goths se scindèrent en deux noyaux, les Ostrogoths et les Wisigoths. L'apparition en 371 d'un nouvel envahisseur venu d'Asie centrale, les Huns, provoqua la chute de la domination gothique en Russie. Le roi des Ostrogoths, Ermanaric, trouva la mort en combattant les Huns en 375. Les Ostrogoths et les Wisigoths se réfugièrent dans l'Empire romain et contribuèrent à sa désagrégation.

Les Huns étaient en fait un mélange de peuples hétérogènes, mais que le mode de vie nomade et pillard rapprochait. Dans la Confédération hunnique, outre les Huns proprement dits, on trouvait des Turcs, des Mongols, des Ougriens et parmi eux très certainement des Protomagyars.

La première mention des Huns sous le nom de *Xounoï* se trouve dans la *Géographie* de Ptolémée achevée en 172 : l'auteur les signale comme habitants dans les steppes au nord du Caucase. Après avoir nomadisé dans les steppes du Kouban, les Huns entrent brutalement dans l'histoire européenne en chassant les Goths de Russie. Dans les deux décennies qui suivent leur victoire sur Ermanaric, les Huns occupèrent l'Ukraine méridionale, puis les plaines du Bas et du Moyen Danube. Sous leurs rois Uldin et Mundziuch, l'empire des Huns s'étend des steppes d'Asie centrale jusqu'aux confins de l'Empire romain d'Occident, à l'intérieur duquel les peuples germaniques se sont réfugiés et où leurs chefs se sont substitués au pouvoir romain défaillant. Sous le fils de Mundziuch, Attila (434-453), les Huns qui avaient fait de la plaine hongroise le centre directionnel de leur empire tentèrent d'occuper la Gaule en 451 mais l'alliance entre Germains et autorités gallo-romaines aboutit à la défaite des armées d'Attila aux champs Catalauniques, ce qui n'empêcha pas les Huns de passer en Italie l'année suivante. Après la mort d'Attila, l'Empire hunnique se désagrège et ses composantes se dispersent, ou bien se fondent avec les populations autochtones.

Une certaine accalmie régna en Russie après l'effondrement de l'empire des Huns. C'est probablement à partir de ce moment-là que commença la poussée slave vers la mer Noire, si l'on admet que les Antes qui, à partir de la deuxième moitié du ve siècle, ont peu à peu occupé le territoire compris entre la mer Noire, le Dniestr et le Dniepr à partir de leur zone d'habitat originel situé entre la haute vallée de la Vistule et la moyenne vallée du Dniepr, sont les ancêtres des Russes.

Néanmoins, ces Protorusses vont se trouver par intermittence intégrés et soumis aux empires éphémères formés par la succession de peuples nomades venus d'Asie centrale qui ont occupé épisodiquement les plaines de Russie méridionale à partir desquelles ils attaquaient l'Europe centro-orientale.

Une partie des composantes de la Confédération hunnique, les tribus turques des Koutrigours et des Outigours (Outourgours), nomadisaient au nord-ouest de la mer d'Azov et à l'embouchure du Don, au voisinage des Protobulgares, eux aussi d'origine turque. A partir du VIe siècle, une partie des Protobulgares entretient des relations tantôt amicales tantôt hostiles avec l'Empire byzantin et se fixera plus tard à la fin du VIIe siècle sous leur khan Asparuch sur le territoire de l'actuelle Bulgarie. Mais le gros des tribus protobulgares et leurs voisins Koutrigours et Outigours tombèrent sous la domination de nouveaux venus, les Avars qui, comme les Huns, constituaient un conglomérat de tribus nomades formées d'éléments turcs, mongols et ougriens.

Au milieu du VIe siècle, les Avars occupaient les steppes situées au nord de la Caspienne et du Caucase. C'est alors qu'ils incorporèrent à leur horde des éléments protobulgares, ainsi que les Koutrigours et les Outigours. Vers 560, les Avars franchirent la Basse Volga, puis occupèrent toutes les plaines du sud de la Russie jusqu'au delta du Danube. Leur khan Bayan (Baïan) qui n'avait pu franchir le Bas Danube en raison de la forte résistance des armées de l'empereur Justinien, se dirigea alors vers l'ouest, occupa la Transylvanie et la Hongrie orientale tenues jusque-là par les Gépides, et, en 567, soumit la Pannonie. La domination avare devait durer plus de deux siècles dans l'espace danubien jusqu'à ce que, à la suite des campagnes de 791-803, Charlemagne y mette fin.

Mais pendant ce temps, des changements s'étaient produits dans les plaines de Russie méridionale et du Kouban avec la formation au début du VIIe siècle de l'Empire khazar. Les Khazars sont un peuple turc qui a longtemps nomadisé dans l'actuel Daghestan. Ils se sont organisés en un État cohérent, allié de Byzance aux VIIe et VIIIe siècles. Grâce à leurs relations commerciales avec le monde byzantin et le Proche-Orient, les Khazars ont été influencés par les civilisations voisines. L'islam, le christianisme et le judaïsme ont pénétré en milieu khazar. Entre 851 et 863, l'apôtre des Slaves, le moine Cyrille, séjourne en Khazarie et tente d'évangéliser la population avec un succès limité. En revanche, le judaïsme eut une influence assez marquée. C'est la progression des Khazars qui provoqua le départ définitif d'une partie des Protobulgares vers l'ouest à la fin du VIIe siècle, et qui amena la majeure partie du peuple protobulgare à fuir vers le nord ; remontant le cours de la Volga, ces Protobulgares se fixèrent dans l'actuelle région de Kazan au confluent de la Volga et de la Kama. Là se constitua la Grande Bulgarie qui fut détruite en 1236 par les armées de Gengis Khan. Les descendants des Bulgares de Kazan sont sans doute les actuels Tchouvaches plus ou moins mélangés avec les envahisseurs tataro-mongols [1].

Au VIe siècle, les Protomagyars, après la longue pérégrination qui les avait amenés du versant occidental de l'Oural jusqu'au Kouban, tombèrent sous la domination des Avars. Il est probable que certains d'entre eux les suivirent dans leur marche vers l'ouest. L'historien hongrois Gyula Laszló a démontré récemment que des Protohongrois se sont fixés dans la Hongrie actuelle vers 670, lors de la deuxième vague des invasions avares [2]. La plus grande partie des Protohongrois cependant était demeurée sur place. Vers 830, on les trouve en « Lebedia », sans doute dans les plaines entre le Bas Don et le Bas Dniepr, où ils sont au contact des Khazars avec lesquels ils s'allient. Certaines tribus protohongroises fusionnèrent alors avec des éléments khazars. En 890, sous la pression de nouveaux envahisseurs, les Petchenègues, les Protohongrois s'installent entre le Dniepr et le Dniestr, dernière étape avant leur dernière migration, en 895-896, qui les conduit en Hongrie.

L'entrée en scène des Petchenègues à la fin du IXe siècle affaiblit l'Empire khazar qui se limite désormais au pays compris entre le Bas Don, la Basse Volga et le Caucase. Les Petchenègues eux aussi sont un peuple nomade d'origine turque qui nomadise du IXe au XIe siècle du Dniepr au Bas Danube, mais qui finalement disparaîtra sous les coups des Russes et de Byzance.

Le temps de la première grande vague des invasions venues d'Asie centrale s'achève et permet au IXe siècle

1. R. Grousset, *l'Empire des steppes*, p. 226 et ss.
2. Laszló Gyula, *A Kettös honfoglalás* (« La double fondation du pays »), Budapest, 1978.

l'émergence d'un peuple sédentaire à l'est de l'Europe, le peuple russe.

LA NAISSANCE DE LA RUSSIE

L'État russe qui est apparu dans le dernier tiers du IXe siècle autour de Novgorod puis de Kiev est né du regroupement des tribus de Slaves orientaux qui occupaient à l'origine le centre de la plaine russe, au sud-ouest et à l'ouest de la zone forestière, dans la région des sources du Dniepr, de la Dvina occidentale et du Niémen, et qui peu à peu ont élargi leur zone de peuplement.

Les Slaves sont des Indo-Européens dont l'habitat primitif se situait des sources de l'Oder et de la Vistule jusqu'au Dniepr et à l'arc carpatique. Le terme de Slave a été utilisé pour la première fois dans la seconde moitié du VIe siècle par l'historien byzantin Procope de Césarée († 562). A partir du Ve siècle, les Slaves avaient commencé à se disperser. Les Slaves occidentaux occupent alors le territoire actuel de la Pologne et poussent même au-delà, jusqu'à l'Elbe, tandis que d'autres s'installent en Bohême et Moravie à la place des anciennes populations germaniques ; un certain nombre d'entre eux sont descendus à travers la Pannonie en direction de l'ancienne Illyrie et s'y sont fixés. Ce sont les Slaves méridionaux ancêtres des Slovènes, Croates et Serbes. Les Slaves orientaux, du Ve au VIIIe siècle, ont occupé les territoires qu'ils occupent au moment de la formation de la Première Russie.

La première chronique dite de Nestor, qui a été rédigée vers 1111 par deux moines de Kiev, Nestor et Sylvestre, et qui demeure notre principale source littéraire pour l'histoire de la Russie primitive, nous donne un tableau assez détaillé des tribus slaves au IXe siècle. A ce moment-là, le domaine du peuplement slavo-russe s'était singulièrement étendu aux dépens des peuples finnois et atteignait au nord les rives du golfe de Finlande et le lac Ladoga ; et vers le sud, profitant de l'effacement des « peuples de la steppe », le peuplement slavo-russe atteignait les rives de la mer Noire de part et d'autre de l'embouchure du Dniepr. Les Slavo-Russes du IXe siècle se répartissaient en une quinzaine de groupes. Les Slaves de l'Ilmen occupaient le bassin de l'Ilmen et les rives orientales du lac Peïpous au voisinage des populations finnoises lives, estes, ingriennes et votes. Les Krivitches étaient installés près des sources de la Dvina et du Dniepr, au contact immédiat des Polotchanes de la Haute Dvina, leurs voisins du nord-ouest. Les Drégovitches eux se trouvaient à l'ouest de la Dvina et du Haut Dniepr. Plus au sud, les Radimitches occupaient les deux rives du Soj, affluent du Dniepr, et avaient pour voisins orientaux les Viatitches de la haute vallée de l'Oka. Quant aux Sévérianes, ils s'étaient établis entre la Desna et le Dniepr qui les séparaient de leurs voisins sévérianes de la rive droite du Dniepr. Aux confins occidentaux du monde slavo-russe vivaient du nord au sud les Drevlianes du bassin de la Pripet, peu différents d'ailleurs de leurs voisins slavo-polonais, les Doulèbes et les Boujanes de la vallée du Haut Bug, puis les Croates blancs installés entre le Dniestr et le versant septentrional des Carpates, et enfin les Tivertses et les Loutitches de la vallée du Prut et du Bas Dniestr [1].

Tous ces peuples slavo-russes étaient païens et adoraient les forces de la nature. Les textes mentionnent un panthéon assez nombreux à la tête duquel trônait le dieu Dagh-Bog, père de la nature et dieu du soleil, mais c'est Peroun, le dieu du tonnerre et de la foudre, qui semble avoir été le plus honoré. Il n'y avait chez les Slavo-Russes ni temples ni prêtres, tout au plus quelques idoles grossières installées sur des tertres et quelques sorciers.

La société avait déjà un certain degré d'organisation. A la base, le père, chef absolu de la famille, exerçait une autorité de type patriarcal. La communauté sociale de base était le *mir*, groupement de familles étroitement liées entre elles sous l'autorité des aînés de chaque famille. Les terres étaient la propriété collective du mir, l'individu ne possédant que les fruits de son travail et l'enclos entourant sa maison et appelé *dvor*. Cette forme de vie collective devait perdurer à travers les siècles, puisque le dvor désigne à partir de 1935 le lopin individuel que chaque membre du kolkhoze possédait à titre

1. R. Portal, *les Slaves : peuples et nations*, p. 30-33.

personnel. Le mir correspondait approximativement à un village.

Plusieurs villages voisins formaient un *volost*, c'est-à-dire un canton – on parlera de *papost*, c'est-à-dire de paroisse, à partir du xe siècle avec la christianisation. A la tête du volost se trouvait un conseil formé des anciens de chaque village. L'un d'entre eux exerçait les fonctions de chef du volost, selon les cas par élection ou peu à peu par hérédité. Au IXe siècle, certaines familles émergent sans doute en raison du prestige acquis par l'un de ses membres au cours des innombrables guerres locales qui opposent les *volosty* les uns aux autres.

Ces familles parviennent à s'assurer un pouvoir héréditaire et disposent de véritables millices permanentes qui leur sont dévouées, les *droujina*. Malgré les affirmations de la chronique de Nestor, qui nous présentent les Slavo-Russes comme des rustres peu évolués et brutaux, on sait par les sources archéologiques qu'un embryon de vie urbaine existait au IXe siècle. Dans chaque volost, l'un des villages, celui où résidait le chef, prenait l'allure d'un bourg fortifié. C'était un *gorod*, généralement construit soit sur une hauteur dominant la plaine, soit sur la rive escarpée d'un cours d'eau d'où l'on contrôlait la navigation. Ce gorod avait déjà au IXe siècle des installations défensives caractérisées par une levée de terre dominant une sorte de fossé, précédée d'une palissade faite de pieux de bois ou de branches d'osier, en fonction des matériaux locaux.

On sait, par l'exploitation du matériel archéologique trouvé à l'emplacement de ces *gorod*, qu'une production artisanale existait, on a retrouvé en effet des poteries, des objets métalliques en fer, et même en métaux précieux, de la verroterie. On y fabriquait des glaives qui étaient vendus jusqu'au Proche-Orient. Des liens commerciaux existaient avec le monde méditerranéen, mais surtout avec l'Asie, comme l'atteste la présence de nombreuses monnaies orientales dont certaines remontent au VIIe siècle. Les Slavo-Russes vendaient aussi les produits de leur agriculture, les blés de la région du Tchernoziom, le miel et la cire des régions voisines de la forêt, ainsi que les fourrures du Nord. A ce commerce participaient les nombreux marchands byzantins et scandinaves qui empruntaient les vallées des grands fleuves, véritables routes commerciales unissant le monde de la Baltique aux pays de la mer Noire et au monde méditerranéen. C'était la « route des Varègues », la « route de l'ambre ». Mais, pour l'immense majorité de la population slavo-russe, ce sont les cultures céréalières associées à l'élevage qui constituaient l'essentiel de leur activité.

La tradition dite « normanniste » issue de la Chronique de Nestor, attribue un rôle décisif aux Scandinaves, à ces hommes du Nord – les « Normands » – dans la création de la Russie en tant qu'État. Selon cette tradition reprise et amplifiée au XIXe siècle par l'historiographie allemande, les responsables des tribus krivitches et slovènes – l'une des composantes du groupe des Slaves de l'Ilmen – auraient en 856 demandé aux Varègues, c'est-à-dire à des Scandinaves, de venir mettre de l'ordre chez eux : « Notre pays est grand et riche ; mais il n'y a point d'ordre parmi nous ; venez donc nous régir et nous gouverner. » A la suite de cet appel, les Varègues qui, d'après la Chronique de Nestor, étaient également désignés sous le nom de Rus, envoyèrent chez les Slaves trois frères et leur famille. L'un d'entre eux, Riurik [1], s'établit à Novgorod, l'autre, Signot (Sinens), se fixa à Bielo-Ozero au contact avec les populations finnoises locales, et le troisième, Truvor (Thorvar), s'installa à Izborsk. D'autres princes scandinaves, Hoskuld et Dyri, suivant les vallées de l'Ilmen et du Pripet, occupèrent la région de Kiev.

Ainsi, selon cette tradition normanniste, ce sont les Scandinaves, les Varègues plus précisément, qui seraient à l'origine de la Russie, à laquelle ils auraient donné leur propre nom de *Rus* [2]. En fait, les Varègues n'étaient pas des inconnus pour les Slaves orientaux ; ils avaient déjà établi entre eux des liens commerciaux anciens et continus. Et pour les historiens russes hostiles à la théorie nor-

1. Riurik (879) est souvent identifié au chef normand Roerek qui, après plusieurs expéditions sur les côtes anglaises et françaises, s'était provisoirement fixé au Danemark.

2. Le terme de Rhos ou Rus est utilisé conjointement avec celui de Varègue pour désigner ces Scandinaves dans les chroniques byzantines ; on le retrouve aussi dans les textes arabes. Il est à rapprocher du mot finnois Ruotsi, par lequel les Finnois actuels désignent encore la Suède.

manniste, il y avait déjà avant Riurik une civilisation assez évoluée dans ce qui allait devenir la Russie. Ce qui est sûr cependant, c'est que l'apport scandinave a accéléré les évolutions en cours. La dynastie étrangère des fils de Riurik – les Riurikovitch – fondée à Novgorod par le prince (*Kniaz*) Riurik lui-même, allait créer en quelques années un État russe qui regroupait l'ensemble des tribus des Slaves orientaux. Cette dynastie se slavisa rapidement, et l'entourage scandinave des princes varègues fit de même. En 882, le successeur de Riurik, le prince Oleg (Holgi sous sa forme scandinave), élimina le prince Hoskuld, s'empara de Kiev et se trouva ainsi à la tête d'un vaste État slavo-scandinave dans lequel l'élément slave, largement majoritaire, assimila rapidement les cadres scandinaves. Cet État s'étendait des rives orientales du golfe de Finlande jusqu'aux rives septentrionales de la mer Noire, contrôlant aussi les voies commerciales fluviales qui reliaient le monde scandinave au monde byzantin [1].

C'est le début du premier État russe, qualifié également de *Russie de Kiev*, et qui fut à l'origine d'une expansion lente et continue des Slaves orientaux en direction de l'est et du sud.

1. V. Riasanovsky, *Histoire de la Russie*, p. 33-38.

III

LA RUSSIE DE KIEV ET SES VOISINS
(IXe-XIIIe siècle)

Lorsque apparaît la principauté de Kiev à la fin du IXe siècle, le monde européen présente alors une situation pleine de contrastes. L'Occident sort peu à peu de cette longue période de crise qui a suivi les « invasions barbares ». Après l'éphémère tentative de Charlemagne pour reconstituer un empire d'Occident, on assiste peu à peu à l'émergence d'États nationaux constitués à partir de l'héritage carolingien. Depuis le traité de Verdun en 843, l'Occident se trouve partagé en une *Francia occidentalis* sans cesse menacée par les envahisseurs scandinaves, une *Lotharingie*, État médian qui contrôle l'axe Rhin-Rhône et qui englobe une partie de l'Italie, et un *royaume de Germanie* formé de principautés rivales, et dont les frontières orientales sont floues et mouvantes face à un monde slave encore païen. A cet Occident qui se morcelle, s'oppose l'empire d'Orient ou Empire byzantin qui étend son autorité sur l'Asie occidentale que lui disputent les Arabes, et sur la péninsule balkanique aux confins septentrionaux de laquelle plane la menace permanente des « peuples de la steppe » ; ceux-ci, venus d'Asie centrale, nomadisent dans l'espace compris entre la basse Volga et le bas Danube.

A la suite de leur lente migration en direction du sud, les Slaves orientaux sont entrés en contact direct avec le monde byzantin. Déjà depuis longtemps, c'est à travers les territoires occupés par les Slaves orientaux que s'effectuait le commerce entre le monde méditerranéen et les pays de la Baltique. Pour Byzance, les Protorusses n'étaient pas des inconnus. La création de la principauté de Kiev en 882 offrait à l'Empire byzantin de nouvelles perspectives, en particulier celle de faire entrer le nouvel État dans sa sphère d'influence.

LES DERNIERS TEMPS DU PAGANISME ET LES DÉBUTS DU PREMIER ÉTAT RUSSE (882-989)

Caractères du nouvel État

Avec la prise de Kiev par le Varègue Oleg – auquel la Chronique de Nestor attribue le qualificatif de « Sage » –, naît le premier État russe, aux contours assez flous et mouvants en raison de la présence de voisins plus ou moins hostiles, les Baltes et les Finnois au nord, les Polonais à l'ouest, et surtout les Khazars au sud.

Oleg et ses successeurs immédiats, dont les origines scandinaves ne leur ont jamais fait oublier qu'ils régnaient désormais sur des populations slaves, ont peu à peu mis en place un embryon d'organisation politique où se mêlent des traits hérités de leur origine scandinave, et ceux propres à la tradition slave. Leur autorité s'étend maintenant sur l'ensemble de la « terre russe », la *Rous'ka Zemlia*.

Kiev est le centre de cet État. C'est la résidence du grand-prince qui y vit, entouré de ses parents et de ses fidèles, les boyards qui constituent sa « truste », sa droujina, dont le rôle est à la fois militaire, judiciaire et administratif. La fonction de grand-prince est exercée en principe par l'aîné de la descendance mâle de Riurik mais chaque cadet reçoit une part de l'héritage tout en restant en principe soumis à l'aîné. Cette tradition sera définitivement fixée à partir du prince Igor (913-945) dont l'épouse Olga – sainte Olga – devait assurer la régence pendant dix-sept ans au nom de leur fils Sviatoslav (962-972), mais épisodiquement, des querelles entre l'héritier légitime et ses frères ont parfois perturbé quelque peu l'ordre successoral. L'exemple de la succession de Sviatoslav est bien révélateur de cet état de fait. La mère de Sviatoslav avait continué à s'occuper des affaires intérieures du pays. A la mort de celle-ci en 969, Sviatoslav confia à ses

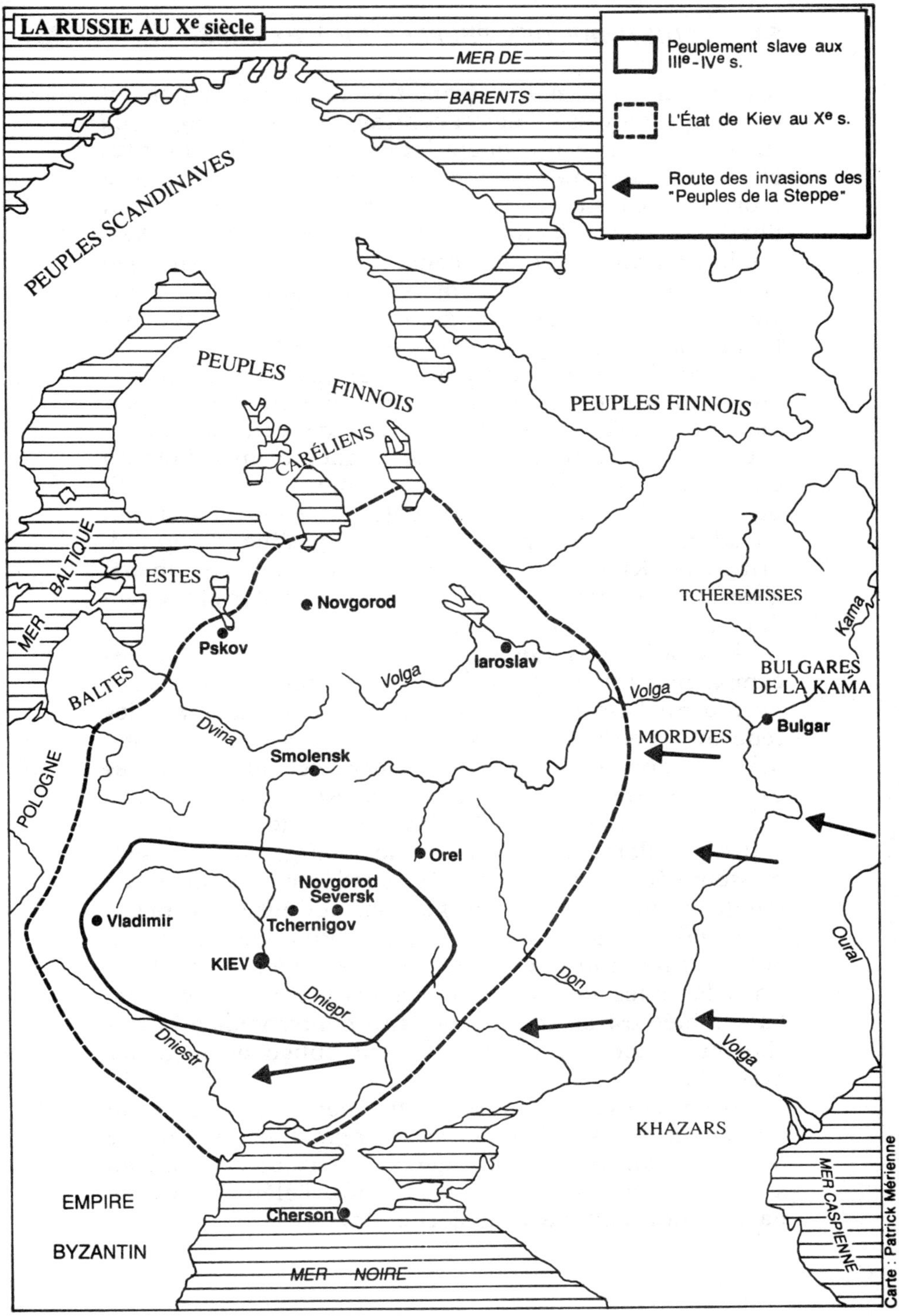
LA RUSSIE AU Xe siècle
Peuplement slave aux IIIe-IVe s.
L'État de Kiev au Xe s.
Route des invasions des "Peuples de la Steppe"
MER DE BARENTS
PEUPLES SCANDINAVES
PEUPLES FINNOIS
PEUPLES FINNOIS
CARÉLIENS
MER BALTIQUE
ESTES
BALTES
POLOGNE
Novgorod
Pskov
Iaroslav
Volga
Dvina
Smolensk
TCHEREMISSES
Kama
BULGARES DE LA KAMA
Bulgar
MORDVES
Orel
Novgorod Seversk
Tchernigov
Vladimir
KIEV
Dniepr
Dniestr
Don
Oural
Volga
KHAZARS
EMPIRE BYZANTIN
Cherson
MER NOIRE
MER CASPIENNE
Carte : Patrick Mérienne

fils l'administration de la principauté ; l'aîné Iarolpok eut en charge Kiev et la région centrale, le cadet Oleg régna sur les Drevlianes du Dniepr, et le troisième Vladimir fut chargé de s'occuper de la principauté de Novgorod. A la mort de Sviatoslav en 972, les trois frères se disputèrent l'héritage. Iarolpok élimina d'abord Oleg, tandis que Vladimir trouvait refuge en Scandinavie, d'où il revint peu après à la tête de mercenaires varègues. Après avoir vaincu et tué Iarolpok, Vladimir reconstitua à son profit l'unité de la principauté de Kiev en 980.

La tradition scandinave d'attribuer aux proches parents du grand-prince un apanage a constitué un élément permanent de faiblesse et de trouble dans cette Russie de Kiev. Dans chaque principauté confiée à un prince du sang *(Kniazi Rouski)* on retrouve la même structure politique qu'à Kiev. Le prince est entouré de ses boyards qui encadrent la population. Dans la droujina du grand-prince de Kiev comme dans celle des princes apanagistes, se côtoient et se mêlent les boyards d'origine scandinave et ceux d'origine slave.

La société est largement dominée par le monde des campagnes. Une partie de la terre appartient au prince et lui fournit l'essentiel de ses revenus constitués par les redevances en nature versées par les paysans libres ; une partie du domaine princier, la réserve, est cultivée par les esclaves. Cette main-d'œuvre servile est constituée de prisonniers de guerre ou d'esclaves pour dettes.

Il y a également des villes et des bourgs qui disposent d'assemblées locales *(viétché)* constituées des chefs de famille propriétaires d'une maison, qui élisent le maire *(posadnik)* et le magistrat *(tysiatchnik)* chargé de la police et de la justice rendue selon l'ancien droit slave. Dans les cités les plus importantes comme Novgorod, l'assemblée est en mesure de faire contrepoids à l'autorité du prince qui se voit souvent obligé de négocier avec elle.

Les structures politiques relativement évoluées et qui rappellent certaines situations comparables en Europe de l'Ouest au haut Moyen Age sont partout en place au xe siècle et ont facilité la fusion entre l'élément scandinave minoritaire de la majorité slave.

Les premiers combats pour la survie de la Russie

Au nord et au nord-ouest, les principautés russes côtoient le monde finnois, dont les populations peu nombreuses, inorganisées et dispersées sur de larges espaces, furent peu à peu soumises et assimilées au fur et à mesure de la lente avancée des Slavo-Russes à l'intérieur de la zone forestière. Du côté des Baltes et des Protoestoniens, les relations ne dépassaient pas le stade d'échanges commerciaux.

A l'ouest, les voisins slaves des Russes étaient les ancêtres des Polonais mais ceux-ci ne constituaient aucune menace pour le prince de Kiev en raison de leur inorganisation et de leur dispersion. La situation se modifiera quelque peu à la fin du xe siècle au moment où se constitue un État polonais avec le prince Mieszko.

Le véritable danger pour l'État russe de Kiev se trouvait au sud, en raison de la double présence de l'Empire khazar et de l'Empire byzantin. Les Khazars au IXe siècle tenaient encore les plaines du Bas Don, de la Basse Volga jusqu'aux confins septentrionaux du Caucase. Ils contrôlaient indirectement les tribus slaves du Bas Dniepr, les Drevlianes, les Sévérianes et les Radimitches qui leur payaient tribut. Pour assurer de ce côté la sécurité de la principauté de Kiev, Oleg le Sage avait entrepris plusieurs expéditions contre ces tribus et les avait soumises à son autorité, puis en 907, il s'était retourné contre Byzance. Cette campagne s'était achevée par la conclusion d'un traité de commerce avantageux confirmé en 911.

Le successeur d'Oleg, le prince Igor, lança plusieurs expéditions en direction des côtes de la mer Caspienne où venaient d'apparaître de nouveaux envahisseurs venus d'Asie centrale, les Petchenègues, appelés *Patzinaks* par les Russes. En 915, Igor se heurta aux Petchenègues qui s'étaient installés sur les rives septentrionales de la mer Noire entre les régions occupées par les Khazars et le littoral, et réussit à les repousser vers l'ouest en direction du Bas Danube. Plus tard, en 941, Igor s'attaqua à Byzance mais sa flotte fut détruite par le feu grégeois. Puis en 943-944, Igor se dirigea vers le Caucase où il occupa un moment la ville de Berda, et en 945, allié cette fois aux Petchenègues, il tenta une nouvelle attaque contre Byzance qui s'acheva par la conclusion d'un nouveau traité. A son retour en Russie, Igor trouva la mort en combattant les Drevlianes qui s'étaient révoltés contre l'autorité de Kiev.

La veuve du prince Igor, Olga, exerça la régence au nom de son fils Sviatoslav. Avec elle, le christianisme pénétra largement en Russie, d'abord par l'intermédiaire des Khazars et de Byzance. Olga elle-même se fit baptiser à Kiev et c'est en princesse chrétienne accompagnée de son chapelain qu'elle fut reçue solennellement à Constantinople en 955 par l'empereur Constantin VII Porphyrogénète. Cette visite fut pour la diplomatie byzantine un succès car elle mit fin provisoirement aux conflits épisodiques opposant l'empire d'Orient au jeune État russe. Mais Olga fit également appel en 959 à l'empereur d'Occident Othon le Grand pour l'aider à évangéliser son peuple. Othon lui envoya des prêtres ainsi que l'évêque Adalbert de Trèves qui s'installa à Kiev.

Le prince Sviatoslav (962-972), demeuré païen en dépit des conseils de sa mère, reprit la lutte contre les Khazars. Il commença par placer sous l'autorité de Kiev les Slaves viatitches de la haute vallée de l'Oka demeurés tributaires des Khazars. Puis en 965, il s'empara de la ville de Sarkel, capitale de l'Empire khazar. Ce fut le début du déclin du khanat khazar réduit désormais aux steppes de la Basse Volga, du Kouban et du Daghestan. Ainsi libéré du danger khazar, Sviatoslav put étendre l'autorité de Kiev sur les plaines du Bas Danube. Il y intervint en août 967 contre les Bulgares à la demande de l'empereur de Byzance, Nicéphore Phocas, et s'empara de leur capitale, Preslav (Perejaslavets).

L'effacement de la puissance khazare profita aux Petchenègues auxquels s'était déjà heurté le père de Sviatoslav. Pendant que Sviatoslav menait campagne contre les Bulgares, les Petchenègues lancèrent une expédition contre Kiev, ce qui obligea Sviatoslav à rentrer dans sa principauté au cours de l'été 968. Une fois écarté le danger petchenègue, Sviatoslav revint en pays bulgare; il est probable qu'à ce moment-là, il songeait à déplacer vers le sud le centre de gravité de ses États en faisant de Preslav la capitale de ses États. Mais il fallait compter avec Byzance. Le successeur de Nicéphore Phocas, Jean Tzimiscès, ne pouvait admettre la présence des Russes en Bulgarie aux confins immédiats de l'empire d'Orient. Au printemps 971, Jean Tzimiscès décida de chasser les Russe de Bulgarie; il leur reprit Preslav et les obligea à se retirer. Au cours de l'été, Sviatoslav assiégé à Silistria (Dorostolon-Dristra) dut s'incliner devant les exigences de Byzance. Aux termes d'un traité conclu avec Tzimiscès, Sviatoslav s'engagea à ne plus intervenir dans les Balkans et à renoncer à toute attaque contre la Crimée (Kherson), le *thème* le plus septentrional de l'Empire byzantin et totalement excentré par rapport à lui. Le prince de Kiev s'engageait en outre à aider Byzance contre ses ennemis[1]. Désormais, le Danube devenait la limite extrême de la zone d'influence russe vers le sud-ouest. Ce qui allait s'appeler beaucoup plus tard la Bessarabie, puis la république socialiste de Moldavie, faisait déjà partie de la mouvance russe dès le xe siècle, à un moment où ses actuels habitants roumains étaient encore en train de nomadiser dans les confins albano-macédoniens.

Une nouvelle fois encore, les Petchenègues reprirent leur offensive contre la Russie kievienne. Sviatoslav trouva la mort au printemps de 972 dans une embuscade tendue par eux près des rapides du Dniepr.

Lorsque le troisième fils de Sviatoslav, Vladimir, eut reconstitué à son profit l'unité de la principauté de Kiev, il chercha tout d'abord à consolider ses États. Il chassa de Galicie et de Volhynie les Polonais qui avaient profité des troubles liés à la succession de Sviatoslav pour occuper ces territoires; il repoussa de même les tribus lituaniennes des Jatviagues qui avaient tenté de s'étendre vers le sud aux dépens du territoire tenu par les Polotchanes. Mais surtout, Vladimir s'efforça de mettre ses États à l'abri de ce qu'il considérait comme le plus grand danger pour la survie de la Russie, à savoir le danger

1. L. Bréhier, *Vie et Mort de Byzance*, p. 206-209, Paris, 1967.

petchenègue. A cet effet, Vladimir organisa aux confins méridionaux de ses États une ligne de défense constituée d'une série de fortins et de villes, et implanta dans les zones frontières de véritables colonies de soldats-paysans. Le premier État russe se trouvait ainsi protégé, du moins provisoirement, contre les menaces des « peuples de la steppe ». Il fallait maintenant le faire admettre dans la communauté des nations chrétiennes d'Europe.

LA CONVERSION DE LA RUSSIE ET SES CONSÉQUENCES IMMÉDIATES

Au début de son règne, Vladimir était demeuré fidèle au paganisme ancestral. Pourtant, il existait en Russie, depuis la conversion de la princesse Olga, des foyers chrétiens actifs. On dit même que le frère de Vladimir, Iarolpok, était favorable au christianisme ; en tout cas, il s'était appuyé sur le « parti » chrétien dans le conflit successoral qui l'avait opposé à son frère Vladimir.

Le retour à l'alliance avec Byzance favorisa le ralliement de Vladimir à la foi chrétienne. A la suite d'une révolte fomentée en Asie Mineure par Bardas Skléros et de la tentative d'usurpation menée en 987 par Bardas Phocas, l'empereur Basile II demanda l'aide du prince Vladimir. Sur la base d'un traité d'alliance par lequel Vladimir s'engageait à fournir au Basileus 6 000 guerriers varègues, celui-ci accordait au prince de Kiev la main de sa sœur, Anne Porphyrogenète. Le futur époux, de son côté, s'engageait à se convertir au christianisme. Effectivement, Vladimir porta secours à Basile II en 988-989, puis se retourna ensuite contre lui en envahissant la Crimée car, entre-temps, le mariage promis avait été différé et, par cette attaque, Vladimir entendait faire respecter les engagements convenus.

Il y a deux thèses en présence à propos des événements qui entourent la conversion de Vladimir et de son peuple. La tradition classique, représentée par la Chronique de Nestor, nous montre un Vladimir faisant faire une enquête sur les différentes religions pratiquées dans les régions voisines de la Russie. Vladimir aurait finalement opté pour le christianisme byzantin en raison de la beauté de sa liturgie, de préférence à la religion musulmane qui interdisait l'alcool – ce qui était peu compatible avec les habitudes de consommation de son peuple –, et au judaïsme qui était la religion d'un peuple peu nombreux et dispersé, et en outre dépourvu de terre. La Chronique de Nestor situe le ralliement de Vladimir au christianisme en 988, ou plus vraisemblablement en 989.

D'autres sources, d'origine byzantine, confirmées par les historiens arabes et reprises par la tradition russe, affirment que c'est en 987, et à Kiev, que Vladimir aurait reçu le baptême des mains de prêtres indigènes.

Ce qui est incontestable, c'est qu'en 989 Vladimir est un prince chrétien qui reçoit enfin à Khersov l'épouse promise, Anne Porphyrogenète, accompagnée d'une délégation de hauts dignitaires de l'Église byzantine qui lui remet la couronne royale, ainsi que les reliques du pape saint Clément. Aussitôt après le mariage, Vladimir restitue Kherson à l'Empire byzantin et aide Basile II, devenu son beau-frère, à chasser les derniers Khazars encore présents en Crimée.

De retour parmi les siens et accompagné de la princesse Anne, Vladimir entreprit de convertir son peuple à la religion à laquelle il venait d'adhérer. Acte symbolique : il fit baptiser les habitants de Kiev par immersion dans le Dniepr. La conversion des Russes se fit en général sans trop de difficulté et assez rapidement. Seules les populations de la région de Novgorod, fortement influencées par les éléments d'origine finnoise demeurés fidèles à leur tradition païenne, manifestèrent une certaine résistance à l'évangélisation, mais cette hostilité à la nouvelle foi s'estompa peu à peu au fur et à mesure que le substrat finnois s'intégrait à l'élément slave.

Vers l'an 1000, on peut dire que le Rus – la Russie – était devenu une terre chrétienne, pourvue d'un clergé de recrutement local mais formé par des prêtres d'origine bulgare, ce qui explique que, dès le début, l'Église russe adopta une liturgie en langue slave, ce qui, avant même le schisme, la distinguait déjà des Églises d'Occident.

La conversion au christianisme a fortement marqué le destin du peuple russe. La Russie est devenue ainsi le bastion avancé de la chrétienté face aux populations païennes ou musulmanes, souvent menaçantes, qui vivaient sur ses confins orientaux et méridionaux. L'orientation byzantine de l'Église russe à ses débuts, en dépit de contacts suivis avec Rome sous les papes Jean XV (990-994) et Sylvestre II (993-1003) se confirma, lorsqu'en 1037 Kiev devint le siège d'une métropole rattachée au patriarcat de Constantinople.

L'ÂGE D'OR DE LA RUSSIE DE KIEV (1019-1125)

La conversion au christianisme du prince de Kiev et de ses sujets fut un élément stabilisateur et unificateur pour le peuple russe. Le successeur de saint Vladimir – le prince Vladimir fut canonisé en raison de son action évangélisatrice –, Iaroslav dit le Sage (1015-1054), régna d'abord au nom de son père à Novgorod où il acheva l'implantation de la nouvelle foi, et c'est sur les forces de Novgorod qu'il s'appuya pour mettre fin à la guerre civile qui l'opposait à son aîné Sviatopolk le Maudit (1015-1019). Mais Iaroslav dut partager ses États avec son frère Mstislav, prince de Tmoutarakan, à qui il confia l'administration de toutes les régions situées à l'est du Dniepr, lui-même gardant Kiev et les territoires situés à l'ouest du fleuve, ainsi que la principauté de Novgorod. A la mort de son frère en 1036, l'unité du pays fut reconstituée.

Sous Iaroslav, le christianisme triomphe définitivement en Russie. De nombreux clercs bulgares s'installent en Russie, et sous la direction du moine Hilarion, futur métropolite de Kiev, on ouvre des écoles à Kiev et à Novgorod. On y installe des ateliers de traducteurs et de copies. On construit de somptueuses églises, comme la cathédrale Sainte-Sophie de Kiev (1025-1037) et Sainte-Sophie de Novgorod (1045-1052). Sur le modèle byzantin s'ouvrent les premiers monastères, le plus ancien remonte à 1051, c'est la « Laure des Catacombes » (Petcherskaïa Lavro) fondé par le moine

Antoine à son retour du mont Athos. Les liens avec l'Église de Byzance sont tels que l'Église russe se rallie aussitôt à l'orthodoxie proclamée par le patriarche de Constantinople, Michel Cérulaire, le 16 juillet 1054 lors de sa rupture avec Rome.

Iaroslav s'efforça d'assurer au nord comme au sud la sécurité de ses États. Au nord, il mena campagne contre les populations finnoises rapidement soumises puis assimilées et fonda en 1024 la ville de Iaroslav en pays finnois, puis en 1030, il soumit les Tchoudes, peuple finnois de Livonie et fonda chez eux la ville de Iouriev (qui plus tard portera le nom germanique de Dorpat), et s'assura même le contrôle d'une partie du littoral de la Baltique de part et d'autre du Niémen. L'arrivée des Danois en 1106 mit fin à cette ouverture sur la Baltique. A l'ouest, Iaroslav reprit aux Polonais la Galicie qu'il avait dû leur céder au moment de la guerre civile du début de règne.

Au sud, Iaroslav lutta victorieusement contre la menace permanente que faisait peser sur la Russie la présence des Petchenègues. A l'issue de la campagne de 1036-1037, Iaroslav écrasa les Petchenègues qui se replièrent à l'ouest où ils attaquent Byzance avant de se mettre à son service, puis sont définitivement écrasés par l'empereur Jean II Comnène au début du XIIe siècle, et doivent se réfugier en Hongrie.

La fin de la menace petchenègue n'amena cependant pas la paix dans les confins méridionaux de la steppe russe. Les Petchenègues furent alors remplacés par d'autres peuples nomades également d'origine turque et venus, eux aussi, d'Asie centrale : les Oghouzes, dont les actuels descendants asiatiques sont les Turkmènes. Une partie d'entre eux, les Seldjoucides convertis à l'islam, passèrent en Asie Mineure et l'autre, les Ouzoïs demeurés païens, nomadisèrent vers 1050-1054 dans la steppe russe avant de se diriger vers les Balkans. A ce moment-là, les derniers Ouzoïs demeurés dans la steppe russe furent soumis et assimilés à de nouveaux venus, également turcs, les Qiptchaks, appelés *Polovtses* par les Russes, et *Coumans* (Kun) par les Hongrois.

Les Qiptchaks sont des Turcs qui parlaient une langue voisine de celle des Oghouzes. A l'origine, ils vivaient en

Sibérie dans les vallées de l'Irtych et de l'Ob aux côtés des Kimaks, autre peuple turc de Sibérie occidentale. Au milieu du XIe siècle, les Qiptchaks se séparent des Kimaks; puis ils se dirigent vers les steppes de l'Ouest, poussant devant eux les Oghouzes et les Ouzoïs, et s'installent à leur place dans les steppes de la Russie à partir de 1065, nomadisant à travers les vastes espaces qui s'étendaient de la Caspienne au Bas Danube jusqu'à ce qu'en 1221 les Mongols les anéantissent. Les survivants se réfugièrent en Hongrie.

Les successeurs de Iaroslav se heurtèrent très tôt à ces Polovtses. Leur situation était d'autant plus fragile que, selon la vieille tradition scandinave, la présence de nombreux princes apanagistes suscitait des rivalités avec le souverain de Kiev. Le fils aîné de Iaroslav, Iziaslav (1054-1078), régnait sur Kiev et Novgorod; son cadet Sviatoslav (1054-1078), régnait sur Kiev et Novgorod; son cadet Sviatoslav obtint les principautés de Tchernigov, Mourom et Riazan; le troisième, Vsévolod, celles de Pereiaslav, Souzdal et Bieloozero. Quant aux derniers fils de Iaroslav, Viatcheslav et Igor, ils durent se contenter respectivement de la principauté de Smolensk et de la Volhynie, aux confins du jeune royaume de Pologne.

Dès 1055, le prince Vsévolod tenta, pour s'assurer la paix, d'acheter la bienveillance des Polovtses en leur payant tribut; la paix ne dura guère. Dès 1061, les Polovtses reprirent leurs expéditions de pillage en direction de Kiev. En 1068, ils écrasèrent sur les rives de l'Alta l'armée de Iziaslav renforcée de contingents envoyés par ses frères, Sviatoslav et Vsévolod. Cette défaite provoqua une émeute à Kiev; le peuple chassa Iziaslav qui fut rétabli momentanément avec l'aide du roi de Pologne Boleslas II. A partir de 1073, c'est Sviatoslav qui régna à Kiev jusqu'à sa mort en 1076. A ce moment-là, Iziaslav reprit le pouvoir avec l'aide des Polonais mais dut à nouveau affronter les Polovtses que le fils de Sviatoslav, Oleg, avait appelé pour évincer son oncle. Dès lors, les Polovtses vont être mêlés aux querelles successorales de la Russie kievienne, intervenant à la demande des uns et des autres et en profitant pour se livrer au pillage systématique du pays.

Après le règne de Vsévolod (1076-1093) marqué par de nombreuses interventions polonaises, son successeur, fils de Iziaslav, Sviatopolk II (1093-1113), s'efforça de trouver un compromis entre les princes rivaux. Cette pacification interne permit de faire bloc contre le danger polovtse. En 1103, le prince Vladimir, fils de Vsévolod, fut chargé de mener une véritable croisade contre les Polovtses à laquelle participèrent tous les princes. Les Polovtses furent battus. Le prestige de Vladimir fut tel que le peuple de Kiev le choisit comme grand-prince à la mort de Sviatopolk sans tenir compte des règles successorales traditionnelles. Vladimir II (1113-1125), appelé Monomaque en souvenir de son aïeul maternel Constantin IX Monomaque, restaura l'unité de la Terre russe. La paix, bien que toujours précaire, régna aux confins du pays. La Russie est une terre chrétienne maintenant, et les Slaves largement majoritaires ont facilement assimilé l'élément scandinave, ainsi que le vieux substrat finnois. L'unité linguistique et religieuse de la Terre russe est alors réalisée [1].

AFFAIBLISSEMENT POLITIQUE ET EXPANSION TERRITORIALE DE LA RUSSIE (1125-1240)

L'œuvre unificatrice de Vladimir II Monomaque fut rapidement anéantie après la mort du grand-prince. Celui-ci laissait de nombreux héritiers directs. Ses deux fils aînés, Mstislav (1125-1132) puis Iarolpok (1132-1139) lui succédèrent, mais à la mort de ce dernier, les descendants de Mstislav s'opposèrent à leur oncle, fils cadet de Monomaque, Iouri Dolgorouki qui avait déjà reçu en apanage la principauté de Souzdal. En fait, c'est l'affrontement entre Kiev, la capitale historique, « la mère des villes russes », et les princes apanagistes issus de Iouri Dolgorouki dont la puissance repose sur les principautés de Souzdal, de Vladimir et de Novgorod. En 1169, la prise et la mise à sac de Kiev par le fils de Dolgorouki, Andréï Bogolioubski, consacre l'éclatement de la Russie kiévienne. La vieille cité est délaissée par les princes au

1. N.V. Riasanovsky, *op. cit.*, p. 43-50.

profit de Vladimir. Kiev sera encore pillée en 1203 par les Polovtses dont ce fut d'ailleurs la dernière intervention en Russie.

Ce fut le début de la période dite de « dispersion ». Le monde slavo-russe se trouve dès lors morcelé en plusieurs entités politiques dont les princes sont tous plus ou moins issus de la maison de Riurik. Mais leur parenté ne les empêche pas de se livrer parfois à des conflits interminables et sanglants. Cette dispersion politique n'a cependant pas empêché la lente progression de la colonisation russe, et cela dans plusieurs directions. La colonisation la plus durable est celle qui s'est faite à partir de Novgorod, de Rostov et de Souzdal en direction de la mer Blanche, de l'Oural et des espaces sibériens, c'est-à-dire vers des régions aux populations très peu nombreuses, très disséminées et appartenant toutes au groupe finnois.

C'est ainsi que dans le courant du XIIe siècle, les Slavo-Russes soumirent les Nénetz des rives de la mer Blanche – avant-garde occidentale du vaste conglomérat ethnique des peuples samoyèdes –, les Zyriénes qui occupaient alors de vastes zones de la taïga occidentale entre la Volga et l'Ob, et s'étendaient même alors à l'ouest de la Volga où l'actuelle toponymie révèle l'existence d'un ancien habitat zyriéne aujourd'hui disparu. On attribue une origine zyriéne au nom même de Moscou, « Moskva », c'est-à-dire en zyriéne MOS-K-VA, « l'eau des vaches ». Ces Zyriénes jouaient jusqu'alors le rôle d'intermédiaires dans les échanges commerciaux entre le monde occidental d'une part, la Sibérie et le Turkestan d'autre part. Les Ostiaks et les Vogouls, eux, occupaient le versant sibérien de l'Oural et les plaines de l'Ob inférieur ; il n'était pas question pour les Russes de les assimiler ; ils se contentèrent de construire çà et là des petits fortins en bois *(ostrog)*, servant à la fois de postes militaires et de comptoirs commerciaux, et d'exiger de ces peuples nomades le paiement d'un tribut en nature. Épisodiquement, des prêtres tentaient d'évangéliser ces populations païennes mais sans grand succès, sauf chez les Zyriénes. Le haut degré de dispersion de ces peuples permit l'installation au milieu d'eux de colons russes sédentaires sans qu'il y eût le moindre conflit avec les populations autochtones en général pacifiques. Si bien qu'ils vaut mieux parler à ce niveau de coexistence entre Russes et autochtones, que d'assimilation ou de conquête.

Au début du XIIIe siècle, la colonisation russe se poursuit encore et atteint maintenant le pays mordve, de part et d'autre de la Moyenne Volga où fut fondée en 1220 la ville de Nijni-Novgorod, mais la plus grande partie des Mordves dont la zone d'habitat était très étendue, demeurèrent pour longtemps encore en marge du monde russe.

Il est assez paradoxal de constater qu'au moment où s'affirme et s'amplifie le mouvement d'expansion des Russes en direction du nord et du nord-est, la Russie est devenue une fédération de principautés indépendantes et souvent rivales dont les princes, issus de Riurik, ont perdu tout sens de la communauté. Chaque principauté suit sa propre voie, en toute indépendance. Au début du XIIIe siècle, quelques principautés se détachent : la principauté de Kiev dont le grand-prince *(Veliki Kniaz)* exerce une primauté toute théorique sur les autres princes, la principauté de Souzdal, celle de Vladimir, et celle de Novgorod. Cette dernière au XIIIe siècle devient une véritable république dirigée par l'assemblée des Marchands et tournée davantage vers le monde balte et hanséatique que vers les autres principautés russes. Il faut faire une place particulière aux petites principautés occidentales de Galicie et de Volhynie, voisines de la Pologne, et dont les princes ont pratiquement rompu tout lien politique avec les autres principautés russes et sont davantage tournés vers l'Occident, en particulier vers la Pologne et la Hongrie.

Le monde russe, au début du XIIIe siècle, est ainsi très affaibli sur le plan politique; il l'est également sur le plan économique. A l'exception du cas particulier de Novgorod, les activités commerciales ont largement décliné en raison à la fois de l'insécurité qui règne dans les confins méridionaux du pays et de l'ouverture de nouvelles routes commerciales entre les pays du Nord et ceux de la mer Noire, et entre l'Europe et l'Asie, routes qui évitent désormais le territoire de la Russie.

C'est dans une Russie quelque peu affaiblie qu'apparaît dans le premier tiers du XIIIe siècle un nouveau danger venu de ces steppes d'Asie centrale d'où sont partis déjà tant de conquérants à la recherche de nouvelles terres à l'ouest. Ce nouveau danger, c'est l'arrivée des Mongols.

IV

LE MONDE RUSSE FACE AUX « PEUPLES DE LA STEPPE » (1240-1584)

Jusqu'au début du XIIIe siècle, le premier État russe présentait sur le plan ethnique une homogénéité incontestable en raison de l'écrasante domination numérique de l'élément slave et de sa faculté à assimiler les peuples allogènes autochtones ou limitrophes. La diffusion du christianisme, l'essor de la vie urbaine favorisée par l'autonomie communale accordée par les princes, le développement des échanges commerciaux, tout cela a constitué autant de facteurs favorables à la naissance d'un certain sentiment national russe, sentiment qui apparaît à la lumière de toutes les annales et de toutes les chroniques à l'époque où apparaissent les héros et le passé de la Russie.

L'entrée en scène des Mongols et leur installation durable sur une partie de la Terre russe allaient donner paradoxalement une vocation impériale au peuple russe. Et pourtant, dans l'immédiat, le peuple russe passe de la situation de peuple colonisateur et dominant à celle de peuple dominé et tributaire.

LES ANNÉES NOIRES DE LA RUSSIE (1240-1380)

L'aventure tataro-mongole

Qui sont ces Mongols qui, selon les contemporains, « firent un grand carnage dans le pays russe, détruisirent les villes et les bourgs, tuèrent les gens et assiégèrent

Kiov (Kiev), métropole de la Russie [1] », mais qui instituèrent aussi en Eurasie ce que certains ont appelé « la paix mongole [2] »?

Les Mongols comme leurs voisins turcs et toungouzes parlent une langue du groupe altaïque. Leur habitat primitif se situait sans doute au sud-est du lac Baïkal et dans le bassin supérieur des rivières Onon et Keroulen, affluents de l'Amour. Ils ont constitué longtemps un groupe de tribus de pasteurs nomades, en lutte perpétuelle les unes contre les autres. Au XIe siècle, un premier regroupement des Mongols fut opéré mais cette « confédération » explosa vers 1160. Au début du XIIIe siècle, les Mongols entrent pour la première fois dans l'Histoire comme peuple dominant, à une époque où le territoire qu'ils occupent correspond à peu près à l'actuelle Mongolie extérieure, depuis le lac Baïkal jusqu'au nord de la Mandchourie. L'apparition de Temutchin, connu en Occident sous le nom de Gengis Khan [3], est le point de départ de la formidable expansion des Mongols de la Chine à l'Europe. Gengis Khan est né vers 1167, et appartenait probablement à la famille des chefs qui avaient tenté un siècle plus tôt de réaliser l'unité des Mongols. Au printemps de 1206, à l'occasion de la tenue de la Grande Assemblée (*Khurultay*) qui réunissait l'ensemble des chefs de tribus, Gengis Khan fut désigné comme khan suprême des Mongols. Et parmi ces tribus mongoles, il y avait les Mongols proprement dits, les Meikites, les Naïmans, les Kevzètes et les Tatars. Le nom de Tatar est employé de pair avec celui de Mongols pour désigner l'ensemble de ces cavaliers très rapides et équipés d'arcs qui firent trembler l'Europe orientale au XIIIe siècle.

Après avoir rallié l'ensemble des tribus mongoles et soumis les Oirots et les Kirghizes, peuples turcs de l'Ienisseï, Gengis Khan dirigea ses forces à la fois vers l'Asie orientale où il s'empara en 1215 de Pékin soumettant ainsi la Chine du Nord, et vers l'Asie centrale où en 1218,

1. Jean du Plan Carpin, *Histoire des Mongols*, Paris, 1965, p. 68 et ss.
2. Chantal Lemercier-Quelquejay, *la Paix mongole*.
3. Ce nom vient sans doute du mot *Dengiz* qui signifie en turc la mer, et par extension l'univers. La forme mongole est Tchingiz. Gengis Khan (Tchingiz Khan) signifierait donc « le roi de l'univers ».

il détruisit l'empire de Karakitai, puis le sultanat turc de Chorezm (Khorezm), dont les territoires correspondent en gros à la dépression aralo-caspienne. Les riches cités de Boukhara (février 1220), de Samarkand (mars 1220), de Balkh et de Merv (février 1221) tombèrent ainsi aux mains des Mongols. Deux des lieutenants de Gengis Khan, Djébé et Subutay, poussèrent plus loin vers l'ouest lors du raid qu'ils accomplirent en 1221-1222; après avoir traversé l'Iran, la Géorgie et le Caucase, ils firent une apparition dans les steppes au nord de la mer Noire. Et c'est là que le 31 mai 1223 eut lieu le premier affrontement direct entre les Mongols de Subutay et les droujinas russes.

Les Polovtses avaient averti les princes russes de l'arrivée des Mongols. Mstislav le Brave rassembla autour de lui les princes de Kiev, de Tchernigov et le jeune prince de Volhynie, Daniel Romanovitch. Seul le prince de Souzdal, Vladimir Iouri Vsévolodovitch, resta à l'écart de la coalition. A l'issue de la bataille qui se déroula sur les rives du Kalka près de la mer d'Azov, l'armée des princes russes renforcée de contingents polovtses fut taillée en pièces. Mais cette défaite n'entraîna pas de conséquences immédiates car les Mongols s'intéressaient alors principalement à la Chine et à l'Extrême-Orient [1].

A la mort de Gengis Khan en 1227, l'unité de l'Empire mongol fut maintenue par l'héritier désigné par le défunt, son troisième fils Ögüday (1229-1241) qui, après avoir doté les Mongols d'une capitale, Qaraqorum, fondée en 1235, reprit la politique d'expansion de son prédécesseur. La Chine fut peu à peu intégrée à l'Empire mongol mais la conquête ne s'acheva qu'en 1279 sous le khan Kubilay. C'est Batu Khan, fils de Djötchi, l'aîné des quatre fils de Gengis Khan mort avant son père, qui fut chargé de conduire une armée forte de 150 000 guerriers à la conquête de l'Occident. Parties à l'automne 1236 d'Asie centrale, les armées de Batu Khan allaient en quelques années faire de la Terre russe une dépendance de l'Empire mongol.

1. B. Grékov et A. Iakoubovski, *la Horde d'Or et la Russie*, Paris, 1961, p. 190-195.

L'invasion mongole en Russie et en Europe orientale

C'est au cours du printemps 1223 que s'était produit le premier choc entre les Russes et les avant-gardes mongoles. La nouvelle de la menace mongole s'était répandue en Europe. Sur ces entrefaites, utilisant des informations fournies par le chroniqueur hongrois Anonymus, une mission dirigée par le dominicain Julianus avait été envoyée en Russie orientale à la recherche d'une fraction séparée du peuple hongrois restée sur le versant occidental de l'Oural, dans la patrie ancestrale, la *Magna Hungaria*. Effectivement, aux termes d'une longue pérégrination, Julianus et ses compagnons rencontrèrent aux confins de la principauté de Souzdal et de la Grande Bulgarie (Bulgarie de la Volga) quelques individus parlant une langue très proche du hongrois et qui vivaient sur les rives de la Volga, dans la zone occupée aujourd'hui par les Tcheremisses. Au cours du séjour de Julianus chez ses lointains compatriotes, probablement pendant l'été 1236, il eut l'occasion de rencontrer un émissaire tatar qui l'avertit qu'une armée tataro-mongole s'apprêtait à se diriger vers l'Europe. A son retour en Hongrie, Julianus rendit compte à son roi Béla IV qui, à son tour, avertit le pape Grégoire IX. Julianus fut chargé d'une double mission et repartit à l'été 1237; il parvint jusqu'à Souzdal, mais à ce moment-là la situation avait déjà rapidement évolué.

Les armées de Batu Khan en effet se trouvaient déjà aux portes du monde russe. Au cours de l'hiver 1236-1237, les Mongols avaient dévasté le royaume de Grande Bulgarie – dont la capitale, Bolgary, ne tomba qu'à la fin de 1237 –, faisant disparaître à jamais les Hongrois de la Magna Hungaria [1].

Puis ce fut au tour de la principauté de Riazan de connaître la ruine et la désolation. La capitale fut détruite et sa population systématiquement massacrée. Au cours de l'hiver 1237-1238, les Mongols s'avancèrent plus avant

1. *Magyarország Története* (Histoire de la Hongrie), t. I, 1re partie p. 457-459; t. II, 2e partie, p. 1420 et ss., Budapest, 1984.

à l'intérieur de la Terre russe, incendièrent au passage Moscou, puis firent subir un sort analogue aux villes de Vladimir (7 février 1238), Souzdal, Rostov et Iaroslav. Le grand-prince Iouri Vsévolodovitch qui tentait sur la Sit de défendre la principauté de Novgorod fut tué au combat le 4 mars 1238 et ses troupes défaites. La cité marchande de Novgorod semblait devoir succomber à son tour mais le dégel du printemps 1238 arrêta la progression des Mongols qui se retirèrent vers le sud, dans les plaines de la Basse Volga et du Bas Don à partir desquelles ils lancèrent de nouvelles attaques ponctuelles et limitées. Les attaques massives des Mongols reprirent en 1240, cette fois-ci en direction de l'ouest. Ce répit permit au prince Alexandre Nevsky de repousser d'autres envahisseurs chrétiens et occidentaux cette fois, d'abord les Suédois qu'il battit sur la Neva le 15 juillet 1240, puis les Chevaliers teutoniques qui furent taillés en pièces le 5 avril 1242 sur les glaces du lac Peïpous.

Mais au moment où l'héritier des princes de Vladimir triomphait de ses ennemis du Nord, Kiev, la « mère de toutes les villes de la Russie », tombait aux mains des Mongols le 6 décembre 1240 ; la ville fut entièrement détruite. De là, les hommes de Batu Khan passèrent en Galicie, puis en Silésie où ils bousculèrent les armées polono-allemandes qui tentaient de les arrêter devant Legnice le 9 avril 1241. D'autres éléments mongols franchissaient les Carpates et descendaient en Hongrie où ils écrasèrent l'armée du roi Béla IV à Mohi les 11 et 12 avril de la même année. Cette « invasion tatare » *(tatárjárás)*, comme l'appellent les historiens hongrois, provoqua en Hongrie des dégâts considérables tant sur le plan humain que sur le plan matériel. Mais en mai 1242, les Tatars regagnèrent leurs bases de départ en Russie. Les plaines steppiques de Russie méridionale vont devenir pour plusieurs siècles le centre du khanat mongol de la Horde d'Or. La Terre russe tombait ainsi sous la tutelle des khans mongols [1].

1. R. Grousset, *l'Empire des steppes*, *op. cit.*, p. 243 et ss.

Le monde russe après l'invasion des Mongols

La prise de Kiev consacre la dislocation de ce monde russe déjà affaibli depuis un siècle par les affrontements continuels entre les princes de la maison de Riurik. La ville de Kiev avait déjà perdu depuis longtemps sa prééminence au profit de Vladimir. Le centre de gravité de la Terre russe s'est ainsi déplacé vers le nord, au cœur de la zone forestière.

L'Ukraine

Les principautés périphériques du Sud-Ouest, la Volhynie et la Galicie, depuis longtemps influencées par le monde occidental en raison des contacts permanents avec la Hongrie et surtout la Pologne, s'étaient peu à peu détachées du monde russe. Les deux principautés unies depuis 1299 par des princes descendant en ligne directe de Mstislav, fils aîné de Vladimir Monomaque, choisissent définitivement le rapprochement avec l'Occident. En 1253, le prince Daniel Galitzki (1238-1264), qui avait repeuplé son pays au lendemain du passage des Mongols en faisant venir des colons allemands, arméniens et juifs, reçut du pape Innocent IV le titre de roi : il tenta de mettre sur pied une croisade contre les Mongols mais ne reçut aucune aide extérieure, si bien qu'il dut lui aussi se reconnaître vassal de la Horde d'Or. Son fils et successeur Léon tenta de conserver l'autonomie de la Volhynie et de la Galicie sans cesse menacée par les Mongols. Après sa mort en 1301, les deux principautés déclinèrent.

La Volhynie fut rapidement absorbée par les Lituaniens qui poursuivaient leur expansion vers l'est; en 1362, ils reprirent même Kiev aux Mongols. Quant à la Galicie, elle fut absorbée dès 1349 par la Pologne. L'union polono-lituanienne qui se met en place dès 1386 incorpore ainsi une importante fraction du monde russe à la Grande Pologne : cette Russie sous domination polono-lituanienne, c'est le berceau de ce qu'on allait appeler plus tard l'Ukraine.

Les territoires occupés par les Mongols

Tandis qu'une partie de l'ancienne Russie se trouvait incorporée à l'État polono-lituanien, une autre passait sous le contrôle direct des Mongols. Il s'agit des confins sud-orientaux de l'ancienne principauté de Kiev, ce qui correspond aux steppes de Basse Russie, et de toutes les régions limitrophes de l'ancienne Russie situées entre le Don et l'Oural où vivaient des peuples non slaves mais qui entretenaient avec les principautés russes des relations commerciales.

Après la mort de Batu Khan en 1255, les querelles successorales aboutirent au morcellement de l'Empire mongol qui se trouva divisé dans un premier temps en quatre khanats : le Grand Khanat avec la Chine et la Mongolie, le khanat d'Ilkhanet avec la Perse, le khanat de Tchagataï correspondant aux steppes d'Asie centrale et le khanat de la Horde d'Or. C'est à l'intérieur de ce dernier que se trouvaient la Russie et ses régions limitrophes à l'est et au sud-est, dont une partie fut directement placée sous le contrôle mongol.

Déjà depuis le printemps 1242, Batu Khan avait établi sa capitale dans la ville de Saraï sur la rive orientale de la Basse Volga. Cette cité allait devenir le quartier général de la Horde d'Or; c'était une cité florissante et prospère, lieu de rencontres entre marchands occidentaux et orientaux jusqu'en 1396, date de sa destruction par Tamerlan. Dans les territoires administrés directement par la Horde d'Or, la population était clairsemée et diverse. Clairsemée parce que de nombreux Russes avaient préféré fuir vers le nord et s'étaient installés dans les principautés vassales, diverse parce qu'à côté des Russes demeurés sur place se trouvaient des nouveaux venus, des Mongols d'abord mais aussi des peuples turcs, comme les Kalmouks, qui les avaient suivis dans leur marche vers l'ouest, ainsi que divers peuples et peuplades de races diverses installées sur place depuis fort longtemps. C'est le cas des anciens Bulgares de la Volga qui, mêlés aux envahisseurs turco-mongols, ont survécu jusqu'à aujourd'hui où on les retrouve sous l'appellation de

« Tatars de Kazan »; c'est le cas des différents peuples finno-ougriens comme les Mordves de la rive droite de la Volga qui, après avoir vécu longtemps dans la mouvance des princes russes, devinrent sujets des Mongols et abandonnèrent pour la plupart d'entre eux leur idiome national pour adopter le parler des Bulgares de Kazan, ou bien encore comme les Oudmourtes ou Votyaks du bassin de la Kama qui, à la différence des Mordves, conservèrent jusqu'à nos jours leur parler; c'est le cas aussi des Bachkirs, peuple turc des pentes occidentales de l'Oural, qui, à l'intérieur du khanat mongol, parvinrent à conserver un large degré d'autonomie.

Ainsi, sous le règne des Mongols, la steppe russe et ses confins orientaux abritèrent des peuples de langues et de traditions différentes, suffisamment distants les uns des autres dans les campagnes pour éviter les heurts, mais se côtoyant pacifiquement dans les villes. La *paix mongole*, en dépit des violences au moment de la conquête, était une réalité. Au départ, les Mongols demeurés païens dans leur immense majorité, à l'exception de quelques chrétiens nestoriens et de quelques musulmans, ne créèrent aucun obstacle aux activités de l'Église orthodoxe russe. Ce climat de tolérance se maintint lorsque, au XIVe siècle, les Mongols de la Horde d'Or se rallièrent en masse à l'Islam sous le khan Özbek (1312-1340). En revanche, il faut rappeler aussi que des Mongols et des Turcs se convertirent à la foi chrétienne et qu'à plusieurs reprises il y eut des contacts entre des représentants de la papauté et la Horde d'Or. La tolérance religieuse et les mariages mixtes facilitèrent la poursuite du processus d'assimilation pacifique qui permit aux Russes majoritaires d'intégrer une partie des nouveaux venus.

Les principautés vassales

Après l'installation des Mongols en Russie du Sud, la vie nationale russe s'est repliée en « Grande Russie », dans les principautés septentrionales restées autonomes. Mais leurs souverains, descendants lointains de Riurik, ont été obligés de se reconnaître vassaux du khan mongol. Au moment de leur avènement, les princes doivent venir prêter hommage au suzerain mongol dont ils reçoivent une lettre patente, le *Yarlik*, qui confirme leur pouvoir. Les princes doivent payer à leur suzerain un lourd tribut, la « bouche de la Horde », versée d'abord en fourrures, puis par la suite en argent ; en outre, en certaines occasions, les princes vassaux doivent fournir des contingents de troupes au khan mongol.

La principauté de Souzdal qui avait pris son envol au XIIe siècle avait, avant même l'entrée en scène des Mongols, supplanté Kiev, et c'est sa capitale, Vladimir, qui était devenue la résidence du grand-prince. Elle avait été fortement ébranlée par l'invasion mongole à l'époque du prince Iaroslav (1237-1246). Ses fils et successeurs, d'abord André (1246-1252), et surtout Alexandre Nevsky (1252-1263) rendu célèbre par sa résistance aux envahisseurs suédois et teutoniques, acceptèrent la soumission au khan mongol. Alexandre Nevsky entretint de bonnes relations avec les Mongols dont il reçut le titre de grand-prince et obtint même l'autorisation de fonder un évêché orthodoxe à Saraï. Il s'efforça de rallier Novgorod à sa politique de bonne entente avec les Mongols, et le « grand souverain de Novgorod » paya à son tour tribut aux Mongols. Cette apparente collaboration avec les khans permit à Novgorod de sauvegarder son indépendance, ce qui constituait un atout appréciable pour le devenir russe, dans la mesure où la riche cité marchande contrôlait un vaste territoire allant des confins de la Baltique jusqu'à l'Oural à l'est et jusqu'à la mer Blanche au nord. Depuis le XIIe siècle, les marchands de Novgorod commerçaient déjà avec le monde sibérien, et, au XIVe siècle, ils sont organisés en une corporation particulière.

Après la mort d'Alexandre Nevsky, la principauté de Souzdal-Vladimir, selon la fâcheuse tradition du système des apanages, se trouva à nouveau partagée entre les héritiers du grand-prince, et il en fut ainsi jusqu'au XVIe siècle. Les querelles successorales souvent arbitrées par les Mongols et à leur profit se réglèrent provisoirement à l'avantage d'Ivan Ier Kalita (1328-1341) qui réussit non sans mal à reconstituer l'unité des terres russes autour de Moscou, après avoir imposé son hégémonie aux principautés de Novgorod, de Tver et de Riazan. Ivan Ier prit le titre de « prince de Moscou et de toute la Russie » mais demeura toutefois vassal de la Horde d'Or. Moscou fondée en 1147 en plein cœur de la zone forestière, à l'écart des grands axes de circulation, s'était largement développée grâce à l'arrivée de nombreux réfugiés venus du Sud. Au XIVe siècle, la ville devient le centre de ce nouvel État russe qui est en train de se reconstituer sous la direction des héritiers d'Alexandre Nevsky. Depuis 1326, le métropolite de Vladimir s'y est établi. A la fonction religieuse s'ajoute avec Ivan Ier la fonction politique.

Le fils aîné d'Ivan Ier, Siméon le Fier (1341-1353), lui succéda avec l'accord du khan mongol. Mais, à sa mort, les princes apanagistes profitèrent de la faiblesse de son frère et héritier Ivan II pour le dépouiller, et reçurent pour cela l'appui du prince de Lituanie Gediminas (1316-1341) et de son successeur Algirdas (1345-1377). La Lituanie est devenue à cette époque une grande puissance expansionniste. Les Lituaniens ont chassé les Mongols des zones qu'ils occupaient dans la vallée du Dniepr ; ils se sont emparés de Vitebsk, de Minsk et même de Kiev en 1361 avant de pousser jusqu'à la mer Noire, profitant de l'affaiblissement temporaire de la Horde d'Or à la mort du khan Berdibeg (1357-1359). Le prince de Lituanie, Algirdas, envisagea même un moment avec l'appui de Byzance de reconstituer un grand État kievien sous son autorité et de chasser les Mongols de Russie. La situation de l'État moscovite fut sauvée par l'alliance entre le métropolite de Moscou Alexis et le khan mongol Mamaï. Le jeune fils d'Ivan II, Dimitri (1359-1389), reçut le titre de grand-prince et les princes furent obligés d'accepter son autorité. Mais, à plusieurs reprises, les Lituaniens tentèrent en vain de s'emparer de Moscou en 1368 et en 1372.

Dimitri préféra faire la paix avec Algirdas. Il avait d'autres ambitions. Il était conscient que les interventions constantes du khanat mongol dans les affaires russes, même si elles se faisaient à son profit, affaiblissaient l'autorité du grand-prince. Une fois le danger lituanien écarté, Dimitri s'attaqua d'abord aux Bulgares de la Volga, alliés de la Horde d'Or. Puis il repoussa en 1378 une armée mongole envoyée contre lui. Dimitri réussit à convaincre les princes russes de l'aider dans sa lutte contre la Horde d'Or. Ceux-ci lui fournirent des contingents. En face, le khan Mamaï, allié au nouveau grand-prince de Lituanie Jagellon, se péparait à envahir la Moscovie avec une puissante armée. Dimitri prit les devants, se porta à la rencontre de l'ennemi et remporta une écrasante victoire à Koulivovo, au « champ des Bécasses » (Koulivovo polié), au confluent du Don et de la Nepriadva, le 8 septembre 1380. Les Mongols furent taillés en pièces et leurs alliés lituaniens se retirèrent.

Pour la première fois depuis 140 ans, les Mongols subissaient un échec cinglant devant les Russes. Dimitri, qui reçut désormais le titre de *Donskoï* à la suite de sa victoire sur les rives du Don, consacrait ainsi la montée de la puissance de l'État moscovite [1].

Ainsi, à la fin du XIVe siècle, l'État russe reconstruit autour de Moscou par les descendants d'Alexandre Nevsky est devenu une réalité. Mais les princes de Moscovie n'exercent leur autorité morale que sur une partie du peuple russe, sur ceux que l'on appelle désormais les Grands-Russiens. Et en raison de la persistance de la pratique de l'apanage, l'autorité effective des princes de Moscou ne s'exerce que sur une partie très limitée de la Russie, sur quelque 40 000 km^2! L'invasion mongole et l'expansionnisme polono-lituanien ont amené le fractionnement du peuple russe en trois groupes qui, au XIVe siècle, commencent à s'affirmer avec un particularisme culturel et linguistique qui ira grandissant. Au nord, de Novgorod à l'Oural, ce sont les Grands-Russiens qui dominent; à l'ouest, ce sont les Russes blancs ou Biélorusses devenus sujets lituaniens qui occupent les régions du Pripet et le bassin de la Dvina occidentale; enfin au sud, dans les régions tenues au départ directement par les Mongols et que leur disputent avec succès les Polonais et les Lituaniens, c'est le domaine des Petits-Russiens ou Ukrainiens. Petit à petit, chacun de ces peuples, issus pourtant d'un noyau commun, devait développer son particularisme national et religieux et ainsi affirmer sa propre identité.

1. N.V. Riasanovsky, *op. cit.*, p. 110-113.

LA FIN DE L'HÉGÉMONIE MONGOLE EN RUSSIE (1380-1533)

Les dernières offensives mongoles

La victoire de Dimitri Donskoï en 1380 ne mit pas fin immédiatement au péril mongol. Le réveil mongol sous Tamerlan (Timour Leng) provoqua une reprise des affrontements. En 1381, le lieutenant de Tamerlan, le khan Tokhtamysh, reprit l'offensive vers le nord et, tout au long de l'année suivante, ses armées dévastèrent les principautés de Souzdal et de Vladimir ainsi que la Moscovie, puis vinrent mettre le siège devant Moscou. La ville fut prise, pillée puis incendiée le 26 août 1382. Dimitri Donskoï obtint finalement le départ des Mongols moyennant le versement annuel d'un lourd tribut qu'il acquitta ainsi jusqu'à sa mort. La tutelle mongole devait encore durer un siècle.

Le fils et successeur de Dimitri, Vassili Ier (1389-1425), fut reconnu comme grand-prince par la Horde d'Or à laquelle il acheta peu après son avènement Mourom, Souzdal et Nijni-Novgorod. Malgré le long conflit qui l'opposa à Tokhtamysh et dont il sortit vainqueur en 1395, Tamerlan n'avait pas renoncé à son hégémonie en Russie. En 1395, les armées mongoles dévastèrent encore la principauté de Riazan et marchèrent sur Moscou, puis brusquement firent demi-tour avant d'être parvenues sur les rives de l'Oka où les attendait Vassili. Le grand-prince se considéra alors comme suffisamment puissant pour refuser de payer le tribut aux Mongols. Aussitôt, en décembre 1408, le khan Timar-Qutlugh envoya une armée en Russie pour rappeler Vassili à ses devoirs. Nijni-Novgorod et Gorodets furent incendiées, et une fois encore Moscou vit paraître sous ses murs les armées mongoles. Vassili préféra céder et la Russie continua pour un temps encore à payer le tribut aux Mongols.

L'affaiblissement de la Horde d'Or sous le khan Kütchük-Mehmed (1423-1459) permit au grand-prince Vassili II (1425-1462) de profiter des querelles internes qui opposaient la Horde d'Or aux khanats de Crimée, de

Kazan, d'Astrakhan et de Sibir qui s'en étaient détachés. Vassili II n'hésita pas à donner des terres à des chefs mongols locaux pour obtenir leur appui. Cette politique, profitable à long terme dans la mesure où elle affaiblissait la Horde d'Or et permettait l'intégration d'une partie des Mongols au monde russe, provoqua la révolte de son cousin le prince Dimitri Chemiaki soutenu en sous-main par Kütchük-Mehmed. Dimitri Chemiaki s'empara du Kremlin en février 1446, fit aveugler Vassili – ce qui explique le surnom de « Vassili l'Aveugle » sous lequel il est connu dans l'histoire russe –, mais le grand-prince, avec l'aide de l'Église, d'une partie de la noblesse des boyards et du peuple de Moscou, reprit le pouvoir et écarta définitivement l'usurpateur en 1450. Certains princes mongols avaient aidé à cette occasion Vassili II. L'un d'eux, Kasim, issu de la maison de Gengis Khan, reçut du grand-prince en 1452 un important territoire qui fut appelé désormais la principauté de Kasimov et se reconnut vassal de la Moscovie.

Les khans tentèrent à plusieurs reprises de rétablir leur autorité nominale sur le monde russe. Plusieurs expéditions furent menées par le khan Ahmad mais se soldèrent toutes par des échecs. Moscou résistait ainsi victorieusement au moment même où, beaucoup plus au sud, Constantinople succombait devant les assauts turcs, le 29 mai 1453. Moscou pouvait alors se considérer comme la seule capitale libre de l'orthodoxie et devenait ainsi la Troisième Rome. Mais il restait encore aux princes de Moscou la lourde tâche d'asseoir solidement leur autorité sur les princes apanagistes et sur la principauté de Novgorod.

L'unification de la terre russe sous Ivan III et Vassili III

Lorsque Ivan III succède à son père Vassili II, la Moscovie est encore un État aux dimensions réduites, dont la prééminence sur les autres principautés russes et sur la « Terre de Novgorod » est purement symbolique. Selon la tradition et conformément aux vœux du prince défunt,

Ivan III dut partager l'héritage paternel avec ses quatre frères. Rapidement, Ivan III en vint à la conclusion que, si l'on voulait écarter de façon définitive les Mongols des affaires russes, il fallait rassembler autour de Moscou l'ensemble des principautés russes dans un cadre politique unitaire. Par la guerre, par la négociation ou par l'argent, Ivan III parvint au cours de son long règne (1462-1505) à annexer les principautés de Iaroslav (1463), de Novgorod (1471-1478) ainsi que le territoire de Perm peuplé de populations finnoises clairsemées et qui dépendait de Novgorod. Il s'assura également le contrôle de la principauté de Tver (1485) et d'une partie de celle de Riazan (1500). Quant aux princes apanagistes maintenus à la tête de leur principauté, ils ne purent exercer leur autorité sur elle qu'après avoir fait acte d'allégeance à celui qui depuis 1493 a pris le titre de « souverain (*Gosoudar*) de toute la Russie ».

Vis-à-vis des Mongols, Ivan III manifesta ouvertement sa volonté d'indépendance en négligeant de se faire investir par le khan, puis il « omit » de payer le tribut régulier, même si des « présents » épisodiquement envoyés à la Horde d'Or rappelaient l'ancienne dépendance de la Moscovie à l'égard du khanat. Les Mongols tentèrent encore en 1465 et en 1472 de faire valoir leurs droits mais leurs expéditions punitives furent chaque fois repoussées. Lorsque Ivan III eut consolidé son pouvoir en Russie après l'annexion de Novgorod, il fit savoir publiquement en 1480 qu'il rejetait désormais la tutelle mongole. La réaction du khan Ahmed (1460-1481) fut immédiate; s'étant allié au roi de Pologne et de Lituanie, Casimir IV, Ahmed marche sur Moscou. De son côté, Ivan III recherche l'appui du khan de Crimée Mengli Giray, son allié depuis 1473. L'attaque mongole tourna court. Les armées d'Ahmed s'arrêtèrent sur les rives de l'Ougra puis se retirèrent. La Horde d'Or renonçait ainsi de facto à rétablir son hégémonie en Russie. Grâce à l'aide d'Ivan III, le khan de Crimée Mengli Giray put triompher du khan Ahmed. La prise de Saraï par Mengli Giray en 1502 consacrait l'effondrement définitif de la puissance de la Horde d'Or.

Débarrassé du danger mongol, Ivan III se retourna

contre les Lituaniens auxquels il imposa la paix de 1503, ce qui lui permit de récupérer les principautés de Tchernigov-Seversk et de Briantsk. Ainsi, à la fin de son règne, Ivan III exerçait son autorité sur un immense territoire de près de 2 000 000 de km^2, dont la population était grand-russienne dans son immense majorité, à l'exception de quelques groupes finno-ougriens dans les régions du nord et du nord-est. Ivan III, « rassembleur des Terres russes », pouvait ainsi se présenter comme l'héritier de la tradition impériale byzantine, d'autant plus qu'en 1492 il avait épousé la princesse Sophie (Zoé), nièce du dernier empereur de Byzance, Constantin XI Paléologue. Et à ces liens par le sang s'ajoutait l'autorité nouvelle que conférait à Ivan III l'exercice du pouvoir sur un territoire aussi vaste; il était désormais le nouvel empereur d'Orient.

Le souverain de Moscovie ainsi libéré de la tutelle tataro-mongole était parvenu à réaliser à son profit l'unité de la plupart des principautés russes. Par rapport à la Russie de Kiev, le centre de gravité du monde russe s'est déplacé vers le nord. Mais la nouvelle Russie est encore fragile; elle est toujours sous la menace de l'impérialisme polono-lituanien à l'ouest, et sous celle latente des khans de Crimée.

L'œuvre d'Ivan III fut continuée par son fils Vassili III (1505-1533). La politique de rassemblement de la Terre russe fut achevée par l'annexion de Pskov (1511), de la totalité de la principauté de Riazan (1517) et de la principauté de Smolensk à la suite d'une nouvelle guerre avec la Lituanie. A la mort de Vassili III, l'autorité du souverain de Moscovie s'exerce maintenant sur un territoire de 3 000 000 de km^2.

La poursuite de l'expansion sous Ivan le Terrible

Lorsqu'en décembre 1533 meurt Vassili III, son fils Ivan IV n'a que trois ans. Jusqu'en 1538, c'est sa mère, Hélène, entourée du Conseil des boyards, qui exerce la régence. A la mort de sa mère, Ivan manifesta sa volonté d'exercer lui-même le pouvoir en faisant assassiner le plus puissant des boyards, le prince André Chourski. Puis le 16 janvier 1547, alors qu'il n'a que seize ans, Ivan se fait couronner tsar par le métropolite de Moscou, Macaire, qui avait été son précepteur; après quoi, il épouse Anastasia Romanov qui appartenait à l'une des plus illustres familles de l'aristocratie. En prenant le titre de tsar (Caesar, Kaiser), Ivan IV se posait en égal du Basileus byzantin, de l'empereur du Saint Empire, et du khan.

Tout en mettant en œuvre un gigantesque programme de réformes intérieures, et en particulier une réforme militaire qui avait pour objectif la création d'un embryon d'armée de métier, le corps des *Streltsy* (mousquetaires), Ivan IV décida de régler une fois pour toutes la question mongole. En 1551, les Russes s'attaquaient au khanat de Kazan et entreprirent méthodiquement sa conquête.

Le khanat de Kazan avait été fondé en 1445 par Oulou Mehmed, descendant de Tougha-Timour, frère de Batu Khan, qui, chassé de la Horde d'Or par le khan Kütchük-Mehmed (1423-1459), s'était réfugié avec son frère Mahmoudek à Kazan. Oulou Mehmed régnait sur un territoire correspondant à l'ancien royaume bulgare de la Volga. Après avoir assassiné son frère en 1446, Mahmoudek (1446-1464) organisa le khanat, mais un de ses frères Kasim en 1452 fit dissidence et se plaça sous la protection du prince de Moscovie dont il reçut Kasimov sur l'Oka et ses dépendances. C'est par le biais de la principauté de Kasimov que les princes de Moscovie furent conduits à s'occuper des affaires du khanat de Kazan. Lorsqu'en 1518 s'éteignit la dynastie d'Oulou Mehmed, le pouvoir à Kazan fut disputé entre un « Parti russe » et un « Parti criméen ». Le khan de Crimée Mohamed Giray (1515-1523) réussit à placer sur le trône de Kazan son frère Çarib Giray en 1521. Mais épisodiquement, le pouvoir de la dynastie Giray était menacé par les partisans de la Russie appuyés par les princes de Kasimov.

L'intervention directe d'Ivan IV en 1551 provoqua une réaction du khan de Crimée. Les Tatars de Crimée renforcés de contingents turcs lancèrent une attaque de diversion contre Moscou mais ils furent arrêtés devant Toula. Ivan IV lança alors en juin 1552 toutes ses forces contre Kazan en vue d'écarter définitivement le danger mongol. La ville de Kazan fut assiégée par terre et par la Volga. La ville tomba le 2 octobre 1552 après un siège de six semaines. La prise de Kazan fut suivie du massacre de la quasi-totalité de la population masculine, de la réduction en esclavage des femmes et des enfants, et de la destruction des mosquées.

Les armées d'Ivan IV poursuivirent leur progression vers le sud le long de la vallée de la Basse Volga. Après une première tentative en 1555, le khanat d'Astrakhan fut définitivement soumis en 1556 et intégré à l'empire d'Ivan IV. Il ne s'agissait plus maintenant d'une guerre pour la libération de la Terre russe du joug mongol, mais de la conquête de territoires dont les souverains constituaient de réelles menaces pour la Moscovie [1].

Les nouveaux territoires ainsi conquis présentaient une grande diversité dans leur population. Dans les steppes de la Basse Volga et du Bas Don vivaient des populations semi-nomades qualifiées souvent de Cosaques. Il s'agissait de populations très mélangées organisées en véritables républiques autonomes. L'élément tatar était très certainement dominant comme l'atteste le nom du premier chef cosaque du Don connu, Sariasman – nom indiscutablement tatar –, mentionné dans un document de 1549 [2]. Mais il y avait aussi des Russes, paysans ou habitants des villes supportant mal la tutelle des boyards et installés là, dissidents religieux (*raskolniki*) persécutés. Las de subir la tutelle des khans, ces Cosaques se placèrent sous la protection d'Ivan IV. En échange de leur aide militaire, le tsar leur reconnaissait leur autonomie. Le dicton « Le tsar règne à Moscou et le Cosaque sur le Don » symbolisait cette collaboration entre le tsar et ses nouveaux sujets cosaques.

Outre les Cosaques, on trouvait dans ces territoires nouvellement conquis des populations de race et de religion différentes. Populations finno-ougriennes comme les Tcheremisses (Maris) du bassin de la Moyenne Volga demeurés animistes malgré leurs contacts permanents avec les musulmans, les Mordves de la haute vallée de la Mokcha et les Oudmourtes (Votyaks) installés entre la

1. R. Grousset, *l'Empire des steppes*, *op. cit.* p. 549 et ss.
2. E. Reclus, *Nouvelle Géographie universelle : l'Europe scandinave et russe*, Paris, 1880, p. 798-799.

Kama et la Viatka, et des populations turques musulmanes comme les Bachkirs établis entre la basse vallée de la Volga et les monts Oural. Tous ces peuples avaient été soumis à la Horde d'Or au XIIIe siècle, puis tombèrent au XVe siècle sous l'autorité des khans de Kazan. Ils sont désormais les sujets du tsar, sans pour autant que cette nouvelle dépendance ne remette en question leur spécificité.

Il demeurait encore en terre russe des populations tataro-mongoles, dont les descendants sont connus aujourd'hui encore sous le nom de « Tatars de Kazan », et qui vivent sur les rives de la Moyenne Volga. Les Tatars de Kazan sont le résultat de la fusion opérée à partir du XIIIe siècle entre les anciens Bulgares de la Volga établis là à partir du VIIe siècle d'une part, et les envahisseurs turco-mongols de la Horde d'Or. Ces Tatars de Kazan, en majorité musulmans sunnites, devinrent sujets du tsar à partir de 1552. Certains d'entre eux se convertirent à la foi orthodoxe. Mais tous, musulmans ou convertis, sont demeurés fidèles à leurs traditions.

Inversement, des paysans russes des domaines seigneuriaux de Moscovie sont venus s'établir vers les riches terres des provinces nouvelles. En vertu d'une loi de 1497, les paysans pouvaient quitter les domaines auxquels ils étaient attachés chaque année, à la fin de l'automne, dans les quinze jours entourant la Saint-Georges. Devant la fuite de nombreux paysans des domaines, Ivan IV abolit cette possibilité de départ à titre provisoire en 1581. Plus tard, en 1597, on décida que ceux qui avaient fui avant 1592 pouvaient demeurer là où ils s'étaient établis, mais que les autres devaient être ramenés dans leurs domaines d'origine. Et, d'ailleurs, en 1603 l'interdiction permanente de quitter les domaines fut décrétée. C'était l'officialisation du servage. Désormais, la colonisation et le peuplement des nouvelles terres relevaient des décisions du tsar ou des grands propriétaires [1].

A l'issue des campagnes de 1552 et de 1556, la domination tatare en Russie se limita aux seuls territoires dépendants du khanat de Crimée, lui-même vassal de l'Empire

1. H. Carrère d'Encausse, *le Malheur russe*, Paris, 1989, p. 113-114.

ottoman. L'autorité du khan de Crimée à cette époque s'exerçait sur les rives septentrionales de la mer Noire depuis le Dniepr jusqu'aux premiers contreforts du Caucase occidental. A plusieurs reprises, le khan de Crimée chercha à envahir la Russie, notamment en 1557 et 1558, redoutant que la politique expansionniste d'Ivan IV ne se fasse désormais à ses dépens, mais, chaque fois, ses armées furent repoussées. Plus tard, à l'occasion des guerres opposant Ivan le Terrible à la Pologne, les khans de Crimée, alliés de la Pologne, reprirent leurs attaques contre la Russie. Ils échouèrent en 1569 dans leur tentative de réoccuper Astrakhan, mais en 1571, les troupes du khan Devlet Giray, après avoir dévasté tout sur leur passage, vinrent mettre le siège devant Moscou, incendièrent les faubourgs de la ville mais ne purent s'emparer du Kremlin. L'année suivante, une nouvelle expédition tatare se solda encore par un échec. Mais le salut de la Russie se fit aux dépens des ambitions d'Ivan IV en direction de la Baltique auxquelles il dut renoncer par la paix de 1582 avec la Pologne et celle de 1583 avec la Suède [1].

Face à la menace permanente que faisaient régner les Tatars de Crimée, Ivan IV fit construire le long de la frontière méridionale de ses possessions un dispositif de défense efficace. Ce *limes* constitué de forteresses en pierre et de fortins en bois, de fossés profonds précédés de talus était constamment surveillé par des patrouilles de Cosaques et par des soldats – paysans établis en arrière de la ligne de défense.

A la mort d'Ivan le Terrible, près de deux siècles et demi après le début de l'invasion mongole, la Terre russe a changé radicalement de visage. La monarchie patriarcale où l'un des princes exerçait une prééminence toute théorique sur les autres apanagistes, ses parents et alliés, a laissé la place à une monarchie unitaire et centralisée sur laquelle règne le tsar devenu monarque absolu grâce à la politique vigoureuse et brutale d'Ivan le Terrible, ou plutôt d'Ivan qui « inspire la crainte » (*grozny*). Le territoire sur lequel s'exerce l'autorité du tsar à la fin du XVIe siècle s'étend maintenant sur un peu moins de

1. *Cf.* chapitre VI.

5 millions de km^2, c'est-à-dire beaucoup plus que la Russie de Kiev a son apogée.

L'invasion mongole a cependant profondément marqué le destin de la Russie, non pas que les Mongols aient profondément influencé le monde russe, mais parce que d'une part leur arrivée et l'affaiblissement de la Russie qui en a résulté ont permis à ses voisins occidentaux, Polonais et Lituaniens, de laisser libre cours à leurs ambitions impérialistes; et que, d'autre part, la reconquête russe et l'affaiblissement progressif des puissances turques et mongoles ont suscité en Russie une volonté expansionniste visant à créer à l'est et au sud un périmètre de sécurité sans cesse élargi. Comme la Russie à ses débuts n'avait pas de frontières naturelles facilement défendables, il fallait maintenant remédier à cette lacune.

LA RUSSIE,
PUISSANCE IMPÉRIALE

V

LES DÉBUTS DE LA VOCATION IMPÉRIALE : DE L'OCCUPATION DE LA SIBÉRIE A LA RECONQUÊTE DE L'UKRAINE

« La Russie n'a jamais existé comme nation, mais comme empire, héritier de Rome et de Byzance. »

VLADIMIR VOLKOFF.

La mort d'Ivan le Terrible faillit ramener la Russie deux siècles en arrière à l'époque où les princes se disputaient la succession du souverain défunt et n'hésitaient pas, pour faire triompher leurs intérêts, à faire appel à l'étranger. Le *Temps des troubles* (1584-1613) fut marqué par les querelles successorales, surtout après la mort de Fédor (1584-1598), le seul fils survivant d'Ivan IV, issu de son mariage avec Anastasia Romanov, et le dernier descendant de la dynastie de Riurik. A la mort de Fédor, le peuple exigea que le beau-frère du défunt, Boris Godounov (1599-1605), devienne tsar, mais celui-ci se heurta à de nombreux imposteurs qui se présentèrent comme étant Dimitri, le dernier fils d'Ivan IV mort en 1591 dans des circonstances troubles. Chaque imposteur chercha des appuis extérieurs, en particulier du côté de l'État polono-lituanien. Ces querelles dynastiques, accompagnées de troubles sociaux et d'interventions étrangères, provoquèrent un sursaut patriotique dans le peuple. La convocation des états généraux (*Zemski Sobor*) en janvier 1613 permit de trouver une solution russe au problème de la succession au trône : le 21 février 1613, le prince Michel Romanov fut élu tsar.

Lui et ses descendants allaient régner sur la Terre russe jusqu'en 1917. Mais aussi bien pendant le temps des troubles que pendant le règne des premiers Romanov, Michel (1613-1645) et Alexis (1645-1676), l'expansion russe reprit, aussi bien vers l'est en direction de la Sibérie que vers le sud-ouest en direction de l'Ukraine. La vocation impériale de la Russie, inaugurée par Ivan le Terrible, se confirmait. Comme le remarquait récemment Vladimir Volkoff, la Russie n'avait pas de frontières naturelles et « dans ces conditions, un peuple est appelé soit à disparaître soit à devenir non pas une nation, mais le contraire, un empire [1] ».

L'AVENTURE SIBÉRIENNE

Au-delà de l'Oural s'étendait la Sibérie, un vaste territoire de plus de 10 millions de km^2, en grande partie couvert de forêts à l'exception de ses franges septentrionales, domaine de la steppe froide. En Sibérie vivaient des populations peu nombreuses, disséminées à l'intérieur d'un milieu naturel hostile et aux horizons infinis. Au moment où à la fin du XVIe siècle commence la pénétration russe en Sibérie, les populations indigènes sont estimées à 250 000 ou 300 000 individus qui vivent dans le cadre d'une économie de subsistance reposant sur la pêche, l'élevage du renne et la chasse aux animaux à fourrure. L'intérêt des Russes pour les immenses étendues de l'Est remontait au XIIIe siècle. A cette époque déjà, les marchands de Novgorod entretenaient des relations commerciales avec les peuples finnois qui vivaient au-delà de l'Oural auprès desquels ils s'approvisionnaient en fourrures destinées au marché hanséatique. Les marchands de Novgorod avaient l'habitude de descendre les affluents de l'Ob pour aller chercher les précieuses marchandises. L'invasion mongole perturba ces échanges mais n'y mit pas fin ; toutefois, elle rendit vaines les tentatives de colonisation timidement entreprises dans ces régions. Après la conquête de Kazan et d'Astrakhan, les conditions furent à nouveau réunies pour une reprise de

1. Vladimir Volkoff, *le Troisième Empire* in *le Spectacle du monde*, octobre 1991.

l'expansion vers l'est, d'autant plus que la présence du khanat de Sibir qui couvrait l'ensemble du bassin de l'Ob pouvait constituer une menace pour la Russie.

Dans la première moitié du XVIe siècle déjà, les pêcheurs russes de la mer Blanche avaient exploré les côtes septentrionales de la Sibérie et avaient poussé jusqu'aux bouches de l'Ob et de l'Ienisseï. Les voyages d'exploration menés plus tard par des marins britanniques comme Willoughby (1554), Burrough (1556), Pet et Jackman (1580), ou hollandais comme Barents (1594-1597), permirent de mieux connaître le tracé des côtes sibériennes. C'est de cette époque que datent les premiers établissements russes dans le Grand Nord : ainsi furent créés en 1584 les ports de Novokholmogory qui reçut plus tard le nom d'Arkhangelsk à l'embouchure de la Dvina septentrionale, et d'Obdorsk sur l'Ob en 1595, en plein pays samoyède.

Mais c'est principalement par la voie terrestre que s'est faite la pénétration russe en Sibérie. Au lendemain de la conquête de Kazan, les trois frères Grigori, Iakov et Semen Stroganov, issus d'une famille de marchands russes, reçurent en 1558 du tsar Ivan IV des concessions dans la haute vallée de la Kama. Les Stroganov y installèrent des colons et commencèrent à y exploiter des salines. Ils s'intéressèrent aussi aux gisements miniers de fer, de cuivre et de plomb du versant européen de l'Oural. En raison des menaces que faisait peser sur leurs exploitations le khanat de Sibir, les Stroganov reçurent du tsar l'autorisation de recruter des troupes, ce qui leur permettait de mieux résister aux attaques épisodiques des populations indigènes votyaks. Les Votyaks étaient soutenus en sous-main par le khan de Sibir. Les Stroganov confièrent au chef cosaque Iermak la mission d'organiser des expéditions punitives contre le khan. Par deux fois, en 1579, puis en 1581-1582, les hommes de Iermak attaquèrent les possessions du khan Kutchum et s'emparèrent même de sa capitale, Sibir, située sur une haute falaise de la rive droite de l'Irtych. Iermak envoya auprès d'Ivan le Terrible un de ses lieutenants, Ivan Koltzo, pour obtenir son aide. Le tsar comprit tout l'intérêt de l'entreprise de Iermak et lui accorda un appui total. La mort de

Iermak en août 1584, au cours d'une nouvelle opération contre le khan de Sibir, donna une nouvelle dimension à ces expéditions. Désormais, c'était au nom du tsar et avec l'aide de renforts envoyés par lui que se poursuivit la conquête de la Sibérie.

Après la soumission définitive des Ostyaks, puis celle des Tatars des steppes de la basse vallée de l'Oural en 1585, le khan Kutchum trouva refuge chez les Kazakhs d'Asie centrale en 1598. C'est alors la fin du khanat de Sibir dont le territoire fut incorporé en 1600 à la Russie sous le nom de Voïvodie (province) de Sibérie. La province de Sibérie correspondait en gros au bassin de l'Ob et de l'Irtych et s'étendait sur plus de 2 millions de km^2 et touchait au nord la mer de Kara depuis que des explorateurs russes avaient pris pied en 1600 sur les deux rives de l'embouchure de l'Ob.

La politique russe de colonisation a consisté essentiellement au début dans la construction de points d'appui fortifiés établis avant même que la conquête ne fût achevée. L'objectif majeur de ces fortins (ostrog) était de contrôler les points de passage sur les cours d'eau et de surveiller les populations locales environnantes. C'est ainsi que furent successivement construits les forts de Tioumen (1586), de Tobolsk (1587) – cet établissement, situé à 17 km en aval de l'ancienne capitale de Sibir, devint au début du XVIIe siècle la capitale de la province et le tsar Michel Romanov y fonda un évêché destiné à propager la foi chrétienne chez les indigènes –, de Pelyem et de Berezov (1593), de Surgut (1594), de Verkhotura et de Navym (1598), de Mangasie (1601) et de Tomsk (1604) [1].

Les populations de la province de Sibérie – ce que nous appelons aujourd'hui la Sibérie occidentale –, mis à part quelques éléments tatars demeurés sur place, étaient soit finno-ougriennes comme les Vogouls (Mansyi) de la vallée de l'Irtych et les Ostyaks (Khanty) établis sur la rive droite de l'Ob, soit ouraliennes comme les Samoyèdes installés au nord, de part et d'autre de l'embouchure de l'Ob et sur les rives de la mer de Kara. L'autorité russe sur ces populations était toute virtuelle et ne modifia guère

1. N.V. Riasanovsky, *op. cit.*, p. 169 et ss.; et E. Reclus, *Nouvelle Géographie universelle, l'Asie russe,* Paris 1881, p. 575 et ss.

leur genre de vie. Les relations entre les Russes et les indigènes étaient limitées, les autorités russes se bornant à recevoir des indigènes le versement d'un tribut en fourrures, le *yassak*, constitué en général de peaux de zibelines, très prisées en Occident.

Peu à peu, les colons russes vinrent s'établir dans les régions méridionales de la province de Sibérie où ils mirent en culture les terres steppiques situées au sud de la vallée de la Toura, entre le Tobol et le versant oriental des monts Oural. Là, s'établirent dans la première moitié du XVIIe siècle près de 40 000 paysans russes qui bénéficiaient du statut de paysan libre au moment où, à l'ouest de l'Oural, le servage se consolidait.

La province de Sibérie servit de base pour la poursuite de la marche vers l'est. En 1603, les Russes atteignent l'Ienisseï, puis en 1629 la Lena, dernière étape avant de toucher les côtes du Pacifique qui est atteint avant 1650. Seule, la presqu'île du Kamtchatka demeure en dehors de la mouvance russe ainsi que le bassin de l'Amour [1].

Le contrôle des régions ainsi soumises s'effectue selon la méthode inaugurée en Sibérie occidentale. Au fur et à mesure que s'effectue la progression, les Russes établissent un réseau de fortins et de points d'appui, qui sont à la fois symboles de l'autorité du tsar, relais de poste et lieux d'échanges entre indigènes et marchands russes. A partir de Tomsk fondé en 1604 et qui fait vite figure de ville avec ses 1 000 habitants au milieu du XVIIe siècle, en majorité soldats et fonctionnaires, mais avec également des artisans et une bourgeoisie commerçante, on assiste à la fondation d'Ienisseisk (1618), de Iakoutsk (1632), d'Okhotsk sur le Pacifique (1647), d'Anadyr (1648). Au même moment, le cosaque Dejnev franchit par mer le détroit de Béring.

La conquête des pays de l'Ienisseï et de la Lena fut moins rapide que celle de la Sibérie occidentale en raison de la résistance des populations. Les Iakoutes résistèrent plusieurs années avant de se soumettre définitivement en 1632 et conservèrent un large degré d'autonomie jusqu'à la fin du XVIIIe siècle. Il s'agissait de populations nomades

1. R. Portal, *op. cit.*, p. 110-113, et N. Riasanovsky, *op. cit.*, p. 213 et ss.

d'origine turque de la région du lac Baïkal, arrivées là aux XIIIe et XIVe siècles, et surtout au XVe siècle sous la pression des Bouriates, et qui se sont mêlés alors aux populations locales sédentaires vivant de chasse et de pêche.

Les populations kirghizes du bassin de l'Ienisseï résistèrent assez longuement puis passèrent à partir de 1630 dans les steppes d'Asie centrale d'où épisodiquement elles lançaient des attaques contre les postes avancés russes. Les populations bouriates des rives du lac Baïkal, d'origine mongole, ne furent soumises qu'au milieu du XVIIe siècle et, à partir des fortins d'Irkoutsk (1652) et de Nertchinsk (1654), elles furent peu à peu russifiées.

L'achèvement de la soumission de la Sibérie fut réalisé à la fin du XVIIe siècle sous le règne de Pierre le Grand. Une expédition partie d'Anadyr sous la conduite de Vladimir Atlasov à la tête d'une centaine d'hommes soumit de 1695 à 1697 les populations du Kamtchadeles de la presqu'île du Kamtchatka, mais ici encore, les liens de dépendance se limitent au versement du tribut annuel sous forme de poissons.

La soumission de la Sibérie à l'autorité du tsar mettait de ce fait la Russie au contact de l'Empire chinois. Le traité de Nertchinsk en 1689 mit fin aux tentatives d'installation de Cosaques dans le bassin de l'Amour. Pour un siècle et demi encore, le cours de l'Argoun et les monts Stanovoï marqueront la limite entre la Chine et la Russie. Pendant plus d'un siècle, la Sibérie fut administrée directement par le pouvoir central. Ce n'est qu'en 1822 que furent placés à la tête de la Sibérie deux gouverneurs, l'un pour la Sibérie occidentale, l'autre pour la Sibérie orientale. Un peu plus d'un siècle après la chute de Kazan et d'Astrakhan, la Russie était devenue une puissance impériale et conquérante à la tête d'un empire de 17,5 millions de km^2 dans lequel, à côté d'une écrasante majorité de Grands-Russiens, chrétiens orthodoxes, établis presque exclusivement dans la partie occidentale du pays, vivent des peuples allogènes, peu nombreux – 300 000 allogènes peut-être dans l'ensemble de la Sibérie au XVIIe siècle –, attachés à leurs croyances ancestrales fondées sur l'animisme et le chamanisme, et dont l'allégeance au tsar est plus formelle que réelle, dans la mesure où, pourvu que le tribut annuel soit payé, le pouvoir russe respecte les traditions des peuples soumis et leur laisse la plus large autonomie. Et si quelques colons russes et cosaques s'installent dans les territoires soumis, les espaces sont à ce point vastes que les relations conflictuelles entre colons et indigènes demeurent l'exception. L'assimilation, quand il y en a, est le résultat des mariages mixtes et non l'aboutissement d'une politique délibérée. En ce sens, et *mutatis mutandis,* l'expansionnisme de la Russie est beaucoup plus près du modèle portugais aux XVIe-XVIIe siècles que du modèle américain au XIXe siècle lors de la conquête de l'Ouest.

LIBÉRATION OU CONQUÊTE DE L'UKRAINE ?

Alors qu'à l'est les Russes avaient étendu leur autorité sur les vastes espaces sibériens, à l'ouest une fraction du peuple russe, celle que l'on avait pris peu à peu l'habitude de désigner sous le nom de peuple « petit-russien », se trouvait encore sous la domination polono-lituanienne.

Ces territoires occidentaux qui furent aux IXe et Xe siècles le berceau de l'État et de la nation russes étaient tombés peu à peu sous la dépendance de leurs voisins occidentaux au cours des années qui suivirent l'invasion mongole.

Dans les régions qui dépendaient directement de la couronne polonaise, c'est-à-dire en Galicie, une politique de polonisation et de recatholicisation avait été mise en œuvre dès la seconde moitié du XIVe siècle. Et en 1439, le concile de Florence avait proclamé l'union à Rome de l'Église de Galicie. En revanche, dans les régions contrôlées par le grand-duché de Lituanie, c'est-à-dire en Volhynie ainsi que dans la région de Kiev, que les Lituaniens avaient reprise aux Mongols en 1362, la religion orthodoxe demeura religion d'État et les coutumes kievienne furent confirmées par le statut de 1529. Mais lorsque fut conclue en janvier 1569 l'Union de Lublin qui faisait de la Pologne et de la Lituanie une « république une et indivisible », la plus grande partie de ce qui constitue aujourd'hui l'Ukraine se trouva directement sous l'autorité polonaise. En effet, dans l'union polono-lituanienne de 1569, ce fut l'élément polonais qui l'emporta.

L'influence polonaise se traduisit d'abord par l'intégration de la population russe dans les structures sociales de l'État polonais; la noblesse russe, ralliée au régime polonais, règne désormais sans partage sur une paysannerie arriérée et fixée sur les domaines. Sur le plan religieux, l'État polonais pourtant tolérant à l'égard des protestants – la Pologne du XVIe siècle passait alors pour un haut lieu de la tolérance et de l'humanisme – se montra très dur à l'égard des orthodoxes. L'Église orthodoxe fut étroitement surveillée et son activité très réduite. Par opportunisme, la majeure partie du haut clergé orthodoxe accepta de se rallier à Rome en 1590, ce qui fut confirmé par le concile de Brest-Litovsk en 1596. Ce concile transforma l'Église orthodoxe d'Ukraine en une Église uniate soumise à Rome mais conservant le rite oriental avec l'usage du slavon comme langue de la liturgie. La majorité du bas clergé et des fidèles demeurèrent attachés à la foi orthodoxe. Si bien que deux Églises se trouvaient face à face, l'Église uniate soutenue par le pouvoir polonais, et l'Église orthodoxe à laquelle demeurait fidèle la plus grande partie de la population, plus particulièrement dans les campagnes.

Beaucoup plus lourde de conséquences fut la coupure culturelle qui sépara les Russes intégrés au XIVe siècle à la Pologne et à la Lituanie – c'est-à-dire les Petits-Russiens ou Ukrainiens – et ceux demeurés dans la mouvance de la Moscovie, les Grands-Russiens qui seuls sont désignés aujourd'hui sous le nom de « Russes ». Peu à peu, la langue parlée par les populations russes de l'État polono-lituanien se différencia du grand-russien pour former un idiome distinct qui devait s'affirmer plus tard comme langue littéraire sous le nom de « langue ukrainienne ».

Une fraction marginale de la population rurale petite-russienne qui refusait les contraintes du régime seigneurial polonais et qui entendait rester fidèle à la foi orthodoxe préféra s'installer dans les régions frontières du sud de l'État polono-lituanien, sur les rives du Bas Dniepr, là où l'autorité du pouvoir était moins présente. Ces paysans petits-russiens qui se sont fixés là au cours du XVIe siècle sont désignés sous le nom de Cosaques Zaporogues, c'est-à-dire « habitants au-delà des rapides ».

Ces Cosaques, qui dépendaient en principe des rois de Pologne mais qui en fait menaient une existence autonome, furent utilisés comme gardes-frontières et, à plusieurs reprises, ils lancèrent des attaques contre l'Empire ottoman et contre les Tatars de Crimée. Au milieu du XVIe siècle, leur *Setch* (en ukrainien *Sitch*), c'est-à-dire leur quartier général se trouvait dans une île au milieu du Dniepr, en aval des rapides. Les Cosaques constituaient une société démocratique et militarisée, ils désignaient leurs officiers par acclamation et sur la base de leur seule valeur au combat. Et épisodiquement ils réunissaient la *Rada*, véritable assemblée de tout le peuple où l'on prenait les décisions les plus importantes et où l'on élisait l'*hetman*, porte-parole des Cosaques auprès des autorités polonaises et chef de l'armée. A l'époque du roi Étienne Bathory (1575-1587), la situation particulière des Cosaques fut reconnue officiellement. Les Cosaques « enregistrés », c'est-à-dire ceux qui avaient pour activité principale la défense du territoire, bénéficiaient d'une très large autonomie, mais les autres Cosaques, confinés dans les activités rurales, demeurèrent au regard de la Pologne des paysans, avec ce qu'impliquait sur le plan de la liberté ce statut.

Au début du XVIIe siècle, le nombre des Cosaques enregistrés fut porté à 6 000; ils constituaient une force armée non négligeable pour la défense du territoire polonais face aux menaces de l'Islam turc. Mais les simples Cosaques supportaient mal leur statut de dépendance. Ce qui explique qu'à plusieurs reprises, de 1624 à 1638, il y eut de nombreux soulèvements où paysans cosaques et Cosaques enregistrés luttaient ensemble contre l'autorité polonaise. La répression brutale qui s'abattit sur les Cosaques à l'issue de la révolte de 1638 ramena une paix précaire, mais incita les hetmans à se tourner vers la Russie. Toutefois, le tsar Michel Romanov, dont l'autorité était encore mal établie, refusa d'intervenir par crainte d'engager un nouveau conflit avec la Pologne [1].

1. R. Portal, *Russes et Ukrainiens*, p. 20 et ss.

En mai 1648, l'hetman Bogdan Khmelnicki prit la tête d'une nouvelle révolte que l'historiographie ukrainienne qualifie de « guerre ukrainienne de libération ». Aidé des Tatars de Crimée, Bogdan Khmelnicki réussit à ébranler le pouvoir polonais. En dépit de trêves, la révolte se poursuivit et, là encore, l'hetman se tourna en vain vers le nouveau tsar Alexis en 1649 puis en 1651. Mais lors du Zemski Sobor de 1653, les représentants de la nation demandèrent au tsar de céder aux demandes des Cosaques et d'en faire les protégés de la Russie. Lors de la Rada de janvier 1654 qui se réunit à Pereïaslav en présence du représentant du tsar Alexis, le boyard Vassili Boulouline, les Cosaques décidèrent de prêter serment de fidélité au tsar sur la base du respect de leur autonomie. Ce qui allait devenir l'Ukraine passait théoriquement sous le protectorat de la Russie. Mais la Pologne réagit. Une longue guerre s'ensuivit entre la Russie et la Pologne à l'issue de laquelle celle-ci, déjà affaiblie par son conflit avec la Suède, dut, au traité d'Androussovo en 1667, renoncer définitivement à toutes ses possessions situées à l'est du Dniepr et abandonner à titre provisoire les villes de Kiev et de Smolensk. Un nouveau traité en 1686 confirme le rattachement de Kiev et de Smolensk à la Russie, mais cette fois à titre définitif. Seule, l'Ukraine occidentale, c'est-à-dire la Galicie, demeurait sous l'autorité des rois de Pologne.

Pour les Cosaques, comme pour l'ensemble des Petits-Russiens, le traité d'Androussovo se traduisit par une amère déception. Certes, ils retrouvaient leur pleine et entière liberté religieuse au sein d'un État orthodoxe, mais l'autonomie politique promise à Pereïaslav fut progressivement remise en question, si bien que la Russie se trouva confrontée, comme autrefois la Pologne, à des révoltes cosaques qui ruinèrent le pays. Ce fut le cas notamment en 1670-1671 avec la révolte de Stenka Razine qui embrasa toutes les régions du sud de l'empire depuis la Basse Volga jusqu'à la Sibérie occidentale ; mais cette révolte relève davantage d'un mouvement social auquel participèrent également des populations allogènes et des paysans grands-russiens que d'une révolte exclusivement ukrainienne. Et, d'ailleurs, ce furent les autorités cosaques elles-mêmes qui livrèrent Razine au tsar qui le fit exécuter.

Dans l'esprit du tsar Alexis et de ses successeurs, la soumission de l'Ukraine rétablissait l'unité de la Terre russe; il était donc logique qu'à long terme on mît fin au statut spécial de ce territoire. Les Ukrainiens au contraire ont toujours considéré et considèrent encore aujourd'hui que leur pays est le berceau de la Russie et qu'à ce titre ce sont eux les véritables gardiens de la tradition russe. L'affrontement entre ces deux points de vue allait empoisonner encore pour plusieurs siècles les relations entre Moscou et Kiev. C'était là encore un des effets tragiques de l'invasion mongole [1].

Au milieu du XVIIe siècle, les Romanov règnent sur un vaste empire qui chevauche l'Europe et l'Asie. Héritiers des « rassembleurs des terres russes », les Romanov sont conscients des dangers qui menacent encore leur empire. Les Turcs font peser au sud une menace constante dont n'est pas exempte non plus l'Europe, puisque, encore en 1683, ils ont poussé leurs armées jusque sous les murs de Vienne. Les rois de Suède au nord cherchent de leur côté à faire de la Baltique un lac suédois et à étendre leur domination vers le sud, ce qui constitue une menace supplémentaire contre la Russie et qui s'ajoute à celle déjà ancienne, bien qu'émoussée, de l'État polono-lituanien.

Face à ces périls extérieurs, les Romanov ont continué la tradition des derniers riurikides. Ils ont choisi l'impérialisme défensif, mais ce choix était lourd de conséquences; il entraînait ipso facto la Russie sur la voie de nouvelles conquêtes. Et l'impératif sécuritaire ouvrait ainsi la voie à l'impérialisme.

1. R. Portal, *Russes et Ukrainiens, op. cit.*, p. 25.

VI

L'ACCÈS A LA BALTIQUE

« C'est à la mer Baltique que la Russie doit sa puissance. »

BERNARDIN DE SAINT-PIERRE.

L'État russe, continental à ses origines, n'a jamais été isolé complètement des mers périphériques grâce aux grands fleuves qui le reliaient à la mer Noire et à la mer Baltique et qui constituaient autant de voies d'échange. Dès les premiers temps de l'État russe, les souverains ont cherché à obtenir un accès direct à la mer. Longtemps, les côtes de la mer Noire leur furent fermées en raison de la présence byzantine d'abord, puis, à partir du XIIIe siècle, de l'occupation turque. C'est donc vers la mer Baltique que les princes de Russie ont porté leur attention. La conquête des rives méridionales de la Baltique a été longue dans sa réalisation, et souvent mise en question. Ce n'est véritablement qu'au XVIIIe siècle avec les conquêtes de Pierre le Grand et les victoires diplomatiques de Catherine II que la Russie devient une des grandes puissances de la Baltique. A la fin du XVIIIe siècle, la Russie exerce sa souveraineté sur les trois Républiques baltes actuelles.

LES PREMIÈRES TENTATIVES DE PÉNÉTRATION RUSSE SUR LES RIVES DE LA BALTIQUE

Dès le XIe siècle, le prince Iaroslav de Kiev (1019-1054) était parvenu à soumettre les tribus lituaniennes et à s'assurer le contrôle du littoral balte de part et d'autre de l'embouchure du Niemen. Les Russes eurent ainsi un accès direct à la mer jusqu'en 1106, date à laquelle ils en furent chassés par les Danois. Mais dans le courant du XIIe siècle, l'expansion russe vers le nord-est, qui aboutit en milieu jusque-là occupé par des populations finnoises peu nombreuses et finalement assimilées, amena la constitution de la principauté de Novgorod, véritable république marchande qui disposa vite d'un accès très réduit au golfe de Finlande, à l'embouchure de la Neva, sans cesse menacé par ses puissants voisins, les Suédois au nord déjà maîtres de la Finlande, et les chevaliers Teutoniques à l'ouest maîtres de la Courlande. Les victoires d'Alexandre Nevsky sur les Suédois en 1240 et sur les Teutoniques en 1242 sur les rives du lac Peïpous, assurèrent la pérennité de l'État novgorodien qui contrôle désormais le littoral balte depuis Narva jusqu'à l'embouchure de la Neva. Au même moment, la Russie de Kiev s'effondrait sous les coups des Tataro-Mongols.

Avec le renforcement de la puissance moscovite au XVe siècle et le rejet de la tutelle tatare, le prince Ivan III (1462-1505) chercha à étendre l'autorité de Moscou sur l'État novgorodien; après s'être emparé de Iaroslav en 1463, il soumit la principauté de Novgorod de 1471 à 1478, ce qui donne à la Moscovie un accès à la Baltique. L'environnement cependant était hostile : Suédois, Polonais, Lituaniens et chevaliers Teutoniques représentaient une menace permanente.

Ivan IV le Terrible (1533-1584), devenu tsar de Russie en 1547, chercha à élargir l'accès à la Baltique. A partir de 1558, le tsar entrait en conflit avec l'ordre de Livonie auquel il enleva une vingtaine de forteresses, dont celle de Dorpat (Tartu) qui avait été fondée à l'origine par le prince Iaroslav sous le nom de Iourev puis conquise par les chevaliers Teutoniques plus tard. Mais en 1561, lorsque le Grand Maître de l'ordre de Livonie, Gotthard Kettler, sécularisa les terres de l'Ordre et se proclama duc de Livonie, celui-ci se reconnut vassal du roi de Pologne. Le duc de Livonie tente une première fois de chasser les Russes mais il fut battu à Wiljandi, ce qui permit à Ivan IV d'incorporer à la Russie l'Estonie et la Livonie. Cette occupation russe fut de courte durée car l'alliance entre la Pologne, la Lituanie et la Suède, s'ajoutant aux difficultés rencontrées par Ivan IV du côté tatar, compromit singulièrement les intérêts russes dans la Baltique. Le nouveau roi de Pologne, Etienne Bathory, déjà prince de Transylvanie, lança en 1578 une attaque contre les possessions de Livonie, en liaison avec une offensive suédoise. Les traités de 1582 avec l'État polono-lituanien et de 1583 avec la Suède mirent fin aux ambitions d'Ivan le Terrible dans cette région. La Russie perdit tout ce qu'elle possédait sur les rives de la Baltique; elle devait récupérer en 1595 les bouches de la Neva à la suite d'une campagne victorieuse du prince Fédor, fils d'Ivan IV, contre les Suédois. Toutefois, il fallut attendre encore un siècle pour que les rivages méridionaux de la Baltique devinssent russes.

LA SOUMISSION DES PAYS BALTES

Au cours du XVIe siècle, d'importantes transformations géopolitiques se produisirent dans les États riverains de la Baltique, en liaison avec la montée de la puissance suédoise. Les rois de Suède, déjà maîtres de la Finlande depuis le XIIIe siècle, disputaient aux Polonais et aux Russes l'ancien domaine des chevaliers Teutoniques; ils s'étaient rendus maîtres sous Gustave-Adolphe (1611-1632) de l'Estonie, de l'Ingrie et de la Livonie, et d'une partie de la Prusse enlevée au Polonais. A l'issue de la guerre de trente ans à laquelle la Suède avait pris part sous Gustave-Adolphe et sous son neveu et successeur Charles X-Gustave (1654-1660), la Suède obtint lors de la paix de Westphalie d'importants territoires sur les rives méridionales de la Baltique : elle acquit en effet les bouches de l'Oder ainsi que la Poméranie occidentale mais reçut aussi d'autres territoires plus occidentaux sur les bouches de la Weser. La Suède se lança alors dans la guerre du Nord contre ses voisins danois et polonais, dont elle sortit victorieuse. Les traités d'Oliva et de Copenhague en 1660 attribuèrent à la Suède la souveraineté sur la Livonie lituanienne et la Scanie danoise. Mais la Suède était devenue un État dans lequel l'élément suédois était minoritaire en face des populations allemandes, danoises, finnoises, lituaniennes, polonaises et russes annexées et hostiles. Charles XI (1660-1697) s'efforça de maintenir la cohésion de cet empire et mena une nouvelle campagne contre le Danemark qui se termina par la paix de Lund en 1679. Son fils et successeur, Charles XII (1697-1718), entendit poursuivre la politique de ses prédécesseurs visant à faire de la mer Baltique « une mer suédoise ». Or à ce moment-là, la Russie avait à sa tête le tsar Pierre le Grand (1689-1725), et celui-ci ne cachait pas sa volonté d'étendre la souveraineté de la Russie à la fois sur les rives de la mer Noire et sur celles de la Baltique. A l'issue de la guerre russo-turque de 1695-1696, la Russie obtint au traité du 14 juillet 1700 la cession par les Turcs des territoires d'Azov et de Taganrog, c'est-à-dire les bouches du Don, vestibule de la mer Noire. Parallèlement, Pierre le Grand noua une alliance avec les ennemis traditionnels de la Suède, c'est-à-dire le roi de Pologne, Électeur de Saxe, Auguste II, et le roi du Danemark. La coalition se lança donc dans cette campagne contre la Suède qui marque le début de la Deuxième Guerre du Nord (1700-1721). Charles XII parvint rapidement à détacher le Danemark de la coalition et lui imposa le traité de Travendal, pour pouvoir consacrer toutes ses forces contre la Russie. Pierre le Grand avait dès le début de la guerre envahi la Livonie et mis le siège devant Narva. Charles XII, malgré des effectifs réduits, réussit le 30 novembre 1700 à dégager la ville avec de lourdes pertes pour l'armée russe. Au lieu de poursuivre la campagne contre les Russes, Charles XII préféra attaquer la Pologne et, pendant cinq ans, il se livra à des attaques incessantes contre les partisans d'Auguste II ; il parvint à le chasser de ses États et à le faire remplacer en 1706 par son candidat Stanislas Leszczynski. Pendant que

Charles XII s'occupait des affaires polonaises, Pierre le Grand avait dès 1702 repris l'offensive en Livonie et en Estonie où les troupes de Chérémetiev se livrèrent à la mise à sac systématique du pays. Pour Pierre le Grand, il n'était pas question de renoncer à la façade baltique et, pour marquer sa confiance dans l'avenir, il choisit dès 1703 le site de sa future capitale, à l'embouchure de la Neva; où allaient aussitôt commencer les travaux de construction de la ville de Saint-Pétersbourg, avec en premier lieu dès 1704 l'édification de la forteresse de Kronstadt. En 1704, les Russes se rendirent maîtres de Dorpat et de Narva en Estonie, puis occupèrent l'année suivante toute la Courlande et Vilno. Mais depuis la renonciation d'Auguste II au trône de Pologne en mars 1706, Pierre le Grand se retrouvait seul face aux Suédois.

En janvier 1708, Charles XII, parti de Pologne avec une armée de 50 000 hommes, lance une grande offensive en direction de Moscou au moment où Pierre le Grand a des difficultés dans les pays de la Basse Volga avec la révolte des Cosaques du Don en 1707 et celle quasi permanente des Bachkires (1705-1711).

Depuis l'armistice d'Androussovo, l'Ukraine se trouvait intégrée à l'État russe, et depuis 1684, après la mort du métropolite de Kiev, un accord entre le gouvernement russe et l'hetman Sanoïlovitch plaça la métropole de Kiev sous l'autorité du Patriarcat de Moscou. Beaucoup d'Ukrainiens acceptèrent difficilement la disparition de leur autonomie religieuse. Le nouvel hetman Ivan Mazeppa (1687-1709) supportait mal le rôle de vassal et de supplétif qu'il jouait pour le compte de Pierre le Grand; il entendait utiliser à son profit le mécontentement latent des populations ukrainiennes. L'objectif de Mazeppa était d'abord la réunification des terres ukrainiennes partagées entre Pologne et Russie, puis à long terme l'indépendance de cette Ukraine réunifiée. A partir de 1703, Mazeppa, déçu par l'indifférence de Pierre le Grand à l'égard des revendications ukrainiennes, se tourna vers les Polonais et les Suédois. Ceux-ci s'engagèrent, en échange de l'envoi de contingents cosaques contre Pierre le Grand, à faciliter la création d'une Ukraine indépendante et réunifiée s'étendant sur les deux rives du Dniepr. Le roi de Suède commit l'erreur de ne pas marcher directement sur Moscou dont il se détourna pour aider Mazeppa. Ayant ainsi dispersé ses forces, Charles XII se trouva menacé par la contre-offensive russe. Le 9 octobre 1708, des détachements suédois furent défaits près de Lesnaïa. Après avoir passé l'hiver 1708-1709 en Ukraine dans des conditions difficiles, les troupes de Charles XII mirent le siège devant Poltava en mai 1709, mais elles en furent délogées le 9 juillet de la même année avec l'arrivée de renforts russes. Ce fut la fin des espoirs suédois en Russie. Charles XII et son allié Mazeppa trouvèrent refuge en Turquie. Les Turcs reprirent la guerre contre Pierre le Grand et lui imposèrent en 1711 une paix qui leur rendit Azov. Mais pour Pierre le Grand, seules les régions de la Baltique comptaient. Forts du soutien du Danemark, de la Pologne, du Hanovre, de la Prusse et de la Saxe, Pierre le Grand avait réussi à améliorer sa position en Courlande où il s'était emparé dès 1710 de Riga et de Reval (Tallinn), puis après la prise de Viborg (Viipuri), il entreprit la conquête méthodique des provinces orientales et centrales de Finlande, tandis que la flotte russe écrasait la flotte suédoise en 1714 au large de Hango (Hanko). La mort de Charles XII en 1718 consacre la fin définitive de l'hégémonie suédoise dans le nord de l'Europe [1].

La paix de Nystadt (Uusikaupunki) conclue le 30 août 1721 assurait à la Russie le contrôle pour deux siècles de la rive sud-orientale de la Baltique, avec l'Estonie et la Livonie, c'est-à-dire la Lettonie actuelle; l'acquisition de l'Ingrie et de la Carélie orientale avec la forteresse de Vyborg assurait la sécurité de Saint-Pétersbourg. En revanche, la Suède conservait la Finlande.

Pierre le Grand, devenu « Père de la patrie », donnait à la Russie une « fenêtre sur l'Europe ». La Russie remplaçait la Suède comme puissance dominante en Europe du Nord : une permanence avec laquelle l'ancien allié polonais devait maintenant compter.

1. J. Meuvret, *Histoire des pays baltiques*, p. 123 et ss.

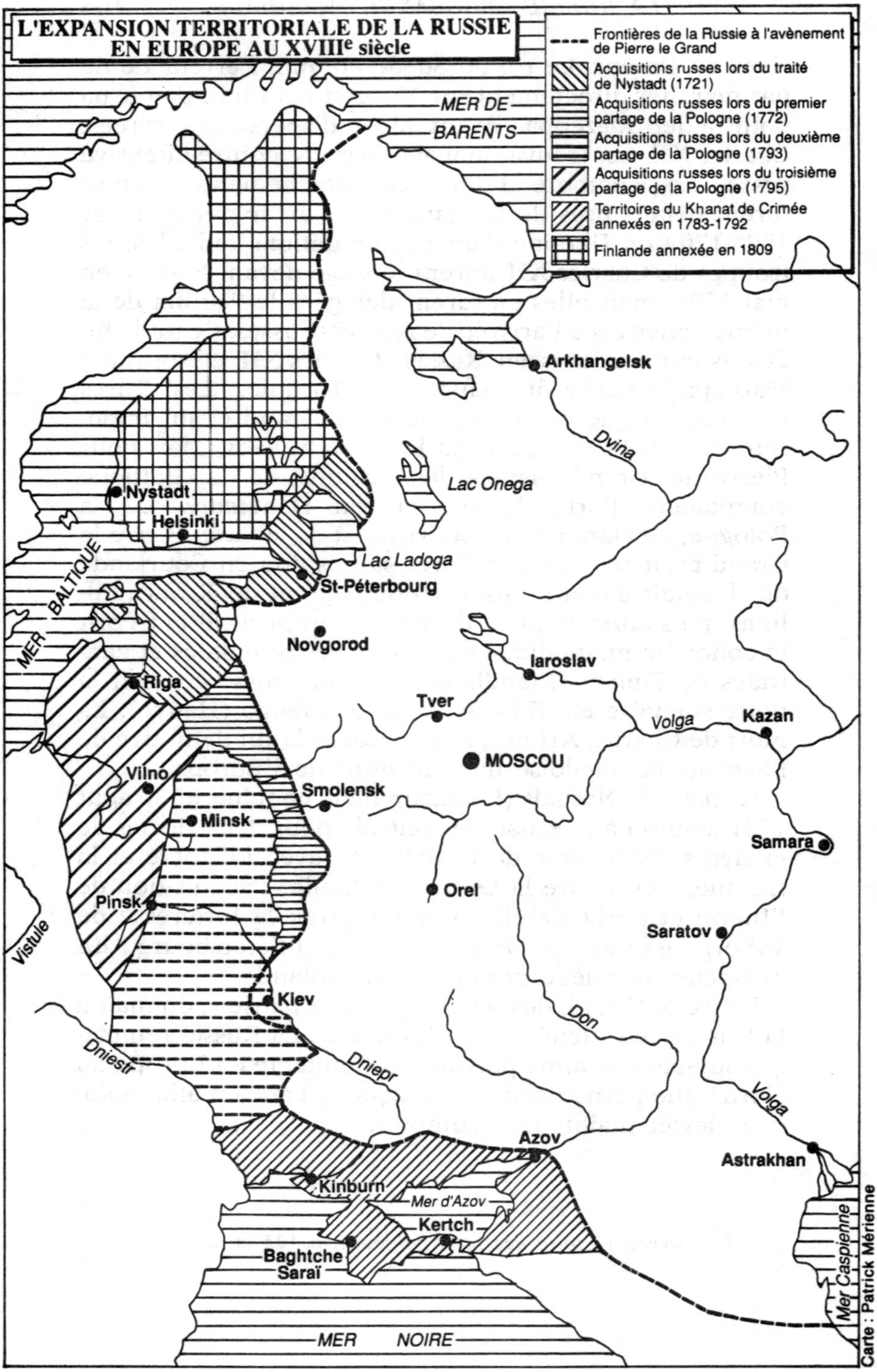

L'EXPANSION TERRITORIALE DE LA RUSSIE EN EUROPE AU XVIIIe siècle
Frontières de la Russie à l'avènement de Pierre le Grand
Acquisitions russes lors du traité de Nystadt (1721)
Acquisitions russes lors du premier partage de la Pologne (1772)
Acquisitions russes lors du deuxième partage de la Pologne (1793)
Acquisitions russes lors du troisième partage de la Pologne (1795)
Territoires du Khanat de Crimée annexés en 1783-1792
Finlande annexée en 1809
MER DE BARENTS
Arkhangelsk
Dvina
Lac Onega
Nystadt
Helsinki
Lac Ladoga
St-Péterbourg
MER BALTIQUE
Novgorod
Iaroslav
Riga
Tver
Volga
Kazan
MOSCOU
Vilno
Smolensk
Minsk
Samara
Orel
Pinsk
Saratov
Vistule
Kiev
Don
Dniestr
Dniepr
Volga
Azov
Astrakhan
Kinburn
Mer d'Azov
Kertch
Baghtche Saraï
Mer Caspienne
MER NOIRE
Carte : Patrick Mérienne

LES CONSÉQUENCES DE LA PAIX DE NYSTADT

La paix de 1721 fit passer sous la souveraineté russe des territoires sur lesquels vivaient des populations non slaves associées jusque-là à des pays de tradition occidentale et parfaitement imprégnées de culture germanique. Parmi ces populations, les unes étaient indo-européennes, les autres finnoises.

Les Lettons

Les populations indo-européennes occupaient la partie occidentale de la Livonie et parlaient le letton. La langue lettone appartient au groupe des langues balto-slaves. A l'origine, les Lettons étaient divisés en trois groupes principaux : les Koures – qui donnèrent leur nom à la Courlande, c'est-à-dire aux régions situées à l'ouest du golfe de Riga de part et d'autre de la rivière Venta –, les Semigaliens ou Zemgales, et les Lettgaliens. Ces populations installées dès le IIe millénaire avant J.-C. fusionnèrent au cours du Ier millénaire de notre ère en un peuple d'agriculteurs et de pêcheurs qui étendit son habitat tout autour du golfe de Riga, dans la vallée du Lugava (Dvina occidentale) et vers l'est en direction du lac Lubanas au contact de populations finno-ougriennes, les Lives, rapidement assimilées. Demeurés longtemps païens et attachés aux divinités traditionnelles baltes, les Lettons furent visités par les premiers missionnaires allemands au cours du dernier tiers du XIIe siècle. Un moine augustin du couvent de Segelberg en Holstein, Meinhard, accompagne alors des marchands qui se rendaient en Livonie. Là, il commença non sans mal à prêcher l'Évangile au milieu des populations païennes et bâtit une petite église dans le petit village d'Ykescola (Iksikile), puis Meinhard incita ses ouailles à bâtir des forteresses pour se défendre contre les païens. Il fut encouragé dans sa mission par l'archevêque de Brême, puis sacré évêque d'Ykescola. Mais les populations dans leur majorité étaient hostiles à l'évangélisation, et les convertis eux-mêmes étaient assez versatiles, si bien que Meinhard demanda l'aide des chevaliers allemands et suédois, mais cette intervention échoua. Après la mort de Meinhard en 1196, le moine Bertold partit à son tour en Livonie; il se heurta à une hostilité active des populations locales et trouva la mort le 24 juillet 1198 au cours d'une réaction païenne. Les assemblées réunies par les chefs locaux interdirent l'accès de la région à tous les prêtres chrétiens.

L'archevêque de Brême, dont l'une des missions était l'évangélisation des populations baltes, envoya en Livonie son propre neveu Albert, mais celui-ci demanda l'appui des princes allemands et scandinaves. A la demande de l'archevêque de Brême, le pape Innocent III, par une bulle d'octobre 1199, invita les chrétiens de Saxe et de Westphalie à défendre l'Église de Livonie. La « croisade de Livonie » rassembla des chevaliers venus de l'île de Gotland, du Danemark, de Saxe; les croisés bénéficiaient des mêmes privilèges que ceux qui, depuis maintenant un siècle, partaient régulièrement pour la Terre sainte. En avril 1200, la flotte des croisés parut dans le golfe de Riga. Sous la conduite de l'évêque Albert, les croisés débarquèrent à l'embouchure du fleuve Daugava, y jetèrent les fondations d'un camp qui devint en 1201 une véritable ville avec une cathédrale, des entrepôts commerciaux : c'était Riga. La nouvelle cité reçut des colons venus du nord de l'Allemagne. A l'initiative du cistercien Théodoric, un ordre religieux et militaire fut créé en 1202 avec l'agrément de la papauté. Ce fut l'ordre des chevaliers Porte-Glaive. Ces missionnaires armés commencèrent aussitôt leur mission évangélisatrice, et colonisatrice dans l'arrière-pays. Les ordres religieux occidentaux, notamment les Cisterciens, s'installèrent. Le roi de Germanie, Philippe de Souabe, en 1207 inféoda la Livonie à l'évêque Albert. En fait, l'ordre des Porte-Glaive ne tenait que les régions côtières, tandis que, dans l'arrière-pays, les diverses tribus lettones résistaient épisodiquement à l'évangélisation. En 1228, la réaction païenne fut particulièrement violente; les Zemgaliens et les Koures mirent à sac et incendièrent le monastère cistercien de Daugavgriva, aux portes de Riga.

Une autre menace mettait en danger les possessions de l'Ordre. Au nord, les Estoniens, eux aussi païens, se livraient à des attaques incessantes et menacèrent même Riga en 1215. L'évêque Albert demanda l'aide du roi de Danemark Voldemar II. Puis en 1222, les Estes envahirent le pays letton, mais les Porte-Glaive appuyés par les Lettons les repoussèrent. Cependant, une fois le danger écarté, les terres des Porte-Glaive furent l'objet de menaces des voisins méridionaux, eux aussi païens, les Lituaniens. Le Grand Maître Volkwin se heurta à une coalition des Koures et des Zemgaliens appuyés par les Lituaniens. En 1236, il trouva la mort en combattant les envahisseurs. Le pape décida alors de placer l'ordre des Porte-Glaive sous l'autorité des chevaliers Teutoniques bien implantés en Prusse. Les chevaliers Teutoniques, après la fusion de 1237 avec les Porte-Glaive, entreprirent la soumission méthodique des tribus lettones. La conversion fut néanmoins assez lente. Les populations les plus récalcitrantes furent les Zemgaliens; soumis une première fois, ils se soulevèrent en 1259 en liaison avec une insurrection des Koures. Pour mieux asseoir leur autorité, les Teutoniques construisirent la forteresse de Mitau (Jelgava), puis s'emparèrent des deux places fortes des Zemgaliens, Tervete et Mezotne. Les Zemgaliens firent mine de céder, mais reprirent la lutte en 1279, puis en 1286. Finalement, en 1290, les Zemgaliens abandonnèrent leur dernière forteresse, Sidrabene. Les uns firent leur soumission, les autres trouvèrent refuge chez les Lituaniens.

La Lettonie était désormais soumise aux chevaliers Teutoniques. De nombreuses cités furent bâties et peuplées de colons allemands, mais les colons allemands s'installèrent aussi dans les campagnes où ils transformèrent les régions marécageuses en pâturages.

Des privilèges furent accordés aux marchands étrangers. Dès 1280, Riga entra dans la Ligue Hanséatique et ses marchands peu à peu nouèrent des relations avec Novgorod où, en 1363, ils obtinrent une concession en commun avec les marchands de Tallinn et de Tartu. A côté de cette bourgeoisie allemande, la population lettone était cantonnée dans les campagnes sur leurs anciennes terres devenues propriétés des chevaliers Teutoniques ou de nobles allemands, avec une aggravation continue des charges qui s'accentua encore aux XVe et XVIe siècles.

Au XVIe siècle, l'introduction de la Réforme fit passer rapidement la Lettonie du catholicisme au luthéranisme. Les chevaliers Teutoniques sécularisèrent leurs propriétés et donnèrent naissance à la classe des « barons baltes ». Le dernier Grand Maître de l'ordre Teutonique, Gotthard Kettler, qui venait de se proclamer duc de Livonie, se reconnut vassal du roi de Pologne, le 21 novembre 1561, à un moment où ses possessions étaient menacées par les Russes. Kettler ne conserva que la Courlande et le pays des Zemgaliens; le reste de la Livonie fut partagé entre les Suédois au nord et les Polonais au sud. Le pays des Lettgaliens tomba sous la domination polono-lituanienne. Les Jésuites s'efforcèrent d'y réintroduire le catholicisme et obtinrent quelque succès, si bien qu'aujourd'hui on trouve encore en Lettonie une importante minorité catholique. Au XVIIe siècle, la paix d'Altmarkt, en 1629, à l'issue de la Première Guerre du Nord, attribua l'ensemble de la Livonie aux Suédois qui y maintinrent les structures sociales antérieures, jusqu'à ce que, à l'issue de la Deuxième Guerre du Nord, la paix de Nystadt fasse de la Livonie et de l'Estonie une possession de la Russie [1].

Les peuples finnois des rives méridionales de la Baltique avant la conquête russe

L'est de la Livonie ainsi que l'Estonie et ses prolongements orientaux jusqu'aux confins de la Finlande ont été longtemps le domaine exclusif de populations finno-ougriennes appartenant au groupe linguistique finno-balte, proche par la langue et les traditions des Finnois *(Suomalaiset)* de Finlande. Les Lives, qui donnèrent leur nom à l'ensemble de la région qui s'étend de part et d'autre du golfe de Riga au cours du Ier millénaire de notre ère, ont été largement assimilés par les Proto-

1. J. Meuvret, *op. cit.*, p. 49-60 et p. 106-109.

lettons. En revanche, les Estoniens – ou Estes *(eestlased)* – se sont installés là où ils se trouvent encore aujourd'hui au cours du Ier millénaire avant J.-C. Cette région était alors peuplée de Baltes qui étaient probablement les ancêtres des Lituaniens actuels ; une partie d'entre eux émigrèrent vers le sud, d'autres, restés sur place, furent assimilés, mais leur souvenir est attesté par la présence dans les parlers finnois anciens de mots empruntés à une langue balte parente du lituanien ancien [1]. La présence de ces Estoniens sur les rives de la Baltique est mentionnée par Tacite au Iᵉʳ siècle avant J.-C. Comme leurs voisins lettons, les Estoniens étaient des agriculteurs et des pêcheurs. Leur organisation politique était sommaire : le pays était divisé en districts *(maa)* ayant à leur tête un ancien, élu par les hommes libres.

Mais les Estes subirent vite l'influence de leurs voisins d'au-delà des mers, les Vikings, et du VIIIᵉ au XIᵉ siècle, ils se livrèrent comme eux à la piraterie, sans toutefois s'aventurer au-delà des détroits danois. On sait de façon à peu près certaine qu'au début du XIᵉ siècle le roi du Danemark Knud (ou Canut) le Grand (1018-1035) les combattit victorieusement. Les Estes demeurés païens tout comme leurs voisins lettons furent l'objet de tentatives d'évangélisation de la part des Danois et des Allemands. Les missionnaires allemands soutenus par les chevaliers Porte-Glaive intervinrent les premiers en Estonie en 1208, à la demande des Lettons en guerre avec leurs voisins du Nord. Ce fut le début d'une première tentative de conquête ; on bâtit quelques églises, et l'évêque Albert de Livonie put en 1211 sacrer comme premier évêque d'Estonie le cistercien Théodoric. Mais la conversion en Estonie se heurtait à une vive résistance des populations et de leurs chefs. La résistance fut dirigée par les corsaires de l'île d'Oesel *(Saaremaa)*. L'évêque Albert de Livonie demanda en 1218 l'aide du roi du Danemark Valdemar II. Le roi, avec une puissante flotte, débarqua sur la côte du Harjumaa au nord de l'Estonie au printemps 1219 : les Estoniens furent défaits et les Danois occupèrent l'île d'Oesel ; ils établirent une base auprès de la forteresse este de Lindanis, qui donna naissance à la

1. A. Sauvageot, *les Anciens Finnois*, p. 39 et ss.

ville de Tallinn (Reval); celle-ci devint rapidement une place de commerce et un port actif, mais avec un arrière-pays toujours prêt à la révolte. Le sud du pays fut occupé par les chevaliers Porte-Glaive qui s'établirent une forteresse à Wijlandi.

La domination germano-danoise se heurta dès 1222 à une insurrection déclenchée par les habitants de l'île d'Oesel; l'élément païen reprenait le dessus. La révolte fut particulièrement violente en 1223 avec le massacre des chevaliers Porte-Glaive à Wijlandi et des administrateurs danois à Tartu. Les Estoniens demandèrent le soutien des Russes et tentèrent d'envahir la Livonie. Mais chevaliers Porte-Glaive et Lettons repoussèrent les envahisseurs, battirent les Estoniens à Seda, obligèrent les Russes à lever le siège de Tallinn, puis, au printemps de 1224, les chevaliers s'attaquèrent à Tartu, le principal centre de la résistance estonienne, dont ils s'emparèrent au mois d'août. Le pays fut peu à peu pacifié. L'occupation de l'île d'Oesel en 1227 mit fin à l'indépendance de l'Estonie.

Les Danois et les chevaliers Porte-Glaive eurent beaucoup de mal à s'entendre pour le partage du pays. A la suite du compromis de 1236, les Danois gardèrent les régions côtières septentrionales avec les districts du Harjumaa et du Virumaa, les villes de Tallinn et de Narva; les chevaliers Porte-Glaive s'assurèrent le contrôle du centre et du sud de l'Estonie, tandis que l'ouest et le sud-est devenaient des principautés ecclésiastiques qu'ils protégeaient. L'Estonie danoise fut rattachée à la province de Lund, mais l'urbanisation se fit avec des colons allemands venus en majorité de Lübeck; neuf dixièmes des fiefs étaient tenus par des Allemands, seule l'Église était danoise. Après l'absorption des chevaliers Porte-Glaive, les chevaliers Teutoniques cherchèrent à étendre leur domaine vers l'est, en direction des bouches de la Neva, sur des territoires tenus par les Russes de Novgorod et où vivaient des populations indigènes finnoises, vepses et votes.

Le prince de Novgorod Alexandre Nevsky remporta une victoire décisive sur les chevaliers Teutoniques le 5 avril 1242 sur les glaces du lac Peïpous, qui assura aux Russes de Novgorod la pérennité de leur accès à la mer.

En Estonie, les chevaliers Teutoniques renforcèrent leur puissance en 1346 lorsqu'ils achetèrent au roi du Danemark Valdemar Atterdag pour 19 000 marcs d'argent ses possessions estoniennes révoltées depuis 1343. Les chevaliers Teutoniques instituèrent en Estonie le système féodal qu'ils avaient déjà introduit en Livonie. Des barons allemands reçurent en fief des seigneuries rurales sur lesquelles travaillaient les tenanciers estoniens. Les villes peuplées d'une bourgeoisie d'origine allemande furent, comme en Livonie, associées à la Hanse. Ce fut le cas notamment de Reval (Tallinn), de Dorpat (Tartu), de Pärnu et de Narva où l'on échangeait la principale production locale, le lin, contre des draps importés de Flandre. Mais on y exportait aussi les fourrures et le miel de Russie.

Au XVIᵉ siècle, le ralliement des « barons baltes » à la réforme luthérienne fit de l'Estonie un pays protestant car, selon la coutume d'alors, les paysans suivirent leur seigneur. Les possessions des chevaliers Teutoniques furent sécularisées et le régime seigneurial rendu plus rigoureux. La montée de la puissance suédoise, au moment où le dernier maître de l'ordre des chevaliers Teutoniques devenait vassal du roi de Pologne, fit de l'Estonie, au même titre que la Livonie, un enjeu de la politique d'expansion de ces deux États. La paix d'Altmark attribua l'Estonie à la Suède. Mais les Suédois ne changèrent rien aux structures sociales existantes. Toutefois, les rois de Suède qui cherchèrent à affaiblir la puissance des barons baltes s'appuyèrent sur les paysans. L'artisanat et le commerce furent favorisés par la « paix suédoise » et des artisans estoniens commencèrent à s'établir dans des villes jusque-là entièrement peuplées d'Allemands. Tallinn avait déjà 10 000 habitants en 1600 et sa population doubla au XVIIᵉ siècle. Le roi Gustave-Adolphe fonda en 1632 la première université du pays à Dorpat. A la veille de la conquête russe, l'Estonie avait une population de l'ordre de 400 000 habitants dont les quatre cinquièmes étaient estoniens de souche.

La paix de Nystadt avait attribué à la Russie l'Ingrie et la Carélie orientale, peuplée l'une et l'autre de populations proches des Finnois. En fait, cela faisait longtemps que la plus grande partie des Caréliens relevaient de la Russie, depuis la création de la principauté de Novgorod. Leurs descendants – ceux du moins qui ne se seront pas fondus dans la population russe – vivent encore aujourd'hui en îlots dispersés dans quelques villages des environs de Novgorod et de Kalinine (Tver) : ils furent convertis à l'orthodoxie au cours du XIIe siècle. Quant aux populations finnoises autochtones d'Ingrie qui occupaient les zones marécageuses qui s'étendent entre le lac Peïpous et les bouches de la Neva, elles avaient déjà été depuis longtemps absorbées et assimilées par les populations slaves.

LA FIN DE LA POLOGNE ET L'ANNEXION DE LA LITUANIE

La dernière étape de l'expansion russe en Baltique se situe à la fin du XVIIIe siècle, au moment où Catherine II (1762-1796) participe en étroite association avec l'Autriche et la Prusse au démembrement de la Pologne.

L'État polonais associé depuis 1386 au grand-duché de Lituanie dans une union personnelle qui devient en juillet 1569 avec l'Union de Lublin une véritable fusion, a occupé pendant deux siècles une position dominante en Europe centro-orientale. Au XVIIIe siècle, l'affaiblissement du pouvoir royal, les interventions étrangères de plus en plus fréquentes dans les conflits qui opposent les différentes factions au sein de la noblesse, ont amené le déclin et l'affaiblissement de la Pologne.

A l'issue des longues querelles internes qui suivirent la mort du roi Auguste III en 1763, la couronne fut attribuée au prince Stanislas-Auguste Poniatowski (1764-1795), ancien favori de Catherine II. Mais lorsque celui-ci entreprit de vouloir renforcer le pouvoir royal pour sauver le pays de l'anarchie, la Russie soutenue par la Prusse intervint, suivie un peu plus tard par l'Autriche inquiète de la trop grande influence des Russes en Pologne. Le 25 juillet 1772, à Saint-Pétersbourg, la Russie, la Prusse et l'Autriche procédèrent au premier partage de la Pologne qui attribua à la Russie la partie de la Lituanie située au-delà du Duna, ainsi que les pays du Haut Dniepr, avec une population totale de 1 300 000 habitants en majorité lituaniens. La Pologne devenait de facto un « protectorat russe ». Le système de protectorat fonctionna tant bien que mal jusqu'en 1788. A ce moment-là, en raison de la guerre contre la Turquie qui détournait momentanément la Russie des affaires occidentales, la Diète polonaise s'engagea sur la voie des réformes. Une nouvelle Constitution fut présentée le 3 mai 1791 par le roi Stanislas-Auguste. Mais certains magnats firent appel aux Russes. Les troupes russes occupèrent Varsovie en 1792 et le roi renonça à sa Constitution. La Prusse intervint à son tour en janvier 1793 pour ne pas laisser les Russes régler seuls la question polonaise. Le deuxième partage de 1793 attribua à la Russie toute la Podolie, une partie de la Volhynie et toute la Biélorussie dont Minsk, avec une population de trois millions d'habitants formée d'éléments biélorusses orthodoxes, d'Ukrainiens uniates et de Lituaniens catholiques. La vaine tentative des patriotes polonais groupés autour de Thadée Kosciuszko provoqua une riposte militaire immédiate des Russes et des Prussiens. Le 5 novembre 1794, les troupes russes du général Souvarov entraient à Varsovie. Le roi Stanislas-Auguste tenta en vain de sauver la situation en se plaçant sous la protection de Catherine II, puis abdiqua. Le 24 octobre 1795, la Russie et l'Autriche se partagèrent ce qui restait de la Pologne. La Russie occupa l'ensemble de la Lituanie et les pays à l'est du Niémen et du Haut Bug avec la ville de Brest-Litovsk, le tout peuplé de 1 200 000 habitants, Lituaniens catholiques en majorité, et Biélorusses orthodoxes [1].

Avec l'occupation de la Lituanie et d'une partie de la Pologne, la Russie orthodoxe plaçait sous son autorité des populations de religion catholique.

A la différence des autres sujets baltes de l'empire, les Lituaniens sont catholiques. Les Lituaniens sont des Indo-Européens, assez proches des Lettons, avec lesquels ils furent plus ou moins associés au cours du Ier millénaire de notre ère. Vers le IXe siècle, les Lituaniens avaient déjà un embryon de structure politique ; demeurés païens, ils vivaient groupés en une dizaine de tribus dirigées par des

1. N. Riasanovsky, *op. cit.*, p. 293 et ss.

chefs locaux *(kuningas)* qui règnent sur une paysannerie d'hommes libres. Au début du XIIIe siècle, l'un de ces chefs semble avoir occupé une position prédominante : il s'agit du prince Mindaugas qui, en 1236, a réussi à asseoir son autorité sur l'ensemble des tribus lituaniennes avec le titre de chef suprême *(kunigaikchtis)*. Mindaugas entra en conflit avec les chevaliers Teutoniques qui cherchaient à occuper la zone côtière afin d'assurer la continuité territoriale entre leurs possessions de Prusse et de Livonie. Craignant une « croisade » des Teutoniques, Mindaugas se fit baptiser en 1251 et se plaça sous la protection du pape Innocent IV dont il reçut la couronne grand-ducale l'année suivante, en son château de Varute; Mindaugas put ainsi asseoir son autorité sur l'ensemble du pays mais avec un protectorat du fait des chevaliers Teutoniques.

Un diocèse fut créé en 1253. Mindaugas chercha à étendre son autorité à l'est en direction de la Russie où en 1239 il s'était emparé de Smolensk. Le grand-duc parvint ainsi à contrôler la haute vallée du Niemen (Nemunes) où gouvernait son fils. Mindaugas poursuivit après 1252 ses campagnes en Russie, il occupe même un certain temps Pskov puis Novgorod. Il semble qu'alors il ait voulu s'attaquer aux Tatars qui avaient occupé la Russie du sud mais renonça à son projet. En fait Mindaugas était sollicité par les événements qui se déroulaient depuis 1259 en Livonie.

La révolte des Zemgaliens contre la domination des Teutoniques avait provoqué une réaction païenne chez les Lituaniens, notamment dans les tribus du littoral. Il semble que Mindaugas rompit à ce moment avec les chrétiens. Après la mort de Mindaugas, peu après 1262, le paganisme revint en force sous le kuningas Trainitis. La population lituanienne était en fait demeurée païenne malgré la conversion de Mindaugas. Les Teutoniques profitèrent du climat d'anarchie qui suivit la mort de Mindaugas pour occuper la ville de Kaunas et le sud du pays.

L'avènement du « chef suprême » Gedimonas en 1316 marque le début d'une révolte contre l'ordre Teutonique. Une croisade contre la Lituanie païenne fut prêchée en 1320. Pour éviter l'invasion, Gedimonas reprit la politique de Mindaugas, se fit baptiser et maria sa fille Aldona au fils du roi de Pologne Ladislas. Ce fut le début de la longue alliance polono-lituanienne, qui préserva momentanément la Lituanie de la domination teutonique. Gedimonas reprit dès 1321 la politique d'expansion vers l'est, poussant même jusqu'à Kiev. C'est le début de ce grand-duché de Lituanie qui devenait ainsi peu à peu l'un des grands États d'Europe orientale entre la Pologne et la Russie, avec Vilnius comme capitale. Mais la menace des Teutoniques demeurait constante, et c'est en délivrant la forteresse de Vellona assiégée par les chevaliers que Gedimonas trouva la mort en 1341. Ses deux fils Algirdas et Keiskutis poursuivirent son œuvre, le premier régnant à Vilnius sur la Lituanie orientale et enlevant aux Tatars de Podolie et l'Ukraine, le second résidant à Kaunas et régnant sur la Lituanie occidentale. On eut alors un véritable Empire lituanien qui allait de la Baltique à la mer Noire et où, à côté des Lituaniens officiellement catholiques, vivaient une majorité de Slaves, Russes et Ruthènes – ancêtres des Ukrainiens –, pour la plupart orthodoxes. Cette situation créait des tensions avec les Mongols et la Russie.

Après la mort des héritiers de Gedimonas, la succession donna lieu à des troubles intérieurs. Le fils de Keiskutis, Jogaïla (Jagellon), régna d'abord sur l'ensemble de l'Empire lituanien, ne laissant à son cousin Vytautas, fils d'Algirdas, que la Lituanie occidentale. Profitant des tensions qui existaient entre les deux princes, l'ordre Teutonique chercha à revenir en force dans le pays. Le mariage en mars 1386 du prince Jogaïla avec Hedwige, âgée de douze ans, fille et héritière du roi de Pologne, Louis d'Anjou, sauva l'indépendance de la Lituanie. Jogaïla, encore païen, se fit baptiser et prit le nom de Ladislas. Avec Hedwige et Ladislas, devenu Ladislas II de Pologne (1386-1434), l'union polono-lituanienne se mit en place. Le christianisme s'implanta d'une façon définitive en Lituanie avec la fondation de l'archevêché de Vilnius. Les Teutoniques tentèrent une nouvelle fois d'intervenir en 1409 ; cela se solda pour eux par un échec cuisant, le 15 juillet 1410, lors de la bataille de Grünewald-Tannenberg où les chevaliers Teutoniques furent défaits par une coalition des troupes polonaises, russes et lituaniennes. Vytautas, en dépit de ses mauvaises relations avec son cousin, avait lui aussi participé au combat.

Pour la Lituanie, le danger teutonique était définitivement écarté. La Lituanie se trouvait maintenant étroitement liée à la Pologne, mais à une Pologne où la dynastie des Jagellons occupe le trône jusqu'en 1572 avec les rois Ladislas III (1434-1444), Casimir IV (1444-1492), Albert (1492-1501), Alexandre (1501-1506), Sigismond Ier (1506-1548) et Sigismond-Auguste (1548-1592). Les liens entre la Pologne et la Lituanie furent renforcés par l'Union de Lublin adoptée par la Diète en 1569 : la Pologne et la Lituanie devenaient une « république unie et indivisible » où chacun des deux partenaires conservait ses lois, sa justice et son armée particulière. Cette union polono-lituanienne allait durer jusqu'à l'époque des partages. La Lituanie apportant à la Pologne un immense territoire où cohabitaient catholiques romains, uniates et orthodoxes, des Lituaniens, ainsi que des Russes et des Ukrainiens. Mais une telle diversité ethnique allait singulièrement compliquer les relations avec la Russie voisine [1].

La disparition de l'État polono-lituanien ramena dans l'État russe les Biélorusses. Les Biélorusses (ou Russes blancs) sont des Slaves qui parlent une langue voisine du russe, avec des influences polonaises et ukrainiennes. Ces apports sont liés à l'Histoire. Le biélorusse ancien était probablement issu de la langue que parlaient les tribus krivitches qui vivaient au IXe siècle dans la haute vallée du Dniepr et de la Volga et qui firent partie de la principauté de Kiev. Au moment de l'invasion des Tatars au milieu du XIIIe siècle, les ancêtres des Biélorusses faillirent une première fois tomber sous la domination des Lituaniens à l'époque du grand-duc Mindaugas. Plus tard, au début du XIVe siècle, l'expansion lituanienne vers l'est reprit avec Gedimonas et ses successeurs, et les Biélorusses furent incorporés au grand-duché de Lituanie puis à l'ensemble polono-lituanien à partir de 1386. C'est aux XIIIe et XIVe siècles que la langue biélorusse se différencia de la langue russe. Sous le régime polono-lituanien, la noblesse biélorusse se polonisa peu à peu tandis que les

1. J. Meuvret, *op. cit.*, p. 63-70 et 97 et ss.

paysans conservèrent les traditions nationales. Beaucoup de nobles biélorusses exercèrent des charges importantes au service du grand-duc de Lituanie, certains se convertirent au catholicisme, tandis que les paysans demeuraient fidèles à la foi orthodoxe en dépit des tracasseries subies de la part de l'Église polonaise.

En un peu plus d'un siècle, la Russie était parvenue à se doter d'une large ouverture sur la mer Baltique mettant fin ainsi à la menace suédoise, et d'autre part à réintégrer dans son giron les Biélorusses à la suite de la disparition de l'État polonais. Au nord et à l'ouest, les limites de l' Empire russe sont ainsi fixées jusqu'à la fin de la monarchie des Romanov. Mais à la différence des annexions antérieures, la Russie étend maintenant son autorité sur des peuples étrangers non slaves – à l'exception des Polonais –, chrétiens certes mais non orthodoxes, et surtout ayant derrière eux une tradition d'indépendance et un sentiment national développé. C'est en cette fin du XVIIIe siècle que s'affirme véritablement le caractère multinational de cet empire de plus de 40 millions d'habitants et qui s'étend déjà sur plus de 17,5 millions de km^2.

VII

LES DERNIÈRES CONQUÊTES : CAUCASE ET ASIE CENTRALE

Débarrassés de l'impérialisme suédois par l'annexion des pays baltes et de la menace polonaise par la disparition de l'État polono-lituanien, les Romanov se trouvaient maintenant en mesure de mettre fin définitivement au danger permanent que faisait peser depuis plus de cinq siècles sur la Russie la présence des Turcs sur les frontières méridionales de l'empire. Ce danger s'était encore manifesté au début du XVIIIe siècle lorsque Pierre le Grand s'était trouvé face à l'alliance entre Charles XII de Suède et l'Empire ottoman. Il y avait d'autres explications à cette dernière vague d'expansionnisme russe aux dépens du monde turc. Dans les Balkans et dans le Caucase vivaient des communautés chrétiennes orthodoxes, souvent persécutées par les Turcs, et qui attendaient de la lointaine Russie aide et protection. Et cet espoir dans une intervention russe coïncidait avec la mission dont les tsars se sont toujours considérés comme investis depuis la chute de Constantinople et depuis le mariage en 1472 du tsar Ivan III avec la nièce du dernier empereur de Byzance : défendre les chrétiens d'Orient opprimés. Mission demeurée longtemps virtuelle et purement théorique lorsque les tsars devaient combattre pour la survie de la Moscovie, mais qui prend une tout autre dimension lorsque la Russie s'affirme comme l'une des grandes puissances de l'Europe.

L'ACCÈS À LA MER NOIRE

La reprise de la guerre contre la Turquie en 1768 a comme objectif l'accès à la mer Noire qui constitue, au sud, une frontière naturelle, et dont une partie du littoral fut autrefois à plusieurs reprises sous le contrôle de la Russie de Kiev.

Le littoral de la mer Noire faisait alors partie du khanat de Crimée fondé vers 1430 par Hadjdj Giray descendant de Tougha Timour, frère de Batu Khan, et qui y régna jusqu'en 1466. Le khanat de Crimée s'étendait du Kouban à l'est jusqu'à la basse vallée du Dniestr à l'ouest; au nord, il s'étendait jusqu'aux confins des zones tenues par les Cosaques, atteignant sur sa plus grande largeur la région de Tambov. Le khan Giray avait entretenu de bonnes relations avec le comptoir génois de Caffa mais, sous son successeur Mengli Giray, le sultan de Turquie, Mahomet II, s'empara en juin 1475 de Caffa, et Mengli Giray, tombé aux mains du sultan, dut se reconnaître son vassal en 1477. Le khanat de Crimée devint ainsi pour trois siècles un protectorat de l'Empire ottoman sur lequel les souverains Giray, depuis leur capitale Baghtché-Saraï, continuèrent à y exercer leur autorité jusqu'en 1771.

A plusieurs reprises, les Russes avaient tenté de prendre pied dans ces régions. Ils occupèrent même Azov entre 1699 et 1711, puis de 1736 à 1739. Mais c'est Catherine II qui parvint à mettre fin définitivement à la domination tatare dans cette région. Cela commence à l'occasion de la Première Guerre turque (1768-1774) en liaison avec les événements de Pologne. A la suite d'une intervention russe en Pologne en 1767 pour défendre les orthodoxes et surtout pour soutenir leur candidat au trône, Stanislas Poniatovski, la France suggéra à la Turquie d'intervenir contre Catherine II. Le prétexte fut trouvé en octobre 1768 lorsque des soldats russes poursuivant des bandes polonaises pénétrèrent en territoire turc. Aussitôt, le sultan Mustapha III déclara la guerre à la Russie. Les armées russes entrèrent immédiatement en action. Les troupes terrestres commandées par le comte Roumiantsev à partir de l'Ukraine franchirent le Dniestr, occupèrent la Bessarabie en 1769, franchirent même le Danube puis occupèrent la Moldavie et la Valachie en juillet 1770. Une autre armée sous les ordres du prince Galitzine attaqua plus à l'est et s'empara d'Azov, tandis que le prince Dolgorouki dévastait la Crimée. La Russie intervint également sur mer. La flotte de la Baltique sous les ordres d'Alexis Orlov pénétra en Méditerranée orientale et détruisit la flotte turque le 8 juillet 1770 dans la baie de Tchesmé, sur les côtes d'Asie Mineure.

La défaite turque permit de régler la question de Pologne à l'occasion du premier partage de 1772 entre la Russie, la Prusse et l'Autriche. L'impératrice Marie-Thérèse, soucieuse de préserver les intérêts de l'Autriche dans les Balkans, proposa sa médiation dans la guerre russo-turque. La paix fut conclue en 1774 à Kutchuk-Kaïnardji. Certes, la Russie renonçait aux territoires que ses armées avaient occupés au-delà du Dniestr. En revanche, elle gardait Azov et quelques points d'appui en Crimée dont Kertch et Yenkale, ce qui lui permettait de contrôler le passage de la mer d'Azov à la mer Noire, ainsi que Kinburn, place forte à l'embouchure du Dniepr. Les Russes obtenaient d'autre part pour leurs navires marchands le droit de libre circulation en mer Noire, y compris le libre passage à travers les détroits.

Mais ce qui était beaucoup plus important, et porteur à long terme de lourdes conséquences, c'est que le sultan « promettait de protéger constamment la religion chrétienne et ses églises », et de « prendre en considération en toutes circonstances les représentations » que pouvait lui faire la Russie à propos de l'Église grecque et des chrétiens orthodoxes des provinces danubiennes. La Russie obtenait ainsi un droit de protection sur les chrétiens d'Orient, sujets de l'Empire ottoman. C'était là pour elle une porte ouverte à de nouvelles interventions dans ces régions. En outre, le sultan reconnaissait la pleine indépendance politique des Tatars de Crimée, du Boug et du Kouban ; il ne conservait avec la Crimée que des liens religieux en tant que calife, chef spirituel des musulmans.

L'indépendance de la Crimée facilita l'intervention de la Russie dans les affaires intérieures du khanat, d'autant plus qu'une profonde anarchie y régnait. Un parti proturc et un parti prorusse s'y affrontaient. En 1775, le khan Sahib Giray favorable à la Russie fut renversé au profit de Devlet (Daoulet) Giray III, candidat du parti turc. Les intrigues russes le firent écarter du pouvoir en 1777 au profit de son cousin Chahim Giray qui se plaça aussitôt sous la protection de Catherine II. Lorsqu'une partie de la noblesse tatare se souleva contre lui, Chahim Giray fit appel à la Russie. Le prince Potemkine, à la tête d'une armée de 70 000 hommes, occupa la Crimée et l'annexa au nom de la Russie en 1783. Les Russes chassèrent leur protégé Chahim Giray qui se réfugia en Turquie où le sultan le fit exécuter pour trahison en 1785.

Le khanat tatar était ainsi intégré à l'Empire russe. L'autorité du tsar s'affirmait alors sur tous les territoires méridionaux de la Russie, autorité pleine et entière, d'autant plus qu'en 1775 Catherine II avait aboli les dernières libertés des Cosaques Zaporogues. La Crimée devint la province de Tauride, mais une partie de la population tatare s'enfuit à l'est. Le gouverneur Potemkine y installa à leur place des colons russes pour y développer l'agriculture et jeta autour de Sébastopol les bases d'une flotte russe de la mer Noire.

L'ambassadeur français à Saint-Pétersbourg, Louis-Philippe de Ségur, qui visita la Crimée en 1787 décrit ainsi l'ancienne capitale des khans : « Bachtchi-Saraï, fort dépeuplée depuis la conquête [russe], contenait encore neuf mille habitants, presque tous musulmans. La politique de Catherine ne gênait ni leur commerce, ni leur culte; elle les laissait suivre en tout leurs anciens usages. » L'ambassadeur rappelle aussi que « dès les premiers moments qui suivirent la conquête, l'émigration des Tartares fut considérable, mais la douce tolérance du gouvernement de Catherine désarma bientôt la haine de ces musulmans si fiers, et excita leur confiance. Non seulement cent cinquante mille d'entre eux s'étaient décidés à rester dans leur patrie, mais on en voyait même plusieurs, déjà partis, solliciter la permission de revenir, permission qu'on leur accordait difficilement, parce que l'expérience du passé faisait croire qu'ils ne deviendraient jamais de bons agriculteurs [1] ».

1. Claude de Grève, *le Voyage en Russie*, Paris, 1990, p. 705-708.

L'annexion de fait de la Crimée provoque une réaction des Turcs qui exigèrent par ultimatum l'évacuation du territoire. Les Russes rejetèrent cet ultimatum et la guerre s'engagea en 1787. Les Suédois s'allièrent une nouvelle fois aux Turcs et attaquèrent les Russes mais sans résultat, et conclurent avec eux la paix de Werälä en août 1790 qui confirmait les frontières d'avant-guerre. L'armée russe commandée par Souvarov occupa une nouvelle fois la Bessarabie et s'empara de la forteresse d'Ismaïl sur le Bas Danube. Le traité de Iasi du 9 janvier 1792 mit fin à cette Deuxième Guerre russo-turque et reconnut aux Russes la possession de la Crimée et de tout le littoral de la mer Noire depuis l'embouchure du Dniestr jusqu'à celle du Kouban, ainsi que l'arrière-pays. De ce côté-ci également, la Russie bénéficiait désormais d'une frontière naturelle puisqu'elle touchait maintenant aux premiers contreforts du Caucase.

L'occupation du piedmont septentrional du Caucase à la fin du XVIIIe siècle fit passer sous la tutelle russe un certain nombre de peuples jusque-là autonomes mais dépendant de la Turquie. Ce fut le cas des Ossètes (ou Osses) de la haute vallée du Terek qui furent d'abord les « protégés » de la Russie après la paix de Kutchuk-Kaïnardji avant de devenir ses « sujets » en 1806. Les Ossètes parlent une langue indo-européenne. Ils sont très probablement les descendants des Alains, ce peuple indo-iranien qui avait constitué au début de l'ère chrétienne un vaste empire de part et d'autre de la mer Caspienne. L'Empire alain s'effondra en 375 sous les coups des Huns. Une partie des Alains émigrèrent vers l'ouest et participèrent aux côtés des Goths à la grande vague des « invasions barbares » qui déferla sur l'Empire romain au début du Ve siècle. Le reste du peuple alain se fixa dans le piedmont caucasien où il fut christianisé au Xe siècle par des missionnaires venus de Byzance. Sédentarisés dans les montagnes, les Alains-Ossètes avaient pour habitude de s'engager comme mercenaires dans les armées du maître du moment, qu'il soit byzantin, géorgien, mongol ou perse. La domination tataro-mongole au XIIIe siècle les rallia à l'Islam, mais la religion musulmane chez eux conserva de nombreux éléments chrétiens ou païens.

Lorsque les Russes s'installèrent en Ossétie à la fin du XVIIIe siècle, ils y construisirent des points d'appui destinés à protéger l'empire face aux Turcs qui tenaient le Caucase. C'est ainsi qu'en 1784 fut édifiée la forteresse de Vladikavkaz sur le Terek.

A l'issue d'une nouvelle guerre contre la Turquie, la Russie occupa en 1812 la Bessarabie, région à population roumanophone majoritaire et de tradition orthodoxe, et dont la noblesse roumaine des boyards se fondit rapidement avec la noblesse russe. Pour la Russie, ce territoire constituait un moyen d'assurer son droit de regard sur les populations chrétiennes orthodoxes des Balkans, en particulier sur celles des provinces danubiennes de Moldavie et de Valachie. Mais, à côté des roumanophones, il y avait aussi en Bessarabie des populations turques, les Gagaouzes, qui présentent cette originalité d'être chrétiennes orthodoxes. Il s'agit de Turcs oghouzes qui s'étaient fixés dans la Dobroudja au sud du delta du Danube et qui étaient devenus les vassaux de l'empereur byzantin Michel VIII Paléologue au XIIIe siècle. A la fin du XIVe siècle, la Dobroudja fut conquise par le sultan Bayasid (Bajazet) Ier (1389-1402). Certains Gagaouzes se rallièrent à l'islam et leurs descendants constituèrent une bonne part de la minorité turque de l'actuelle Bulgarie. La plupart des Gagaouzes demeurèrent chrétiens et traités comme tels par les Ottomans. A l'occasion des guerres russo-turques, ils émigrèrent en Bessarabie où leurs descendants sont encore 150 000.

L'OCCUPATION DU CAUCASE

La conquête du Caucase marque une étape importante dans l'expansion territoriale de la Russie. Il ne s'agit plus maintenant de « libérer » d'anciennes terres russes ni d'en assurer la défense par la mise en place d'un périmètre de sécurité. Cette fois, la Russie intervient pour « protéger » des populations chrétiennes isolées en pays musulman et soumises aux Turcs et aux Perses.

Le Caucase constitue à lui seul un univers particulier auquel se rattachent depuis la plus haute Antiquité des récits légendaires [1] et où, à la faveur de sa configuration géographique marquée par l'alternance de chaînons montagneux et de hautes vallées et bassins intérieurs, des populations très différentes par leur langue et leur culture ont trouvé refuge tout au long des siècles. Déjà, dans l'Antiquité, Pline le Jeune affirmait que pour bien administrer ces régions les Romains devaient utiliser cent trente interprètes! Pour les Arabes, le Caucase était déjà la « montagne des langues ». Et, à la fin du XIXe siècle, le géographe français Élisée Reclus faisait la même constatation : « Le Caucase est le pays des religions comme celui des langues [2]. »

Car, outre la variété des langues, le Caucase était aussi un monde aux religions multiples. A côté d'un paganisme actif ou latent qui dominait chez certaines ethnies isolées dans des zones montagneuses d'accès difficile, les grandes religions monothéistes étaient toutes représentées. Le christianisme, présent dès les premiers temps de l'Église, et resté malgré les persécutions la religion des Géorgiens et des Arméniens, côtoyait l'Islam sous ses formes sunnite et chiite pratiqué par les Azeris, les Abkhazes et les Ossètes et même le judaïsme présent de façon minoritaire dans les centres urbains de la périphérie.

Montagne-refuge, lieu de passage ou de séjour de populations semi-nomades qui s'y sédentarisèrent, carrefour de civilisations à la limite du monde slave et du Proche-Orient; ainsi se présentaient les pays du Caucase à la fin du XVIIIe siècle au moment où la Russie prend pied dans le piedmont précaucasique.

A la veille de la conquête russe, le Caucase relève de l'autorité de deux puissances musulmanes. L'Empire ottoman contrôle l'Arménie, la Géorgie et leur avant-pays montagneux; la Perse, de son côté, domine les territoires

1. Les Anciens considéraient le Caucase comme le repaire des Cyclopes et des Amazones. La mythologie grecque plaçait sur le mont Kazbek le rocher auquel Prométhée aurait été enchaîné pour avoir dérobé aux dieux le feu et l'avoir donné aux mortels. C'est là aussi que Jason et les Argonautes auraient recherché la Toison d'Or; *cf.* Mario Meunier, *la Légende dorée des Dieux et des Héros*, Paris, 1946, p. 105-107, p. 208, p. 339-343.

2. É. Reclus, *Nouvelle Géographie universelle : l'Asie russe*, op.cit., p. 294.

riverains de la mer Caspienne, c'est-à-dire le pays azeri. Face à ces empires, les populations sujettes, même si elles sont parvenues par intermittence à bénéficier d'une autonomie de fait, sont toujours prêtes à la moindre occasion à se révolter contre l'oppresseur.

A la diversité des peuples et à leur enchevêtrement dans l'espace s'ajoute la diversité des langues marquées par la coexistence entre les langues dites « caucasiennes », les langues turques et les langues indo-européennes.

Les Géorgiens

Les Géorgiens occupent un vaste territoire qui s'étend des côtes orientales de la mer Noire jusqu'à la haute vallée de la Koura et de ses affluents. Leur origine remonte à la nuit des temps et demeure à bien des égards incertaine. Les Protogéorgiens sont attestés dans le Caucase dès le IIIe millénaire avant J.-C. Les sources assyriennes font état de populations groupées en une sorte de confédération de tribus, expertes dans l'art de la métallurgie qu'elles exercent en plus de leurs activités agro-pastorales. Longtemps dominés par les Assyriens, puis par les Mèdes et les Perses, les Géorgiens entrèrent au contact de la civilisation grecque par l'intermédiaire des nombreuses colonies grecques d'Ionie qui se développèrent sur la côte de Colchide (Phasis, Trapézonte) à partir du VIIe siècle avant J.-C. Les Protogéorgiens furent libérés de la tutelle perse à la fin du IVe siècle par Alexandre le Grand et leur territoire fut incorporé à son empire. Après la mort d'Alexandre en 323 avant J.-C., les Géorgiens se constituèrent en État indépendant connu sous le nom de royaume d'Ibérie dont le territoire correspondait à l'actuelle Géorgie centrale et orientale, tandis que les côtes de Colchide furent intégrées au royaume du Pont avec la dynastie des Mithridates. En 65 avant J.-C., les légions romaines conduites par Pompée soumirent la Colchide qui devint un protectorat de Rome, ainsi que l'Ibérie quelques années plus tard. Au début du IIIe siècle après J.-C., l'expansion perse à l'époque partho-arsacide, puis sassanide, met fin à la tutelle romaine. Vers 265, profitant de l'affaiblissement de Rome et de la Perse, un royaume indépendant de Géorgie se reconstitue, qui entretient des relations commerciales avec les mondes romain et perse. De Rome arrive au début du IVe siècle le christianisme, et, selon la tradition, c'est une esclave chrétienne, sainte Nino, qui aurait vers 330 introduit le christianisme chez les Géorgiens, sous le règne du roi Miriani, fils du shah de Perse et fondateur de la dynastie chosroène. Au Ve siècle, le contrôle du royaume de Géorgie devient l'enjeu du conflit entre Byzance, héritier de la tradition expansionniste romaine, et la Perse sassanide. Une nouvelle fois, la Géorgie se retrouve divisée, l'Ouest avec le littoral de la Colchide est incorporé à l'Empire byzantin, tandis que l'intérieur, l'Ibérie, est occupé par les Perses qui, en 469, se sont emparés de Tbilissi.

A la fin du Ve siècle, le roi Vakhtang refait pour un temps l'unité de la Géorgie. Mais le Sassanide Chosroès Ier (531/551-579) mit fin à l'indépendance retrouvée. Dès lors, le pays devient successivement tributaire de la Perse, de Byzance, puis à partir de 654 et jusqu'en 860 des califes arabes, mais dans chaque province un prince local exerce l'autorité au nom du maître du moment, ce qui laisse aux Géorgiens une certaine autonomie. A la fin du VIIe siècle émerge parmi ces princes tributaires Ashot Ier le Grand, de la famille arménienne des Bagratides (Bagratouni), qui, profitant de la faiblesse momentanée de Byzance et des califes arabes, se proclame prince héréditaire d'Ibérie. L'un de ses successeurs, Bagrat III (975-1004), reconstitue sous son autorité l'unité de toutes les principautés de Géorgie, mais les Arabes tiennent toujours Tbilissi. L'entrée en scène des Turcs seldjoucides – qui s'emparent de Tbilissi en 1088 – écarte le danger arabe. Et profitant des conflits entre Turcs, Arabes et Byzantins, le Bagratide David le Constructeur (1089-1125) libère le pays de la tutelle musulmane, reprend Tbilissi aux Turcs en 1122. C'est le début d'une véritable renaissance de la Géorgie indépendante qui atteint son apogée à l'époque de la reine Thamar (1184-1213). Celle-ci règne sur un vaste État qui va de la mer Noire à la Caspienne et qui correspond à la Géorgie et à l'Azerbaïdjan actuels.

A côté des Géorgiens vivent des peuples apparentés à eux sur le plan linguistique comme les peuples du Daghestan, les Abkhazes, les Tchetchènes, les Ingouches qui en général se sont convertis à l'islam au moment de la conquête arabe. Il y avait aussi des Arméniens demeurés chrétiens dans le sud de la Géorgie et à Tbilissi. L'arrivée des Mongols en 1222 met fin à l'éphémère unité de la Géorgie. En 1236, les Mongols forcèrent la reine Rousoudan à quitter Tbilissi et à se réfugier à Koutaïs. L'est du pays avec la région de Tbilissi devint protectorat mongol et les féodaux géorgiens durent servir dans l'armée mongole à la tête de contingents d'auxiliaires recrutés dans leurs domaines. Mais le christianisme ne fut pas persécuté. Quant aux régions occidentales, elles demeurèrent théoriquement indépendantes sous les princes bagratides. A l'époque de Georges V le Brillant (1314-1346), la Géorgie demeurée indépendante connut un certain renouveau. Mais à la fin du XIVe siècle, de 1386 à 1399, le pays subit les attaques des armées de Tamerlan. La Géorgie retrouva son indépendance et son unité avec le Bagratide Alexandre Ier (1412-1443), mais ses fils se disputèrent la succession au moment où la menace turque reparaissait.

Après la prise de Constantinople par les Turcs en 1453, les Géorgiens se retrouvèrent isolés du monde chrétien et constituèrent avec les Arméniens un îlot chrétien au milieu du monde musulman. Les Turcs mirent fin à l'indépendance de l'Imérétie en 1510 et s'emparèrent de sa capitale, Koutaïssi, tandis que le shah Ismaïl Ier incorporait à la Perse la Kartli. Les Turcs tentèrent à plusieurs reprises d'enlever aux Perses les territoires géorgiens placés sous leur autorité et occupèrent même un moment Tbilissi d'où ils furent chassés par le shah Abbas Ier (1587-1629).

A partir du milieu du XVIIe siècle, les Géorgiens de Kartli furent sujets de la Perse mais bénéficiaient d'une large autonomie : le shah était représenté à Tbilissi par un vice-roi, issu de la famille princière des Mukhran. L'un d'eux, Vakhtang VI, joue un rôle important comme législateur et érudit de 1703 à 1723. A la chute de la dynastie perse séfévide, les Turcs tentèrent de réunifier à leur profit la Géorgie mais le nouveau shah Nadir mit fin à leur projet. Avec l'accord des Perses, le prince Bagratide Tlimuraz II (1744-1762), puis son fils Irakli II (1762-1798) reconstituèrent un royaume géorgien qui regroupait la Kartli et la Kakhétie. Au même moment, l'Imérétie, sous Salomon Ier (1752-1784), se libérait du joug turc. Ainsi, à la fin du XVIIIe siècle, l'ancien royaume de Géorgie demeurait morcelé. L'Imérétie à l'ouest était indépendante de fait malgré une tutelle turque devenue peu à peu plus théorique que réelle; les provinces orientales, elles aussi, venaient de s'émanciper sous la direction du roi Bagratide de Kartli et de Kakhétie, théoriquement vassal de la Perse. Mais ces indépendances de fait pouvaient être remises en cause à tout instant par un réveil de la puissance tutélaire.

L'occupation de la Crimée ainsi que l'affaiblissement de la Turquie amenèrent la Russie à intervenir dans les affaires géorgiennes. A la suite d'une attaque des montagnards musulmans du Daghestan, le roi Irakli II demanda l'aide de Catherine II. Le traité d'amitié du 24 juillet 1784 plaça le Kartli et la Kakhétie sous la protection de la Russie qui y envoya aussitôt des troupes. Ces troupes y demeurèrent jusqu'en 1787. Mais le réveil perse sous Agha Mukhamed Khan, fondateur de la dynastie des Qadjars, fut fatal à la Géorgie : le 11 septembre 1795, les troupes perses s'emparaient de Tbilissi et après avoir pillé la ville y mirent le feu. La Russie réagit en envoyant des troupes qui chassèrent les Perses mais ces troupes se retirèrent au cours de l'été 1797. A la mort du roi Irakli II, en janvier 1798, son successeur Grégoire XII demanda au nouveau tsar Paul Ier son investiture mais ce dernier tarda à répondre et se borna à promettre l'envoi de troupes pour assurer la protection des Géorgiens. C'est finalement le tsar Alexandre Ier qui, dans son manifeste du 12 septembre 1801, annonça l'incorporation de fait du royaume de Géorgie à l'Empire russe et qui envoya aussitôt des troupes pour s'assurer du pays. Les princes bagratides, en dépit du traité de 1783, furent écartés du pouvoir et la Géorgie devint une province russe. Le tsar cependant garantissait à tous « la liberté de culte et l'inviolabilité des propriétés ». L'Imérétie fut occupée et annexée à son tour en 1810. La Géorgie devenait ainsi une province russe, qui perdit jusqu'à son autonomie religieuse, en dépit des promesses, puisque l'Église orthodoxe géorgienne autocéphale depuis le Ve siècle fut intégrée à l'Église russe en juin 1811. Pour la Géorgie, le rêve d'indépendance sous la protection russe s'était évanoui, ils devenaient sujets du tsar, sujets d'un prince chrétien, après avoir été pendant des siècles les sujets de princes musulmans. Les quelque 700 000 Géorgiens connaissaient enfin la paix, après des décennies de guerre qui avaient ruiné leur pays [1].

Les Arméniens

Les origines du peuple arménien, comme celles des Géorgiens, remontent à la nuit des temps et les récits qui s'y rattachent laissent encore subsister de nombreuses zones d'ombre. La tradition évoque le personnage légendaire de Haïk, lointain descendant de Noé, qui se serait installé avec ses compagnons dans la future Arménie, précisément sur le mont Ararat, là où, selon les récits bibliques, l'arche de Noé aurait accosté. Haïk ou Hay aurait ainsi donné son nom à la région, c'est l'Hayastan, le pays de Haïk. C'est d'ailleurs sous le nom de Haïk que les Arméniens se désignent dans leur propre langue.

En fait, il semble plus vraisemblable que les ancêtres des Arméniens vivaient autrefois dans les Balkans et constituaient l'une des composantes des peuples thraco-phrygiens. Au XIIIe siècle avant J.-C., ils passèrent en Asie Mineure puis se fixèrent au début du VIIe siècle avant J.-C. dans le pays d'Urartu (Ourartou) dominé autrefois par les Hittites et où les Protoarméniens trouvèrent des populations autochtones probablement caucasiennes qu'ils soumirent. Les Protoarméniens assimilèrent ces autochtones et se mêlèrent aux populations assyro-chaldéennes voisines, ils imposèrent à tous leur langue, une langue indo-européenne intermédiaire entre les langues du groupe grec et celles du groupe iranien. Par leur langue indo-

1. C. Urjewicz, *la Géorgie à la croisée des chemins : archaïsme et modernité*, in *Hérodote*, n° 54-55, 1989, p. 207 et ss.

européenne, les Arméniens sont donc tout à fait différents des Géorgiens.

A peine installés dans leur nouvel habitat, les Arméniens tombèrent successivement sous la domination des Mèdes, puis des Perses, tout en conservant une assez large autonomie. Puis, à partir de 331 avant J.-C., ils furent intégrés à l'empire d'Alexandre le Grand. Ce contact entre l'hellénisme triomphant apporté par les armées d'Alexandre et les cultures assyrienne et persane dont étaient imprégnés les Arméniens donna naissance à une civilisation arménienne brillante et originale qui perdura à travers les siècles en dépit des vicissitudes de l'Histoire. Après la mort d'Alexandre, les Arméniens furent intégrés au royaume des Séleucides. En 189 avant J.-C., le Séleucide Antiochos III divisa le territoire des Arméniens en deux provinces dont il laissa la responsabilité à des princes arméniens. La Grande Arménie, à l'est de l'Euphrate avec les villes d'Erzeroum, de Van et d'Erevan, fut confiée au prince Artaxias, l'Arménie Mineure à l'ouest du fleuve avec les villes de Mélitène et d'Erzindjan eut à sa tête le prince Zareh. Le conflit entre Rome et les Séleucides permit aux deux princes arméniens de se proclamer indépendants avec l'assentiment du Sénat romain. Artaxias, devenu seul roi d'Arménie à la mort de Zareh, étendit son royaume vers le nord aux dépens des Ibères (Géorgiens) et des Albans (habitants de l'actuel Azerbaïdjan), et établit sa capitale à Artaxata sur le fleuve Araxe. Les descendants d'Artaxias firent de l'Arménie une des grandes puissances de l'Asie Mineure, notamment à l'époque de Tigrane II le Grand (95-55 avant J.-C.), mais celui-ci dut en 66 se reconnaître vassal de Rome. Les successeurs de Tigrane, pour préserver l'indépendance de leur pays, s'allièrent alternativement et parfois simultanément aux deux puissances antagonistes d'alors, le royaume parthe et Rome. Les Romains ripostèrent en occupant l'Arménie, et Antoine livra à Cléopâtre d'Égypte le dernier représentant de la dynastie des Artaxias, Artavazt IV; elle le fit exécuter l'an 2 de notre ère.

L'Arménie tomba alors pour un demi-siècle sous la tutelle de Rome. Mais en 53, les Arméniens se soulevèrent et demandèrent l'appui des Parthes. Ceux-ci placèrent sur le trône d'Arménie un prince parthe, Tiridate (63-80), qui régna avec l'assentiment de Rome. Avec lui commence la dynastie partho-arménienne des Arsacides. L'entrée en scène des Perses sassanides menaça directement l'Arménie qui se tourna vers Rome. Les Perses cependant se rendirent maîtres du pays arménien vers 232 et y exercèrent leur souveraineté pendant près d'un demi-siècle. A la faveur des victoires de l'empereur Aurélien sur les Perses, les Arméniens retrouvèrent leur autonomie mais dans l'orbite de Rome. Sous le roi arsacide Tiridate III (287-302), le christianisme, d'abord persécuté en la personne de son apôtre Grigor, réussit à s'imposer grâce à la sœur du roi, elle-même convertie. Les idoles et les temples païens furent détruits et l'évêque de Césarée sacra évêque d'Arménie Grigor, qui reçut en outre le titre de *Katolikos*, ou chef suprême de l'Église en Arménie. Et, en 301, le roi Tiridate III fit du christianisme la religion d'État. Le Katolikos Grigor, qui est connu également sous le nom de saint Grégoire l'Illuminateur – d'où le nom d'Église « grégorienne » portée encore aujourd'hui par l'Église arménienne –, fit construire à Etchmiadzin une basilique qui est encore aujourd'hui le plus grand sanctuaire de l'Arménie chrétienne. La conversion des Arméniens fut d'autant plus rapide qu'il y avait déjà dans le pays des foyers chrétiens dispersés qui remonteraient aux tout premiers temps du christianisme car, selon la tradition, la première évangélisation des Arméniens aurait été l'œuvre de deux disciples du Christ, Barthélemy et Thadée – ce qui permet à l'Église d'Arménie de se considérer comme la plus ancienne Église chrétienne du monde. A la fin du IVe siècle, l'affaiblissement du protecteur romain permit aux Perses d'occuper la partie orientale de l'Arménie, mais avec le maintien de la dynastie arsacide jusqu'en 428. A ce moment-là et jusqu'à la fin du VIe siècle, l'Arménie perse devint une « marche » de l'Empire sassanide sous l'autorité d'un gouverneur (marzpan). Les Arméniens acceptèrent en général la tutelle des Perses tant que ceux-ci leur assurèrent la liberté religieuse. Lorsqu'en 451, le roi des rois tenta d'imposer à ses sujets arméniens la religion mazdéenne, il se heurta à une opposition catégorique de la population et du clergé.

Les Perses ripostèrent en envoyant sur place une expédition punitive qui infligea une sévère défaite le 2 juin 451 aux forces arméniennes rassemblées par Vardan Mamikonian ; au cours de cette bataille qui eut lieu dans la plaine d'Avavair, Vardan trouva la mort mais les Perses ne remportèrent la victoire qu'au prix de lourdes pertes. La répression fut violente, mais le roi de Perse dut renoncer à ses projets de conversion. La partie occidentale du pays demeura sous l'influence de l'Empire romain d'Orient et de ce fait fut mêlée aux conflits politiques et religieux de Byzance. L'Église d'Arménie constituait le lien spirituel unissant l'ensemble de la nation et joua un rôle important dans l'élaboration de la civilisation arménienne. Vers 405, le prêtre Mesrop Machdotz traduisit la Bible en arménien et, à cette occasion, inventa un alphabet original qui permit de faire de la langue arménienne jusque-là orale une langue écrite. L'Église d'Arménie, malgré des liens avec Byzance, rejeta les décisions du concile de Chalcédoine sur la définition du Christ « unique en deux natures » et, comme beaucoup d'Églises orientales, elle se montra favorable au monophysisme. A la suite des décisions du concile de Vagharchpat tenu en 491, l'Église d'Arménie se proclama indépendante.

L'unité de l'Arménie reconstituée sous la protection de Byzance à la fin du VIe siècle fut remise en question par l'invasion arabe de 636. L'Arménie devint un protectorat arabe souvent uni à la Géorgie. Les grands féodaux, les Bagratouni (Bagratides), les Mamikonian, les Rechtouri, pendant deux siècles vont s'affronter pour le pouvoir, utilisant tour à tour les Byzantins et les Arabes pour aboutir à leurs fins. Et lorsque les grands féodaux tentèrent de s'unir, le calife de Bagdad envoya l'une de ses armées commandée par un général d'origine turque, Bagha-al-Kabir, qui, de 852 à 855, dévasta le pays arménien mais n'osa pas s'aventurer plus au nord en Ibérie.

La reconstruction fut l'œuvre d'un prince de la famille des Bagratouni, Ashot, qui réussit à obtenir du calife le rétablissement de l'autonomie arménienne. En 885, Ashot reçut du calife le titre de roi d'Arménie, qu'il cumula avec un second titre royal décerné par l'empereur de Byzance Basile Ier. Le calife et le basileus affirmaient ainsi leurs droits sur l'Arménie. Les Bagratides régnèrent un peu moins de deux siècles (885-1079) sur l'Arménie ainsi que sur la Géorgie par l'intermédiaire d'une branche collatérale. Pour l'Arménie, l'époque des Bagratides fut une période de prospérité marquée par un remarquable essor de la civilisation. Ani, qui en 961 fut choisie comme capitale par le roi Ashot III (952-977), devint une cité brillante, avec ses églises et ses palais, dont les ruines provoquées en partie par les destructions des divers envahisseurs mais surtout par les effets du séisme de 1319 attestent encore aujourd'hui la grandeur passée.

Mais l'Arménie des Bagratides avait aussi ses faiblesses. Depuis Ashot III, les rois prirent l'habitude de donner à leurs frères ou à leurs cadets des provinces. C'est ainsi qu'au début du XIe siècle il y avait quatre royaumes d'Arménie, dont trois – ceux d'Ani, des Kars et de Lori – étaient dirigés par des princes bagratides, mais le quatrième, celui de Vasparoukan, était totalement indépendant avec à sa tête la famille des Artzrouni. Cette division se produisait au moment où les « peuples de la steppe » apparaissaient au nord du Caucase et en Perse. Les Bagratides repoussèrent un premier assaut des Turcs seldjoucides devant Ani en 1021. Menacé à son tour, le roi du Vasparoukan se plaça sous la protection de l'empereur de Byzance Basile II, lui-même d'origine arménienne, et lui abandonna son royaume en échange de la ville de Sivas et de sa région. Mais Byzance n'apporta aucune aide aux autres royaumes arméniens ; bien au contraire, les Grecs lancèrent contre eux plusieurs attaques qui échouèrent, mais qui affaiblirent cependant les Arméniens au moment où leur roi Gaghik II était aux prises avec les Turcs. Pour se débarrasser de ce souverain jugé trop indépendant, Basile II l'invita à Constantinople pour signer avec lui une paix perpétuelle. Une fois arrivé dans la capitale byzantine, Gaghik II fut jeté en prison et une armée byzantine fut envoyée en Arménie où le Katolikos Petros leur livra Ani. Les Arméniens abandonnèrent la résistance et en 1045 firent acte de soumission à Byzance. Les Grecs furent incapables de défendre l'Arménie contre les Turcs qui dévastaient périodiquement le pays. En

1064, les Turcs s'emparèrent d'Ani dont la population fut massacrée et occupèrent également le royaume de Kars. Le royaume de Lori isolé dans les montagnes résista jusqu'à la fin du XIIe siècle avant d'être occupé à son tour.

La prise et la destruction d'Ani marquèrent la fin de la Grande Arménie indépendante. Une partie des Arméniens se réfugièrent sur la côte occidentale d'Asie Mineure d'où ils passèrent plus tard en Moldavie et en Hongrie ; d'autres, sous la conduite d'un descendant des Bagratides, Rouben, émigrèrent en direction de la Cilicie où ils reconstituèrent un royaume arménien connu sous le nom de « Petite Arménie » autour de Sis et d'Adana. Les princes de Petite Arménie entretinrent de bonnes relations avec les croisés, et de nombreux liens s'établirent entre les nobles arméniens et les seigneurs occidentaux. La Petite Arménie connut son apogée sous Léon II (1187-1219), mais sous ses successeurs, et notamment sous la dynastie française des Lusignan (1342-1375), Turcs et Mameluks d'Égypte vinrent à bout de ce dernier bastion de terre arménienne libre. Au nord, la Grande Arménie était passée sous le contrôle turc depuis la fin du XIe siècle. Les populations chrétiennes y conservèrent leurs traditions religieuses mais perdirent toute autonomie politique.

Le pays fut étroitement mêlé aux conflits internes du monde turc ; ils subirent successivement la domination des Turcs seldjoucides, puis celle des Mongols – les armées de Tamerlan dévastèrent le pays de 1386 à 1394 – et enfin celle des Turcs ottomans. Après la prise de Constantinople par les Ottomans en 1453, le monde arménien lui aussi fut totalement coupé de l'Europe et constitua un noyau chrétien isolé au milieu de l'Islam turc. Par le pacte de l'Aman de 1461, les Arméniens se virent reconnaître la liberté religieuse et le droit à s'administrer localement d'une façon autonome. Mais, involontairement, l'Arménie fut mêlée aux conflits entre les Ottomans et les souverains perses, et à l'issue de chaque conflit, en 1555, en 1620, puis en 1639, elle fut amputée de ses provinces orientales au profit des Perses dont le régime était pour eux tout aussi dur que celui des Ottomans.

L'Église arménienne n'avait pas renoncé à intéresser

les souverains chrétiens d'Europe à sa cause. Après les vains appels à Byzance et à la Russie au XVIe siècle, une nouvelle tentative eut lieu en 1678. Le Katolikos Hagop IV partit pour Rome afin d'y obtenir l'envoi d'une croisade en échange du ralliement de l'Église grégorienne au pape; il mourut en cours de route à Constantinople. L'un des membres de la mission, Israël Ori, fils d'un noble *(mélik)* du Karabagh, poursuivit seul le voyage et finalement se rendit chez le tsar Pierre le Grand. En dépit de ses promesses, le tsar ne put intervenir en faveur des Arméniens en raison du conflit qui l'opposait au roi de Suède. En 1722, les Russes se décidèrent à attaquer la Perse, tandis que les Arméniens se soulevaient contre les Turcs. Mais le tsar, en raison des problèmes européens, conclut rapidement la paix avec les Perses. Entre-temps, le Karabagh était devenu indépendant de fait et réussit à conserver son indépendance jusqu'en 1730. Les Turcs tentèrent d'y rétablir leur autorité mais se heurtèrent à une forte résistance de la population à l'appel de David Beg. Les Arméniens du Karabagh furent finalement vaincus, mais une nouvelle guerre entre la Perse et la Turquie les replaça en 1746 sous la tutelle de la Perse où ils bénéficièrent d'une certaine autonomie. Mais pour l'élite arménienne un espoir était apparu. La Russie ne semblait pas insensible au sort des Arméniens. Il suffisait seulement d'attendre le moment où elle se déciderait à agir.

La situation se transforma sensiblement à la fin du XVIIIe siècle, lorsque les Russes, après avoir occupé la Crimée et les rives de la mer Noire, intervinrent en Géorgie puis l'annexèrent (1801-1810). La présence russe en Géorgie provoqua une réaction des Perses. L'armée perse conduite par le prince Abbas-Mirza remporta plusieurs victoires sur les Russes mais ceux-ci l'emportèrent finalement grâce à l'entrée en action des volontaires arméniens.

A l'issue de la dernière guerre russo-perse (1826-1828), le traité de Turkmantchaï attribua à la Russie les provinces arméniennes du Karabagh, d'Erevan et du Nakhitchevan, donnant aux Russes le droit exclusif d'avoir une marine de guerre sur la Caspienne et leur accordant, outre une lourde indemnité de guerre, d'importants privilèges commerciaux. Le traité autorisait également les

Arméniens demeurés sujets perses à s'installer en Arménie russe. Ce fut le début d'un mouvement d'émigration qui permit à 35 000 Arméniens de Perse de s'installer en Russie.

Une nouvelle fois dans son histoire, l'Arménie était divisée : les provinces septentrionales faisaient désormais partie de l'Empire russe, mais celles du sud demeuraient sous l'autorité des Ottomans. La révolte des Grecs et la brutale répression qu'elle provoqua de la part des Turcs donna au tsar Nicolas Ier un prétexte pour attaquer la Turquie. Les hostilités commencèrent en avril 1828 et les Russes remportèrent quelques succès sur le front du Caucase et occupèrent une partie de l'Arménie turque avec Kars, Erzerum et Ardahan. Sous la pression des Britanniques soucieux de ne pas affaiblir l'Empire ottoman, la Russie dut modérer ses exigences lors du traité d'Andrinople en 1829 : les Russes durent rendre aux Turcs les trois villes conquises et se contentèrent d'une légère amélioration de la frontière turco-russe. Toutefois, les Turcs s'engageaient à autoriser leurs sujets arméniens à passer en Russie ; plus de 100 000 Arméniens profitèrent de cette latitude, mais la majorité des Arméniens de Turquie demeurèrent sur place, comptant sur la protection des Russes au cas où les Turcs remettraient en question leur liberté religieuse [1].

La soumission des peuples musulmans du Caucase

Les Russes s'intéressaient aux territoires de la rive occidentale de la Caspienne. Depuis longtemps la ligne de la Koura constituait la frontière entre le monde musulman et la Russie. Déjà au début du XVIIIe siècle les Russes avaient placé sous leur protectorat le territoire des Nagays situé entre la Koura et le Terek. Les Nagays, peuple d'origine turque, avaient été intégrés au XIIIe siècle à la Horde d'Or. Refoulés au XVIIe siècle par les Kalmouks, ils s'étaient installés là où les Russes les trouvèrent lorsqu'ils les placèrent sous leur autorité. A partir de là, les Russes poursuivirent leur marche vers le sud et sou-

1. J.-P. Alem, *l'Arménie*, p. 36 et ss.

mirent les voisins méridionaux des Nagays, les Koumyks, peuple issu d'un mélange entre des populations caucasiennes et turques, auxquels les Turcs imposèrent leur langue au XIIe siècle. Intégrés eux aussi à la Horde d'Or, les Koumyks furent convertis à l'islam. A la fin du XVe siècle, une vaste principauté koumyke se constitua mais sous la suzeraineté perse. Protégés par les Russes au lendemain de l'occupation du pays nagay, le territoire des Koumyks fut cédé aux Russes par les Perses en 1813. C'est à partir du pays koumyk et dans le cadre du conflit russo-persan à propos de l'Arménie que se fit l'occupation de l'Azerbaïdjan. Le pays des Azéris – tout au moins la partie située au nord du fleuve Araxe, car il y a aussi une minorité azérie qui vit encore aujourd'hui en Iran – fut cédé à la Russie par la Perse lors du traité de Turkmantchaï. A l'origine, l'Azerbaïdjan faisait partie du royaume arménien d'Ourartou puis fut occupé par les Mèdes au VIIIe siècle avant J.-C., avant de former dans l'Empire perse la Satrapie de Médie atropatène, du nom du général perse Atropatès qui, en 328 avant J.-C., en fit une principauté indépendante.

Intégré à l'empire d'Alexandre le Grand, le pays qui est désigné à l'époque sous le nom de pays des Albans ou Albanie recouvra à la mort du conquérant une indépendance qui dura près d'un siècle, jusqu'au moment où il fut intégré dans la Grande Arménie d'Artaxias au début du IIe siècle avant J.-C. La domination arménienne dura jusqu'à la fin du Ier siècle avant J.-C. A partir de ce moment-là, c'est la Perse qui reprend le contrôle de l'Albanie sous les Arsacides puis sous les Sassanides. Les Albans déjà à cette époque sont le résultat d'un brassage ethnique où les éléments ibéro-caucasiens sont étroitement mêlés aux apports persans et arméniens. La conquête du pays par les Arabes en 639 entraîna la conversion à l'islam de la majeure partie de la population. L'entrée en scène des Seldjoucides au XIe siècle aboutit à la turquisation de la population et à son intégration au monde turc jusqu'au XVe siècle. Les Azéris – c'est le nom qui sert à désigner les Albans déjà à l'époque turque – passent alors dans la mouvance iranienne. L'influence perse s'est traduit sur le plan religieux par le ralliement au chiisme. Lorsque les Russes occupent l'Azerbaïdjan en 1829, ils y trouvent donc une population azérie, turcophone et chiite, qu'ils intègrent alors à la Transcaucasie. Le pays azéri devint donc pour l'administration russe la « Tatarie du Caucase ».

Déjà maîtres de la Géorgie, de l'Arménie et des régions bordant la mer Caspienne, les Russes cherchèrent logiquement à s'assurer le contrôle des populations montagnardes musulmanes de l'intérieur. Ce fut l'œuvre des tsars Nicolas Ier (1825-1855) et Alexandre II (1855-1861). Soumettre les populations de l'intérieur correspondait à deux objectifs logiques, d'abord assurer la sécurité des communications entre les nouvelles provinces chrétiennes d'Arménie et de Géorgie et le reste de l'Empire, et ensuite réaliser l'unité des pays du Caucase pour en faire un bastion défensif face à l'Empire ottoman.

Les populations de l'intérieur étaient constituées de groupes ethniques dispersés et rivaux. Tous cependant étaient jaloux de leur indépendance qu'ils avaient défendue avec acharnement tout au long de leur histoire, et vivaient retranchés dans les hautes vallées et bassins intérieurs protégés par les montagnes. Tcherkesses (ou Circassiens ou Adyghéens) du haut bassin du Kouban, Abkhazes du versant méridional du Caucase, Kabardes des hautes vallées de la Kouma et du Terek, Tchetchènes, Ingouches, Lezghis et Leks du Daghestan, tous avaient en commun de parler des langues caucasiennes très proches les unes des autres et d'être musulmans sunnites.

Si les Abkhazes ont subi successivement les influences grecque, romaine, byzantine et géorgienne avant d'être intégrés à l'Empire ottoman, les Tcherkesses, les Kabardes et les peuples du Daghestan semblent avoir toujours su préserver leur indépendance, même si officiellement ils relevaient des empires voisins, mongol ou ottoman. Mais tous furent convertis à l'islam sunnite au XVIe siècle.

La conquête russe dans ces régions montagneuses d'accès difficile fut une opération longue et coûteuse ; elle débuta à la fin du XVIIIe siècle pour s'achever en 1864. Si les Ingouches avaient accepté facilement la suzeraineté russe dès 1770, leurs voisins tchetchènes au contraire furent toujours à la tête de la résistance aux conquérants. Les Russes entreprirent la soumission des Tchetchènes dès 1785 mais se heurtèrent à la résistance conduite par un prince local, Mansour Ushurma, jusqu'en 1791. Devant cette opposition, les Russes se bornèrent à édifier quelques forteresses, points d'appui dont l'objectif était d'assurer la sécurité de leurs communications avec la Géorgie. La plus importante de ces forteresses était celle de Groznya – la « redoutable » –, construite en 1819, qui devint plus tard la ville de Grozny. On croyait la Tchetchénie pacifiée lorsque l'imam Chamyl (1797-1871) prit la tête en 1834 d'une insurrection générale des tribus montagnardes du Daghestan. La révolte dura près d'un quart de siècle, et ce n'est qu'à la suite des campagnes de 1857-1859 que l'imam fit sa reddition au gouverneur russe Alexandre Bariatinski.

Après la soumission définitive des tribus montagnardes du Caucase, les autorités russes ne s'opposèrent pas au départ pour l'Empire ottoman des populations musulmanes du Caucase; bien au contraire, elles l'encouragèrent, comme le montre une circulaire de 1864 signée du gouverneur russe invitant les Tcherkesses adyghéens à « vider leurs vallées ». Rien qu'entre 1858 et 1864, 398 000 Tcherkesses se réfugièrent ainsi en Turquie. Des Abkhazes partirent également au moment de la guerre russo-turque de 1877. En revanche, la majorité des habitants du Daghestan demeura sur place, étroitement surveillée par les autorités russes [1].

L'attitude des Russes à l'égard de leurs nouveaux sujets tant chrétiens que musulmans marque le début d'un comportement tout à fait nouveau et étranger à la tradition russe vis-à-vis des allogènes. Jusque-là, les nouveaux sujets de l'empire avaient toujours pu préserver leur autonomie politique et maintenir leurs traditions culturelles et religieuses. Si ces traditions ont pu se maintenir dans des limites plus ou moins restreintes, il ne fut plus question désormais de laisser subsister une forme quelconque d'autonomie politique. Les membres des anciennes familles princières, qu'ils soient musulmans ou chrétiens,

1. E. Reclus, *l'Asie russe*, *op. cit.*, p. 98 et ss; et N. Riasanovsky, *op. cit.*, p. 421-422.

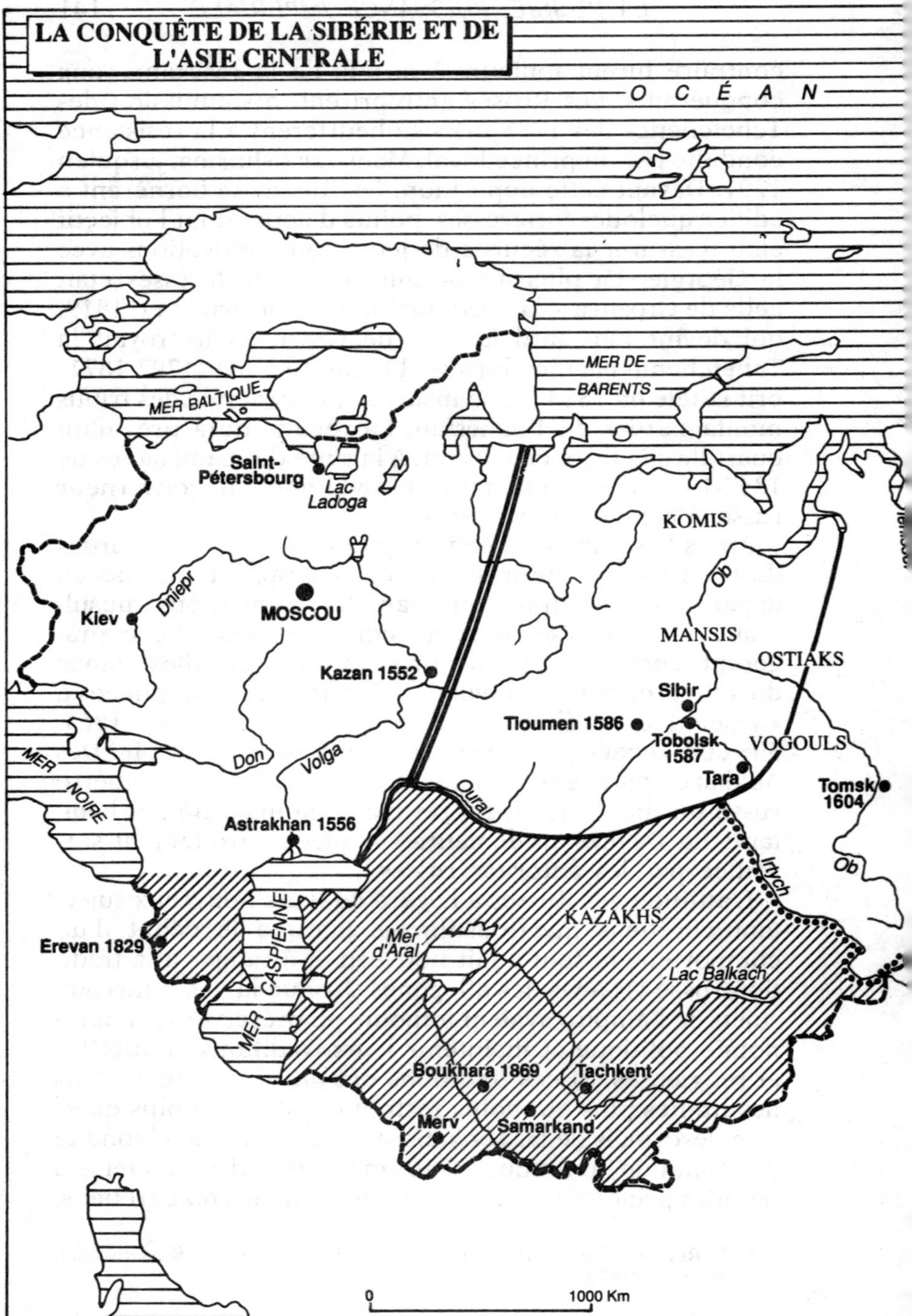

LA CONQUÊTE DE LA SIBÉRIE ET DE L'ASIE CENTRALE

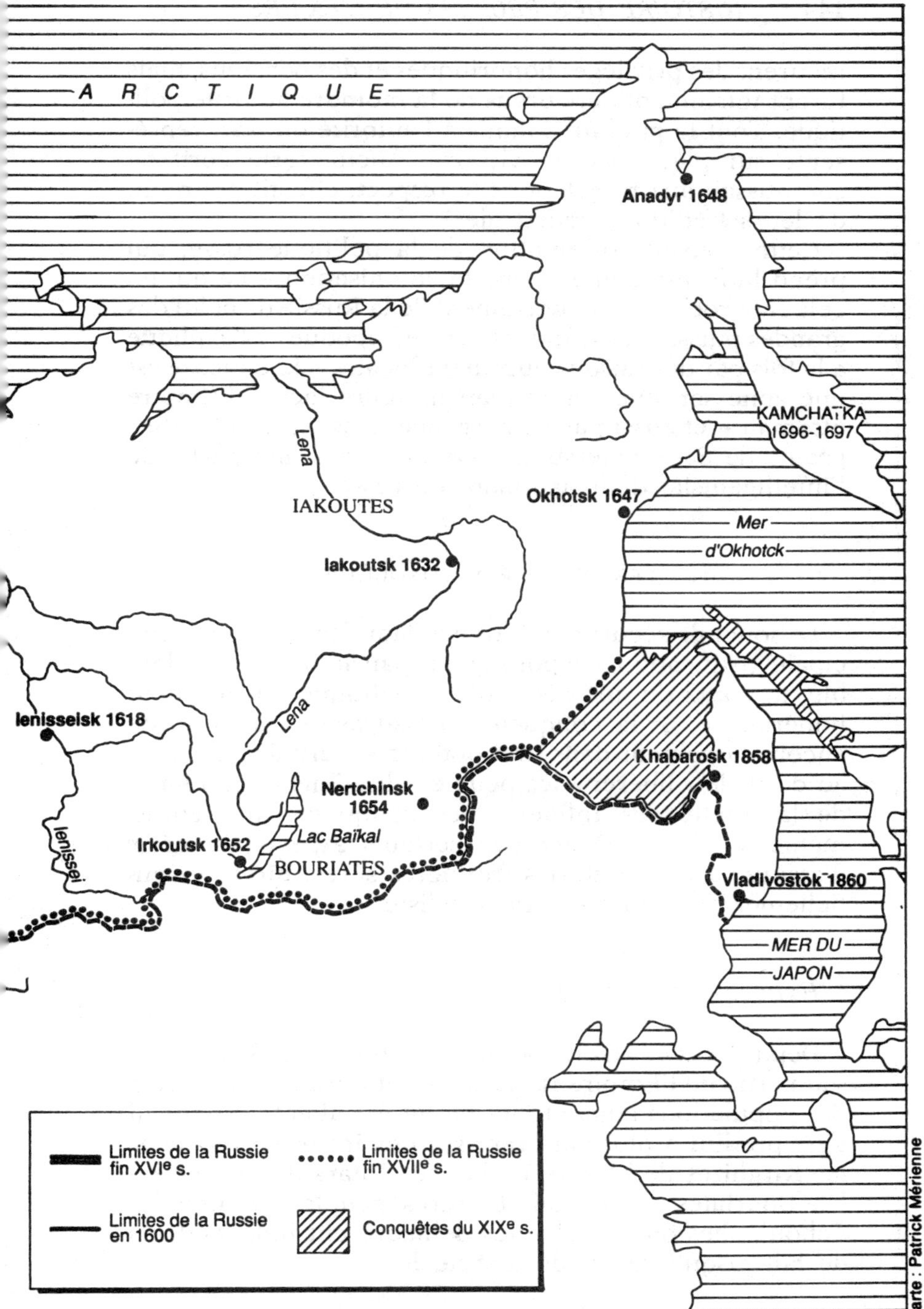

ARCTIQUE
Anadyr 1648
KAMCHATKA
1696-1697
Lena
IAKOUTES
Okhotsk 1647
Mer
d'Okhotck
Iakoutsk 1632
Ienisseisk 1618
Lena
Khabarosk 1858
Nertchinsk
1654
Ienissei
Lac Baïkal
Irkoutsk 1652
BOURIATES
Vladivostok 1860
MER DU
JAPON
Limites de la Russie fin XVIe s.
Limites de la Russie fin XVIIe s.
Limites de la Russie en 1600
Conquêtes du XIXe s.
Carte : Patrick Mérienne

reçurent des privilèges honorifiques et des pensions, mais furent totalement dépourvus de la moindre autorité politique. Tout le pays fut soumis à l'autorité du tsar, représenté sur place par un vice-roi. Aucun texte écrit ne garantissait aux populations le respect, effectif pourtant, de leurs traditions ancestrales.

Cette nouvelle orientation de la politique russe, qui prend la forme d'une véritable colonisation – ce qui en cela rapproche le comportement de la Russie de celui des grandes puissances occidentales de l'époque –, s'explique à la fois par des raisons purement locales – le Caucase est une zone sensible sur le plan militaire face à l'Empire ottoman – et aussi par l'émergence dans les cercles dirigeants de Saint-Pétersbourg comme dans une partie de l'intelligentsia, d'un nationalisme russe.

LES DERNIÈRES CONQUÊTES

Le souci de sécurité qui fut pendant des siècles la principale justification à la politique expansionniste s'est doublé au cours du XIXe siècle d'une politique ouvertement impérialiste. Si la conquête du Caucase s'était inscrite encore largement dans une optique sécuritaire associée au désir de « libérer » les peuples chrétiens de la région de la tutelle des Infidèles, les conquêtes ultérieures, même si elles relèvent par certains aspects du désir d'assurer à la Russie des frontières sûres, furent essentiellement d'inspiration impérialiste.

L'Extrême-Orient russe

Depuis le XVIIe siècle, la quasi-totalité de la Sibérie faisait partie de l'Empire russe, sans pour autant que le sort des populations autochtones en ait été affecté. Certes, il s'est produit à plusieurs reprises des insurrections chez les Kirghizes de l'Ienisseï, chez les Tatars de l'Irtych ou les Bouriates du Baïkal. D'autres peuples comme les Tchouktches ou les Iakoutes demeurèrent indépendants de fait jusqu'à la fin du XIXe siècle.

C'est en direction des confins méridionaux de la Sibérie orientale que s'exerça la poussée russe au XIXe siècle. Le tracé de la frontière entre la Chine et les provinces russes de Sibérie avait été fixé en 1689 par le traité de Nertchinsk, au cours de l'Argoun et de la Gorbica et aux monts Stanovoï. La nomination en 1847 du prince Mouraviev comme gouverneur de Sibérie orientale, à un moment où la Chine était affaiblie par les attaques britanniques et françaises, fut le point de départ d'une reprise de l'expansion russe. A l'initiative de Mouraviev, des colons russes s'installèrent dans le bassin de l'Amour et sur les côtes du Pacifique. C'est ainsi que furent fondés un certain nombre de points d'appui en territoire encore officiellement chinois : Nikolaïevsk en 1853, Khabarovsk en 1858, l'une et l'autre situées sur l'Amour, et surtout Vladivostok en 1860 sur la côte, qui n'allait pas tarder à devenir le grand port russe de l'Extrême-Orient. La Chine se vit obligée de traiter; par le traité d'Aïhun en 1858, elle avait dû reconnaître la souveraineté russe sur les territoires situés sur la rive gauche de l'Amour, et par celui de Pékin en 1860, renoncer aux territoires de l'Oussouri, ce qui donnait à la Russie une large ouverture sur le Pacifique, face au Japon. Le territoire de l'Amour était occupé par des tribus tongouses (Lamoutes, Orotches, Manègres, Goldes) souvent en état de conflit les unes avec les autres, à l'exception de la basse vallée et de la région du littoral où vivaient des tribus gilyaks, voisines par la langue des populations paléosibériennes, Kouriles et Kamtchadales. Ces populations peu nombreuses, païennes, vivaient d'une économie de subsistance que n'avait guère modifiée la tutelle chinoise, pas plus que ne la modifiera la présence russe. Face à ces nouveaux territoires s'étendait l'île de Sakhaline dont le nord relevait de la Russie et le sud du Japon. Le traité conclu en 1875 avec le Japon aboutit à la réunification de Sakhaline au profit des Russes; la population totale de l'île – moins de 15 000 habitants – était fort mélangée : Tougouzes et Gilyaks dominaient le Nord tandis que le Sud était le domaine des aborigènes Aïnous, réduits quasiment en esclavage par les pêcheurs japonais. En échange de la cession de la partie méridionale de Sakhaline, les Russes abandonnèrent au Japon les îles Kouriles.

L'entrée en force de la Russie en Extrême-Orient les mettait au contact direct avec un Empire chinois affaibli et menacé par l'Occident, et un Empire japonais rénové et dynamique [1].

L'Asie centrale

L'annexion et la soumission des steppes de la dépression aralo-caspienne et de leur bordure montagneuse marquent l'étape ultime de la longue série de conflits qui, pendant plus de six siècles, a opposé la Russie aux « peuples de la steppe ». Ce vaste espace de près de 4 millions de km² était peuplé dans sa partie occidentale et septentrionale par des populations nomades turques, tandis que les oasis du Sud (Ferghana, moyenne vallée de l'Amou Daria et du Syr Daria) et les bordures montagneuses étaient le domaine des sédentaires, agriculteurs, arboriculteurs et marchands.

Les premières populations avec lesquelles les Russes entrèrent en contact étaient les Kazakhs qui occupaient un vaste espace allant du fleuve Oural au lac Balkhach et à la Porte de Dzoungarie. Avant l'entrée en scène des Mongols, le pays était occupé par les tribus des Qiptchaks qui, au cours du XIe siècle, avaient émigré vers l'ouest en direction des steppes de la Russie méridionale et du Bas Danube. Ceux qui étaient demeurés dans leur patrie d'origine, tout comme ceux qui s'étaient fixés dans le sud de la Russie furent absorbés par la Horde d'Or au début du XIIIe siècle et se fondirent avec le peuple turc des Kazakhs, ancien membre de la Confédération ouzbek. Après l'effondrement de l'Empire mongol, les Kazakhs s'organisèrent en trois Confédérations informelles et contrôlaient ainsi tout le Nord-Est de l' Asie centrale, l'accès à la Porte de Dzoungarie ainsi qu'une partie du Xinjiang (Sinkiang) chinois. Sous le règne d'Anna Ivanovna dite Anne la Sanglante (1730-1740), les Kazakhs signèrent en 1734 un traité qui les plaçait sous la protection de la Russie. Leur territoire devint le « territoire des steppes » au XIXe siècle

1. E. Reclus, *l'Asie russe*, *op. cit.*, p. 838 et ss, et N. Riasanovsky, *op. cit.*, p. 422.

et reçut un gouverneur russe; certaines zones furent interdites aux indigènes et accueillirent des colons; les Russes y fondèrent des villes comme Verny (la Fidèle) qui devint plus tard Alma-Ata. Les Kazakhs avaient cru que le traité de protectorat était une simple formalité. Lorsqu'ils constatèrent que la Russie considérait leur territoire comme une zone de colonisation, ils se révoltèrent à plusieurs reprises. A la suite de la révolte de 1860, le pays kazakh perdit toute autonomie et devint officiellement propriété de l'État en 1868.

Au sud et à l'ouest des territoires kazakhs vivaient de nombreux peuples turcs sunnites. Les Ouzbeks installés au nord de l'Amou Daria tirent leur nom d'Ouzbek khan (1312-1340), un des chefs mongols de la Horde d'Or : ils s'établirent dans leur habitat actuel sous la conduite de Mohammed-es-Chaïbani, descendant de Chaïban, frère de Batu Khan.

Les Ouzbeks au XVIIe siècle furent soumis à l'autorité de plusieurs khanats, ceux de Boukhara, de Khiva et de Kokand. Les émirs qui y régnaient contrôlaient les routes commerciales unissant le monde méditerranéen et le Proche-Orient au monde chinois. L'émir de Boukhara avait autorité sur la ville de Samarkand, l'une des plus anciennes cités d'Asie centrale, ancienne capitale de Tamerlan au XIVe siècle et haut lieu de la civilisation musulmane. Les émirs de Boukhara exerçaient aussi leur autorité sur les Tadjiks. Les Tadjiks étaient un peuple sédentaire iranien qui, à la suite d'un conflit entre l'Afghanistan et l'émir de Boukhara, fut séparé en deux groupes : les Tadjiks vivant au nord de l'Amou Daria demeurèrent dans le khanat de Boukhara, tandis que ceux du sud devinrent sujets afghans. Les khans ouzbeks exerçaient théoriquement leur autorité sur deux peuples nomades turcophones, les Turkmènes et les Kirghizes. Les Turkmènes s'étaient fixés au Xe siècle dans les steppes entre la mer Caspienne et la mer d'Aral. Tout au long des siècles, et notamment au XVIIIe et au XIXe siècle, les Turkmènes avec le khan de Merv luttèrent à la fois contre les seigneurs ouzbeks de Khiva, de Merv et de Boukhara, et aussi contre les tentatives d'intervention russe au début du XIXe siècle. A côté d'eux, les Kirghizes venus du Nord s'étaient installés au sud-est de l'Asie centrale au XVIIIe siècle et dépendaient théoriquement des khanats ouzbeks voisins.

A partir du Kazakhstan, les Russes occupèrent d'abord le pays kirghize en 1864 puis s'attaquèrent aux khanats ouzbeks : les troupes russes commandées par les généraux Kaufmann et Skobelev occupèrent successivement les khanats de Kokand en 1865, de Boukhara en 1868 et de Khiva en 1873. Leurs khans devinrent ainsi les « protégés du tsar« et conservèrent une autorité nominale sur leurs sujets. Les Turkmènes résistèrent plus longtemps à l'avancée russe, à l'issue de la guerre « turkmène » de 1879-1881, les Russes s'emparèrent du camp retranché de Geop Tépé, près de l'actuelle Achkabad, puis de Merv en 1884. A ce moment-là, l'ensemble de l'Asie centrale formait désormais le gouvernement général du Turkestan. Pour l'Empire russe, ces territoires représentaient un triple intérêt. Intérêt stratégique d'abord car la soumission des peuples d'Asie centrale mettait fin à leur activité de pillage qui s'exerçait fréquemment aux dépens des colons russes de Sibérie méridionale, tandis que l'occupation militaire de leur territoire donnait à la Russie une frontière adossée aux montagnes du Sud, facilement défendable contre une éventuelle expansion des Britanniques à partir de l'Inde voisine. Intérêt commercial ensuite, dans la mesure où la Russie contrôlait l'une des entrées de la Porte de Dzoungarie, c'est-à-dire l'accès à la Chine par l'ancienne « Route de la soie ». Intérêt économique enfin, car les terres irriguées d'Asie centrale produisaient le coton dont avaient besoin les manufactures de la Russie centrale, et le sous-sol renfermait d'abondantes richesses minières. Enfin, la faible densité de peuplement de ces immenses espaces offrait de larges possibilités pour l'établissement de colons [1].

Mais ici, comme lors des conquêtes antérieures – et on ne se lassera pas de le rappeler –, la Russie laisse subsister les coutumes et les langues des populations concernées. La « paix russe » qui s'installe met fin à un millénaire de conflit entre sédentaires et nomades, abolit

1. E. Reclus, *l'Asie russe*, *op. cit.*, p. 429 et ss; et N. Riasanovsky, *op. cit.*, p. 422.

l'ancien usage de l'esclavage mais respecte les traditions musulmanes du pays.

C'est à ce moment-là que l'ancienne Russie a atteint sa plus grande expansion territoriale. Elle est devenue un empire où le tsar russe règne sur des peuples aux langues et religions variées, mais dans lequel domine cependant l'élément russe largement majoritaire.

VIII

L'ÉTAT RUSSE ET LES ALLOGÈNES A L'APOGÉE DE L'EMPIRE : DE LA TOLÉRANCE A LA RUSSIFICATION

L'expansion territoriale de la Russie à partir du XVIe siècle a fait passer sous l'autorité des tsars des populations non russes, slaves parfois, mais le plus souvent non slaves et même non indo-européennes, et toutes de traditions culturelles et religieuses différentes. Au moment où l'expansion territoriale de la Russie atteint son apogée, c'est-à-dire à la fin du XIXe siècle, nous disposons, grâce au dénombrement de 1897 – le premier véritable recensement qu'ait connu jusqu'alors la Russie –, d'un état des populations reposant sur leur appartenance ethnique. A ce moment-là, les 122 666 000 sujets du tsar de toutes les Russies se répartissaient de la façon indiquée sur le tableau p. 151.

A ces divisions reposant principalement sur une base ethno-linguistique, on peut ajouter une répartition fondée sur les religions. Les populations de tradition chrétienne étaient très largement majoritaires (au moins 80 %) face aux musulmans (13 %) et aux Juifs (4 %).

Y a-t-il eu une politique officielle de l'État à l'égard des populations allogènes ? Et si oui, quelle a été cette politique ? En fait, la réponse à ces questions implique quelques observations préliminaires. On doit tenir compte en effet de l'époque envisagée et des peuples concernés. On doit tenir compte également de la personnalité des souverains au nom desquels s'exerce l'autorité et de l'idéologie officielle ou officieuse du moment. Si bien qu'il n'y a pas eu *une* politique à

Populations slaves	73,52 %	dont	Russes	44,3 %
			Ukrainiens	17,8 %
			Polonais	6,7 %
			Biélorusses	4,7 %
Populations non slaves	26,48 %	dont	Turcs	10,8 %
			Juifs	4 %
			Finno-ougriens	2,8 %
			Baltes (Lettons et Lituaniens)	2,5 %
			Allemands	1,4 %
			Montagnards du Caucase	1,3 %
			Géorgiens	1 %
			Arméniens	0,95 %
			Iraniens	0,6 %
			Mongols	0,3 %
			Divers	0,7 %

l'égard des peuples allogènes, mais *des* politiques différentes et parfois contradictoires [1].

LE TEMPS DE LA COHABITATION PACIFIQUE

Jusqu'au début du XIXe siècle, le pouvoir tsariste a, dans sa politique à l'égard des populations non russes, fait preuve de modération et de tolérance, dans la mesure où ces populations observaient un minimum du loyalisme que l'on attendait d'elles, c'est-à-dire qu'elles ne s'engageaient pas dans la révolte armée. Il n'a jamais été question à ce moment-là d'assimiler par la force les peuples soumis ou associés à la Russie, ou protégés par elle.

Dans les acquisitions territoriales réalisées à l'ouest, c'est-à-dire dans les provinces baltes et en Pologne, le gouvernement russe, au moment des transferts de souveraineté, s'est engagé solennellement à respecter les tradi-

1. R. Portal, *les Slaves, op. cit.*, p. 319-320.

tions politiques, culturelles et religieuses des populations. En Estonie et en Livonie, les autorités russes au XVIIIe siècle ont laissé subsister le régime social en place reposant sur la prépondérance que la noblesse des « barons baltes » d'origine allemande pour la plupart exerçait sur la paysannerie indigène. De même, dans ces provinces, les Diètes ont continué à exercer leurs prérogatives législatives, le gouverneur nommé par le tsar ayant pour mission de promulguer le cas échéant les décisions votées par la Diète. Avec l'annexion en 1795 de la Lituanie dont le destin avait été, pendant quatre siècles, étroitement associé à celui de la Pologne, la Russie favorisa en général les populations lituaniennes aux dépens de la noblesse polonaise qui les encadrait. Le caractère libéral de la tutelle russe dans les provinces baltes se confirma pendant le règne du tsar Alexandre Ier (1801-1825) et s'étendit au grand-duché de Finlande cédé par la Suède en 1809 où les institutions et le droit local furent confirmés. La Finlande eut désormais à sa tête un Comité d'administration centrale formé de douze personnalités locales sous la présidence d'un gouverneur général nommé par le tsar. Elle conserva sa propre armée et son propre système judiciaire, indépendant du pouvoir politique, conformément à la tradition mise en place par le régime suédois. Toutefois, la Diète ne fut plus réunie de 1809 à 1863.

La paysannerie des provinces baltes fut la principale bénéficiaire de la politique du tsar puisque, à la suite de troubles agraires répétés, le régime seigneurial fut progressivement aboli. Cela commença en 1803 en Livonie lorsque la Diète proposa l'assouplissement du système de servage, mesure qui fut ratifiée par les autorités russes l'année suivante. En 1813, devant la reprise de l'agitation dans les campagnes, le gouvernement russe demanda aux « barons baltes » de réviser le régime des corvées et des redevances. Cela aboutit finalement à l'abolition du servage en Estonie dès 1816, en Courlande l'année suivante et finalement en Livonie en 1819. Cependant, les paysans devenus libres demeuraient fort dépendants de leurs anciens seigneurs dont ils devinrent désormais les métayers ou les fermiers avec des baux à très court terme. Les institutions culturelles et religieuses mises en place à l'époque du régime danois ou suédois furent maintenues, en particulier les universités de Tartu (Dorpat) et de Tallinn (Reval), et l'activité de l'Église luthérienne ne fut en aucune façon entravée. La Lituanie présentait une situation analogue en raison des liens étroits qui l'avaient uni à la Pologne dans le passé. Ici comme en Pologne, la population était catholique. Catherine II avait regroupé les territoires lituaniens dans le cadre du « gouvernement de Vilnius » et avait cherché à la fois à dépoloniser et à décatholiciser le pays. Cette politique fut largement abandonnée par Alexandre Ier. Le tsar respecta les traditions religieuses du pays et, sous l'influence du prince Adam Czatoryski – d'origine lituanienne –, il éleva au rang d'université l'École supérieure de Vilnius. En revanche, le sort des paysans de Lituanie s'aggrava dans la mesure où, à l'inverse des autres provinces baltes, le servage non seulement fut maintenu, mais encore se développa, puisque le pourcentage des paysans libres tomba de 28 % en 1795 à 5 % en 1858.

Quant à la partie de la Pologne sur laquelle s'exerçait l'autorité de la Russie – après le bref intermède du régime français sous Napoléon Ier –, elle devint en 1815 le « Royaume du Congrès ». Le tsar y était représenté par un vice-roi. La charte constitutionnelle de décembre 1815 octroya à la Pologne une administration propre de recrutement local; la Diète était chargée de voter le budget et les projets de loi présentés par le vice-roi.

En revanche, la Biélorussie, qui avait fait retour à la Russie lors du deuxième partage de la Pologne, fut considérée comme une terre russe, en dépit de plus de cinq siècles de séparation d'avec la mère patrie, et soumise au régime général. Ce fut le début d'une politique d'assimilation et de russification mise en œuvre par une administration exclusivement constituée de fonctionnaires russes.

L'attitude de la Russie à l'égard de l'Ukraine relève du même souci de réintégrer à la mère patrie une terre qui fut le berceau de la nation. Dès la fin du XVIIIe siècle, l'Ukraine fut de facto annexée, et le particularisme local systématiquement ignoré. La langue russe devint la langue officielle. Lorsque à la suite du dernier partage de la Pologne, une grande partie de l'Ukraine polonaise – à l'exception de la Galicie devenue autrichienne – fut intégrée à la Russie, des populations ukrainiennes non orthodoxes furent annexées. Face à l'État orthodoxe, les catholiques uniates d'Ukraine occidentale se trouvèrent en situation de « minoritaires », mais l'exercice du culte ne fut pas entravé. Les autorités russes cependant favorisaient l'action de l'Église orthodoxe qui n'avait jamais perdu l'espoir de réintégrer les Uniates en son sein.

Dans les provinces orientales où vivaient des populations allogènes dispersées, celles-ci conservèrent longtemps une très large autonomie. Tous les témoignages concordent pour affirmer que les traditions musulmanes furent maintenues. Jacques-François Gamba (1763-1833), qui nous a laissé une relation de son « voyage dans la Russie méridionale et particulièrement dans les provinces et au-delà du Caucase » (1826), insiste sur les bienfaits apportés aux populations du Caucase. Pour Gamba, les Russes ont été dans le Caucase des libérateurs et des reconstructeurs. Parlant de la ville de Tiflis (Tbilissi), il écrit ainsi :

« Lorsque j'ai vu la ville vieille en 1820, presque toutes les rues étaient obstruées de décombres, tristes souvenirs de l'invasion des Persans... Trois ans ont suffi pour donner à cette antique cité, dont l'air de délabrement annonçait le régime oppresseur des gouvernements arbitraires de l'Asie, l'aspect qui distingue les cités régies d'après les principes de l'Europe civilisée [1]. » Il insiste aussi sur l'action du clergé arménien dont l'archevêque Narsès qui s'efforça d'apporter l'instruction aux populations locales, parmi lesquelles de nombreux Arméniens « qui viennent y chercher refuge contre la tyrannie des Turcs et les vexations des Persans [2] ». Il est vrai qu'à l'époque où Gamba se trouvait à Tiflis, l'Arménie n'avait pas été encore incorporée à la Russie. Tiflis était alors une ville d'environ 33 000 habitants dont la population était formée de 2 500 familles arméniennes, 1 500 géorgiennes et 500 tatares et persanes. Notre auteur insiste sur la liberté religieuse qui règne dans la capitale de la Géorgie. « Les

1. Cité *in* Claude de Grève, *le Voyage en Russie*, *op. cit.*, p. 731.
2. *Ibid.*, p. 733.

musulmans chiites et sunnites y ont chacun une mosquée [...]. Le rite grec, que suivent les Géorgiens, et le rite arménien ont un grand nombre de temples [...]. Les catholiques ont une église à Tiflis [1]. On retrouve les mêmes remarques à propos de la ville d'Astrakhan, ville d'une quarantaine de milliers d'habitants, « réunion de toutes les nations d'Asie, de tous les peuples de l'Europe » où se côtoient Russes, Tatars, Turcomans et Kalmouks; tous ces peuples « ont abjuré leur haine et leur rivalité sous un souverain qui leur accorde à tous une protection égale [2] ».

La même tolérance religieuse est constatée par Frédéric Le Play (1806-1882) qui voyagea dans la région de Kazan et en Oural. A Kazan, où il séjourna en 1844, il fait état de maintien de la religion musulmane chez les Tatars : « Ici, comme chez les Tartares de Crimée, la religion a conservé au peuple un caractère tout spécial et qui ne s'effacera qu'à la longue sous l'influence des siècles [3]. » L'islam y est partout présent. Il est vrai que, pour les Russes, les Tatars des confins de l'empire jouaient un rôle économique important : ils servaient d'intermédiaire pour les échanges commerciaux entre la Russie et les khanats d'Asie centrale encore indépendants.

Il faut reconnaître que, dans l'ensemble, le tsar Alexandre Ier fit preuve de la plus grande tolérance à l'égard des populations allogènes et ne chercha pas à les russifier. Il manifesta dans le domaine de la religion un esprit de tolérance qui paraissait d'ailleurs suspect à l'Église orthodoxe mais qui assurait la paix civile à l'intérieur de l'empire.

LE DÉBUT DU NATIONALISME RUSSE

L'avènement de Nicolas Ier en 1825 marque le début d'une lente modification de la politique russe à l'égard des populations allogènes. Cette nouvelle orientation est

1. *Ibid.*, p. 736-737.
2. *Ibid.*, p. 747.
3. *Ibid.*, p. 633.

liée d'abord à la personnalité même du nouveau tsar et aux conditions dans lesquelles s'est produit son avènement. Le complot des Décabristes en effet, au cours duquel le groupe de nobles libéraux tenta d'arracher au souverain une constitution, marqua profondément le tsar Nicolas Ier qui, dès lors, pendant ses trente années de règne, demeura le modèle type du monarque absolu et autocrate. Cinq ans plus tard, la révolution polonaise de 1830-1831 aboutit à la suppression de la Constitution et, dès 1832, le royaume de Pologne devint partie intégrante de l'empire. Un durcissement analogue se manifesta également dans les provinces baltes, et plus particulièrement en Lituanie où la population en 1831 s'était ralliée à la révolution polonaise. L'université de Vilnius fut fermée en 1832, et Nicolas Ier songea même à débaptiser la ville de Vilnius pour lui donner le nom de Csortovgrad, la « ville du diable »! L'université fut démembrée. Après la fermeture des sections littéraires et philosophiques, la faculté de médecine fut transférée à Kiev et celle de théologie à Saint-Pétersbourg. Quant aux 60 000 volumes de la bibliothèque universitaire, ils furent dispersés dans les bibliothèques des universités de Russie. La politique de russification ne s'arrêta pas là. En 1840, la Lituanie ainsi que la Biélorussie furent réunies administrativement sous le nom de « territoire du Nord-Ouest », et le statut juridique de la Lituanie qui remontait à 1588 fut aboli : dès lors, ce fut le droit russe et les lois russes qui s'appliquèrent aux Lituaniens.

En Biélorussie et en Ukraine, le pouvoir russe s'efforça d'imposer la religion orthodoxe dans les districts où vivaient les Uniates. Il fut interdit au clergé uniate de faire du prosélytisme et, dans le cas de mariage mixte où l'un des conjoints était orthodoxe, l'enfant était automatiquement baptisé dans la foi orthodoxe. Dans ces deux provinces, la langue russe fut la seule admise en justice et dans l'Administration.

En revanche, les populations allogènes de Sibérie et du Caucase conservèrent le large degré d'autonomie dont elles jouissaient précédemment, mais dans le cadre d'un système politique fondé sur l'absolutisme.

L'avènement d'Alexandre II en 1855 fut interprété

comme le signe de l'ouverture d'une ère nouvelle. Le nouveau tsar était décidé à transformer la Russie ; l'abolition du servage en 1861, les réformes administrative, judiciaire et universitaire de 1863-1864 laissaient supposer la fin prochaine de l'absolutisme. A l'égard des populations allogènes, le nouveau tsar sembla d'abord abandonner la politique coercitive pratiquée dans les provinces occidentales de l'empire. La Pologne servit d'indicateur des intentions du tsar. Certes, recevant en 1856 les représentants de la noblesse polonaise, Alexandre II leur fit savoir qu'il restait fidèle à la politique de son prédécesseur et qu'il ne fallait pas compter sur le rétablissement de la Charte de 1815. Mais parallèlement, le nouveau tsar nomma vice-roi de Pologne le prince Gortchavov, beaucoup moins autoritaire que son prédécesseur, Paskievitch. Dès son arrivée à Varsovie, le nouveau vice-roi publia un décret d'amnistie et fit restituer les biens qui avaient été confisqués aux proscrits de 1831.

A la faveur de ce climat de relative liberté, l'opposition polonaise commença à s'organiser, mais elle était divisée entre un parti Blanc modéré, favorable à la création d'une Pologne indépendante unie à la Russie par la seule communauté du souverain, et un parti Rouge, beaucoup plus radical, réclamant l'indépendance totale du pays dans le cadre de ses frontières historiques. Des troubles éclatèrent à Varsovie au cours de l'hiver 1860-1861 ; l'opposition modérée suggéra au vice-roi d'aller plus loin dans la voie des réformes. Le tsar hésita sur la conduite à tenir, mais la radicalisation des opposants polonais autour d'un Comité central révolutionnaire aux mains du parti Rouge aboutit le 22 janvier 1863 à une insurrection générale en Pologne à laquelle s'associèrent les Lituaniens. Le 31 mars, le Comité révolutionnaire de Vilnius proclama la Lituanie partie intégrante de la Pologne, et les troubles s'étendirent même à la Biélorussie. Les troupes russes du général Mouraviev rétablirent rapidement l'ordre en Lituanie dès mai 1863.

La Lituanie fut soumise aussitôt à un régime d'exception ; le russe fut imposé comme la langue officielle et une grande partie du clergé catholique déporté en Sibérie. En Biélorussie, la répression s'abattit principalement sur l'Église uniate qui fut rattachée à l'Église orthodoxe. En Pologne, la situation fut reprise en main par les Russes au cours de l'été 1863. Les membres du gouvernement provisoire polonais furent condamnés à mort par une cour martiale et pendus en août 1864. Tout ce qui restait d'institutions particulièrement propres à la Pologne fut supprimé. Le russe devint la langue obligatoire de l'administration et de l'université. Pour briser l'influence de la noblesse et de l'Église polonaises, le gouvernement russe en mars 1864 donna aux paysans la pleine propriété des terres qu'ils cultivaient, et abolit toute forme de corvées et de redevances. L'Église polonaise fut gravement frappée : tous ses évêques furent sans exception arrêtés et déportés en Sibérie si bien que, encore en 1870, tous les sièges épiscopaux se trouvaient vacants. La plupart des couvents furent fermés dès 1864 et les biens de l'Église sécularisés l'année suivante. C'en était fini des rêves romantiques de retour à l'indépendance [1].

La révolte des Polonais et son échec, la répression qu'elle entraîna, mirent fin à la politique des réformes entreprise par Alexandre II. Mais le tournant des années soixante correspond aussi à un nouvel état d'esprit des milieux dirigeants et d'une partie de l'intelligentsia russe vis-à-vis de la nature même de l'État russe et de ses rapports avec les populations allogènes, le tout débouchant sur la naissance d'un véritable nationalisme russe.

NATIONALISME ET RUSSIFICATION (1863-1905)

Le nationalisme russe, qui se développe dans le dernier tiers du XIXe siècle et au début du XXe siècle, est d'abord à replacer dans le contexte général européen de l'époque. Partout se développe l'idée de nation et les gouvernements, poussés par les milieux intellectuels, cherchent à transformer les vieilles structures étatiques d'« ancien régime » en États-nations. Dans le cas des pays où cohabitent des populations de nationalité, de religion, de

1. C. Seignobos, *Histoire politique de l'Europe contemporaine 1814-1914*, Paris 1931, t. II, p. 803 et ss.

langue et de culture différentes, la création de l'État-nation aboutit à l'étouffement et à l'asphyxie des groupes minoritaires, surtout s'ils sont peu nombreux et dispersés.

Dans le cas de la Russie, le système absolutiste et autocratique mis en place par Pierre le Grand et renforcé par Catherine II a fait l'objet de critiques croissantes au lendemain des guerres napoléonniennes et surtout à partir de 1825. Les libéraux russes voyaient dans le modèle constitutionnel existant en Occident le moyen de sortir leur pays du « Moyen Âge » dans lequel vivait encore la Russie au début du XIXe siècle. Face à ces « occidentalistes » dont le plus connu était Alexandre Herzen, dont les critiques à l'égard du régime autocratique amenèrent Alexandre II à réaliser quelques réformes, les slavophiles affirmaient que le salut de la Russie passait par le retour aux vieilles valeurs et traditions des Slaves. Pour les slavophiles dont l'un des plus ardents théoriciens fut le poète et théologien Alexis Khomiakov (1804-1860), la foi orthodoxe doit être à la base du renouveau de la Russie; il faut revenir à la tradition communautaire des anciens Slaves, base de la justice et de la véritable liberté de l'homme [1].

Si les idées de Khomiakov sur la justice ont inspiré certaines réformes du tsar Alexandre II, son attachement à la tradition orthodoxe a inspiré tous ceux qui utilisaient l'orthodoxie comme moyen de briser l'opposition des populations non russes des provinces occidentales, où les catholiques, romains et uniates, ainsi que les protestants, pouvaient constituer des forces centrifuges. La révolte de la Pologne et de la Lituanie apporta des arguments aux successeurs de Khomiakov à la tête du mouvement slavophile pour qui le meilleur moyen d'assurer la paix dans les provinces occidentales était d'imposer partout l'orthodoxie. C'était aussi le point de vue des éléments conservateurs, hostiles à toute évolution, qui entouraient l'empereur. Enfin, cette naissance d'un nationalisme russe se doublait à la fois d'une volonté expansionniste en direc-

1. C. Urjewicz, *Russie : un « géant aux pied d'argile »?* in *Hérodote*, n° 58-59, 1990, p. 158 et ss; et R. Philippot, *Histoire de la Russie*, Paris 1974, t. II, p. 86 et ss.

tion de l'Asie centrale pour compenser certains échecs diplomatiques en Europe, et du développement de l'idéologie panslaviste visant à rassembler autour de la Troisième Rome toutes les populations slaves et orthodoxes.

Déjà en 1857, s'était tenu à Moscou le premier congrès panslave, mais il y manquait un élément de poids, les représentants de la Pologne. La publication en 1869 du livre de Nicolas Danilevski, intitulé *la Russie et l'Europe*, fit connaître les grandes lignes de l'idéologie panslaviste. Pour Danilevski, la Russie n'appartient pas à l'Europe, et en ce sens l'auteur rejette l'œuvre de Pierre le Grand et ses successeurs qui, au contraire, avaient cherché à faire de la Russie une puissance européenne. Les Slaves, pour Danilevski, ont une civilisation originale, reposant sur la pureté du christianisme orthodoxe, une civilisation supérieure qui porte en elle l'avenir de l'humanité. La Russie doit être le guide de cette communauté slave, et son autorité doit s'étendre aux Balkans slaves et orthodoxes, et sur Constantinople, berceau de la foi orthodoxe, aux mains des Infidèles depuis 1453.

La traduction dans les faits de cette idéologie, c'est le durcissement du pouvoir politique russe à l'égard des populations allogènes, et plus particulièrement à l'égard de celles qui étaient les plus proches des Russes par leurs traditions culturelles et religieuses. Cette nouvelle politique inaugurée dès le lendemain de l'insurrection polonaise de 1863 fut particulièrement active sous le règne d'Alexandre III (1881-1894) et au début de celui de Nicolas II, au moins jusqu'à la Révolution de 1905. Sous Alexandre III, le panslavisme fait place à un nationalisme russe intransigeant dont le porte-parole était le procureur général du Saint-Synode, Constantin Pobiédonotsev, partisan de l'unité de la pensée en Russie ; cette unité de la pensée devait reposer sur l'unité de la langue, l'unité de la foi et l'unité politique autour du tsar autocrate. Le tsar Alexandre III fut ainsi le premier souverain nationaliste de cette Russie qui est devenue maintenant un empire dans le sens impérialiste et colonialiste du terme. Le nationalisme russe fut une façon de répondre au sentiment national naissant chez beaucoup de peuples de l'empire, et qui était une des composantes de la conscience collective des peuples de l'Europe d'alors.

Les premières victimes du nationalisme russe furent les Polonais et les Baltes. La Pologne, qui avait perdu tous les signes extérieurs de son particularisme depuis 1863, devint un territoire sous haute surveillance, administré par des fonctionnaires russes.

Sous Alexandre III, la Pologne perdit jusqu'à son nom pour devenir officiellement « provinces de la Vistule ». La langue et la culture polonaises furent persécutées. Dès 1883, le russe devint langue exclusive de l'enseignement à l'université de Varsovie et cette mesure fut étendue en 1885 à l'enseignement primaire et secondaire. Seul, l'enseignement du catéchisme continua à être donné en polonais. Mais en dépit des brimades, en dépit des persécutions contre l'Église catholique, gardienne de la tradition nationale, la politique de russification menée par le gouverneur général Gourko se solda par un échec. La langue nationale demeura bien vivante et son enseignement clandestin permit aux jeunes générations de maintenir leur identité nationale. L'opposition au régime se manifesta sous une autre forme. Avec l'industrialisation qui s'affirma au début des années quatre-vingt, un Parti social-démocrate de Pologne et de Russie animé par Rosa Luxembourg, puis par Felix Dzerjinski, associé au Bund (Ligue générale des travailleurs), organisation juive, mena la lutte essentiellement sur le terrain révolutionnaire contre le tsarisme et le capitalisme, à la différence du Parti socialiste polonais de Limanowski – où militait le jeune Pilsudski –, plus tourné vers la défene des intérêts de la nation polonaise.

Dans les provinces baltes, la répression avait touché d'abord la Lituanie en liaison avec la révolte polonaise de 1863. Sous Alexandre III, la « contre-réforme » s'étend à l'ensemble des pays Baltes. En Lituanie, le gouverneur de Vilnius, Mouraviev, que les Lituaniens avaient surnommé « le pendeur », maintint le pays sous un régime de répression particulièrement sévère. Lui et ses successeurs, pour briser l'influence de l'aristrocratie, procédèrent à des expropriations et les terres des nobles ainsi confisquées furent mises en vente. La rigueur du régime provoqua l'émigration de nombreux Lituaniens, en direction principalement de l'Amérique. On estime que de 1868 à 1914, près d'un quart des Lituaniens quittèrent le pays. La politique de russification en Lituanie se traduisit par des mesures vexatoires à l'égard de la langue locale. Toute inscription en langue lituanienne fut interdite, tout comme l'usage des caractères latins et les livres lituaniens devaient être écrits en cyrillique [1]. En Lettonie et en Estonie, la politique de russification fut principalement dirigée contre les « barons baltes ». Le pouvoir s'efforça de russifier l'enseignement. L'université de Tartu, en Estonie, où l'enseignement se faisait en allemand, fut russifiée en 1893; la ville même perdit son nom pour reprendre celui de Iouriev qu'elle avait porté autrefois à l'époque de la première expansion russe vers la Baltique.

On s'attaqua aussi à l'Église luthérienne; le nombre et l'activité des pasteurs fut limitée, et dans certaines régions de Livonie et d'Estonie, on convertit de force à l'orthodoxie des villages entiers moyennant la promesse d'avantages matériels. Dès que ces nouveaux convertis tentaient de revenir à la religion de leurs ancêtres, ils tombaient sous le coup de la loi qui interdisait à un orthodoxe de changer de religion. Les écoles luthériennes furent laïcisées en les faisant passer sous l'autorité du ministère de l'Instruction publique, ce qui était un moyen détourné pour les russifier. Et par ce biais l'influence des Allemands dans les pays baltes fut réduite; les juges allemands furent remplacés par des juges venus de Russie.

Chez les Biélorusses et les Ukrainiens considérés comme Russes par les autorités, la politique de russification prit d'abord l'aspect d'une lutte de tous les instants contre l'usage et la diffusion des langues nationales. Un oukase de 1863 avait déjà interdit la publication de tout journal ou revue en langue ukrainienne; il fut renforcé en 1876 par un second oukase qui étendit cette mesure aux livres publiés en langue ukrainienne, à l'exception des documents historiques et des œuvres littéraires anciennes; de même, il fut interdit de jouer des pièces de théâtre ou de prononcer des conférences en ukrainien. Les universités de Kiev, de Kharkov et d'Odessa ainsi que

1. Bojtar Endre, *Litván kalauz* (« Guide de la Lituanie »), Budapest 1990, p. 72-76.

tous les établissements d'enseignement secondaire ou primaire durent enseigner exclusivement en russe. Si bien que beaucoup d'intellectuels ukrainiens émigrèrent en Autriche-Hongrie où l'université de Lvov (Lemberg) devint le principal centre de la culture ruthéno-ukrainienne. La censure russe veillait étroitement à ce que les journaux et livres ukrainiens publiés en Autriche ne puissent pénétrer en Russie. Le pouvoir n'hésita pas à imposer la religion orthodoxe aux Ukrainiens uniates considérés comme suspects dans la mesure où leurs prêtres entretenaient des relations avec leurs confrères de la Galicie autrichienne. En Biélorussie, où la conscience nationale était moins développée, la russification fut plus facile mais ne parvint pas cependant à empêcher l'éveil d'un sentiment national dans les milieux intellectuels [1].

Cette même volonté d'unification, au moins sur le plan religieux, s'est manifestée à la même époque à l'encontre des populations chrétiennes du Caucase. Les Géorgiens et les Arméniens en furent les principales victimes. Au départ, la présence russe en Géorgie présenta pour la population locale des aspects positifs; le pays fut ainsi libéré des menaces turques et iraniennes. L'unité de l'ancien royaume de Géorgie fut restaurée avec l'incorporation de la Gouria (1829), de la Mingrélie (1857), de la Svarétie (1858) et de l'Abkhazie (1864), puis des ports de Poti et de Batoum à la suite de la guerre russo-turque de 1877-1878. Sous le règne d'Alexandre Ier et de Nicolas Ier, on assiste à une renaissance de la nation et de la culture géorgiennes favorisées notamment par le vice-roi Vorontsov (1845-1854). Un véritable renouveau littéraire se développa alors à l'initiative du prince Ilia Tchavtchavadzé (1837-1907); l'instruction publique se développa. Mais à partir des années soixante, et surtout pendant des règnes d'Alexandre III et les premières années de celui de Nicolas II, la situation changea du tout au tout. Le russe remplaça le géorgien dans l'Administration, la justice et l'enseignement. Les biens de l'Église géorgienne furent confisqués et le Katolikos géorgien exilé et remplacé par un évêque russe orthodoxe. Des

1. R. Portal, *Russes et Ukrainiens, op. cit.*, p. 47 et ss.

colons russes furent implantés dans le nord du pays afin de mieux contrôler la population. L'intelligentsia conduite par Gheorgi Tséréthéli (1842-1900), représentant d'une génération plus jeune et plus radicale, prit la tête de la résistance bientôt relayée par un Parti social-démocrate fondé dans la clandestinité en 1893 par Noé Jordania et Karlo Chhéidzé, parti auquel adhéra en 1898 un certain Joseph Djougachvili, ancien élève du séminaire de Tbilissi, haut lieu du nationalisme géorgien, et qui est plus connu sous le nom de Staline [1].

La politique russe à l'égard de l'Arménie suivit une évolution analogue. Au début, dans le cadre de l'oblast d'Arménie, une certaine autonomie fut accordée aux populations arméniennes qui acceptèrent volontiers la tutelle russe incomparablement plus supportable que le règne d'oppression dans lequel vivaient leurs compatriotes demeurés sujets de l'Empire ottoman. L'Arménie russe connut, elle aussi, une période de renaissance et de prospérité; de nombreux Arméniens allèrent s'installer en Géorgie en pays azéri et en Russie même pour y exercer des activités de commerce ou de production. Mais avec l'avènement d'Alexandre III, la situation se détériora brutalement. Le pouvoir tenta en vain de russifier de force la population. Les écoles et les associations culturelles ou charitables furent dissoutes. Et comme en Géorgie, le pouvoir russe s'attaqua à l'Église arménienne. Pendant longtemps, le tsar n'était pas intervenu directement dans l'élection du Katolikos, chef de l'Église arménienne résidant en son couvent d'Etchmiadzin. Selon la tradition, le Katolikos était désigné par les représentants de tous les diocèses arméniens du monde. En 1836, le statut religieux imposé par le gouvernement russe avait confié au tsar le soin de choisir le Katolikos parmi les candidats en lice pour l'élection. En pratique, sous Nicolas Ier et Alexandre II, le tsar s'était borné à investir le candidat qui avait obtenu la majorité des voix. Mais en 1885, Alexandre III porta son choix sur le candidat de la minorité, qui devint ainsi Katolikos. L'objectif lointain du tsar était d'intégrer l'Église grégorienne d'Arménie au

1. S.N. Gougouchvili et D.O. Zourabichvili, *la Géorgie*, Paris 1983, p. 67 et ss.

sein de l'Église orthodoxe russe. Mais dans l'immédiat, il se contentait d'en contrôler la direction.

Devant l'opposition et la résistance du clergé et des fidèles, le gouvernement russe maintint le caractère spécifique de l'Église arménienne mais lui enleva ses moyens d'existence. En effet en 1903, les autorités russes lui confisquèrent ses biens dont les revenus servirent désormais à financer la création d'écoles russes. Les Arméniens de Russie comme ceux de Turquie réagirent en se dotant d'organisations politiques, le parti Amenakan (1885), le parti Hintchak (1887) et le parti Dachnak (1890). Partis tous favorables à la création d'une Arménie indépendante et unifiée, et tous trois de tendance socialiste. Mais pour la majorité des Arméniens de Russie, le régime russe était un moindre mal par rapport à celui de Turquie, surtout après les massacres de 1894-1896. L'appui de volontaires arméniens venus de Russie aux Arméniens de Turquie révoltés en 1897 puis en 1904, amenèrent les autorités russes à agir. La Russie craignait une nouvelle guerre avec la Turquie au moment où la tension avec le Japon mobilisait déjà ses forces. Pour régler le problème arménien, le vice-roi de Transcaucasie, le prince Galitzine, encouragea les Azéris à attaquer les Arméniens (1904-1905). La paix ne fut rétablie qu'en 1905 en pleine révolution, lorsque Azéris et Arméniens comprirent qu'ils avaient été manipulés par les Russes [1].

Ce qui peut paraître paradoxal, en apparence du moins, c'est que la politique de russification et de conversion à l'orthodoxie ne concerna guère les populations musulmanes de l'empire – un peu plus de 15 millions d'individus soit 12 % de la population de l'empire au recensement de 1897. Elle ne toucha guère non plus les quelques îlots de peuples minoritaires demeurés païens. Certes, à l'initiative du saint-synode et de l'Association orthodoxe panrusse, on tenta d'évangéliser certains peuples païens de Sibérie comme les Bouriates, ou certains groupes de musulmans isolés au milieu des populations russes de la vallée de la Volga, comme les Tatars et les Tchouvaches, mais ces conversions étaient souvent obtenues par la

1. J.-P. Alem, *op. cit.*, p. 41-43 et p. 49-53.

force ou sur la base de promesses d'avantages matériels. Et, souvent, les nouveaux convertis revenaient à leurs croyances traditionnelles, et ils tombaient alors sous le coup des lois qui frappaient sévèrement les renégats. En revanche pour rallier plus facilement à l'orthodoxie les allogènes, le saint-synode autorisa en 1883 l'utilisation des langues indigènes à côté du slavon dans les offices religieux. Le théologien Nicolas Ilminski, qui enseignait à l'Académie ecclésiastique de Kazan, avait déjà créé dès 1872 des écoles pour les Tatars baptisés et menait de pair en pays musulman une double action d'évangélisation et d'alphabétisation. Mais ces efforts d'évangélisation ne furent guère couronnés de succès. On estimait qu'à la fin du XIXe siècle un dixième seulement des Tatars de Kazan, soit quelque 45 000 personnes, avaient été convertis, dont la moitié au cours des vingt dernières années, et beaucoup de ces Tatars devenus chrétiens restaient toujours imprégnés de leurs anciennes croyances. Quant à ceux qui demeuraient musulmans, ils résistaient farouchement à ces tentatives de christianisation.

Dans les régions où les musulmans étaient majoritaires, l'Islam demeura intact. Les mollahs continuèrent à exercer en toute liberté leur fonction de prédication et d'instruction au service des fidèles. Le gouverneur russe se borna à contrôler la direction des communautés musulmanes en désignant par oukase le *mufti* dont les fonctions sont religieuses, judiciaires et administratives, entouré d'un conseil élu par les mollahs. Il y eut ainsi un mufti de Crimée, un mufti du Caucase, un mufti à Orenburg pour les Bachkires. Dans les pays du Caucase, malgré la révolte de Chamyl, les peuples musulmans, une fois soumis, conservèrent leur liberté religieuse. En Asie centrale, la Russie ne cherchait pas à remettre en question les traditions religieuses, d'autant plus que les populations, en général, avaient accepté facilement la suzeraineté des tsars.

Si dans les territoires du Sud et en Sibérie les coutumes et traditions religieuses ainsi que les langues locales furent préservées même pendant les périodes où la politique de russification et de conversion à l'orthodoxie était à l'ordre du jour, il faut signaler cependant que le gouvernement utilisa une autre méthode pour tenir lesdites régions. Les autorités, en effet, y encouragèrent l'installation de colons russes. Il y avait à cela plusieurs raisons. En premier lieu, des raisons économiques. L'abolition généralisée du servage en 1861 avait donné la possibilité de se déplacer à ceux qui, par esprit d'aventure ou par besoin de terres, étaient attirés par les immenses étendues quasiment vides de l'Est. Le sous-sol de ces régions renfermait en outre de nombreuses richesses minières qu'il fallait exploiter et, déjà, dès le XVIIe siècle, on avait commencé à extraire le fer et le cuivre de l'Oural. Ces raisons économiques ont joué un rôle capital dans le peuplement puis la mise en valeur de la Sibérie. Entre 1860 et 1897, la population de la Sibérie est ainsi passée de 3 500 000 à 7 000 000 d'habitants, dont seulement 870 000 étaient des autochtones allogènes. Des déportés politiques ont également participé à cette colonisation économique ; venus souvent avec leur famille et demeurés sur place, ils ont contribué à leur façon au peuplement de l'espace sibérien. Le mouvement de peuplement s'est accéléré avec la construction du Transsibérien (1892-1902), mais de façon irrégulière. Ainsi entre 1896 et 1900, 932 000 colons venus de Russie et d'Ukraine se sont fixés en Sibérie, mais seulement 436 000 entre 1901 et 1905 ; puis, après 1905, le mouvement de colonisation s'est amplifié, avec l'installation de près de 4 millions de nouveaux colons entre 1906 et 1914. Les colons slaves se sont installés tout particulièrement en Sibérie occidentale, puis le long du tracé du Transsibérien en peuplement discontinu et ce jusqu'aux rives du Pacifique. Le plus souvent, les territoires ainsi occupés étaient vides. Toutefois, dans les franges méridionales de la Sibérie occidentale, l'installation de ces colons sédentaires a obligé les populations nomades kazakhes et kirghizes à se replier vers le sud [1].

Deuxième motif à cette colonisation intérieure, la volonté du pouvoir central d'établir au milieu de populations allogènes parfois turbulentes des foyers de peuplement russe, mais ces préoccupations d'ordre sécuritaire n'excluent pas la volonté de mise en valeur et d'exploita-

1. R. Portal, *les Slaves : peuples et nations*, *op. cit.*, p. 253-254.

tion de ces territoires. Ceci est particulièrement valable pour l'Asie centrale où les premiers colons russes s'installèrent dès 1870; ils étaient déjà près de 200 000 au recensement de 1897 et leur nombre n'a pas cessé de croître depuis lors, si bien qu'en 1917 ils étaient déjà 2 millions, soit près du cinquième de la population. Ces colons étaient ou bien des militaires, des agents de l'administration des chemins de fer et des services venus avec leur famille, ou bien des agriculteurs qui allaient participer au développement de l'irrigation et à la création de zones d'agriculture intensive au milieu des étendues semi-désertiques d'Asie centrale. Dans ces régions frontières, postes avancés du monde slave face au monde turc et à l'Inde alors britannique, le souci de sécurité intérieure et extérieure allait de pair avec la mise en exploitation des ressources du sol et du sous-sol de ces régions.

L'évolution de la situation des Juifs à l'intérieur de l'empire résume d'une façon schématique et parfois caricaturale l'évolution de la politique du pouvoir à l'égard des allogènes au XIXe siècle. Longtemps, le territoire de la Russie avait été interdit aux Juifs; c'était le cas sous Pierre le Grand et ses successeurs. Mais à la suite de la disparition de l'État polonais à la fin du XVIIIe siècle et de l'incorporation à la Russie des provinces orientales de la Pologne et de leurs dépendances, plus de la moitié des Juifs du monde devinrent brusquement sujets du tsar; il s'agissait des Juifs ashkénases que la Pologne avait massivement accueillis sur son territoire aux XIVe et XVe siècles. L'annexion de la Bessarabie en 1812 renforça encore le poids de l'élément juif au sein de la Russie. On estimait à 4 ou 5 millions le nombre des Juifs de Russie à la fin du XIXe siècle [1] dans les provinces occidentales où ils représentaient de 10 à 25 % de la population totale, et davantage encore en milieu urbain. Ainsi en Lituanie en 1897, les Juifs constituaient 13,3 % de la population totale, mais 35 % de la population urbaine! Sous Nicolas Ier, un oukase avait interdit en 1835 aux Juifs de vivre en dehors des « zones de résidence ». Ces zones cor-

1. *The Jewish Encyclopedie* donne le chiffre de 4 874 636 Juifs pour l'ensemble de la Russie en 1905, dont 2 148 059 pour les gouvernements du Sud-Ouest et du Sud.

respondaient aux provinces occidentales du pays où ils étaient originellement fixés, et encore, à l'intérieur de ces dites zones, il leur était interdit de s'établir à la campagne. En fait, peu à peu, ces mesures étaient tombées en désuétude et, sous Alexandre II, ils bénéficiaient d'une assez large tolérance ; de fait, ils purent alors s'établir là où ils le souhaitaient pour peu qu'ils le fissent discrètement. Et encore, dans ce domaine, le notable juif était-il davantage à l'abri des contrôles que le Juif pauvre. Sous Alexandre III, la vague de nationalisme n'épargna pas les Juifs, bien au contraire. L'obligation de vivre dans les zones de résidence fut à nouveau strictement appliquée en vertu d'un oukase de 1882 : ceux qui avaient enfreint la réglementation furent reconduits dans les provinces occidentales. Le même oukase rappelle qu'il est interdit aux Juifs de s'installer à la campagne et d'y posséder des terres à moins de 50 verstes des frontières d'Autriche et de Prusse. A la suite de ces mesures, des milliers de Juifs furent chassés de Moscou et de Kiev. Seuls purent s'y maintenir quelques notables et intellectuels privilégiés. Un oukase de 1887 établit un numerus clausus pour les Juifs dans les établissements secondaires et dans les universités. Il fut d'abord décidé qu'aucun lycée ou collège des zones de résidence ne pouvait admettre plus de 10 % d'élèves d'origine juive, ce qui excluait des lycées une partie importante de leurs effectifs, quand on sait par exemple qu'à Odessa la moitié des élèves des établissements secondaires de la ville étaient juifs. Dans les autres régions de l'empire, le seuil limite fut abaissé à 5 % et même à 3 % à Moscou et à Saint-Pétersbourg. Dans les universités, des limites identiques furent établies. A ces restrictions numériques s'ajoutèrent des interdits en matière professionnelle. Les Juifs étaient exclus de la fonction publique et du barreau ; ils ne pouvaient pas être élus maire. Ils furent dès lors exclusivement cantonnés dans les activités artisanales et commerciales.

Ces mesures venues du pouvoir étaient l'expression extrême du nationalisme des milieux dirigeants, mais, au niveau de la population russe, l'hostilité à l'égard du Juif, identifié à l'usurier, déboucha à partir des années quatre-vingt sur des explosions brutales et violentes d'antisémitisme désignés sous le nom de *pogrom*. Le pouvoir se garda bien d'empêcher ces violences, quand il ne les organisait pas lui-même.

Une première vague de pogroms eut lieu au printemps de 1881 en Ukraine et en Bessarabie. Mais l'un des pogroms les plus violents fut celui qui se produisit en avril 1903 à Kichinev en Bessarabie. Ces pogroms furent à l'origine de l'émigration de un million de Juifs vers l'Autriche-Hongrie, vers l'Allemagne et les États-Unis. Ceci amena aussi de nombreux Juifs à entrer dans les mouvements révolutionnaires russes puis à créer en 1896 leur propre parti, le *Parti socialiste juif* [1] (Bund).

C'est cette image de l'exaspération du nationalisme sous Alexandre III et au début du règne de Nicolas II qui a fait naître en Occident et dans les milieux révolutionnaires russes eux-mêmes l'image d'une Russie « prison des peuples ». En réalité, la Russie, comme tous les autres États européens et comme les États-Unis à cette époque, était secouée par l'exacerbation de l'idée de nation qui cadrait mal avec l'existence de populations allogènes différentes par la langue, la culture ou la religion. Et en ce qui concerne le gouvernement et certains intellectuels russes, ce nationalisme a cherché surtout à fondre en une nation homogène par la langue et la religion tous ceux qui étaient proches culturellement des Russes, et à encadrer solidement, voire à broyer, tout ce qui pouvait menacer les intérêts de la Russie ou de sa culture. Quant à ceux qui, tout en étant différents, étaient considérés comme « pacifiés » et loyaux, le pouvoir prenait acte de ces différences et les tolérait.

1. A. Leroy-Beaulieu, *l'Empire des tsars et les Russes*, *op. cit.*, p. 1321 et ss; et N. Riasanovsky, *op. cit.*, p. 427.

LE TEMPS DES RÉVOLUTIONS
(1905-1922)

IX

LES PEUPLES ALLOGÈNES ET LES MOUVEMENTS RÉVOLUTIONNAIRES : DÉCEPTIONS ET ESPOIRS (1905-1917)

Le durcissement progressif du pouvoir à l'égard des populations non russes de l'empire explique largement la participation active de certaines d'entre elles aux mouvements révolutionnaires qui touchèrent la Russie à partir de 1905 et qui débouchèrent sur les révolutions de 1917.

Dans les premières années du règne de Nicolas II, la politique de russification mise en route par Alexandre III fut non seulement poursuivie mais encore amplifiée, dans la mesure où elle fut étendue à des régions qui jusque-là y avaient échappé. Ce fut le cas notamment dans le grand-duché de Finlande où le nouveau gouverneur général Bobrikov s'appliqua dès 1898 à faire disparaître les privilèges traditionnels du pays ; il procéda à la russification systématique de l'Administration et imposa la prééminence du droit russe sur le droit local. L'autonomie militaire de la Finlande fut supprimée par le manifeste du 15 février 1899 ; les recrues finlandaises, dont le temps de service fut porté de 3 à 5 ans, pourront désormais être envoyées sur tout le territoire de l'empire et pourront être encadrées aussi bien par des officiers russes que par des officiers finlandais. L'application de cette série de mesures déclencha une vague de protestations : une pétition forte de 525 000 signatures fut envoyée au tsar, mais en vain. Mieux même, en 1903, Bobrikov suspendit la Constitution et plaça la Finlande sous le régime de l'administration directe. L'exaspération atteignit un tel point que la Finlande était sur le point de se révolter. L'acte isolé du jeune Eugène Schaumann qui, le 16 juin 1904, abattit le gouverneur Bobrikov avant de se donner la mort traduisait bien l'état d'esprit de tout un peuple. Pourtant, Schaumann n'avait rien d'un révolutionnaire; il était le fils d'un sénateur et le petit-fils d'un évêque luthérien!

LA RÉVOLUTION DE 1905 ET SES CONSÉQUENCES

Lorsque éclatèrent les premiers troubles en janvier 1905 à la suite du « dimanche Rouge » de Saint-Pétersbourg, dans un empire affaibli par ses échecs militaires face au Japon, il est aisé de comprendre que les peuples allogènes de l'empire, notamment ceux qui dans les provinces occidentales et dans le Caucase étaient le plus attachés à leur identité nationale, aient vu là une excellente occasion de manifester ouvertement leur volonté d'autonomie. Les Finlandais, les Baltes, les Ukrainiens, les Arméniens et les Géorgiens comptaient bien tirer avantage de la situation difficile à laquelle était confronté le pouvoir. Les mouvements d'opposition sociaux-démocrates qui s'étaient organisés clandestinement dans les provinces périphériques collaborèrent avec les révolutionnaires russes, mais l'opposition nationale modérée ne désavouait pas non plus cette agitation dans la mesure où elle attendait du pouvoir qu'il renonçât à sa politique de russification à outrance.

La révolution de 1905 mit fin provisoirement à la politique de russification. Le Manifeste de Nicolas II publié le 30 octobre 1905 annonça la transformation de la Russie en une monarchie constitutionnelle avec le respect des principales libertés et le droit pour chaque nationalité d'utiliser sa propre langue, de pratiquer sa religion et d'avoir ses propres journaux... En même temps, le Manifeste prévoyait qu'une Diète *(Douma)* élue par l'ensemble de la population quelle que soit sa nationalité serait dotée du pouvoir législatif.

Une telle mesure donna satisfaction aussi bien aux libéraux russes qu'à l'opposition nationale modérée. Mais les partis révolutionnaires allogènes exigeaient davantage. En Finlande, les « activistes », soutenus par les mouvements féministes, réclamaient une nouvelle Diète élue au suffrage universel. Le 31 octobre 1905, déçus par les réformes limitées que le tsar accordait, ils manifestèrent bruyamment à Helsinki mais obtinrent partiellement satisfaction. A la demande des modérés, le tsar rétablit la Diète et promit le suffrage universel, ce qui devint réalité un an plus tard.

Dans les provinces baltes, en Estonie et en Lettonie surtout, les campagnes se soulevèrent pendant l'été et l'automne 1905 à l'appel des sociaux-démocrates. Le 28 novembre 1905, un congrès letton réclama la création d'une république de Lettonie. Mais, peu après, l'armée russe rétablissait brutalement l'ordre aussi bien en Lettonie qu'en Estonie. En Lituanie, où le pouvoir avait fait déjà quelques concessions en 1904, la situation était moins explosive. A l'initiative d'un jeune intellectuel, Gabrys, deux associations, l'Union des instituteurs et l'Union des paysans, s'étaient formées; leur programme visait à défendre la langue lituanienne et à faire de la Lituanie une démocratie de petits propriétaires terriens. Au début de décembre 1905, toutes les associations lituaniennes réunies en congrès à Vilnius demandaient l'autonomie de la Lituanie, le départ de l'administration russe et son remplacement par une administration de recrutement local. Mais, ici aussi, l'armée russe rétablit l'ordre brutalement dès janvier 1906. Toutefois, la Lituanie obtint le droit d'avoir des écoles où l'on enseignait en lituanien, ainsi que la liberté religieuse et la liberté de la presse [1].

A la faveur des quelques libertés obtenues grâce au Manifeste du 30 octobre, on vit partout dans l'empire apparaître une presse en langue nationale. Rien qu'en Ukraine à la fin de 1905, on recensait 34 journaux en langue ukrainienne, et il en était de même dans toutes les autres régions où vivaient des populations allogènes. Des partis politiques nationaux furent créés en vue des élections à la Première Douma prévues pour le printemps de 1906. Dans l'ensemble, ces partis étaient divisés en deux

1. Jean Meuvret, *Histoire des pays baltiques*, *op. cit.*, p. 164-169; et J. Parijogi, T. Algma et J. Koit, *Eesti ajalugu noorsoole* (« Histoire d'Estonie pour la jeunesse »), Stockholm, 1954, p. 214 et ss.

grandes tendances. Les uns étaient d'inspiration socialiste et révolutionnaire, et plaçaient au premier rang de leurs préoccupations des aspirations sociales, les autres, plus modérés mais plus nationalistes, cherchaient plutôt à défendre les droits nationaux et à les développer.

Ainsi dans la Première Douma (1906-1907), la représentation attribuée à l'Ukraine était de 62 députés : 40 s'inscrivirent au Club ukrainien dont l'objectif était le rétablissement des libertés ukrainiennes et le retour au statut d'autonomie prévue par le traité de 1654, tandis que les 22 autres se rallièrent aux différentes tendances du mouvement socialiste. Le même clivage, avec le même rapport de forces, se retrouvait au sein de la représentation biélorusse forte de 12 députés.

RETOUR À L'ORDRE ET PREMIÈRES DÉSILLUSIONS

La Première Douma où dominaient les libéraux donnait une image assez représentative du puzzle ethnique de l'ancienne Russie. Face aux 265 députés grands-russiens siégeaient 89 représentants des différents groupes nationaux, Ukrainiens, Biélorusses, Baltes, Polonais, Allemands, Tatars, Juifs, Géorgiens, Arméniens etc. Cette Première Douma n'eut guère le temps de remplir sa mission. Dès le 21 juillet 1906, elle fut dissoute par le gouvernement. La Deuxième Douma élue en 1907 ne modifia guère la représentation des nationalités; la seule différence était que partout l'opposition modérée avait reculé au profit des éléments les plus révolutionnaires, et cette « Douma rouge » fut à son tour dissoute peu après son élection. Dans la Troisième Douma (1907-1912), élue sous le régime du statut électoral du 16 juin 1907 très restrictif, la représentation des peuples allogènes se trouva ramenée de 89 à 39 députés sur un total de 442. Le découpage des circonscriptions avait été fait de sorte qu'il n'y avait aucun représentant des allogènes de Russie d'Asie.

Officiellement, les libertés octroyées par le manifeste d'octobre 1905 demeuraient en place mais, très vite, l'exercice de ces libertés fut soumis au contrôle des autorités policières, ce qui atténuait singulièrement la portée des réformes annoncées. Les mouvements révolutionnaires furent les premiers visés, et, dès 1907, on pouvait dire que partout le gouvernement avait repris en main la situation. Il est vrai qu'à ce moment-là le gouvernement russe était débarrassé du fardeau qu'avait constitué la guerre russo-nippone. Toutefois, la situation n'était plus la même qu'avant 1905, car les nombreux partis et associations qui avaient vu le jour dans les provinces périphériques étaient bien décidés à défendre les droits des allogènes. Au durcissement du pouvoir répondit la radicalisation de l'intelligentsia allogène pour qui désormais la solution à la question nationale passait par le renversement du régime.

Dans l'immédiat cependant, la réaction triomphait. En Ukraine et en Biélorussie, on revint rapidement aux pratiques inaugurées par Alexandre III. La langue ukrainienne fut à nouveau persécutée. Considéré comme une variante de la langue russe, l'ukrainien fut banni des écoles car, officiellement, le droit d'ouvrir une école enseignant une langue autre que le russe était réservé aux seuls allogènes. Et puisque les Ukrainiens étaient des Russes...

L'activité de l'Église uniate fut à nouveau interdite et toutes les associations ukrainiennes furent dissoutes. Ces mesures décidées par le pouvoir étaient approuvées également par l'opposition libérale russe dont l'un des chefs, Struve, fondateur du journal l'*Émancipation*, déclarait ouvertement qu'il n'y avait pas de culture ukrainienne et que les Ukrainiens faisaient partie intégrante du peuple russe. L'intelligentsia ukrainienne se tournait à nouveau vers Lvov, en Autriche, devenu le centre de ralliement de tous les défenseurs de la culture ukrainienne. En Biélorussie, la langue nationale avait retrouvé ses droits en 1905 et l'on avait pu à nouveau imprimer des livres et des journaux en biélorusse avec l'utilisation des caractères latins. Ici aussi, dès 1907, la politique de russification reprit ses droits. La Troisième Douma en 1909 fit du russe la seule langue officielle de la Biélorussie et l'usage du biélorusse en public comme en privé fut à nouveau interdit [1].

1. C. Seignobos, *op. cit.*, p. 844-847.

La Pologne fut encore une fois soumise au régime d'exception qui avait été le sien depuis l'échec de l'insurrection de 1863. Pourtant, la révolution de 1905 avait rendu la liberté à l'Église et redonné aux Polonais le droit d'utiliser leur langue en privé mais aussi dans leurs journaux et dans leurs associations; en revanche, le russe avait été maintenu comme langue de l'Administration, des tribunaux et de l'enseignement public. Les députés polonais regroupés au sein du Cercle polonais soutinrent l'action des libéraux russes lors de la Première Douma mais s'en séparèrent lorsque, à la Deuxième Douma, ceux-ci se prononcèrent contre la demande d'autonomie pour la Pologne formulée par leurs collègues polonais. Avec la Troisième Douma, où la représentation polonaise passa de 51 députés à 15, l'espoir d'un accord avec le gouvernement russe était définitivement perdu. D'autant plus que le pouvoir maintint les structures administratives en place avant 1905 et refusa même à la Pologne et à la Lituanie le droit d'avoir des assemblées régionales élues *(zemstvo)*, droit reconnu pourtant à tous les autres territoires de l'empire. La tolérance religieuse elle-même fut remise en question.

Dans les provinces baltes, la répression, qui avait suivi les troubles révolutionnaires de 1905-1906, n'empêcha pas la poursuite de l'agitation sociale. Si la Lituanie fut relativement épargnée, en Estonie et surtout en Lettonie les campagnes furent épisodiquement secouées par des jacqueries dirigées contre les « barons baltes » propriétaires de la majorité des terres. Ceux-ci firent systématiquement appel aux troupes russes pour conserver leurs privilèges politiques et sociaux. Néanmoins, grâce aux nombreuses associations culturelles, grâce aux troupes de théâtre qui parcouraient le pays, les Baltes surent préserver leur identité nationale face aux influences russe et germanique. En Finlande, la réaction ne put s'imposer. La Diète demeura le foyer principal de l'opposition légale et, en dépit des cinq dissolutions consécutives qui eurent lieu entre 1907 et 1912, les partis hostiles au pouvoir russe conservèrent chaque fois la majorité [1].

Quant à la Bessarabie, province frontière revendiquée

1. C. Seignobos, *op. cit.*, p. 852-853.

par les milieux nationalistes de Bucarest, les autorités s'étaient efforcées constamment de russifier les populations et l'Église orthodoxe avait peu à peu fait remplacer la langue roumaine par le slavon dans les offices religieux. La révolution de 1905 permit dans un premier temps la naissance d'une presse locale en langue roumaine, qui se fit très vite le porte-parole des milieux irrédentistes de Bucarest, si bien que, dès la fin de 1906, les concessions faites en 1905 furent supprimées et la russification remise en honneur.

Le pouvoir central était d'autant plus soucieux de conserver intactes ses prérogatives dans les provinces périphériques de l'Ouest que ces territoires occupaient une position stratégique essentielle face à l'Allemagne et à l'Autriche-Hongrie avec lesquelles les relations s'étaient progressivement tendues depuis la fin des années quatre-vingt. L'alliance franco-russe de 1892 et le rapprochement avec le Royaume-Uni en 1906, les rivalités austro-russes dans les Balkans après la crise bosniaque de 1908 avaient encore accentué les tensions entre la Russie et les Puissances centrales. Il était donc devenu impératif que l'ordre régnât dans les régions les plus directement menacées par l'ennemi potentiel.

En revanche, dans le Caucase comme en Asie centrale et en Sibérie, les populations locales en général avaient été moins touchées par les mesures de russification. Et les événements de 1905 n'avaient eu qu'un impact limité.

A la veille de la Première Guerre mondiale, les populations non russes des provinces occidentales de l'Empire russe se retrouvaient à peu de chose près dans le même état de sujétion qu'à l'époque d'Alexandre III. Les peuples allogènes ne se faisaient plus guère d'illusion sur une éventuelle évolution intérieure de la Russie, car l'opposition libérale russe partageait, sur la question des nationalités du moins, le point de vue du gouvernement.

LES NATIONALITÉS DE RUSSIE ET LA GUERRE

Lorsque à la suite de l'attentat de Sarajevo et de la crise diplomatique de juillet 1914 la Russie se trouva engagée aux côtés de ses alliés de l'Entente dans la guerre, les populations allogènes de l'empire, y compris dans les provinces occidentales, demeurèrent calmes. La mobilisation générale annoncée officiellement le 31 juillet ne provoqua aucune manifestation particulière. Et pourtant, dans les régions bordières des puissances centrales vivaient 1 million de Roumains de Bessarabie, 9 millions de Polonais, 4 millions de Baltes et 3 millions de Finlandais dont les sentiments à l'égard de la Russie tsariste étaient quelque peu douteux. Et que dire des Ukrainiens et des Biélorusses ? Allaient-ils faire bloc avec les Grands-Russiens face à l'ennemi germanique comme ils l'avaient fait à l'époque d'Alexandre Nevsky [1] ? Partout, les jeunes répondaient à l'ordre de mobilisation, même en Pologne. Le 8 août 1914, les députés polonais à la Douma manifestèrent publiquement leur loyalisme à l'égard de la Russie. En réponse, le 9 septembre 1914, peu de temps après la défaite russe à Tannenberg, le grand-duc Nicolas, commandant en chef des armées russes, lançait un appel solennel aux Polonais où il leur promettait au nom du tsar la reconstitution de la Pologne en tant qu'État autonome « sous le sceptre de l'empereur de Russie » ; cette Pologne serait formée de la Pologne russe et des territoires polonais enlevés à l'Allemagne et à l'Autriche-Hongrie en cas de victoire [2].

Les défaites subies par la Russie à l'issue de la campagne du printemps 1915 modifièrent les données du problème. Une partie des provinces baltes ainsi qu'une importante fraction de la Pologne russe furent occupées par les armées des Puissances centrales. Et après l'échec de la contre-offensive de Broussilov en mai 1916, les Puissances centrales améliorèrent encore leurs positions, tandis que peu à peu le mécontentement grandissait en Russie.

Sur le front du Caucase, les Arméniens firent preuve du plus total loyalisme à l'égard de la Russie ; ils espéraient qu'un succès de l'Entente leur permettrait de libérer

1. *Cf.* P. Renouvin, *la Crise européenne et la Première Guerre mondiale*, Paris 1962, p. 229 et ss.
2. H. Bogdan, *Histoire des pays de l'Est*, Perrin, Paris, 1990, p. 223 et ss.

leurs frères encore sujets de la Turquie. Dès octobre 1914, le Katolikos arménien avait lancé un appel au vice-roi du Caucase lui demandant l'aide de la Russie pour libérer les Arméniens de Turquie; celui-ci lui répondit que la Russie était favorable à la création d'une Arménie autonome avec les territoires turcs à conquérir. Le 1er novembre 1914, l'entrée en guerre de la Turquie aux côtés des puissances centrales fut accueillie avec enthousiasme par les Arméniens. Aussitôt, les troupes russes pénétrèrent en territoire turc dans la région du lac de Van où la population locale les accueillit avec enthousiasme. Après les combats très durs de l'hiver 1914-1915, le gouvernement turc, à la demande du parti Jeune Turc, prit la décision de déporter toute la population arménienne vers la Syrie le 24 avril 1915. Au cours du transfert, les Turcs et les irréguliers kurdes se livrèrent au massacre systématique des civils arméniens : de 1 000 000 à 1 500 000 Arméniens trouvèrent ainsi la mort dans des conditions dramatiques au cours de l'été 1915. Le seul espoir des survivants était une rapide intervention de la Russie mais la Russie était alors déjà militairement vaincue [1].

En revanche, chez les populations turco-musulmanes de Russie, un calme précaire se maintint jusqu'en 1916. L'état de guerre entre la Russie et la Turquie n'eut au début qu'un impact limité. Mais en 1916, des troubles sérieux éclatèrent au Kazakhstan en raison d'une mobilisation de nouvelles classes de recrues. L'agitation s'étendit alors à toute l'Asie centrale et n'épargna pas les populations musulmanes du Caucase.

A cette exception près, le problème national demeura au second plan jusqu'à la fin du tsarisme, même si beaucoup attendaient d'un changement politique une sensible amélioration de leur situation. C'est en fait l'insurrection de Pétrograd à la fin de février 1917 qui allait tout faire basculer.

1. J.-P. Alem, *l'Arménie, op. cit.*, p. 56 et ss. Et sur le génocide arménien, *cf.* J. Mecerian, *le Génocide du peuple arménien*, Beyrouth, 1965.

LA RÉVOLUTION DE FÉVRIER 1917 ET LES PEUPLES ALLOGÈNES

Les tensions sociales et le sentiment général de lassitude, face à une guerre qui tourne mal, débouchent dans la dernière semaine de février 1917 sur des troubles révolutionnaires graves qui, partis de Pétrograd [1], s'étendent aux principales villes puis se propagent à travers tout le pays. En une semaine, le régime est balayé : le tsar Nicolas II abdique, l'Administration et la police se désagrègent. Et, le 2 mars, un gouvernement provisoire formé par les chefs de l'opposition libérale (Lvov, Milioukov), et des socialistes modérés (Kerenski) partage le pouvoir avec les soviets d'ouvriers et de soldats qui se sont créés dans tout le pays, et au sein même des armées.

A travers tout l'empire, les peuples allogènes saluent avec joie la chute du tsarisme et leurs représentants mettent tout leur espoir dans le gouvernement provisoire. Mais celui-ci doit faire face à des difficultés sans nombre, la conduite de la guerre qu'il entend poursuivre aux côtés de ses alliés de l'Entente, les menées révolutionnaires des soviets où s'affrontent sans ménagements les divers courants socialistes, les manifestations des bolcheviks que Lénine, rentré à Pétrograd dès le 3 avril 1917, a repris en main. Pour le gouvernement provisoire, les demandes des populations allogènes devront être examinées par la future Assemblée constituante qui décidera souverainement de l'avenir de la Russie. Dans l'immédiat, le 20 mars, le gouvernement a proclamé l'égalité absolue de toutes les composantes ethniques de la Russie et a chargé des Comités d'examiner la question de l'autonomie future des régions peuplées d'allogènes.

Pour les nationalités de l'empire, cette attitude prudente du gouvernement a été considérée comme une fin de non-recevoir. Là où les nationalités étaient bien organisées, elles ont pris en main leur propre destin, mais la

1. Depuis le début de la guerre, les autorités ont substitué au vieux nom germanique de Saint-Pétersbourg celui plus « russe » de Pétrograd pour désigner la capitale de l'empire.

situation se présentait différemment selon que leur territoire était ou non occupé par les armées des Puissances centrales.

Le cas de la Pologne était déjà réglé. La Pologne russe était occupée par les armées allemande et autrichienne. Les Allemands avaient occupé Varsovie le 5 août 1915. Beaucoup de Polonais croyaient sincèrement que les Puissances centrales allaient leur rendre leur indépendance, et des légions polonaises avaient été formées sous le commandement d'officiers austro-hongrois d'origine polonaise comme les généraux Haller et Sikorski, avec l'appui de Joseph Pilsudski, l'un des chefs du Parti socialiste polonais de Russie. Le Manifeste du 5 novembre 1916, par lequel les Puissances centrales annonçaient leur intention de faire de la Pologne russe un royaume indépendant, fut accueilli avec espoir par les Polonais, d'autant plus que l'Autriche semblait disposée à renoncer à certains territoires peuplés de Polonais [1]. Un Conseil d'État provisoire fut formé à Varsovie dans lequel Pilsudski était chargé des questions militaires. Très vite, la volonté de moins en moins dissimulée des Allemands de faire de la Pologne un État vassal provoqua une amère déception, à un moment justement où la révolution à Pétrograd avait modifié les données du problème et où le gouvernement provisoire russe avait annoncé dès le 12 mars 1917 qu'il reconnaissait à la Pologne le droit à l'indépendance. Tandis qu'à Varsovie, le cardinal Kakowski, assisté de notables issus de l'aristocratie, présidait le Conseil de régence, à Paris, des émigrés polonais favorables à l'Entente formaient un Conseil national polonais. L'évolution du conflit amena les dirigeants polonais à prendre des initiatives. Le 7 octobre 1918, le Conseil de régence proclama l'indépendance de la Pologne. Un mois plus tard, la défaite des Puissances centrales faisait de la Pologne un État pleinement indépendant reconnu par l'Entente. Le problème de la Pologne s'était ainsi réglé en dehors de la Russie.

La Lituanie présentait une situation assez proche de celle de la Pologne. Au cours de l'été 1915, les troupes

1. F. Fischer. *les Buts de guerre de l'Allemagne impériale*, Paris, 1970, p. 284 et ss.; et H. Bogdan, *op. cit.*, p. 224, p. 243 et ss.

allemandes avaient occupé le territoire lituanien et en septembre avaient fait leur entrée à Vilnius. Les Lituaniens espéraient tirer parti de cette situation nouvelle; débarrassés de la tutelle russe, ils pensaient que le temps de l'indépendance était venu, mais la Lituanie devait-elle faire cause commune avec la Pologne au nom de l'Histoire, ou s'associer avec l'Allemagne au nom du réalisme? Au début de 1917, une Assemblée nationale fut élue qui désigna comme président Antanas Smetona (1874-1944), partisan d'une orientation proallemande. Un Conseil de vingt membres fut placé à la tête du pays. Et à la fin de 1917, l'Assemblée proclama l'indépendance de la Lituanie qui deviendrait alliée de l'Allemagne. Devant les hésitations allemandes, l'Assemblée proclama le 16 février 1918 une nouvelle déclaration d'indépendance sans faire référence à l'alliance avec l'Allemagne. Mais on envisageait de faire de la Lituanie une monarchie constitutionnelle dont la couronne serait attribuée au prince wurtembergois Wilhelm Urack qui deviendrait roi sous le nom de Mindaugas. Le problème se trouva résolu de lui-même par la défaite allemande, et la Lituanie devint elle aussi république indépendante. En Biélorussie occupée par les Allemands depuis mai 1915, les autorités allemandes traitèrent la région en pays ennemi occupé et empêchèrent toute velléité d'action des nationalistes.

Dans les provinces où s'exerçait encore théoriquement l'autorité russe, les allogènes s'organisaient en dehors du pouvoir de Pétrograd. En Finlande, le gouvernement provisoire avait rétabli dès le 6 mars 1917 le statut d'autonomie. La bourgeoisie et les paysans souhaitaient créer un État indépendant, tandis que les socialistes aspiraient à maintenir l'union avec la Russie sur une base révolutionnaire; mais dans l'immédiat, les partis bourgeois faisaient confiance au gouvernement provisoire pour régler la question de l'avenir de leur pays et redoutaient une extension de la révolution en Finlande où Lénine s'était réfugié en juillet 1917 avec ses partisans.

En Estonie et en Lettonie, tout le monde se satisfaisait de la chute du tsarisme, mais les forces politiques étaient divisées entre les socialistes partisans de l'unité d'action avec les révolutionnaires russes sur une base fédéraliste et les modérés favorables à l'indépendance en Lettonie ou à une large autonomie notamment culturelle en Estonie, tandis que la minorité allemande voulait créer un *Baltikum* étroitement associé à l'Allemagne. Dans l'immédiat toutefois, une administration locale indépendante se mit progressivement en place.

En Ukraine, dès le 15 mars 1917, les nationalistes avaient formé à Kiev la *Rada* ou Conseil central ukrainien, dans lequel les intellectuels de la Société des Ukrainiens progressistes étaient largement majoritaires et dont le président était l'historien Mikhaïl Hrushevski, mais où siégeaient aussi des politiques comme Sremen Petlioura qui, en 1905, avait fondé le Parti social-démocrate ukrainien. La *Rada* ukrainienne se montra favorable à la création à long terme d'un État ukrainien indépendant, ce qui lui valut le soutien de la majorité du monde paysan. Dans l'immédiat, elle se borna par son premier *Universal* (règlement), en date du 10 juin 1917, à proclamer la totale autonomie législative de l'Ukraine sans qu'il soit encore question de séparation d'avec la Russie. D'ailleurs, le 1er juillet, un compromis fut conclu entre la *Rada* et le gouvernement provisoire russe remettant à plus tard la question de l'indépendance. Mais face à la *Rada*, une partie du prolétariat d'Ukraine, notamment dans la région minière du Donetz, se montrait davantage perméable aux thèses révolutionnaires des bolcheviks qu'aux idées séparatistes [1].

Dans les pays chrétiens du Caucase, les revendications étaient surtout d'ordre culturel. Les Arméniens, encore sous le coup du drame que venaient de vivre leurs frères de Turquie, recherchaient avant tout le respect de leur identité culturelle et comptaient encore sur la Russie pour libérer l'Arménie turque. Les Géorgiens, mieux organisés, comptaient sur leurs représentants au soviet de Pétrograd, Tchkeidzé et Tseretelli pour obtenir du gouvernement provisoire leur autonomie politique et administrative.

Les musulmans de l'empire étaient divisés en plusieurs tendances. En mai 1917, à l'initiative de quelques députés

1. R. Portal, *Russes et Ukrainiens*, *op. cit.*, p. 72 et ss.

musulmans qui siégeaient à la Douma, un Congrès des musulmans de Russie se tint à Moscou. Une minorité se montrait favorable au maintien de l'unité de la Russie à condition qu'une large autonomie culturelle soit accordée aux musulmans. Mais la majorité des 900 congressistes donnait sa préférence à la création d'une Russie fédérale qui respecterait la spécificité de chaque nation. Le gouvernement provisoire répondit aux revendications des musulmans en renvoyant à la future Constituante le règlement de la question nationale.

Or, tandis que les différentes nationalités de l'empire discutaient de leur avenir, les bolcheviks prenaient ouvertement position en faveur de l'autodétermination des peuples allogènes. Déjà le 25 avril, le soviet de Pétrograd s'était prononcé en faveur de l'autonomie culturelle des populations allogènes. Puis, le 7 mai, lors de la VIIe conférence du Parti bolchevik, Staline, qui dès avant la guerre s'était imposé comme le spécialiste de la question nationale au sein du mouvement bolchevik, présenta un rapport dans lequel il se prononçait en faveur du principe du droit des peuples à disposer d'eux-mêmes. Pour les bolcheviks, cette prise de position visait à renforcer leur influence au sein des peuples allogènes et aussi à affaiblir l'autorité du gouvernement provisoire. Dès lors, les soviets d'Asie centrale se rallièrent aux positions bolcheviques dès juillet 1917. La question nationale devenait un facteur supplémentaire de friction entre les soviets locaux et le gouvernement provisoire dont l'autorité était de plus en plus contestée à Pétrograd.

LA RÉVOLUTION D'OCTOBRE ET SES CONSÉQUENCES

L'affaiblissement progressif du gouvernement provisoire que préside depuis le 8 juillet 1917 Alexandre Kerenski, sous la pression conjuguée des éléments contre-révolutionnaires, des soviets tombés les uns après les autres sous le contrôle des bolcheviks, du mécontentement populaire provoqué par la misère et la guerre et des revendications des nationalistes, va déboucher sur la crise d'octobre. Dans la nuit du 25 au 26 octobre [1], les bolcheviks donnent l'assaut au palais d'Hiver et s'emparent des centres névralgiques de Pétrograd. Le lendemain, le Congrès des soviets approuve la formation d'un Conseil des « commissaires du peuple » (Sovnarkom) que préside le Russe Vladimir Illitch Oulianov, dit Lénine, avec le Juif Léon Trotski aux Affaires étrangères et le Géorgien Joseph Vissarianovitch Djougachvili, dit Staline, aux Nationalités. Trotski et Staline, que tout oppose, se sont vu attribuer par Lénine la responsabilité des deux problèmes majeurs de la Russie à cette époque, celui de la paix qu'il faut conclure ou de la guerre qu'il faut continuer, et celui des nationalités impatientes d'obtenir une réponse du nouveau pouvoir à leurs revendications.

Le 26 octobre 1917, *le Décret sur la paix* qui lance un appel à une paix universelle, condamne toutes les annexions réalisées par les grands États aux dépens « d'une nationalité petite ou faible sans que celle-ci ait pu exprimer librement son accord ». Quelques jours plus tard, le 2 novembre, la déclaration des droits des peuples de Russie connue sous le nom de *Décret sur les nationalités*, cosignée par Lénine et Staline, pose les principes que le gouvernement bolchevik entend appliquer dans les relations avec les populations allogènes; on y proclame l'égalité et la souveraineté de tous les peuples de la Russie, le droit à leur libre développement et, surtout, on leur donne le droit à la libre autodétermination en y incluant celui de faire sécession et de se constituer en États indépendants.

Il appartient désormais à Staline de mettre en application ces principes dans le cadre du Commissariat aux nationalités (*Narkomnats*) divisé en sections nationales, qu'il préside. Pour les nationalités, l'espoir renaît de voir se réaliser pacifiquement leurs aspirations. Il s'agissait pour le nouveau pouvoir de se concilier les peuples allogènes, de les rallier à la cause de la révolution et d'éviter ainsi la dislocation du pays comme le laisse entendre cet

1. Il s'agit des dates selon le calendrier orthodoxe; elles correspondent aux 7 et 8 novembre dans le calendrier grégorien qui sera adopté en Russie à partir du 1er janvier 1918.

appel adressé « à tous les travailleurs musulmans de Russie et de l'Orient » en date du 24 novembre 1917 : « Musulmans de Russie, Tatars de la Volga et de Crimée, Turcs et Tatars de Transcaucasie, Tchetchènes et montagnards du Caucase, vous tous dont les mosquées et les maisons de prière ont été détruites et dont les croyances et les coutumes ont été bafouées par les tsars et les oppresseurs de la Russie ! Vos croyances et vos coutumes, vos institutions nationales et culturelles sont désormais libres et inviolables. Organisez-vous votre vie librement et sans entraves ! C'est votre droit. Sachez que vos droits, comme les droits de tous les peuples de Russie, sont protégés par la toute-puissance de la révolution et de ses organes, les soviets des députés, des ouvriers, des soldats et des paysans ! Alors, soutenez cette révolution. »

Dans l'esprit des nouveaux dirigeants de la Russie, il s'agissait d'obtenir le ralliement des peuples allogènes à la cause révolutionnaire. Pour les peuples de l'empire, l'espoir renaissait et tous attendaient du nouveau pouvoir la réalisation pacifique de leurs aspirations.

X

LA FIN DES RÊVES
(1918-1922)

Le décret sur les nationalités fut accueilli avec espoir et joie par les populations allogènes. L'heure de la liberté allait enfin sonner. Dès le 5 décembre 1917, les Finlandais sont les premiers à profiter du droit à la sécession : la Diète proclame l'indépendance du grand-duché de Finlande, et Staline, dès le 18 décembre, reconnaît cette décision. Mais aussitôt, les socialistes finlandais s'insurgent contre la Finlande bourgeoise qui s'organise autour du général Mannerheim; ils créent dans le sud du pays une république socialiste des travailleurs de Finlande que la Russie bolchevique soutient et à qui elle envoie des armes, tandis que Mannerheim fait appel à l'aide des troupes allemandes du général von der Goltz.

C'est le point de départ d'une politique nouvelle qui s'annonce et dont Staline se fait le défenseur devant le IIIe Congrès des soviets : il s'agit de réserver le droit à l'autodétermination aux seuls travailleurs et ipso facto de s'opposer au séparatisme « bourgeois ». Habile subtilité qui laisse la porte ouverte à la reprise en main des régions où le séparatisme déboucherait sur la formation d'États nationaux hostiles aux bolcheviks.

LA FIN DE LA GUERRE

Le règlement effectif de la question nationale, comme celui de tous les autres problèmes en suspens dans la Russie de la fin de 1917, était lié à celui du retour à la paix extérieure. Dès le 20 novembre, en dépit des réserves de Trotski, le Conseil donna son accord à l'ouverture des négociations avec les représentants des Puissances centrales; un armistice de 28 jours fut conclu à Brest-Litovsk dès le 3 décembre, suivi le 8 de l'ouverture de négociations de paix. La délégation russe réclame une paix sans annexions ni réparations, fondée sur le droit des peuples à l'autodétermination. Les Puissances centrales, elles, réclament la cession de toutes les provinces occidentales de la Russie et, le 5 janvier 1918, devant l'opposition de Trotski qui dirige la délégation russe, le général Hoffmann adresse à la Russie un ultimatum où il menace d'attaquer si les Russes n'acceptent pas les exigences des Puissances centrales. Le 11 janvier, au comité central du Parti bolchevik, Trotski fait adopter une motion favorable à l'arrêt des combats mais sans conclusion de traité de paix, tandis que Lénine était favorable à la signature d'un traité pour sauver la révolution et que Boukharine se prononçait en faveur de la poursuite d'une « guerre révolutionnaire ». L'Armée rouge, dont le principe de la création fut adopté le 15 janvier, n'était pas en mesure de s'opposer efficacement aux forces des Puissances centrales.

Devant les tergiversations soviétiques, les Puissances centrales s'apprêtaient à reprendre l'offensive et utilisèrent contre la Russie le nationalisme ukrainien. Alors que les bolcheviks, le 26 janvier 1918, prenaient le pouvoir à Kiev, la Rada ukrainienne recherchait l'appui allemand et signait le 27 janvier une paix séparée avec les Puissances centrales, accompagnée d'un traité d'alliance défensive.

Le Sovnarkom était encore indécis. La reprise de l'offensive allemande sur l'ensemble du front oriental le 18 février, accompagnée d'un nouvel ultimatum aggravant les conditions de paix, mettait en péril le régime bolchevik. Le 23 février, au comité central du Parti bolchevik, la thèse de la « paix immédiate », que défendaient Lénine et Staline et à laquelle se rallie Trotski, l'emporta à une voix de majorité malgré l'opposition de Boukharine. Le « monstrueux traité », comme le qualifiait Radek, fut finalement signé le 3 mars 1918 à Brest-

Litovsk. Le traité réduisait à néant l'œuvre de Pierre le Grand et de Catherine II. La Russie bolchevique renonçait ainsi aux provinces baltes, à la Pologne et à l'Ukraine. C'était apparemment la fin de l'empire.

ÉCLATEMENT ET RECONSTRUCTION DE LA RUSSIE

Au moment où la Russie concluait la paix avec les Puissances centrales et rompait de ce fait ses liens avec ses alliés occidentaux qui la considèrent désormais comme un pays hostile, le gouvernement bolchevik était confronté à une situation catastrophique. Face au nouveau pouvoir révolutionnaire se dressaient en plusieurs endroits du pays des mouvements contre-révolutionnaires, parfois soutenus par les anciens alliés de Russie, mais sans unité d'action et avec des objectifs différents. La situation économique du pays était critique, et la misère, avec les mécontentements et les tensions sociales qu'elle provoque, affaiblissait et renforçait à la fois le pouvoir en place. A cela s'ajoutaient les volontés séparatistes d'une partie des populations allogènes.

Pour tenter d'enrayer les mouvements séparatistes, le Congrès panrusse des soviets avait décidé, le 10 juillet 1918, que la nouvelle Russie serait une « république socialiste fédérative des soviets de Russie » (RSFS de Russie) où toutes les populations jouiraient des mêmes droits, quelle que soit leur nationalité, pour peu qu'elles appartinssent aux classes laborieuses.

Les peuples allogènes ont alors vite compris tout le parti qu'ils pouvaient tirer de la situation confuse dans laquelle se trouvait la Russie au lendemain de la révolution d'Octobre.

Les peuples libérés

Pour certaines nations, la question de l'appartenance ou non à la nouvelle Russie était déjà tranchée. La Finlande était devenue, le 5 décembre 1917, un État indépendant. La Lituanie avait proclamé son indépendance le

16 février 1918, suivie de l'Estonie le 24 février. Ce sera au tour de la Pologne le 7 octobre, puis de la Lettonie le 28 novembre 1918. En Bessarabie, la volonté séparatiste des populations roumanophones majoritaires s'était manifestée dès 1917 ; elle fut sanctionnée par le Conseil suprême allié qui, dans sa séance du 8 avril 1919, attribua ce territoire à la « Grande Roumanie » en dépit des protestations soviétiques qui réclamèrent en vain l'organisation d'une consultation populaire. Pour tous ces peuples situés sur les confins occidentaux de la Russie, l'indépendance était un fait acquis, irréversible... au moins pour vingt ans. En dépit de l'appui donné par l'Armée rouge aux bolcheviks baltes et finlandais et des vaines tentatives de 1919-1920 pour reconquérir la Pologne, la Russie bolchevique fut contrainte de s'incliner devant la volonté des peuples et de reconnaître officiellement les nouveaux États que, dès 1919, la Société des Nations avait admis en son sein. Par les traités du 2 février 1920 avec l'Estonie, du 12 juillet avec la Lituanie et du 11 août avec la Lettonie, la Russie reconnaissait officiellement l'indépendance de ses anciennes provinces baltes. Le 14 octobre 1920, la Russie signait avec la Finlande un nouveau traité dans lequel elle reconnaissait les frontières historiques de l'ancien grand-duché. Avec la Pologne, les négociations furent plus longues et plus difficiles ; elles aboutirent finalement, le 18 mars 1921, au traité de Riga qui reconnaissait l'indépendance de la Pologne ; elle conservait une partie de la Biélorussie et de l'Ukraine occidentale.

La réaction de Moscou fut toute différente à l'égard des autres régions périphériques qui, elles aussi, avaient été touchées par le désir d'indépendance. Trois zones de turbulence doivent retenir notre attention : l'Ukraine, les pays du Caucase et l'Asie centrale.

La question ukrainienne

En Ukraine, dont une partie du territoire était occupée par les armées des Puissances centrales depuis 1916, la Rada avait condamné le coup d'État bolchevik de Pétrograd et, profitant des possibilités offertes par le décret sur les nationalités, elle avait annoncé par le troisième Universal en date du 19 novembre 1917 la création d'une république populaire d'Ukraine à l'intérieur de la république de Russie. Mais Lénine et les bolcheviks russes n'étaient guère disposés à accepter l'existence, à l'intérieur de la Russie, de gouvernements locaux dirigés par des adversaires politiques. Les bolcheviks ukrainiens déclenchèrent aussitôt des troubles et des grèves dans les centres industriels de l'Ukraine méridionale où ils pouvaient compter sur l'appui d'une partie du prolétariat et sur les Juifs du Bund ; ils annoncèrent la formation d'une république soviétique d'Ukraine et demandèrent l'aide des bolcheviks de Russie. La Rada répliqua en annonçant le 22 janvier 1918 dans son quatrième Universal la naissance de la république démocratique d'Ukraine, « État du peuple ukrainien, souverain, libre et indépendant ». Le jeune État ukrainien indépendant fut aussiôt attaqué par les forces bolcheviques qui occupèrent la plupart des villes dont Kiev, le 26 janvier 1918. La Rada dut se réfugier à Zitomir. Face aux attaques des bolcheviks, la Rada traita avec les puissances centrales et signa avec elles une paix séparée complétée par une alliance militaire défensive [1]. L'Ukraine s'engageait à fournir à l'Allemagne des matières premières et des denrées alimentaires en échange d'un soutien militaire contre les Rouges. Moins d'un mois plus tard, la Russie, en signant avec les puissances centrales la paix de Brest-Litovsk, renonçait à toute souveraineté sur l'Ukraine.

Dès le 28 mars 1918, les armées austro-allemandes prirent position en Ukraine occidentale, officiellement pour « porter secours à leurs nouveaux alliés », mais en réalité pour s'assurer le contrôle des ressources économiques du pays. Les Allemands occupèrent Kiev tandis que les Autrichiens s'installèrent à Odessa. Les bolcheviks chassés momentanément du pays avaient alors beau jeu de dénoncer la trahison des dirigeants ukrainiens. La Rada jugée peu sûre par les Allemands fut dissoute et le général cosaque Paul Skoropadski se proclama *hetman des Cosaques* sous la « protection » allemande. Mais l'hetman avait contre lui à la fois les bolcheviks qui voyaient

1. *Cf. supra*, p. 190.

en lui un contre-révolutionnaire soutenu par les partisans de l'ancien régime, et la majorité des Ukrainiens fidèles à la Rada et à l'idée d'indépendance. Pour les Occidentaux comme pour les patriotes russes, l'alliance germano-ukrainienne fut dénoncée comme une trahison et rendit suspect pour bien longtemps encore tout désir d'indépendance formulé par les Ukrainiens.

La défaite allemande à l'ouest changea du tout au tout la situation en Ukraine, et au cours de l'hiver 1918-1919 les troupes allemandes évacuèrent avec une lenteur calculée le territoire ukrainien. Après le départ des Allemands, la Rada reconstituée destitua l'hetman Skoropadski qui se réfugia en Allemagne, tandis que Sremen Petlioura prenait la tête du mouvement national ukrainien, dont les caractères dominants étaient l'anti-bolchevisme et l'antisémitisme – dans la mesure où les Juifs du Bund avaient soutenu les bolcheviks. Mais Petlioura fut contraint de se retirer à l'ouest de l'Ukraine car les armées contre-révolutionnaires « blanches » du général Denikine, engagées dans la lutte contre les Rouges, avaient entrepris la reconquête de l'Ukraine d'où ils avaient chassé les Rouges de Kiev le 30 août 1919. Mais, à l'automne, les troupes de Denikine à leur tour furent chassées d'Ukraine par l'Armée rouge, et une nouvelle fois, le 16 décembre, Kiev retomba aux mains des bolcheviks. Lénine et Trotski s'efforcèrent de rassurer les Ukrainiens demeurés dans leur majorité hostiles aux bolcheviks, en laissant entendre que le statut futur de leur pays serait déterminé librement par le Congrès des soviets d'Ukraine, une fois la contre-révolution définitivement écrasée. Dans l'immédiat, Moscou s'engageait à respecter la langue et la culture ukrainiennes. Pour Moscou cependant, il n'était pas question d'accorder une quelconque autonomie politique à l'Ukraine, en dépit des demandes des communistes locaux. Le Parti communiste ukrainien, fondé en avril 1918, était favorable au maintien d'une certaine autonomie locale; l'un de ses chefs, Nykola Skrynyk, était l'ardent défenseur de l'indépendance du Parti communiste ukrainien vis-à-vis du Parti communiste russe, alors que Moscou ne voyait dans le Parti ukrainien qu'une simple organisation régionale du Parti communiste panrusse.

La reconquête de l'Ukraine par l'Armée rouge amena Petlioura et la Rada à se tourner vers la Pologne, elle aussi menacée par le danger bolchevique. Les Russes, en effet, après le départ des troupes allemandes, avaient réoccupé la Biélorussie et menaçaient les Républiques baltes et la Pologne. La contre-offensive polonaise du printemps 1919 avait permis aux Polonais de reprendre Brest-Litovsk, et Pinsk, puis Grodno et Vilnius, et même Minsk en août. Mais la frontière polono-russe n'était toujours pas fixée en dépit des tentatives de médiation britannique peu favorable aux Polonais. Les Soviétiques n'avaient aucune sympathie pour la Pologne de Pilsudski et étaient encore décidés à susciter contre lui une insurrection du prolétariat polonais. Au printemps 1920, les dirigeants polonais se montrèrent perméables aux avances de Petlioura, et une alliance polono-ukrainienne antibolchevique fut conclue le 23 avril. Les troupes polonaises renforcées par des contingents fournis par Petlioura reprirent l'offensive en Ukraine le 27 avril et chassèrent les bolcheviks de Kiev le 6 mai. Mais, dans cette alliance, les objectifs réels des deux parties étaient différents. Pilsudski voulait reconstituer la Grande Pologne historique du XVIe siècle, tandis que Petlioura comptait sur les Polonais pour chasser les bolcheviks et rétablir l'éphémère indépendance ukrainienne. L'alliance tourna court lorsque le 30 mai 1920 l'Armée rouge, commandée par le général Toukhatchevski, lança une double attaque, l'une sur le front polonais qui le mena en juillet devant Varsovie, et l'autre en Ukraine où les forces de Petlioura furent anéanties en quelques jours. Les dirigeants de la Rada et Petlioura durent se réfugier en Pologne [1]. C'en était fini de l'indépendance ukrainienne, mais ce fut aussi le début du calvaire du peuple ukrainien toujours traité en « suspect » par le pouvoir moscovite.

La réintégration de l'Ukraine et de la Biélorussie à la Russie fut sanctionnée en juin 1920 par un « traité d'union ouvrière et paysanne » cosigné par Lénine et par les représentants des nouveaux gouvernements commu-

1. Petlioura s'installa ensuite à Paris où il fut assassiné en 1926 par un Juif ukrainien, Shalom Schwarzbard, qui voulait ainsi venger ses coreligionnaires des pogroms organisés par Petlioura.

nistes de Biélorussie et d'Ukraine. C'était à nouveau le regroupement des peuples slaves de l'empire, mais cette fois sous l'égide du bolchevisme.

Les peuples du Caucase

Dans le Caucase, la révolution d'Octobre avait provoqué le départ de l'administration russe. Ici, la situation était d'autant plus confuse que ce territoire était une zone de combat face à l'Empire ottoman avec lequel la Russie était en guerre effective.

Pour rallier à la Révolution bolchevique les peuples du Caucase, un Commissariat de Transcaucasie avait été formé à Pétrograd, dans lequel siégeaient trois Géorgiens, trois Arméniens et quatre musulmans. En janvier 1918, le Commissariat décida la création d'un Parlement de Transcaucasie, le *Seïm*, où siégeraient des représentants des différentes composantes ethniques de la région; les sièges seraient répartis au prorata du nombre des voix obtenues dans ces territoires par les différents partis lors des élections du 25 novembre 1917 pour l'Assemblée constituante de Russie. Dans le Seïm, la majorité était largement constituée de sociaux-démocrates modérés, à l'exception des représentants tatars du Parti Moussavat proturc et probolchevik.

Sur le front du Caucase, l'armée russe, à l'exception des régiments arméniens encadrés par des officiers russes, était en pleine décomposition. Le pouvoir bolchevik en avait d'ailleurs tiré les conséquences puisque, le 17 décembre 1917, il avait signé avec les Turcs l'armistice d'Erzincan, prélude à la paix de Brest-Litovsk par laquelle la Russie restituait aux Turcs toutes ses conquêtes en Anatolie orientale, ainsi que les districts d'Ardahan, de Kars et de Batoum. Pour les chrétiens du Caucase, ce traité était la fin de tous leurs espoirs et ils refusèrent de le reconnaître.

Les Caucasiens avaient compris qu'ils n'avaient rien à attendre de la Russie. Le 22 avril 1917, le Seïm proclama la naissance d'une république démocratique fédérative de Transcaucasie qui comprenait l'Arménie, la Géorgie et l'Azerbaïdjan, et élut pour président le social-démocrate géorgien Tchenkeli. Mais la Transcaucasie représentait un enjeu aussi bien pour les Puissances centrales que pour les alliés. En mai 1918, des unités allemandes stationnées en Ukraine firent mouvement en direction du Caucase pour prêter main-forte à leur allié turc décidé à occuper les territoires acquis à Brest-Litovsk malgré la résistance des populations locales. L'intervention germano-turque provoqua le 26 mai l'éclatement de la république de Transcaucasie. Seule, l'Arménie choisit de résister aux Turcs. Les forces arméniennes commandées par le général Nazarbekoff tentèrent d'arrêter la progression des Turcs, notamment lors de la bataille de Karaklis où ils résistèrent pendant quatre jours face à un ennemi deux fois plus nombreux, et où s'illustrèrent le général Andranik et le commandant Dro. Mais les Turcs purent passer et poussèrent leur avance jusqu'à Erevan.

La Géorgie, au contraire, avait choisi de se placer sous la protection allemande et se proclama indépendante le 26 mai 1918, suivie aussitôt par l'Azerbaïdjan. Quant à l'Arménie, son Conseil national proclama l'indépendance le 30 mai alors que les Turcs étaient déjà devant Erevan.

Il fallut négocier. On crut que la situation allait se stabiliser avec la signature le 4 juin d'un traité de paix entre la Turquie et chacune des trois républiques de Transcaucasie. L'Arménie, une fois encore, était la principale victime puisqu'elle se retrouvait avec un territoire de 9 000 km^2, nettement plus réduit que l'Arménie russe d'avant la guerre ; elle devait céder le Nakhitchevan à l'Azerbaïdjan et reconnaître les clauses territoriales du traité de Brest-Litovsk la concernant. Quant à la Géorgie, elle retrouvait ses frontières d'avant 1914, tandis que l'Azerbaïdjan était agrandi de façon importante par l'annexion du Nakhitchevan, peuplé d'Azéris et d'Arméniens. Mais dans la capitale de l'Azerbaïdjan, à Bakou, les bolcheviks locaux avaient profité de la confusion qui avait suivi la dissolution de la république de Transcaucasie pour prendre le pouvoir. Les sociaux-démocrates les en chassèrent un mois plus tard, le 26 juillet 1918, et firent appel aux Anglais qui, à partir de l'Irak via l'Iran, vinrent occuper Bakou le 4 août. Les Turcs ripostèrent en lançant une offensive éclair qui obligea les Anglais à abandonner Bakou dès le 17 août. Dans ce Caucase en pleine anarchie, seuls les maquis arméniens dirigés par le général Andranik continuaient la lutte contre les Turcs à partir des montagnes du Karabagh.

L'armistice de Moudros conclu le 31 octobre 1918 entre l'Empire ottoman vaincu et les alliés, et qui précède de quelques jours la fin de la guerre sur le front occidental, permit aux troupes britanniques d'occuper la plus grande partie de la Transcaucasie que les Allemands avaient évacuée en septembre 1918. Les trois républiques indépendantes de Transcaucasie, l'Arménie, la Géorgie et l'Azerbaïdjan, tentèrent alors tant bien que mal de s'organiser et adoptèrent des Constitutions républicaines démocratiques ; seules leurs frontières demeuraient imprécises et instables, mais le rapatriement progressif des troupes alliées de Transcaucasie laissait ces pays face aux bolcheviks et aux Turcs.

En janvier 1920, les trois républiques de Transcaucasie obtenaient du Conseil suprême allié leur reconnaissance de facto. En fait, l'indépendance de l'Azerbaïdjan fut de courte durée car, le 28 avril, un nouveau coup d'État bolchevik se produisit à Bakou ; les nouvelles autorités proclamèrent la république soviétique d'Azerbaïdjan et demandèrent l'aide de la Russie. Le traité de « fraternelle alliance » signé le 30 septembre 1920 plaçait à nouveau l'Azerbaïdjan dans la mouvance de la Russie.

La Géorgie dirigée par des sociaux-démocrates antibolcheviks s'organisa non sans mal. L'indépendance du nouvel État fut même reconnue par Moscou le 7 mai 1920, mais les bolcheviks locaux y fomentèrent des troubles avec l'appui des bolcheviks russes. Le gouvernement géorgien que dirigeait le menchevik Vladimir Voytinsky eut à faire face également à la révolte des populations musulmanes d'Abkhazie, d'Adjarie et de Mingrélie, ce qui amena une intervention de l'Armée rouge au début de février 1921. Le gouvernement géorgien fut renversé et le 21 février naissait la république soviétique de Géorgie. En juillet, le Géorgien Joseph Djougachvili – Staline – venait personnellement, en tant que représentant du pouvoir central, y rétablir l'ordre bolchevik.

La situation en Arménie était plus complexe. Le sentiment national y était très développé et les dirigeants de l'Arménie indépendante entendaient obtenir de la conférence de la paix qui se tenait à Paris depuis le 18 janvier 1919 la reconstitution de la Grande Arménie historique avec le regroupement en un seul État des territoires arméniens de Russie et de ceux de Turquie. Le traité de Sèvres conclu le 10 août 1920 entre les alliés et l'Empire ottoman prévoyait la reconnaissance *de jure* d'un État arménien indépendant dont le tracé définitif des frontières du côté de la Turquie serait soumis à l'arbitrage du président des États-Unis. Le 22 novembre 1920, le président Wilson rendit son verdict. L'Arménie, outre l'intégralité des territoires de l'ancienne Arménie russe, devait recevoir la plus grande partie du district d'Erserum, les districts de Van et de Bitlis, ainsi qu'un accès à la mer Noire en direction de Trebizonde. L'ensemble des territoires de cette nouvelle Arménie couvrait une étendue de 57 000 km^2, un peu moins que ce qu'attendaient les dirigeants arméniens. Mais sur le terrain il fallait compter avec les Turcs. En effet, depuis 1919, les chefs de l'armée turque du Caucase, auxquels s'était joint le général Mustapha Kemal – le futur Kemal Atatürk –, avaient décidé de s'opposer par la force aux exigences des alliés. Ils envoyèrent l'ancien Premier ministre turc Enver Pacha au Congrès des peuples de l'Orient qui se tenait à Bakou en septembre 1920 à l'initiative du gouvernement russe; là, Enver Pacha rencontra les lieutenants de Lénine, Zinoviev et Radek et, au nom de Mustapha Kemal, il proposa aux Soviétiques une alliance fondée sur le partage du Caucase entre Turcs et Soviétiques sur la base des frontières de 1914. Les Turcs laisseraient carte blanche aux Soviétiques en Géorgie et en Azerbaïdjan, et les Russes abandonneraient la cause arménienne. A peine le traité de Sèvres avait-il été signé que les troupes turques passèrent à l'attaque contre l'Arménie le 22 septembre 1920, avec l'appui d'irréguliers azéris. Le 30 octobre, les Turcs s'emparaient de Kars, puis le 7 novembre d'Alexandropol. Le refus des grandes puissances occidentales d'intervenir – les Anglais avaient évacué la région depuis plusieurs mois – et l'appui ouvert de Moscou aux nouveaux maîtres de la Turquie consacrèrent la fin des illusions arméniennes. Tandis que les Turcs avançaient en territoire arménien, Staline, arrivé à Bakou le 30 octobre, mettait au point avec les chefs communistes arméniens Anastase Mikoyan et Avis Mouridjanian l'intégration de l'ex-Arménie russe à la Russie bolchevique.

A Erevan, le 2 décembre 1920, le gouvernement arménien dirigé par Simon Vratsian se voyait contraint d'accepter les dures conditions de paix exigées par la Turquie. La paix d'Alexandropol mit fin à la guerre. L'Arménie y reconnaissait comme nul et non avenu le traité de Sèvres, abandonnait à la Turquie les districts de Kars et d'Ardahan tandis que le Nakhitchevan devenait protectorat turc. La Grande Arménie indépendante promise par les alliés n'avait été qu'un rêve. La dure réalité, c'était la reprise en main de l'ancienne Arménie russe par les maîtres de la Russie bolchevique. L'effondrement du rêve arménien plongea la population dans un profond désarroi que surent habilement exploiter les bolcheviks. Le président Vratsian démissionna le jour même de la signature du traité et un gouvernement de transition formé de membres du Parti dachnak et de communistes fut constitué. Éphémère gouvernement qui, le 3 décembre 1920, se retira au profit des seuls communistes dirigés par Gassian. L'Arménie à son tour devenait république soviétique et la Tcheka reçut aussitôt mission de soviétiser le pays. L'Église, les notables, les anciens officiers de l'armée arménienne en furent les premières victimes. Les violences, les exactions de toutes sortes, les milliers d'arrestations provoquèrent le 18 février 1921 une insurrection générale qui, partie des campagnes, toucha la capitale. Le gouvernement et la Tcheka durent quitter Erevan où se constitua un Comité de salut de l'Arménie sous la présidence de Simon Vratsian. Mais la lutte était inégale. Débarrassé du fardeau de la guerre civile, l'Armée rouge entra en force en Arménie, reprit Erevan le 18 avril où s'installa un nouveau gouvernement dirigé par le communiste Alexandre Miasnikian qui, le 21 avril, proclama la république soviétique d'Arménie. Les militants du Parti dachnak continuèrent la lutte dans les montagnes du Karabagh et, après plusieurs mois de résistance, se réfugièrent en Iran. L'Armée rouge se livra à des représailles sanglantes contre la population à un point tel que Lénine dut intervenir pour faire cesser les violences.

Entre-temps, la Russie bolchevique alliée de la Turquie kemaliste avait signé avec elle à Moscou le traité « d'amitié et de fraternité » du 16 mars 1921. Les Turcs conservaient Kars et Ardahan mais renonçaient à Batoum qui fut attribué à la Géorgie et au Nakhitchevan lui-même incorporé à la république soviétique d'Azerbaïdjan. Les Occidentaux s'inclinèrent devant le fait accompli et devaient signer plus tard avec la nouvelle Turquie le traité de Lausanne du 24 juillet 1923, marquant ainsi leur désintéressement absolu pour la cause arménienne qu'ils avaient jusque-là ouvertement soutenue... en paroles [1].

L'Asie centrale

En Asie centrale, les populations musulmanes avaient vu sans déplaisir la chute du tsarisme et comptaient bien sur le nouveau régime pour obtenir de Moscou une large autonomie que par ailleurs les colons russes installés parmi elles redoutaient.

Dès le 1er mai 1918 fut créée une république socialiste soviétique du Turkestan, intégrée à la Russie soviétique. Quant aux anciens émirats autonomes de Boukhara et de Khiva, ils devinrent des républiques socialistes populaires sous les noms de république de Boukhara et de république du Khorassan, États officiellement indépendants mais alliés à la RSFS de Russie. La guerre civile russe permit un court moment aux musulmans d'Asie centrale de se libérer de la tutelle bolchevique qui pour beaucoup s'identifiait à la tutelle russe. Les anciens émirs de Boukhara et de Khiva reprirent le pouvoir, mais, dès 1920, l'Armée rouge qui venait de triompher des armées contre-révolutionnaires de l'amiral Koltchak reprit le contrôle de l'Asie centrale. Les émirs furent déposés et le 26 avril 1920 fut fondée la république populaire soviétique du Khorzem regroupant les émirats de Boukhara et

1. J.-P. Alem, *op. cit.*, p. 60 et ss; et S.N. Gougouchvili et D.O. Zourabichvili, *op. cit.*, p. 71 et ss.

de Khiva. La soviétisation de l'Asie centrale marquée par une politique antireligieuse violente provoqua de vives réactions des populations locales très attachées à l'Islam. Enver Pacha, qui rêvait de créer avec l'accord des bolcheviks russes un vaste Empire turco-touranien en Asie centrale, accepta à la demande de Moscou de jouer un rôle de médiation entre le pouvoir bolchevik et les insurgés musulmans mais, en 1922, il se rallia aux révoltés et trouva la mort le 4 août 1922 à Douchanbé au cours d'un affrontement avec une unité de l'Armée rouge. A la fin de l'année 1922, l'Asie centrale était pacifiée.

Après cinq ans de révolutions, de guerre civile et de vaines tentatives des peuples allogènes pour se libérer de la tutelle russe, tout rentrait dans l'ordre. Certes, les dirigeants de la nouvelle Russie avaient été contraints à des sacrifices territoriaux importants à l'ouest avec la renonciation à la Finlande, aux provinces baltes et à la Pologne, qui avaient pu se constituer en États indépendants grâce au soutien que leur avait apporté le monde occidental, inquiet du « péril rouge ». Mais en Ukraine comme en Transcaucasie et au Turkestan, les peuples « rebelles » avaient été seuls dans leur lutte pour l'indépendance. L'Armée rouge avait mis fin par la force à toutes leurs tentatives séparatistes.

Le 30 décembre 1922, la création de l'Union des Républiques socialistes soviétiques (URSS), succédant à la république socialiste fédérative des soviets de Russie, semblait marquer la volonté du pouvoir de faire de l'ancien empire des Romanov un État fédéral formé au départ de la Russie et de ses dépendances, de l'Ukraine, de la Biélorussie et de la Transcaucasie, auxquelles viendront s'ajouter plus tard les républiques d'Asie centrale. L'objectif de cette alliance était d'établir « un front unique en face de l'encerclement capitaliste ».

RUSSES ET ALLOGÈNES A L'HEURE DU COMMUNISME

XI

LA QUESTION NATIONALE EN URSS A L'ÉPOQUE DE LA « CONSOLIDATION » 1922-1929

L'écrasement des mouvements séparatistes par l'Armée rouge et la création en 1922 d'un État fédéral sous le nom d'Union des Républiques socialistes soviétiques devaient donner naissance dans l'esprit de Lénine à une nouvelle structure politico-sociale où toutes les nationalités confondues communieraient dans une idéologie unitaire, le communisme, qui, transcendant les diversités ethniques, linguistiques et culturelles localement respectées, devait aboutir à long terme à la création d'un homme nouveau, l' « homo sovieticus ».

Dans l'esprit de Lénine, l'Union soviétique devait être une union de républiques égales entre elles dans laquelle la Russie aurait les mêmes droits que les autres républiques sans aucun privilège particulier. Attitude apparemment paradoxale d'un Grand-Russien favorable à un fédéralisme internationaliste, alors que le Géorgien Staline se faisait le défenseur d'un État centralisé autour de Moscou et des Grands-Russiens, dans un fédéralisme de façade. De 1918 à 1922 tandis que l'on discutait de l'organisation future de l'ancien empire des tsars, Lénine fut constamment en opposition avec Staline sur la question du fédéralisme et si Staline se rallia finalement à l'idée de fédération, il était bien décidé, dans son for intérieur, à en limiter les effets lorsqu'il serait seul au pouvoir.

Les années vingt furent d'abord marquées par les problèmes d'organisation interne du nouveau régime issu de la révolution d'Octobre. La création de l'Union des Républiques socialistes soviétiques fut complétée par la mise en place d'une nouvelle Constitution qui, adoptée par les instances du Parti communiste le 6 juillet 1923, fut ratifiée par le Congrès des soviets de l'Union le 31 janvier 1924, dix jours seulement après la mort de Lénine.

La Constitution de 1924, qui réaffirmait solennellement l'égalité entre tous les habitants de l'URSS quelle que soit leur langue ou leur nationalité, réservait les droits politiques aux seuls travailleurs des deux sexes et dont étaient exclus « ceux qui ont recours au travail d'autrui » ou qui « vivent d'un revenu non produit par leur propre travail ». Le pouvoir fédéral appartenait au *Congrès des soviets de l'Union*, élu au suffrage indirect et inégalitaire – puisqu'il y avait 1 député pour 25 000 électeurs en ville, et 1 seulement pour 150 000 électeurs dans les campagnes ; le scrutin en outre était public ! Le Congrès se réunissait en principe une fois par an, mais en fait, jusqu'en 1931, les réunions étaient bisannuelles. En dehors des rares cessions du Congrès, le pouvoir d'État était entre les mains du *Comité exécutif central* formé de deux Conseils (soviet), le *Conseil de l'Union* composé de membres élus par le Congrès au prorata du poids numérique des populations des républiques fédérées, et le *Conseil des nationalités* chargé de représenter les populations en fonction de leur appartenance nationale, sur la base de cinq représentants par république fédérée ou autonome, et de un représentant par région autonome. Le Comité exécutif central avait à sa tête un Présidium et désignait en principe les membres du *Conseil des commissaires du peuple* ou *sovnarkom*, véritable gouvernement de l'URSS disposant en fait du pouvoir exécutif et du pouvoir législatif. Les Commissariats fédéraux, véritables ministères, étaient chargés des Affaires étrangères, de la Guerre, de la Marine, des Transports, des Postes et des Télégraphes. Les autres Commissariats fédéraux (Instruction publique, Finances, Questions sociales) étaient relayés au niveau des républiques fédérées par les Commissariats des républiques, officiellement libres de leurs décisions, mais jouant dans la pratique le rôle de relais des Commissariats fédéraux.

La structure fédérale de l'URSS était marquée par l'existence de républiques fédérées (RSFS de Russie, Biélorussie, Ukraine, Transcaucasie dès 1922, puis Ouzbekistan et

Turkménistan en 1924, Tadjikistan en 1929), de républiques et de régions autonomes à l'intérieur de certaines républiques fédérées.

La réalité du pouvoir était entre les mains du Parti communiste, « avant-garde de la classe ouvrière », qui contrôlait toutes les institutions du pouvoir d'État aussi bien au niveau fédéral qu'au niveau local puisque ce sont ses instances qui, seules, avaient la possibilité de présenter les candidats aux fonctions électives, car, depuis 1918, toutes les autres formations et organisations politiques avaient été interdites. Depuis le 3 avril 1922, c'est Staline qui exerce la fonction déterminante de Secrétaire général du Parti. Les effectifs du Parti communiste s'élevaient au lendemain de la guerre civile à 270 409 membres titulaires, dont 71,96 % étaient russes alors que le poids des Russes dans la population totale n'était que de 52,91 %. Les Juifs (5,21 % des membres du Parti) ainsi que les Lettons et les Polonais étaient également largement représentés dans le Parti malgré leur faible poids dans la population. Inversement, les Ukrainiens ne représentaient que 5,88 % des membres du Parti alors qu'ils constituaient un peu moins de 20 % de la population.

Ainsi, au lendemain de la guerre civile, le Parti communiste de l'URSS se présentait comme un parti largement composé de Slaves, et plus particulièrement de Grands-Russiens [1]. Avec la croissance des effectifs qui dépassaient le million de membres titulaires en 1929 (1 090 508 auxquels il faut ajouter 444 854 candidats), le pourcentage des Grands-Russiens diminua quelque peu; il n'était plus que de 65 % en 1927. En revanche, la place des Ukrainiens était passée de 5,9 % en 1922 à 11,7 % en 1927, et celle des Biélorusses de 1,5 % à 3,2 %. Mais les musulmans d'Asie centrale, dont le pourcentage dans le Parti était passé de 2,5 % à 3,7 % entre 1922 et 1927, étaient encore sous-représentés par rapport à leur poids numérique (7 %) dans la population de l'URSS [2].

La question des nationalités passa cependant au deuxième plan jusqu'au début des années trente, dans la

1. W. Kolarz, *la Russie et ses colonies*, Paris, 1954, p. 21 et ss.
2. H. Carrère d'Encausse, *l'Union soviétique de Lénine à Staline (1917-1953)*, p. 238-239.

mesure où le problème essentiel de la politique soviétique entre 1924 et 1929 fut celui de la succession de Lénine. L'affrontement entre Trotski et Staline tourna rapidement à l'avantage de ce dernier. En octobre 1926, Trotski est exclu du Bureau politique, un an plus tard il est chassé du Parti avant d'être finalement expulsé d'URSS le 22 janvier 1929 après un an d'exil intérieur à Alma-Ata.

Pendant ces années d'incertitude politique, les nationalités, exclues du pouvoir, semblent avoir bénéficié d'une certaine autonomie culturelle et, dans certains cas même, le pouvoir central joua la carte du nationalisme local dans la mesure où cette attitude était profitable aux intérêts supérieurs de l'URSS. La politique soviétique à l'égard de l'Ukraine est très significative sur ce point. Certes, dans le cadre de l'URSS, malgré les prises de position fédéralistes du vieux bolchevik ukrainien Nykola Skrypnik, Staline en tant que Commissaire aux Nationalités imposa dès 1923 à l'Ukraine ses vues centralisatrices et imposa au Parti communiste ukrainien les directives venues de Moscou. En revanche, Staline s'efforça de se concilier les nationalistes ukrainiens en leur laissant miroiter la création future d'une Grande Ukraine qui rassemblerait les terres ukrainiennes irrédentes détenues par les voisins occidentaux de l'URSS. L'idée de la Grande Ukraine fut largement évoquée lors du Ve Congrès de l'Internationale communiste en 1924 où l'on demanda instamment aux « partis communistes de Pologne, de Tchécoslovaquie et de Roumanie » de lancer « le mot d'ordre de la séparation des terres ukrainiennes de Pologne, de Tchécoslovaquie et de Roumanie afin de les unir à l'Ukraine soviétique, et par elle à l'URSS ». Il s'agissait en fait pour Moscou de récupérer une partie des territoires perdus à l'issue de la Première Guerre mondiale, mais en même temps, dans l'esprit de la direction du Parti communiste soviétique, on espérait ainsi flatter l'orgueil national des Ukrainiens. Ce même souci de se concilier l'intelligentsia nationaliste se retrouve dans un certain nombre de concessions octroyées sur le plan culturel. En 1924, l'historien Mikhaïl Hrushevski qui, dans les dernières années du tsarisme, avait été le défenseur de la culture ukrainienne et qui s'était exilé en 1919, fut invité à rentrer au pays et il fut alors nommé directeur de la section historique de l'Académie des sciences de Kiev. La langue ukrainienne fut réhabilitée et les publications littéraires et scientifiques en langue ukrainienne se multiplièrent. L'enseignement, dispensé aux jeunes Ukrainiens dans leur langue maternelle mais dans l'esprit marxiste, permettait au nouveau régime de former pour l'avenir des élites tout en donnant dans l'immédiat satisfaction aux nationalistes. Mais indirectement le renouveau de la culture ukrainienne toléré, voire envisagé par le nouveau pouvoir, pouvait à long terme alimenter les courants ultranationalistes [1]. Cependant, ce libéralisme soigneusement encadré en matière culturelle était accompagné par un strict contrôle de la direction politique de la république. Le Parti communiste ukrainien unifié en mars 1920 par l'union des bolcheviks locaux et d'un mouvement d'extrême gauche qualifié de *borotbiste* du nom de son journal *Borotba* publié depuis 1915 à Genève, fut toujours considéré avec méfiance par Moscou, dans la mesure où les borotbistes étaient soupçonnés de velléités nationalistes. L'un des représentants du courant borotbiste, l'écrivain Nikola Khvylovi, ne cachait pas l'intérêt qu'il portait à la culture occidentale, à laquelle selon lui appartenait la culture ukrainienne. Quant au Commissaire à l'Instruction publique, Alexandre Shoumski, il se faisait le défenseur de l'indépendance du Parti communiste ukrainien par rapport au Parti communiste russe. En 1926, Moscou fit nommer Lazare Kaganovitch comme Secrétaire général du Parti ukrainien, et on procéda à une épuration au sein du Parti ukrainien pour en chasser les éléments jugés trop nationalistes, en premier lieu Khvylovi et Shoumski. La répression ne toucha pas seulement les cadres du Parti; elle frappa aussi bien des intellectuels non communistes que des membres du clergé orthodoxe et uniate, tous accusés de nationalisme et d'activités antisoviétiques [2]. Le pouvoir soviétique parallèlement favorisait, pour affaiblir la cohésion de la nation ukrainienne, l'immigration russe. Au recensement de 1926, sur les 28 446 000 habitants qui vivaient en Ukraine, on trouvait à côté des Ukrainiens largement

1. R. Portal, *Russes et Ukrainiens*, *op. cit.*, p. 79-80.
2. Walter Kolarz, *op. cit.*, p. 177 et ss.

majoritaires (80,6 % de la population totale) une minorité non négligeable de Russes au nombre de 2 700 000 (9,2 %) en majorité citadins et ouvriers. Dans la plupart des villes d'Ukraine, l'élément russe représentait déjà de 30 à 40 % de la population (36,2 % à Kiev).

Dans les pays du Caucase, le pouvoir politique jusqu'au début des années trente adopta une politique prudente. La région fut organisée dans le cadre de la *république socialiste soviétique fédérative de Transcaucasie* créée officiellement le 13 décembre 1922 et divisée en trois républiques socialistes autonomes, l'Arménie, l'Azerbaïdjan et la Géorgie. Le tracé des frontières entre ces républiques fut l'œuvre personnelle de Staline et révèle d'une façon sans équivoque le recours au vieil adage « diviser pour régner ». Afin d'affaiblir l'Arménie dont la résistance à la soviétisation en 1919-1920 avait été particulièrement forte, le territoire du Haut Karabagh (Nagorno Karabagh) peuplé à 90 % d'Arméniens et couvrant 4 400 km^2 fut rattaché à l'Azerbaïdjan avec le statut de territoire autonome. Le tracé des limites de ce territoire autonome fut conçu d'une façon telle qu'il n'y avait plus de continuité territoriale avec l'Arménie et que le Karabagh se trouvait totalement enclavé à l'intérieur de l'Azerbaïdjan. Il est vrai que c'est dans le Karabagh que s'étaient réfugiés en 1920 les derniers groupes arméniens de résistance à l'occupation soviétique. Inversement, pour créer délibérément une source supplémentaire de conflit entre Azéris et Arméniens, le territoire du Nakitchevan (6 000 km^2) dont la population est majoritairement azéri mais avec une forte minorité arménienne fut attribué à l'Azerbaïdjan, avec le statut de république autonome, mais le découpage des frontières l'enclava à l'intérieur des frontières de l'Arménie. De cette façon, en cas de conflit entre Azéris et Arméniens, les deux parties n'avaient d'autre issue que de demander l'intervention de Moscou. En outre, selon l'évolution des relations entre l'URSS et la Turquie voisine, Moscou pouvait alternativement favoriser l'une ou l'autre des deux républiques.

Quant à la Géorgie, elle bénéficia d'un sort plus favorable, dans la mesure sans doute où Staline se souvenait encore de ses racines familiales. Non seulement la Géorgie retrouva ses frontières de 1914 mais elle se fit attribuer une partie du pays des Ossètes dans le cadre d'une région autonome d'Ossétie du Sud, ce qui séparait le peuple ossète en deux groupes, puisque l'Ossétie du Nord était rattachée à la RSFS de Russie dans le cadre d'une région autonome créée en juillet 1924. En revanche, sur le plan politique, Staline se montra toujours méfiant à l'égard des cadres locaux du Parti communiste, en raison de la tradition menchevik du mouvement révolutionnaire géorgien. A cet effet, l'administration du pays fut confiée à des fonctionnaires russes dont le nombre était particulièrement élevé dans les postes de haute responsabilité. En 1924, la moitié des fonctionnaires de Géorgie était russe et à Tbilissi, la capitale, leur pourcentage atteignait 63 %. Cette politique déclencha le 27 août 1924 une insurrection conduite par les mencheviks, principalement dans l'ouest du pays et dans les mines de manganèse du Chiatouri. L'Armée rouge écrasa la révolte et le pouvoir procéda à l'arrestation et à la déportation de tous les éléments considérés comme peu sûrs. Dans le domaine culturel en revanche, les Arméniens et les Géorgiens disposèrent dans les années vingt d'une assez large autonomie. Il est vrai qu'ils étaient très largement majoritaires dans leur république face à une présence russe très minoritaire (2,2 % de Russes en Arménie en 1926, 3,6 % en Géorgie). L'enseignement primaire et secondaire en langue nationale fut maintenu, même si le pouvoir soviétique multiplia la création d'écoles russes. Seules les Églises, dans ces pays de vieille tradition chrétienne, eurent à subir les mêmes persécutions que celles endurées par l'Église orthodoxe russe au même moment. Pourtant en Géorgie, l'Église avait profité de la révolution de 1917 pour rétablir son autocéphalie et ainsi recouvrer son indépendance par rapport au patriarcat de Moscou, mais elle ne tarda pas à subir les effets de l'athéisme militant. Le Katolikos de Géorgie, Ambroise Chelaï, fut emprisonné dès 1924, et peu après, la quasi-totalité des lieux de culte fut fermée et leurs desservants arrêtés. En Arménie, le pouvoir soviétique fit preuve de plus de modération dans l'application de sa politique antireligieuse. Un minimum d'activité religieuse, sévèrement contrôlée, fut maintenue autour du monastère d'Etchmiadzin [1]. Il est vrai que cette relative tolérance était dictée par des considérations de politique extérieure. En effet, dans les années vingt, les Soviétiques cherchaient à montrer aux Arméniens de la diaspora, encore sous le choc du génocide de 1915-1916, qu'ils étaient les seuls véritables défenseurs des intérêts arméniens. Moscou en effet chercha à utiliser les Arméniens de l'extérieur, en particulier ceux établis au Proche-Orient, comme agents de propagande [2], mais il n'était pas encore question à cette époque de faire venir en URSS les Arméniens de la diaspora.

La situation des populations musulmanes du Caucase dépendait à la fois des principes généraux de centralisation énoncés par Staline et de l'évolution de la politique soviétique à l'égard de la Turquie kémaliste. Au début des années vingt, aussi longtemps que les intérêts de la Turquie coïncidaient avec ceux de l'URSS, l'Azerbaïdjan bénéficia de la part de Moscou d'un régime de faveur, ce qui se traduisit notamment par des avantages territoriaux obtenus aux dépens de l'Arménie. Pour l'URSS, l'Azerbaïdjan constituait une région d'importance vitale sur le plan économique en raison des gisements pétroliers de Bakou, les seuls d'Union soviétique à cette époque. De ce fait, de nombreux Russes vivaient dans le pays où ils représentaient près de 10 % de la population de l'Azerbaïdjan en 1926 ; ils y occupaient des fonctions administratives ou de cadres et de techniciens dans l'industrie. Devant l'exploitation systématique des richesses de leur pays par les Russes, de nombreux Azerbaïdjanais caressaient le rêve d'un Azerbaïdjan largement autonome et maître de ses ressources naturelles. Le Parti communiste d'Azerbaïdjan soupçonné de soutenir ces aspirations et accusé de « déviation nationaliste » fut repris en main par un envoyé de Moscou, le Grand-Russien Sergueï Kirov qui fut chargé en 1921 d'assurer les fonctions de premier secrétaire du PC local, et il conserva cette fonction jusqu'en 1925. L'arrivée de Kirov coïncide avec le début d'un refroidissement des relations entre Moscou et la Turquie kémaliste. Sur le plan culturel, le pouvoir soviétique chercha à créer

1. N. Struve, *op. cit.*, p. 223 et ss.
2. W. Kolarz, *op. cit.*, p. 294 et ss.

une identité culturelle propre à l'Azerbaïdjan afin de faire échec à l'influence de l'Islam traditionnel et de l'Iran chiite. A cet effet, on remplaça l'alphabet arabe par l'alphabet latin [1]. Mais la masse azéri resta imperméable à ces transformations.

Au nord de la Transcaucasie, où, à côté de l'élément russe, vivaient des populations montagnardes musulmanes aux langues diverses, le pouvoir bolchevik favorisa dans un premier temps le regroupement des populations allogènes au sein de la *république autonome socialiste soviétique des Montagnards* officiellement créée le 20 janvier 1920 à l'intérieur de la RSFS de Russie. La république des Montagnards regroupait les Kabardes, les Tchetchènes, les Tcherkesses, les Ingouches, les Balkars et les Karatchaïs, tous Caucasiens de langue, aux côtés des Ossètes de langue indo-irannienne. Mais le pouvoir se rendit compte du danger que représentait l'union de peuples aux traditions guerrières bien établies qui avaient donné dans le passé du fil à retordre aux Russes à l'époque de l'imam Chamyl. Dès la fin de 1921, les Kabares en furent détachés, puis, en 1922, la république des Montagnards fut pratiquement démantelée et ne regroupait plus que les Ingouches et les Ossètes. En 1924, il ne restait plus rien de cette république des Montagnards dont les différentes composantes devinrent des républiques ou territoires autonomes relevant de la Russie, à l'exception des Ossètes du Sud qui furent rattachés à la Géorgie. L'Islam demeurait cependant un lien unissant tous ses peuples face à la minorité russe présente sur ces territoires contre laquelle se déclenchaient épisodiquement des violences provenant généralement des populations tchetchènes. En dépit de l'athéisme officiel, les mosquées et les écoles arabes conservaient toute leur influence, et la justice musulmane rendue par les mollahs gardait tout son prestige auprès des populations locales en dépit de son caractère illégal, cela avec la complicité passive des dirigeants communistes locaux.

L'Asie centrale constituait pour l'URSS une région d'importance capitale car, pour Staline, le Turkestan devait être « un poste avancé destiné à porter la révolution

1. W. Kolarz, *op. cit.*, p. 321 et ss.

en Orient [1] », d'autant plus que les populations locales avaient des frères de race au-delà des frontières soviétiques, en Afghanistan, en Inde et dans le Xinjiang chinois. L'idéologie officielle imposa l'idée du « frère aîné » russe apportant aux peuples d'Asie centrale le progrès et la civilisation. Les républiques d'Asie centrale – 4 millions de km² – avaient une population de 14 millions d'habitants au recensement de 1926, dont 11,4 millions étaient allogènes. Les Russes y constituaient selon ce même recensement des minorités importantes : 19,7 % de la population au Kazakhstan, 21,6 % en Ouzbékistan, 11,7 % en Kirghizie, mais seulement 8,2 % au Turkménistan et 0,7 % au Tadjikistan. C'était le résultat du mouvement de colonisation inauguré à l'époque tsariste et qui se poursuivit à un rythme accéléré après la révolution. Le pouvoir soviétique, au moment de la guerre civile, s'était efforcé de rallier à sa cause les musulmans d'Asie centrale en jouant la carte du nationalisme local. L'Asie centrale dans un premier temps fut rattachée administrativement à la RSFS de Russie dans le cadre de la république socialiste soviétique du Turkestan aux destinées de laquelle veilla de 1920 à 1925 Lazare Kaganovitch. Mais la soviétisation à outrance pratiquée par Kaganovitch suscita des réactions hostiles de la part de la population musulmane. Le pouvoir central procéda alors en 1924-1925 à un redécoupage administratif du Turkestan. On redoutait en effet à Moscou la constitution d'un bloc turco-musulman en Asie centrale auquel songeait déjà le Tatar Sultan Galiev [2] quand il avait lancé le concept de « nation prolétaire » à propos des peuples musulmans de l'empire exploités par les colonisateurs russes. Le nouveau tracé des frontières du Turkestan mis au point personnellement par Staline et connu sous le

1. J. Staline, *Œuvres complètes*, Moscou, 1947, tome V, p. 329, cité par Kolarz, p. 347.
2. Mir Saïd Sultan Galiev (1881-1941), nationaliste radical dans les dernières années du tsarisme, se rallia au Parti communiste russe aussitôt après la révolution d'Octobre. Il assista Staline au Commissariat du peuple aux Nationalités et devint membre du comité central de la république autonome du Tatarstan. Sultan Galaviev défendait l'idée d'une république du Touran qui regrouperait tous les peuples musulmans de l'empire sous l'égide d'un Islam démocratisé. Pour lui, il fallait un Parti communiste musulman autonome, dont la mission serait de porter la révolution en Orient. *cf.* V. Monteil, *les Musulmans soviétiques*, *op. cit.*, p. 161 et ss.

nom de « délimitation nationale-territoriale » fit éclater le territoire en deux républiques fédérées, l'Ouzbékistan et le Turkménistan. Le Tadjikistan, dont la population d'origine iranienne constituait un îlot indo-européen au milieu des populations turques, devint république autonome à l'intérieur de la république socialiste soviétique d'Ouzbékistan avant de recevoir à son tour en 1929 le statut de république fédérée. Quant au Kazakhstan et à la Kirghizie, ils restèrent républiques autonomes, mais à l'intérieur de la RSFS de Russie, et cela jusqu'en 1936. Le tracé des nouvelles frontières avait été dessiné d'une façon telle que, à côté de la nationalité titulaire généralement majoritaire, vivaient des minorités nationales arbitrairement détachées du territoire attribué au gros de leur ethnie, ainsi que des Russes.

Les langues nationales auxquelles furent imposées dans un premier temps l'usage de l'alphabet latin, en lieu et place de l'écriture arabe, furent préservées et enseignées au moins au niveau de l'enseignement primaire. Mais au-delà, c'était en russe qu'était donné l'enseignement dans les établissements d'enseignement secondaire. Il s'agissait de former des élites locales mais qui seraient imprégnées de culture russe. Le pouvoir s'efforça de lutter contre l'influence de la religion musulmane, particulièrement forte chez les populations ouzbeks. De nombreuses mosquées furent fermées, des mollahs arrêtés et déportés, mais dans la vie quotidienne et en privé, la population demeura fidèle à ses croyances et coutumes traditionnelles. Si dans les républiques méridionales d'Asie centrale le pouvoir soviétique laissa subsister les formes traditionnelles de l'économie, en revanche au Kazakhstan, considéré par Moscou comme zone de colonisation agricole et où vivaient déjà de nombreux colons russes, les autorités lancèrent un vaste plan de sédentarisation des populations autochtones.

Ce plan, appliqué avec brutalité, provoqua de vives réactions de la population kazakhe où l'implantation communiste était des plus réduites et où le pouvoir local était aux mains des notables, chefs de clan, les *bais*. En 1928, les autorités soviétiques commencèrent par exiler les bais dont les troupeaux furent confisqués. Les communistes locaux cherchèrent à réserver aux seuls Kazakhs l'attribution des terres dans le cadre de la réorganisation des activités agricoles. Ils furent désavoués par Moscou qui les qualifia de « nationalistes bourgeois ». Le Parti communiste du Kazakhstan fut épuré et placé sous la direction d'un Russe, Filip Golochtchokin, avec le titre de premier secrétaire du Parti. L'inauguration du chemin de fer Turksib (Turkestan-Sibérie) en 1930 devait accélérer la sédentarisation et l'arrivée des colons. Les mesures coercitives prises à l'encontre des nomades hostiles à la sédentarisation et à la collectivisation provoquèrent de vives réactions de la part des populations. Les troubles furent sévèrement réprimés. Les nomades réagirent en abattant le cheptel et le pays connut alors une grave famine qui provoqua la mort de plusieurs centaines de milliers de Kazakhs. Des nomades kazakhs préférèrent fuir et se réfugièrent dans le Xinjiang chinois. Le bilan démographique fut catastrophique pour la population kazakhe : on estime à un million le nombre des victimes directes et indirectes de cette sédentarisation forcée.

Les Tatars – un ensemble composite formé de plusieurs groupes ethniques de langue turque et de religion musulmane – étaient surtout présents dans deux régions de la RSFS de Russie. Les Tatars de la Volga – ou Tatars de Kazan – se virent attribuer un territoire officiel le 27 mai 1920 sous le nom de république socialiste autonome du Tatarstan, mais sur la base des données du recensement de 1926, ils n'y représentaient que 44,9 % de la population, soit environ 1 400 000 Tatars, en face de 1 300 000 Grands-Russiens et de près de 300 000 représentants d'ethnies diverses (Mordves, Oudmourtes, Tchouvaches). Les Tatars de Crimée – au nombre d'environ 250 000 au début des années vingt –, très attachés à leur particularisme et qui se considéraient comme les derniers héritiers de la Horde d'Or, avaient profité de la révolution d'Octobre pour se libérer de la tutelle russe. Un gouvernement national tatar fut constitué par la direction du parti nationaliste Milli Firqa qui, dans les derniers temps du tsarisme, avait lutté pour la défense de l'identité tatare. Mais la Crimée servit bientôt d'enjeu dans les combats auxquels se livrèrent les différents protagonistes de la guerre civile russe ; elle fut successivement occupée par les Allemands jusqu'à la fin de 1918, puis par les Russes blancs du général Denikine, avant d'être reconquise définitivement par les bolcheviks en 1920. En octobre 1920, le parti Milli Firqa se rallia aux bolcheviks et s'intégra au sein d'un Parti communiste tatar dominé par les personnalités de Sultan Galiev et de l'écrivain Galimdjan Ibragimov. Les nationalistes tatars crurent qu'en apportant leur soutien au nouveau régime ils préserveraient ainsi leurs traditions nationales et ils se rallièrent à l'idée d'un « communisme national musulman ». Le 13 octobre 1921, la Crimée reçut le statut de république socialiste autonome dans le cadre de la RSFS de Russie et Ibragimov en devint le Premier ministre. A partir de 1924, le rêve d'un grand Etat musulman cher à Sultan Galiev s'évanouit à la suite du découpage du Turkestan en républiques fédérées. Les Tatars de Crimée, minoritaires dans leur république autonome, réussirent à conserver leur autonomie culturelle, et Moscou les utilisa un certain temps pour favoriser par leur intermédiaire la formation d'un parti communiste en Turquie. En fait, les Tatars de Crimée furent vite accusés de nationalisme par le pouvoir soviétique inquiet des tendances panturques développées par Sultan Galiev et Ibragimov. A partir de 1927, Staline engagea le combat contre le nationalisme tatar. Le Premier ministre Ibragimov fut arrêté et exécuté en 1928 comme « ennemi de la classe ouvrière » et « nationaliste bourgeois ». On lui reprochait surtout de défendre la culture tatare et de s'opposer à l'installation de colons russes dans la république autonome. Sultan Galiev, arrêté en 1928, fut condamné à dix ans de travaux forcés dans le camp de l'île Solovki. Toute la population fut soumise entre 1927 et 1930 à un régime d'exception. Les institutions culturelles et les associations furent sévèrement épurées ou dissoutes. L'arrivée massive de colons russes, ukrainiens et juifs modifia la composition ethnique de la république autonome, si bien que les Tatars de Crimée étaient devenus très largement minoritaires chez eux dès le début des années trente. Leur pourcentage dans la population de la république autonome tomba à 23,1 % en 1936 en face de 43,5 % de Russes et 10 % d'Ukrainiens [1].

1. W. Kolarz, *op. cit.*, p. 111-113.

Les autres peuples allogènes minoritaires de Russie d'Europe (Caréliens, Mordves, Oudmourtes, Tchouvaches) ou de Sibérie (Bouriates, Iakoutes, Komis, Mansis, etc.) dépendaient tous de la RSFS de Russie et, dans la mesure où ils représentaient un nombre important d'individus, ils furent organisés en républiques ou territoires autonomes où officiellement ils bénéficiaient de l'autonomie culturelle et d'un enseignement, au moins pour les classes primaires, dans leur langue maternelle. Là où ces minorités constituaient des masses compactes suffisamment nombreuses, les traditions culturelles et la langue pouvaient se maintenir et même se développer, et le pouvoir s'y employa. En revanche, là où les minorités nationales étaient dispersées à l'intérieur d'une région à population russe majoritaire, les chances de survie de la culture nationale étaient réduites, dans la mesure où la langue russe était favorisée ouvertement par les autorités. L'usage de la langue russe comme langue de l'Administration était là un facteur supplémentaire de russification. En outre, la mise en valeur accélérée des ressources du sous-sol dans certaines régions peuplées d'allogènes provoqua une arrivée massive de techniciens et d'ouvriers russes qui diminuaient d'autant le poids humain de la population locale, confinée dans ses activités traditionnelles et réduite à l'isolement à moins de s'assimiler aux nouveaux arrivants.

Au moins jusqu'en 1929, le régime soviétique, intransigeant sur le plan idéologique et politique, s'efforça d'assurer aux populations non russes une certaine autonomie culturelle, strictement contrôlée par le Parti, et à condition que cette promotion des cultures nationales ne débouche pas sur des revendications à caractère politique et qu'elle ne remette pas en cause l'édification du socialisme.

Staline chercha à donner l'impression qu'il maintenait les principes posés par Lénine selon lesquels il fallait provisoirement maintenir un égalitarisme culturel entre toutes les populations de l'URSS, mais à condition que le respect des cultures nationales ne dérive pas vers l'éclatement de la Fédération. Dans son discours du 27 juin 1930 devant le XVIe congrès du PCUS, Staline résumait ainsi les grandes lignes de sa politique à l'égard des nationalités qu'il avait suivie jusque-là et qu'il entendait poursuivre : « Il faut laisser les initiatives nationales grandir et se déployer en manifestant toutes leurs vertus potentielles pour leur permettre ensuite de se fondre en une seule culture avec une seule langue commune. L'épanouissement des cultures, nationales par la forme et socialistes par le contenu, sous le régime de la dictature du prolétariat dans un seul pays, pour leur fusion en une seule culture socialiste par la forme comme par le contenu, avec une seule langue commune au moment où le prolétariat triomphera dans le monde entier et où le socialisme entrera dans les mœurs, voilà précisément où est l'essence dialectique de la conception léniniste du problème des cultures nationales. » Ainsi pour Lénine comme pour Staline, le respect des langues nationales, les facilités accordées pour leur enseignement, tout cela devait permettre à tous de mieux assimiler l'idéologie communiste et à long terme de mieux s'intégrer à la « patrie soviétique ».

XII

FÉDÉRALISME DE FAÇADE ET DICTATURE STALINIENNE (1929-1939)

La question nationale reléguée au second plan à l'époque de la consolidation du nouveau régime revint sur le devant de la scène dès le début des années trente. A partir de 1929, Staline est devenu le maître incontesté du Parti et de l'État. Dès lors, son objectif prioritaire est d'éliminer du Parti tous ses rivaux, ainsi que les éléments trotskistes et boukhariniens qui s'y trouvent encore. C'est le temps des purges (1933, 1935, 1937, 1938) qui commence avec ses procès préfabriqués où les aveux « spontanés » des accusés mettent en cause de prétendus complices à leur tour arrêtés. C'est le temps des arrestations, des disparitions, des exécutions, qui frappent indistinctement Russes et non-Russes, mais que ces derniers ressentent comme une décision du « colonisateur » russe. A la fin de 1938, les goulags soviétiques renfermaient de 5 à 8 millions de détenus. Le déviationnisme idéologique était toujours le chef d'accusation essentiel associé automatiquement à celui de nationalisme bourgeois lorsque l'accusé était un non-Russe.

Les années trente, c'est aussi la mise en route de la planification de l'économie. Le Ier Plan quinquennal (1928-1932) avait pour objectif le développement prioritaire de l'industrie lourde et la socialisation de l'agriculture au moyen de la collectivisation des terres. Ces objectifs touchaient directement aux intérêts des populations allogènes. La résistance paysanne particulièrement forte en Ukraine et en Asie centrale déclencha une politique de répression implacable. Le IIe Plan (1933-1937) insistait sur la poursuite de la politique d'industrialisation plus particulièrement en Sibérie et en Asie centrale. A ce titre, il provoqua d'importants transferts de main-d'œuvre et de nouvelles implantations de colons russes dans les républiques périphériques, ce qu'acceptaient difficilement les populations autochtones.

LA CONSTITUTION DE 1936

Au milieu du climat de terreur qui règne alors en URSS et tandis que Moscou impose à toutes les populations de l'Union ses directives, le pouvoir communiste a voulu donner une image positive du nouveau régime aux yeux de l'étranger.

La nouvelle Constitution, dont le texte avait été longuement élaboré par Staline et le Bureau politique du Parti communiste de l'Union soviétique, fut adoptée le 5 décembre 1935 par le VIIIe Congrès des soviets. Entrée en vigueur le 1er janvier 1936, cette Constitution est un chef-d'œuvre du trompe-l'œil et de la « langue de bois ». Sur le plan général, la Constitution garantit en effet au citoyen soviétique l'exercice des principales libertés et rétablit le suffrage universel direct, égal et secret, encore que l'article 128 réserve au seul Parti communiste et aux organisations de masse qu'il contrôle le droit de présenter des candidats aux fonctions électives.

Le principe du fédéralisme y est solennellement réaffirmé dans l'article 13 qui rappelle que « l'Union des Républiques socialistes soviétiques est un État fédéral constitué sur la base de l'union librement consentie de républiques socialistes soviétiques égales en droit ». Et d'ailleurs, pour ceux qui voudraient encore en douter, la Constitution garantit dans son article 123 « l'égalité des droits des citoyens de l'URSS sans distinction de nationalité et de race, dans tous les domaines de la vie économique, culturelle, sociale et politique ».

L'organe central du pouvoir appartient au *Soviet suprême* de l'URSS élu pour quatre ans et formé de deux assemblées, le *Soviet de l'Union* dont les membres sont élus à raison de 1 député pour 300 000 habitants, et le

Soviet des nationalités qui représente les collectivités territoriales à raison de 25 députés par république fédérée, de 11 par république autonome, de 5 par région autonome et de 1 par arrondissement national. A la tête du Soviet suprême se trouve un Présidium composé d'un président et de 15 vice-présidents (à raison de 1 par république fédérée), d'un secrétaire et de vingt membres. Le Présidium constitue l'organe permanent du Soviet suprême en dehors des deux sessions annuelles de l'Assemblée. Le Soviet suprême désigne les membres du Sovnarkom ainsi que les dirigeants des grands services de l'État.

Chaque république fédérée a sa propre Constitution, son propre gouvernement, son hymne national et son drapeau, sa propre législation. Chaque république autonome a sa propre Constitution et ses organes supérieurs du pouvoir. Au niveau des régions autonomes et des arrondissements nationaux, l'autonomie administrative est garantie par la loi. Cette Constitution, « la plus démocratique du monde » selon Staline, a modifié le découpage administratif de l'URSS. Le nombre des républiques fédérées fut porté à 11 : les 3 républiques slaves de Russie, d'Ukraine et de Biélorussie, les républiques d'Arménie, d'Azerbaïdjan et de Géorgie issues de l'éclatement de la Transcaucasie, et les 5 républiques d'Asie centrale (Kazakhstan, Kirghizie, Ouzbékistan, Tadjikistan et Turkménistan). A l'intérieur de certaines de ces républiques (Russie, Azerbaïdjan, Géorgie, Ouzbékistan et Tadjikistan), on trouve des républiques autonomes, des régions autonomes et des arrondissements nationaux.

LE PATRIOTISME RUSSE AU SERVICE DU PARTI

Apparemment, tout avait été fait pour donner l'impression que le fédéralisme était une réalité et que les particularismes nationaux étaient respectés. Il en était tout autrement sur le terrain, où depuis le début des années trente, le pouvoir soviétique avait entrepris de briser toutes les manifestations du sentiment national, même les plus anodines, des peuples de l'URSS. La volonté centralisatrice et unificatrice de Staline triomphe définitivement au début de ces années; elle s'exerce au profit de la nation grand-russienne et aux dépens des autres peuples cohabitants. Et paradoxalement, c'est le Géorgien Staline qui va réhabiliter la notion de « patrie russe ». Ce n'était d'ailleurs pas la première fois que la cause de la Russie était défendue par un non-Russe. Riurik, au IXe siècle, et surtout Catherine II en avaient déjà donné l'exemple.

La réhabilitation de la patrie russe a commencé en 1934 [1] lorsque l'historiographie officielle a peu à peu redécouvert puis exalté le passé de la Russie, ou tout au moins certains de ses aspects. Les grands héros de l'histoire russe, d'Alexandre Nevsky à Pierre le Grand, ont fait l'objet d'études où leur rôle positif a été mis en relief. Et des films produits par les grands noms du cinéma soviétique d'alors ont popularisé leurs exploits. La colonisation russe pratiquée par les tsars, dénoncée encore en 1929 par l'historien marxiste Mikhaïl Pokrovski comme le mal absolu, fut à partir du milieu des années trente interprétée d'une façon plus nuancée. Les travaux de Pokrovski furent mis à l'index, et la nouvelle école historique réhabilita le rôle civilisateur du peuple russe à l'égard des peuples allogènes et exalta son action décisive au moment de la révolution. Pokrovski ne fut pas la seule victime de cette « révision » de l'Histoire. Les historiens des nationalités furent accusés de « déviations nationalistes » pour avoir trop exalté le passé de leur peuple. Aussi, l'historien ukrainien Hrushevski qui s'était rallié au nouveau régime en 1924 fut exilé à Moscou en 1931 et la section historique de l'Académie ukrainienne des sciences fut dissoute. Désormais, dans l'idéologie officielle, la Russie devenait le guide des peuples de l'empire sur le chemin de la liberté et de la révolution, et les unissait dans la grande famille socialiste.

Image idyllique d'une union fraternelle des peuples officialisée par la Constitution de 1936 mais démentie par la réalité des faits. La Constitution de 1936 garantissait solennellement à tous les citoyens de l'Union l'exercice des libertés fondamentales, mais au même moment les

1. C'est le résultat d'une résolution du comité central et du Sovnarkom portant sur « l'enseignement de l'histoire nationale dans les écoles d'URSS » en date du 15 mai 1934.

agents du NKVD [1] arrêtaient et torturaient les « ennemis de classe », les « saboteurs » et les auteurs d' « activités antisoviétiques ». Et si le principe d'égalité avait au moins un champ d'application, c'était l'égalité de toutes les nationalités devant la dictature. Russes et non-Russes, tous étaient à la merci du pouvoir communiste et de ses sbires, et pouvaient du jour au lendemain se retrouver côte à côte dans les bagnes staliniens. Mais dans l'esprit des populations allogènes de l'Union soviétique, on avait toujours tendance à assimiler « pouvoir communiste » et « domination russe ». Ce fut là l'un des effets les plus pervers de la dictature communiste qui provoqua de la part des allogènes un violent sentiment antirusse, dont les traces sont encore ô combien visibles à l'heure actuelle. Pour l'Ukrainien comme pour le Turkmène ou le Kalmouk, le Russe était identifié au régime et, comme tel, détesté.

LA REPRISE DE LA POLITIQUE DE RUSSIFICATION

Au cours des années trente, les quelques concessions obtenues par les allogènes furent considérablement réduites. La politique de russification que l'on croyait définitivement abandonnée reprit sous une forme plus sournoise. D'abord, la propagande officielle insista sur l'importance de la langue russe en tant que trait d'union entre les différentes populations. Et si dans l'enseignement primaire la langue locale fut maintenue là où les allogènes étaient majoritaires, en revanche c'est le russe qui fut imposé comme seule et unique langue d'enseignement au niveau du secondaire. Et là où dans les années vingt on avait introduit l'alphabet latin en remplacement de l'alphabet arabe, on lui substitua au début des années trente l'alphabet cyrillique. Ces mesures préparaient à long terme l'assimilation des populations allogènes. Elles furent appliquées également aux minorités linguistiques de tradition orale. Le rôle dominant et exclusif du russe en tant que langue des enseignements secondaire et supérieur, à un moment où le pouvoir soviétique faisait des

1. Commissariat du peuple à l'Intérieur.

efforts importants dans le domaine de l'instruction publique, devait à long terme faire disparaître par étouffement les cultures nationales. Le jeune qui appartenait à une nationalité allogène devait, s'il entendait poursuivre des études, renoncer à son identité nationale, d'autant plus qu'à l'issue de ses études il était généralement affecté à un emploi situé hors de sa patrie d'origine, alors que, chez lui, les postes de responsabilité étaient attribués systématiquement à des Russes. Si les élites de certains peuples comme les Arméniens ont accepté le bilinguisme indispensable pour faire carrière, d'autres, notamment celles des républiques musulmanes, ont refusé en général de s'expatrier et ont été obligées de se contenter de postes subalternes dans leur propre territoire.

L'implantation de travailleurs russes dans le cadre de la mise en valeur des nouvelles régions industrielles prévues par les Plans quinquennaux, a été ressentie par les populations autochtones comme une forme déguisée de colonisation. Pour le pouvoir central, outre l'intérêt économique certain que présentait l'exploitation de toutes les ressources du pays, c'était également un moyen d'accélérer l'unification du pays et de mieux contrôler et encadrer les peuples cohabitants. Les migrations interrégionales des années trente modifièrent sensiblement la composition ethnique de la plupart des républiques fédérées comme le montre le tableau suivant [1] :

RÉPUBLIQUES FÉDÉRÉES	1926			1939		
	Population totale	*% du peuple autochtone*	*% de Russes*	*Population totale*	*% du peuple autochtone*	*% de Russes*
Ukraine	28 446 000	80,6	9,2	31 785 000	73,5	12,9
Arménie	881 000	84,4	2,2	1 282 000	82,2	4,0
Azerbaïdjan	2 315 000	62,1	9,5	3 205 000	58,4	16,5
Géorgie	2 667 000	67,0	3,6	3 540 000	61,4	8,7
Kazakhstan	6 503 000	57,1	19,7	6 094 000	38,2	40,3
Kirghizie	993 000	66,6	11,7	1 458 000	51,7	20,8
Tadjikistan	827 000	74,6	0,7	1 484 000	59,6	9,1
Turkménistan	900 000	70,2	8,2	1 252 000	59,2	18,6

1. D'après R. Caratini, *Dictionnaire des nationalités et des minorités en URSS*, p. 246-248.

La même tendance se retrouve au niveau des républiques et territoires autonomes enclavés à l'intérieur de la RSFS de Russie où, progressivement, les populations autochtones furent supplantées par les colons russes ainsi qu'il ressort du tableau suivant limité à quelques exemples particulièrement significatifs [1] :

Républiques autonomes	1926			1939		
	Population totale	*% du peuple autochtone*	*% de Russes*	*Population totale*	*% du peuple autochtone*	*% de Russes*
RSSA des Bouriates	491 000	43,8	52,7	546 000	21,3	72,0
RSSA de Kalmoukie	142 000	75,6	10,7	221 000	48,6	45,7
RSSA d'Ossétie du Nord	152 000	84,2	6,6	329 000	50,3	37,2
RSSA de Tchetchéno-Ingouchie	385 000	93,8	2,6	697 000	64,8	28,8
RSSA de Iakoutie	289 000	80,6	10,4	413 000	56,5	35,5

Les travailleurs russes ne furent pas les seuls à être dirigés de façon autoritaire vers les territoires périphériques. Des Ukrainiens et dans une moindre mesure des Biélorusses furent astreints aux mêmes déplacements. L'opération pour Moscou était rentable à deux niveaux : d'une part, le départ d'Ukrainiens et de Biélorusses de leur patrie d'origine diminuait d'autant leur nombre dans leur république, et d'autre part, mêlés aux Russes dans les territoires colonisés, ils étaient tentés de se fondre à eux face aux populations autochtones culturellement différentes et généralement hostiles, ce qui facilitait la fusion entre les éléments slaves. Cette politique d'implantation de colons ukrainiens en Sibérie et en Asie centrale... qui avait été inaugurée – et pour les mêmes raisons – par Alexandre III, fut considérablement développée par le pouvoir stalinien. Au milieu des années trente, on comptait déjà 1 049 000 Ukrainiens au Kazakhstan, 966 000 en Sibérie occidentale, 447 000 dans les régions de la Basse Volga et près de 400 000 en Extrême-Orient soviétique [2].

1. D'après R. Caratini, *op. cit.*, p. 250-252.
2. Chiffres cités par W. Kolarz, *op. cit.*, p. 175.

LES NATIONALITÉS FACE À LA TERREUR STALINIENNE

Ce qui fut le plus durement ressenti par les populations non russes, c'était l'intervention directe de Moscou dans la vie politique des républiques fédérées et autonomes. Par le biais du Parti communiste de l'Union soviétique, maître de l'appareil de l'État, le pouvoir communiste centralisateur commença par mettre au pas la direction des partis communistes régionaux et les gouvernements des républiques fédérées dont elles avaient la charge.

Les grandes purges des années 1933-1938 éliminèrent tous les dirigeants communistes des républiques fédérées jugés trop indépendants à l'égard du pouvoir central. Le vieux chef communiste ukrainien Nykola Skrypnyk, qui à plusieurs reprises avait exercé de hautes responsabilités dans les instances fédérales, fut accusé le 10 juin 1933, lors d'une réunion du comité central du Parti communiste ukrainien tenue à Kharkov, d'être un ennemi de l'État et de se comporter en nationaliste petit-bourgeois. Ses accusateurs étaient le premier et le second secrétaire du Parti ukrainien, le Polonais Stanislaw Kossior et le Russe Pavel Postychev. On relèvera là un trait caractéristique de la politique du Parti communiste d'URSS à cette époque, qui consistait à placer à la tête des organisations régionales du Parti des cadres d'une nationalité autre que celle de la région dont ils avaient la responsabilité. A la suite des attaques dont il était l'objet, Skrypnyk se suicida et sa mort provoqua une immense émotion dans toute l'Ukraine dans la mesure où il avait toujours défendu les intérêts de sa république face aux exigences de Moscou. La direction du Parti ukrainien menée par Kossior et Postychev se livra à une vaste épuration au sein du Parti, tandis que le NKVD découvrait en 1934-1935 de prétendus « complots terroristes » préparés par les « borotbistes » alliés aux trotskistes et aux agents fascistes allemands et polonais. Après une accalmie en 1936, les purges reprirent en 1937-1938. Le suicide au cours de l'été 1937 du président du Sovnarkom d'Ukraine Panas Lyoubtchenko accusé de collusion avec les fascistes, puis l'arrestation, trois mois plus tard, de son successeur

Bondarenko pour collaboration avec les séparatistes ukrainiens, et l'élimination au printemps de 1938 de Oulas Tchoubar qui avait remplacé Bondarenko dont il avait été autrefois le second, marquaient la volonté délibérée de Moscou d'en finir une fois pour toutes avec ceux qui étaient supposés vouloir entraver les décisions du pouvoir central. Entre juin 1937 et avril 1938, les 13 membres du Bureau politique avaient été éliminés, et avec eux de nombreux hauts responsables et dignitaires du Parti. Même Kossior et Postychev, qui avaient été les initiateurs des grandes purges, furent à leur tour broyés par le système répressif qu'ils avaient déclenché. Par contrecoup, certains hauts dignitaires du régime en poste à Moscou, parce qu'ils étaient d'origine ukrainienne, furent frappés à leur tour. Ce fut le cas entre autres du Commissaire du peuple aux Finances d'URSS, Grigori Grinko qui, en mars 1938, fut condamné à mort et exécuté aussitôt comme « nationaliste ukrainien » et « espion polonais ».

Ce fut au secrétaire du Parti pour la région de Moscou, Nikita Khrouchtchev, que Staline confia la mission de reprise en main du Parti communiste ukrainien. Et c'est lui qui acheva l'épuration avec zèle et efficacité [1]. Le Parti ukrainien fut ainsi véritablement décapité au niveau de ses cadres, dont la plupart furent remplacés par de nouveaux venus, issus du Parti russe. Mais les communistes ukrainiens ne furent pas les seules victimes de la dictature stalinienne. Le peuple ukrainien dans son ensemble, et plus particulièrement le monde paysan, paya un lourd tribut pour son opposition à la collectivisation des terres. Pour contraindre les paysans à entrer dans des kolkhozes, outre les violences physiques habituelles et les déportations massives de récalcitrants, le pouvoir décidait d'affamer les campagnes en procédant à la confiscation des récoltes. En 1932-1933, 5 à 6 millions d'Ukrainiens trouvèrent ainsi la mort, victimes de la famine, des exécutions sommaires ou des déportations. Et encore à la fin des années trente, le NKVD continuait à exécuter par milliers les opposants ukrainiens, communistes accusés de nationalisme, paysans, prêtres, membres de l'intelligentsia.

1. W. Kolarz, *op. cit.*, p. 183 et ss.

Lorsque les troupes allemandes occupèrent l'Ukraine à partir de l'été 1941, on mit à jour en plusieurs endroits de gigantesques fosses communes où reposaient les victimes de ce qui ressemblait fort à un « génocide ». Alexandre Soljenitsyne évoque les fouilles entreprises en 1943 à Vinnitsa dans le parc de la rue Podlesnaïa qui avait été déclarée en 1939 « zone interdite » sur ordre du Commissariat du peuple à la Défense ainsi que dans d'autres parties de la ville. On y recensa 95 fosses communes qui abritaient au total 9 439 cadavres de civils ukrainiens exécutés en 1938 [1]. Aujourd'hui encore on retrouve des charniers dont l'existence était connue de tous mais dont il ne fallait pas parler. L'un des derniers découverts en 1988 est celui de Bykovnia près de Kiev dans lequel se trouvaient les restes de plusieurs centaines de victimes.

L'Ukraine cependant ne fut pas un cas isolé. A l'occasion des grandes purges des années trente, toutes les républiques fédérées furent victimes de la volonté du pouvoir central d'extirper toute velléité nationaliste au sein de la direction de leurs partis communistes. La quasi-totalité des présidents des Conseils des Commissaires du peuple des républiques fédérées furent ainsi liquidés à cette époque.

En Biélorussie, le pouvoir avait toléré jusqu'au début des années trente l'expression d'un nationalisme biélorusse qui servait les intérêts du pouvoir dans la mesure où il réclamait le retour à la mère patrie des terres irrédentes occupées depuis 1920 par les Polonais. Mais à partir de 1933, la vague de répression s'abattit aussi sur la Biélorussie. On arrêta les membres d'une association appelée « Centre national biélorusse » et on les accusa de vouloir créer une république démocratique de Biélorussie avec l'aide de la Pologne. A partir de 1937, les dirigeants communistes locaux eux-mêmes furent accusés de nationalisme. Le président de la République Alexandre Tcherviakov se suicida; puis le président du Conseil des Commissaires du peuple Nicolas Goloded, ainsi que le

1. A. Soljenitsyne, *l'Archipel du goulag*, Paris, 1976, tome III, p. 18-19.

premier secrétaire du parti Gigalo initiateur des purges de 1933, furent arrêtés, puis exécutés [1].

Les républiques du Caucase et leurs dépendances n'échappèrent pas aux purges des années trente. L'isolement géographique des populations musulmanes du Caucase septentrional leur valut une tranquillité relative. Il était d'ailleurs difficile d'accuser les directions locales du Parti de déviations nationalistes car tous les postes de responsabilité étaient occupés par des Russes. En revanche, il n'en fut pas de même dans les trois républiques fédérées de Transcaucasie. Le sentiment national demeurait vif en Arménie et, s'il était toléré dans la mesure où il était antiturc, en revanche, le pouvoir central n'était pas prêt d'accepter qu'il soit dirigé contre lui. La sympathie de nombreux Arméniens, et même parfois de communistes arméniens, pour l'ancien parti révolutionnaire Dachnak, les contacts culturels et religieux maintenus avec la diaspora établie dans le monde « capitaliste », tout cela n'était guère apprécié du pouvoir soviétique. Le Parti communiste arménien, suspecté de nationalisme, n'échappa pas à l'épuration et nombre de ses dirigeants furent éliminés. Ce fut le cas notamment de Ter-Gabrielian et d'Agasi Khandjian. Ce dernier, premier secrétaire du PC arménien de 1928 à 1936, selon des révélations récentes, aurait été abattu dans son bureau de la propre main de Béria [2].

En Géorgie, Staline n'entretenait pas les meilleurs rapports avec les vieux bolcheviks de la direction locale du Parti, le président de la République Makharadzé et son vice-président Boudou Mdivani. Les prises de position publiques de Makharadzé en 1936 où, s'appuyant sur une lettre de Lénine, il se posait en défenseur de la « voie géorgienne » du communisme, déclenchèrent une vague d'arrestations à laquelle échappa certes Makharadzé, mais dont furent victimes ses principaux collaborateurs ainsi que les principaux dirigeants locaux du Parti, le chef du PC géorgien Torochelidzé, le vice-président Mdivani, l'ancien président du Sovnarkom de Transcaucasie de

1. W. Kolarz, *op. cit.*, p. 212 et ss.
2. B. Féron et M. Tatu, *Au Kremlin comme si vous y étiez*, Paris, 1991, p. 18.

1922 à 1927 puis directeur adjoint de l'Institut Marx-Engels-Lénine, Mamilia Orakhelachvili, un ancien président du Sovnarkom de Géorgie en 1930-1931, Lavrenti Kartvelichli, et son successeur Mgaloblichli. Les Géorgiens de l'entourage de Staline ne bénéficièrent pas toujours d'un régime de faveur de la part de leur illustre compatriote. Le Commissaire du peuple à l'Industrie lourde, Grigory Ordjonikidzé, qui entretenait des relations amicales avec Mdivani et Torochelidzé mourut en 1937 dans des circonstances mal élucidées peu après la liquidation de ses amis du PC géorgien. La même année, Abel Yenoukidzé fut exécuté pour trahison. Seul, Lavrenti Béria réussit à conserver la confiance de Staline. Géorgien comme Staline, Béria, ancien chef de la police politique (Guépéou) de Géorgie, avait été chargé de coordonner l'épuration dans les trois républiques de Transcaucasie, ce qui lui valut en décembre 1938 d'être placé à la tête du Commissariat du peuple aux Affaires intérieures et de diriger ainsi tout l'appareil policier de l'État. En Azerbaïdjan, ce fut Béria qui fut chargé par Staline de remettre dans la droite ligne le Parti communiste dont les dirigeants étaient supposés entretenir des relations coupables avec la Turquie kemaliste. Le président du Sovnarkom azerbaïdjanais Musabevov fut exécuté tandis que son prédécesseur Narimanov, mort en 1933, fut condamné à mort à « titre posthume » pour « nationalisme bourgeois [1] ».

Dans les républiques d'Asie centrale, la plupart des dirigeants des Sovnarkom et les hauts responsables des partis communistes locaux furent liquidés. C'est cependant au Tadjikistan que la répression fut la plus brutale. A la fin de 1933, Moscou destitua le président de la République, Nasratullah Maksum, et le président du Sovnarkom, Abdurakhim Khodjaiev, accusés de pratiquer une politique nationaliste et non communiste. On reprochait aussi à Maksum d'avoir réclamé à plusieurs reprises le départ des Russes du Tadjikistan, et à Khodjaiev de vouloir créer un Grand Tadjikistan unifié par l'incorporation à cette république de territoires qui seraient enlevés à

1. W. Kolarz, *op. cit.*, p. 301 et ss; et V. Monteil, *les Musulmans soviétiques, op. cit.*, p. 165 et ss.

l'Ouzbekistan (Samarkhand, Boukhara, Ferghana). En 1937, la répression reprit avec l'élimination du nouveau président du Sovnarkom, Rakhimbaïev, et du président de la république, Chotemor, ainsi que de l'ensemble de la direction du PC tadjik. Dès lors, les principaux postes de responsabilité au sein du Parti et de l'État furent confiés à des Russes [1].

Au Turkménistan, des tendances nationalistes et musulmanes furent sévèrement réprimées. Le président du soviet suprême local, Nederby Aïtakov, fut exécuté en 1936 pour avoir protégé les éléments nationalistes qui s'opposaient à la collectivisation des terres [2].

En 1938, Ian Roudzatok, ancien président du comité central du Turkménistan en 1921-1922 et membre suppléant du Bureau politique du Parti soviétique, fut à son tour liquidé pour nationalisme musulman. En dépit des attaques permanentes contre le nationalisme musulman des dirigeants, les masses d'Asie centrale demeurèrent imperméables au changement et restaient attachées à leurs traditions.

La même politique antimusulmane fut appliquée aux Tatars. Les communistes nationaux qui avaient tenté dans les années vingt de concilier l'idéologie marxiste au nationalisme musulman furent éliminés. Sultan Galiev fut arrêté en 1928 et déporté dans un camp des îles Solovki où il mourut en 1941. L'écrivain Ibragimov, chargé des Affaires culturelles, opposé à la russification de la culture tatare, fut arrêté en 1937 pour nationalisme et mourut en prison en 1938. Au cours des années trente, tous les intellectuels qui avaient soutenu la révolution dans l'espoir qu'elle leur permettrait de sauver la culture nationale furent liquidés. Ce furent désormais des Russes qui furent chargés de l'administration du Tatarstan et de la Crimée.

LES JUIFS DANS LA NOUVELLE UNION SOVIÉTIQUE

A la différence des autres nationalités allogènes, les Juifs ne disposaient d'aucun territoire particulier. Leur

1. W. Kolarz, *op. cit.*, p. 386 et ss.
2. *Ibid.*, p. 392 et ss.

poids numérique avait considérablement diminué depuis la fin du XIXe siècle. En 1901, il y avait environ 5 125 000 Juifs en Russie ; en 1926, il n'y en avait plus que 2 600 000. Cette diminution s'expliquait à la fois par l'émigration liée aux persécutions des dernières années du tsarisme et par le fait que les Juifs de la Pologne russe et des provinces baltes se trouvaient maintenant à l'extérieur des frontières de l'URSS. Au moment de la révolution, de nombreux Juifs furent présents dans les soviets et participèrent activement à la création de la nouvelle Russie. Au sein du Parti communiste, les Juifs occupèrent toujours une place beaucoup plus importante que celle qu'ils tenaient dans la population. En 1922, il y avait 5,2 % de Juifs dans le Parti, et encore 4,3 % en 1927, alors que les Juifs représentaient moins de 2 % de la population. Les Juifs au sein du Parti occupaient souvent des postes clés, notamment à Moscou aussi bien dans l'administration municipale que dans les organes centraux du Parti. Dans la vieille garde bolchevique qui entourait Lénine, il faut évoquer ici les noms de Trotski, de Zinoviev, Kamenev et Radek. Dans l'entourage de Staline, il y avait aussi des Juifs à des postes élevés comme Lazare Kaganovitch. Mais à côté des Juifs du Parti, qui généralement vivaient à l'écart de leur communauté, la majorité des Juifs était demeurée nationaliste et attachée à ses traditions religieuses.

La politique antireligieuse du régime toucha également la communauté juive. La section juive du Parti communiste, la *Yeusektsia*, reçut pour mission de lutter contre l'influence de la religion. Après 1930, la ligue des Athées lança une campagne violente contre les rabbins et exigea la fermeture de la plupart des synagogues. En revanche, sur le plan social, la communauté juive bénéficia d'une sensible promotion. Grâce à l'accès aux études supérieures qui leur était désormais possible sans limite, de nombreux Juifs purent accéder à des postes de responsabilité dans la vie économique et administrative du pays. En 1939, on estimait que 40 % des Juifs d'URSS travaillaient dans l'Administration ou exerçaient des professions libérales. Dans les années trente, de nombreux Juifs quittèrent leur zone d'habitat historique d'Ukraine et de Russie occidentale pour s'établir dans les centres industriels et à Moscou. Cette migration était encouragée par les autorités, dans la mesure où elle facilitait leur assimilation et leur russification. Si en Ukraine le jeune Juif pouvait bénéficier d'un enseignement primaire en yiddish, il n'en était plus de même dans les régions de l'intérieur.

A l'égard des Juifs, Staline mena de front une double politique. D'un côté, le pouvoir encourageait tout ce qui pouvait aboutir à l'assimilation des élites juives car il était conscient qu'une communauté nationale privée de ses élites est condamnée à dépérir. Mais, d'un autre côté, Staline se montra favorable à la création d'un territoire national juif pourvu qu'il fût situé dans une région isolée. C'est dans cette perspective qu'il faut placer la création de la région autonome du Birobidjan le 7 mai 1934. Déjà depuis les années vingt, le pouvoir soviétique avait incité des colons juifs à s'installer dans ce territoire d'Extrême-Orient, d'une étendue de 42 000 km^2, situé dans le bassin de l'Amour, dans la vallée de deux de ses affluents, le Biro et le Bidjan. Le mouvement de colonisation juive s'amplifia au début des années trente mais n'atteignit jamais les objectifs prévus, puisqu'en 1936, sur les 64 000 habitants du territoire, il n'y avait encore que 19 000 Juifs. Les purges dont furent victimes les dirigeants locaux du Parti communiste accusés de nationalisme et de trotskisme n'encouragèrent guère l'arrivée de nouveaux colons. L'objectif prévu de 150 000 Juifs installés au Birobidjan pour 1942 ne sera jamais atteint. A cette date, il n'y avait que 50 000 Juifs sur place sur une population totale qui ne dépassait pas 100 000 habitants [1].

Les Juifs d'Union soviétique constituaient ainsi un groupe national original, vivant dans son immense majorité en dehors du territoire qu'on leur avait concédé. Ils n'avaient d'autre perspective dans l'immédiat que de s'intégrer dans la nouvelle société qui se créait en URSS. Hors d'URSS, les Juifs soviétiques n'avaient aucune autre terre d'accueil, à supposer déjà que leur soit donnée l'autorisation d'émigrer. En Allemagne, depuis 1933, les nazis sont au pouvoir, et dans toute l'Europe centrale et orientale de cette époque les gouvernements en place ne

1. W. Kolarz, *op. cit.*, p. 223 et ss.

sont pas particulièrement favorables aux Juifs. Quant aux pays d'Europe occidentale et aux États-Unis, ils s'étaient fermés à l'immigration depuis la grande crise de 1929.

Ce qu'il faut remarquer, c'est qu'en Transcaucasie comme en Asie centrale, tout comme dans les milieux Juifs, les purges et les épurations ne touchèrent que les cadres supérieurs du Parti, alors qu'en Ukraine [1] c'est la totalité de la population qui fut concernée. Pour Staline, comme pour les derniers Romanov, l'Ukraine était une terre russe et toute velléité de nationalisme était une trahison à l'égard de la patrie russe. En outre, de par sa position géographique, l'Ukraine devait rester un avant-poste du communisme face à l'Europe capitaliste.

A la veille de la Deuxième Guerre mondiale, le régime stalinien a réussi à maintenir par la force et la répression à la fois la cohésion du Parti autour de son secrétaire général et l'unité de cet empire multinational. L'URSS est devenue une grande puissance industrielle et militaire dans une Europe où se développent les tensions. Mais cette image de puissance et de prospérité qui a imposé au monde une propagande de tous les instants dissimule mal la réalité d'un système qui repose sur la force et non sur l'adhésion des populations.

1. Cette remarque s'applique aussi à la population russe qui, à tous les niveaux, fut durement frappée par la répression des années trente. Chez les Russes, la répression toucha aussi bien les paysans opposés à la collectivisation des terres, les croyants, les « saboteurs » de l'économie, que les membres du Parti jugés peu sûrs.

XIII

LES PEUPLES DE L'URSS FACE A LA DEUXIÈME GUERRE MONDIALE

Longtemps encore après le triomphe des bolcheviks, l'URSS s'est trouvée isolée dans le monde, à la fois parce que ses propres dirigeants le souhaitaient, et parce que, dans la plupart des pays européens et dans une moindre mesure aux États-Unis, on éprouvait beaucoup de méfiance à son endroit. Seule, l'Allemagne de Weimar avait noué très tôt des relations assez étroites avec la nouvelle Russie et avait même conclu avec elle en avril 1922 les accords de Rapallo qui marquaient le début d'une politique de coopération économique et militaire entre les deux pays. A partir de 1924 cependant, l'établissement de relations diplomatiques avec les principaux États occidentaux mit fin à l'isolement de l'URSS. Avec l'arrivée au Commissariat du peuple aux Affaires étrangères de Maxime Litvinov en 1930, la politique d'ouverture à l'ouest se confirma. Un traité d'assistance militaire fut même conclu avec la France à l'initiative du ministre français des Affaires étrangères, Louis Barthou, et, le 18 septembre 1934, l'URSS était admise à la SDN au moment même où Staline faisait de la terreur son principal instrument de gouvernement. Les peuples de l'URSS, victimes de l'oppression stalinienne, savaient désormais à quoi s'en tenir; ils se sentaient seuls et bien seuls. Ils en furent encore davantage convaincus lorsque, le 23 août 1939, Molotov qui venait de remplacer Litvinov à la tête de la diplomatie soviétique signa avec le ministre allemand des Affaires étrangères un pacte de non-agression.

LES PREMIERS DIVIDENDES DU PACTE GERMANO-SOVIÉTIQUE

Si pour Hitler le pacte conclu avec les Soviétiques laissait les mains libres à l'Allemagne au moment où il se prépare à attaquer la Pologne – et effectivement le 1er septembre 1939, la Wehrmacht envahit la Pologne, ce qui provoque deux jours plus tard l'entrée en guerre du Royaume-Uni et de la France –, le traité présentait pour Staline aussi des avantages appréciables. A un moment où l'Armée rouge était complètement désorganisée à la suite des purges de 1937-1938 qui avaient frappé l'état-major et le corps des officiers, Staline, outre qu'il bénéficiait d'une sécurité tout au moins temporaire du côté de l'Allemagne, se vit offrir par Hitler la possibilité de récupérer sans coup férir la plus grande partie des territoires perdus par la Russie à l'issue de la Première Guerre mondiale.

En effet, au traité de non-agression conclu pour dix ans était adjoint un protocole secret. Selon ce protocole secret, il était convenu entre les deux parties que, au cas où se produirait une modification de la situation en Pologne, l'URSS pourrait étendre sa sphère d'influence aux provinces orientales de ce pays et porter sa frontière occidentale jusqu'à une ligne suivant le Narew, la Vistule et le Sen, ainsi qu'à l'Estonie, la Lettonie et la Finlande. Le protocole secret mentionnait aussi que l'Allemagne se désintéressait du sort de la Bessarabie.

L'effondrement de la Pologne sous les coups de la Wehrmacht après deux semaines de campagne permit aux Soviétiques de faire jouer les clauses du protocole secret. Le 9 septembre 1939 déjà, Molotov avait fait savoir aux Allemands que l'Armée rouge s'apprêtait à occuper les provinces orientales de la Pologne, et, comme en écho, la presse soviétique déclencha une violente campagne contre la Pologne accusée d'opprimer les populations biélorusses et ukrainiennes qui vivaient sur son territoire. Puis, le 17 septembre, à un moment où l'armée polonaise était déjà presque totalement anéantie, les troupes soviétiques envahirent à leur tour le pays et occupèrent sans difficulté la partie orientale. Moscou justifia cette intervention en invoquant deux arguments. D'abord, l'État polonais avait cessé d'exister et, dès lors, le pacte de non-agression conclu avec lui en 1934 devenait caduc, et ensuite l'URSS entendait défendre les intérêts des populations biélorusses et ukrainiennes [1].

La reconstitution d'une Grande Biélorussie et d'une Grande Ukraine, que l'on avait laissé espérer aux nationalistes de ces deux républiques pour les rallier à la cause soviétique au début des années vingt, était devenue une réalité grâce à la collusion entre Hitler et Staline. Une « Assemblée du peuple » « spontanément » réunie à Bialystok demanda le 28 septembre 1939 le privilège pour les Biélorusses de l'ex-Pologne d'être admis au sein de l'URSS. Le Soviet suprême d'URSS prit acte de cette demande et, le 1er novembre, incorpora à la RSS de Biélorussie, la Biélorussie occidentale. La nouvelle république ainsi agrandie passait de 130 000 à 225 000 km^2 avec une population portée à 10 millions d'habitants où, à côté d'une majorité de Biélorusses, vivaient aussi des minorités polonaises et juives. L'annexion de l'Ukraine occidentale se fit dans des conditions sensiblement analogues et le Soviet suprême prit acte de l'incorporation à la RSS d'Ukraine des provinces d'Ukraine occidentale, avec un territoire de plus de 80 000 km^2 sur lequel vivaient de 5 à 7 millions d'Ukrainiens selon que l'on se réfère aux sources polonaises ou ukrainiennes.

Dans les territoires biélorusses et ukrainiens ainsi récupérés, le gouvernement soviétique chargea le NKVD d'éliminer les éléments jugés peu sûrs. Les premiers visés furent d'abord les Polonais, nombreux en ville, qui furent tous privés de leurs droits civiques et dont une grande partie fut déportée à l'Est. On estime à un chiffre compris entre 1 000 000 et 1 500 000 le nombre des Polonais ainsi déportés entre octobre 1939 et juin 1941 : plus de 200 000 d'entre eux périrent dans les bagnes soviétiques. Mais la répression frappa aussi les élites d'Ukraine et de Biélorussie occidentales, les intellectuels, les enseignants, et sur-

1. H. Bogdan, *op. cit.*, p. 340 et ss.

tout les prêtres et les évêques de l'Église uniate qui furent systématiquement déportés.

Tandis que les Soviétiques prenaient en charge l'administration de ces nouveaux territoires, un nouvel accord Molotov-Ribbentrop signé à Moscou le 28 septembre 1939 avait modifié certaines dispositions du protocole du 23 août. L'URSS, en échange de la région de Bialystok rétrocédée à la Pologne sous administration allemande, fit inclure la Lituanie dans sa zone d'influence.

L'ANNEXION DES RÉPUBLIQUES BALTES ET DE LA BESSARABIE

Aussitôt après la signature du pacte germano-soviétique, l'avenir des républiques baltes semblait bien compromis. Le gouvernement soviétique avait maintenant les mains libres. Les chefs des gouvernements estonien, letton et lituanien furent convoqués à Moscou et se virent invités à signer avec l'URSS des traités d'assistance mutuelle qui prévoyaient le stationnement de troupes soviétiques sur leur territoire ainsi que la cession de bases navales et aériennes. L'Estonie accepta sous la contrainte de signer le traité dès le 28 septembre, puis ce fut au tour de la Lettonie le 5 octobre et de la Lituanie le 10 octobre. Une maigre compensation fut accordée cependant à la Lituanie à laquelle fut rendu le territoire de Vilnius. Aussitôt après la signature de ces traités, 25 000 soldats soviétiques s'installèrent sur le territoire des républiques baltes encore officiellement indépendantes. Mais dès le 11 octobre, le général Serov, le nouveau chef du NKVD, avait donné l'ordre secret d'extirper des États baltes « tous les éléments antisoviétiques et antisociaux [1] ». Dès lors, sous le prétexte le plus fréquemment invoqué d'espionnage ou d' « activités antisoviétiques », la police militaire soviétique arrêta massivement des officiers, des intellectuels, des fonctionnaires considérés comme peu « sûrs » par rapport aux objectifs ultérieurs de l'Union soviétique.

1. E. Bojtar, *Litván kalauz*, « Guide de Lituanie », Budapest, 1990, p. 99.

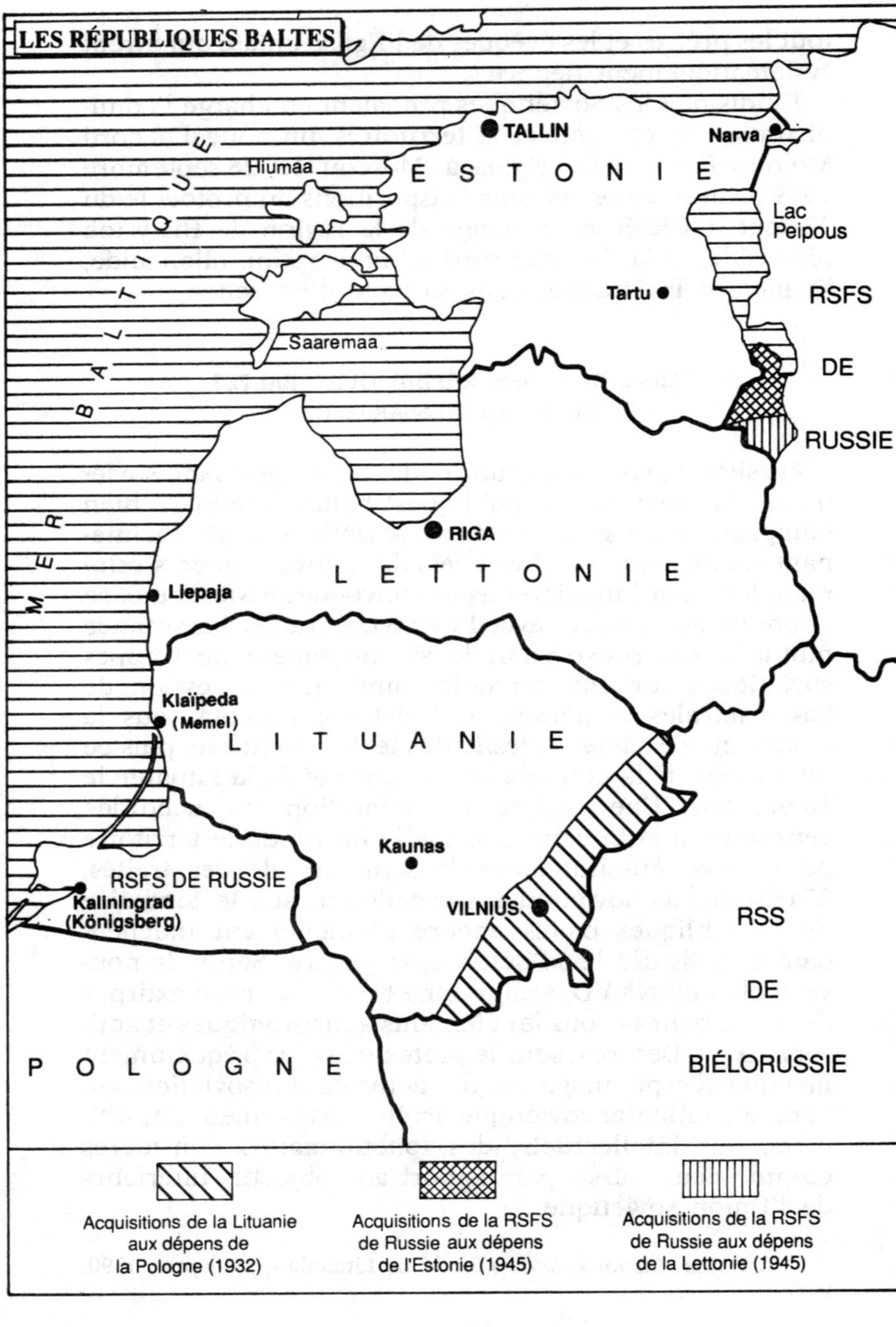

Carte : Patrick Mérienne

Ainsi l'indépendance des trois républiques baltes n'avait duré guère plus de vingt ans. L'Estonie, la Lettonie et la Lituanie avaient accédé à l'indépendance à la faveur de la Première Guerre mondiale et de la désagrégation de l'Empire russe. Leurs territoires avaient servi de champs de bataille aussi bien au cours des campagnes de 1915-1917 que pendant la guerre civile russe. Après avoir subi les attaques divergentes et parfois conjointes des bolcheviks, des Polonais et des « corps francs » allemands du général von der Goltz en 1919-1920, les trois Pays baltes, dont l'indépendance avait été reconnue finalement par tous, y compris par les Soviétiques, sortaient très affaiblis de cette longue crise à l'issue de laquelle ils étaient enfin devenus maîtres de leur destin.

L'Estonie, dont l'indépendance avait été proclamée le 24 février 1918 par le gouvernement provisoire dirigé par le juriste Konstantin Päts, occupée successivement par les bolcheviks et les corps francs de von der Goltz, ne connut véritablement la paix qu'en 1920. L'Assemblée constituante adopta en juin 1920 une Constitution ultra-démocratique qui instituait un régime d'Assemblée dans lequel le Parlement élu à la représentation proportionnelle disposait de l'essentiel des pouvoirs face à un exécutif très faible. Le nombre élevé des partis politiques nécessitait la formation de coalitions sans cesse faites et défaites, si bien que, de 1919 à 1933, on ne compta pas moins de vingt gouvernements. Les premiers gouvernements s'attaquèrent à la réforme agraire et limitèrent à 50 ha la taille maxima des propriétés foncières, ce qui affaiblit la puissance des « barons baltes ». L'instabilité gouvernementale amena le président Päts, constamment à la tête de l'État de 1923 à 1940, à demander par référendum une réforme constitutionnelle qui, votée en 1933, renforça les pouvoirs de l'exécutif. La crise économique qui frappa durement ce pays essentiellement agricole provoqua une montée des partis extrémiste, communiste et fasciste, si bien qu'avec l'appui du général Leidoner, le président Päts établit en mars 1934 une véritable dictature qui se prolongea jusqu'en 1937.

Les débuts de la Lettonie indépendante présentent de grandes analogies avec ceux de l'Estonie. Bolcheviks et corps francs allemands s'affrontèrent pour s'assurer le contrôle du pays. Le Conseil national letton, qui avait proclamé l'indépendance le 18 novembre 1918 à l'initiative du président des coopératives paysannes, Karlis Ulmanis, dut attendre juillet 1919 pour pouvoir se réinstaller à Riga après le départ des Allemands. L'Assemblée constituante élue en avril 1920 adopta après plus de deux ans de discussion une Constitution démocratique. A la tête de l'État se trouvait un président de la République élu pour 3 ans par le Parlement, lui-même élu pour trois ans à la représentation proportionnelle. Ici aussi, l'instabilité ministérielle fut la règle jusqu'en 1934. Trois courants dominèrent la vie politique, un courant conservateur paysan dirigé par Ulmanis, un courant libéral et un courant social-démocrate. Deux problèmes pesaient lourdement sur la vie politique : d'une part, certains sociaux-démocrates n'avaient pas rompu avec la tradition révolutionnaire issue des événements de 1905 et entretenaient des relations avec les communistes lettons réfugiés en URSS, et d'autre part, les membres de la minorité allemande, victimes de la réforme agraire de 1919, avaient toujours la nostalgie du *Baltikum* et à la faveur de la crise économique se regroupèrent au sein du parti fasciste de la *Croix du Tonnerre* dont l'objectif à long terme était le rattachement du monde balte au Reich allemand. Devant la multiplicité des crises ministérielles – dix-huit gouvernements se sont succédé entre 1918 et 1934 – et devant la menace d'un coup d'état fasciste, le Premier ministre Ulmanis proclama en 1934 l'état de siège et prononça la dissolution du Parlement et de tous les partis politiques. Gouvernant désormais par décrets, Ulmanis ajouta à ses fonctions de chef de gouvernement celles de président de la République à partir de 1936. Il mena une politique d'ultranationalisme symbolisée par le slogan « Lettonie lettone et puissante », et dont les principales victimes furent les minorités allemande et juive.

La Lituanie avait proclamé son indépendance le 16 février 1918 à l'initiative d'un Conseil national où tous les partis étaient représentés. A ce moment-là, son territoire était occupé par les Allemands, et le chef du gouvernement provisoire, Antanas Smetona, avait même envisagé en juin 1918 d'offrir la couronne de Lituanie au prince Wilhelm Urack de Wurtemberg. La défaite allemande à l'Ouest rendit caduque cette initiative. Mais en Lituanie comme en Lettonie, l'indépendance fut à plusieurs reprises remise en question par les bolcheviks, par les corps francs allemands et par la Pologne. Ce n'est qu'au début de 1920 que la situation se normalisa. La Constituante élue en avril 1920 confia les fonctions de chef de l'État à Smetona et celle de Premier ministre à Voldemaras. La Constitution de 1922 établissait ici aussi le suffrage universel, avec un Parlement élu à la représentation proportionnelle et un président de la République élu pour sept ans par des Grands Électeurs. La vie politique ici aussi fut troublée par l'instabilité ministérielle. Le président de la République Stulginskis élu en décembre 1922 se heurta à une Chambre ingouvernable où s'affrontaient les quelque dix partis représentés. Lors des élections législatives du 8 mai 1926, les partis de gauche obtinrent un large succès mais s'avérèrent incapables de s'entendre pour gouverner. Le 17 décembre 1926, un coup d'État militaire chassa du pouvoir le nouveau chef de l'État, Grinius, qui fut remplacé à ce poste par Antanas Smetona avec comme Premier ministre Voldemaras appuyé par l'organisation ultranationaliste des « Loups de Fer ». Après la démission de Voldemaras et la dissolution du mouvement des Loups de Fer en 1929, ce fut le président Smetona, réélu pour sept ans en 1932, qui dirigea seul le pays. Il fit adopter par référendum une nouvelle Constitution en 1938 qui instituait un exécutif fort mais qui garantissait les principales libertés « sauf en cas de crise grave ».

A ces difficultés internes communes d'ailleurs aux deux autres États baltes, la Lituanie se trouva confrontée à plusieurs reprises à des différends frontaliers avec ses voisins méridionaux. Ce fut d'abord avec l'Allemagne la question du territoire de Memel (en lituanien Klaïpeda). Ce petit territoire peuplé de 130 000 habitants, dont la population était en majorité lituanienne dans les campagnes et allemande en ville, était revendiqué par la Lituanie essentiellement pour des raisons économiques car Memel disposait d'un port moderne sur la Baltique. Le traité de

Versailles avait détaché du Reich le territoire de Memel qui fut alors placé sous administration internationale sous la responsabilité d'un haut-commissaire français. Le 8 janvier 1923, des irréguliers lituaniens s'emparèrent de la ville de Memel qui se trouva ainsi rattachée de fait à la Lituanie. La Société des Nations s'inclina devant le fait accompli pourvu qu'un statut spécial garantissant le bilinguisme allemand et lituanien fût établi. Le 8 mai 1924, Memel fut ainsi officiellement rattaché à la Lituanie, malgré les protestations du gouvernement allemand qui réclamait une consultation de la population [1]. Quinze ans plus tard, par un ultimatum en date du 22 mars 1939, Hitler exigea le retour de Memel à l'Allemagne. Le gouvernement lituanien, isolé, dut s'incliner.

Avec la Pologne, le différend frontalier portait sur la ville de Vilnius que la population polonaise, ici majoritaire, désignait sous le nom de Wilno. Au moment de l'indépendance, les Lituaniens occupèrent Vilnius mais en furent chassés en 1919 par les bolcheviks. En 1920, les traités avec l'URSS et l'Allemagne reconnurent aux Lituaniens la possession de cette ville. Mais le 9 octobre 1920, des irréguliers polonais commandés par le général Zeligowski s'emparèrent de la ville. Après de longues tergiversations, la conférence des Ambassadeurs attribua le 15 mars 1923 Vilnius à la Pologne.

Tous ces faits soulignent clairement la faiblesse des républiques baltes, entourées toutes d'États plus ou moins hostiles, faiblesse politique et militaire à laquelle s'ajoutait la fragilité de leur économie. L'Estonie et la Lettonie, conscientes de toutes ces faiblesses, jetèrent le 17 février 1934 les bases d'une entente balte à laquelle adhéra la Lituanie le 12 septembre de la même année. Mais l'union de ces trois pays, dont la population totale n'atteignait pas six millions d'habitants, avait peu de poids face à l'URSS ou à l'Allemagne, et les républiques baltes ne pouvaient guère compter sur des aides extérieures [2]. On comprend facilement pourquoi, lors de la

1. J.-B. Duroselle, *Histoire diplomatique de 1919 à nos jours*, Paris, 1971, p. 14-15.

2. A. Berzins, *la Domination soviétique dans les États baltes* in *Témoignages*, n° 64, novembre-décembre 1968, p. 3 et ss.

crise de 1939-1940, les grandes puissances du moment purent dicter leur loi aussi facilement.

L'installation des troupes soviétiques à partir d'octobre 1939 marque véritablement la fin de l'indépendance des républiques baltes. Pour l'URSS, les Pays baltes présentaient un intérêt stratégique important, à la fois parce qu'ils constituaient un glacis de protection renforçant la défense de Leningrad face à une éventuelle attaque de l'« allié » allemand, et aussi parce qu'ils pouvaient servir de base de départ pour une attaque par mer en direction de la Finlande, nouvelle cible des Soviétiques depuis le 30 novembre 1939.

Au printemps de 1940, les pressions de Moscou sur les gouvernements des États baltes s'accentuèrent. Le 14 juin, un ultimatum exigeant la formation d'un nouveau gouvernement favorable à l'URSS fut envoyé à la Lituanie ; un document analogue fut adressé deux jours plus tard à l'Estonie et à la Lettonie. En outre, Moscou annonçait l'envoi sur place de troupes supplémentaires. La Lituanie céda le 15 juin. Le président Smetona quitta le pays ; le ministre de l'Intérieur Skucas et le chef de la sûreté Povilaitis, bêtes noires des Soviétiques, furent arrêtés au moment où ils tentaient de fuir à l'étranger, et aussitôt exécutés. Le journaliste communiste Justas Paleckis devint chef d'un « gouvernement populaire » de Lituanie. Un processus analogue se déroula en Lettonie et en Estonie. Les anciens dirigeants furent arrêtés puis déportés en Sibérie ; ce fut le cas du président estonien Päts qui mourut dans un bagne soviétique, probablement en 1956, et aussi de son collègue letton Ulmanis. Les communistes locaux, d'ailleurs très peu nombreux, sortirent de la clandestinité et se mirent aux ordres des envoyés de Moscou, Dekanozov adjoint de Béria en Lituanie, Vychinski en Lettonie et Jdanov en Estonie, véritables proconsuls chargés de la préparation des nouvelles élections. Les Parlements et les institutions locales en place furent dissous et la plupart de leurs membres arrêtés. Par un décret en date du 26 juin, le Parti communiste fut le seul autorisé à présenter des listes. Dans les jours qui précédèrent les élections, les hommes du NVKD sous les ordres du général Serov passèrent à l'action. Rien qu'en Lettonie, sous prétexte de

« protéger les élections libres », il y eut 1 480 exécutions sommaires, destinées à briser toute tentative de résistance ; il y eut aussi des milliers d'arrestations et surtout la déportation en Sibérie de 37 500 « ennemis du peuple ». Les élections eurent lieu dans les trois républiques les 14 et 15 juillet. Les nouvelles Diètes exclusivement composées de communistes ou de « compagnons de route » demandèrent par acclamation l'admission de leur pays au sein de l'URSS. A la suite de ces demandes, le nouveau pouvoir organisa dans chacun des trois États une consultation populaire pour savoir si les populations étaient d'accord pour leur incorporation à l'URSS. Le 3 août en Lituanie, le 5 en Lettonie et le 6 en Estonie, le « oui » l'emporta avec des majorités allant de 98 à 99 %. Il est vrai que tout avait été soigneusement préparé ; la présence de près de 800 000 soldats soviétiques arrivés sur place à la mi-juin ainsi que les méthodes expéditives du NKVD étaient là pour convaincre les éventuels opposants qu'il valait mieux céder. La soviétisation du pays fut menée rondement. Dès juin, la plupart des journaux et publications furent suspendus, les organisations culturelles, professionnelles et religieuses dissoutes. Et toute l'activité économique fut placée sous le contrôle de l'État [1].

Il ne restait plus qu'au Soviet suprême de l'URSS de prendre acte des changements survenus. Les trois républiques baltes furent à « leur demande » admises au sein de l'Union en tant que républiques socialistes soviétiques, la Lituanie le 14 août 1940, la Lettonie le 15 et l'Estonie le 16. Le nombre des républiques fédérées d'URSS passait ainsi de 12 à 16.

Quelques jours auparavant en effet, une douzième république fédérée était née sous le nom de république socialiste soviétique de Moldavie. La nouvelle république était constituée de la Bessarabie et de la Bukovine septentrionale unies à la république socialiste soviétique autonome de Moldavie. En 1919, la Bessarabie jusque-là russe et la Bukovine ex-autrichienne avaient été inté-

1. Pascal Lorot, *les Pays baltes*, p. 83 et ss; et P. de Villemarest, *G.R.U., le plus secret des services soviétiques (1918-1988)*, Paris 1988, p. 263.

grées à la Grande Roumanie. La Bessarabie, avec un territoire de 44 422 km², était peuplée de 3 millions d'habitants dont 1 million de Russes et d'Ukrainiens. L'URSS n'avait conservé de l'ancienne Bessarabie qu'un petit territoire de 8 419 km² situé sur la rive gauche du Dniestr, peuplé de 615 000 habitants, dans lequel les roumanophones formaient 30 % de la population en face de 49 % d'Ukrainiens, 9 % de Russes et 8,5 % de Juifs. Le petit territoire était devenu en 1924 la république autonome de Moldavie, intégrée à la RSS d'Ukraine. Les Soviétiques n'avaient jamais accepté la perte de la Bessarabie et avaient attaqué, du moins jusqu'en 1931, la politique d'oppression des minorités pratiquées par le gouvernement roumain. Mais dans les mois qui suivirent la signature du pacte germano-soviétique, la presse de Moscou reprit avec vigueur ses attaques contre la politique de Bucarest à l'égard des minorités nationales et dénonça les brimades et les persécutions subies par les Russes et les Ukrainiens de Bessarabie. Puis, le 26 juin 1940, le gouvernement soviétique adressa au gouvernement roumain un ultimatum exigeant dans les vingt-quatre heures la restitution de la Bessarabie et du nord de la Bukovine. La Roumanie qui, dans cette affaire, ne pouvait pas compter sur l'appui de son allié allemand, dut céder. Le 2 août 1940, le Soviet suprême consacrait officiellement la naissance de la république socialiste soviétique de Moldavie, formée des territoires cédés par la Roumanie et d'une partie de l'ancienne république autonome de Moldavie. La plus grande partie de l'ancienne république autonome, là où les Ukrainiens étaient les plus nombreux, fut attribuée à la RSS d'Ukraine. Plus de deux millions de roumanophones devenaient ainsi citoyens soviétiques [1].

L'OPÉRATION BARBAROSSA ET SES PREMIÈRES CONSÉQUENCES

Le 22 juin 1941, à l'aube, les troupes allemandes, renforcées dans les jours qui suivirent par des contingents

1. W. Kolarz, *op. cit.*, p. 205-207.

fournis par les alliés du Reich, envahissaient le territoire soviétique. Pourtant, jusqu'au début de 1941, rien, dans les relations germano-soviétiques, ne laissait présager une attaque aussi prompte. Encore à la fin de 1940, 200 000 Allemands qui résidaient dans les Pays baltes avaient reçu des Soviétiques l'autorisation d'émigrer en Allemagne conformément à un accord passé entre Moscou et Berlin. En dépit des apparences cependant, on se préparait de part et d'autre à une prochaine rupture. Du côté allemand, le dispositif d'attaque était en place depuis mars 1941. Du côté soviétique, on se préoccupait principalement de transférer hors de leur territoire les éléments de la population balte peu sûrs. Dès le début de 1941 commença une vague d'arrestations qui alla en s'amplifiant. Là encore, les hommes de Serov brillèrent par leur efficacité. Dès le 21 janvier, Serov avait préparé un plan destiné à organiser la déportation de 700 000 Lituaniens. La Lituanie était particulièrement visée dans la mesure où la population catholique de ce pays était très hostile au nouveau régime, et aussi parce que, de par sa position géographique, le territoire lituanien était le plus directement menacé en cas d'attaque allemande. Mais les Estoniens et les Lettons n'étaient pas oubliés non plus dans le plan de Serov. Du 12 au 14 juin, 60 000 Estoniens, 35 000 Lettons et 30 000 Lituaniens furent arrêtés et immédiatement dirigés vers des camps de travail en Sibérie. Les personnes ainsi déportées appartenaient aux milieux dirigeants civils, militaires et religieux ainsi qu'à l'intelligentsia non communiste. Certaines personnes arrêtées qui n'avaient pas pu être dirigées à temps vers la Sibérie furent exécutées par le NKVD dès les premiers jours de l'offensive allemande. Il en fut d'ailleurs de même en Galicie, où la population autochtone, toutes nationalités confondues, avait mal accepté son incorporation de force à l'URSS. Du 22 au 28 juin, les unités spéciales du NKVD procédèrent ici aussi à des milliers d'arrestations. Les principales victimes en furent les Juifs considérés par Moscou comme antisoviétiques. A Lvov, les hommes de Serov, juste avant la conquête de la ville par les Allemands, procédèrent à l'exécution de 2 400 Juifs après les avoir obligé à creuser le fossé où ils furent ensuite enterrés [1].

L'Armée rouge, au moment du déclenchement de l'opération « Barbarossa », avait déjà subi l'épreuve du feu à l'occasion de la « guerre d'Hiver » menée contre la Finlande dès le 30 novembre 1939. Les Soviétiques avaient pensé venir à bout facilement de la Finlande et avaient poussé le vieux bolchevik finlandais réfugié en URSS depuis 1917, Otto Kuusinen, à constituer un gouvernement de la « république populaire de Finlande », ce qui aurait été la première étape vers la réintégration de la Finlande dans la mouvance de Moscou. En réalité, les Finlandais résistèrent beaucoup plus longtemps que prévu. Finalement, la Finlande à bout de forces dut accepter de négocier. Par le traité de Moscou du 12 mars 1940, la Finlande dut céder aux Soviétiques l'isthme de Carélie avec la ville de Viipuri (Viborg) et leur concéder pour trente ans la presqu'île d'Hanko. La Carélie ex-finlandaise fut aussitôt rattachée à la république socialiste soviétique autonome de Carélie, qui, à cette occasion, devint la seizième république fédérée de l'Union sous le nom de République socialiste soviétique carélo-finnoise. [2]

Face aux armées de la Wehrmacht cependant, les quatre premiers mois de la guerre furent catastrophiques pour l'URSS. Dès la fin de juillet 1941, les Allemands et leurs alliés avaient occupé les anciennes provinces orientales de la Pologne, Galicie comprise, la Biélorussie, la Lettonie et la Lituanie; puis, au mois d'août, l'Estonie à son tour tombait. Les Allemands entraient à Tallinn le 15 août 1941 et, après la prise de Narva, commençaient l'investissement de Leningrad, attaquée au nord par les Finlandais qui venaient de reconquérir la Carélie. Sur le front méridional, les Allemands entraient à Kiev le 24 septembre, tandis que leurs alliés roumains réoccupaient la Bessarabie, avant de commencer le siège d'Odessa.

1. A. Berzins, *op. cit.*, p. 7 et ss; et P. de Villemarest, *op. cit.*, p. 262-263.
2. J.-B. Duroselle, *op. cit.*, p. 255-256; et W. Kolarz, *op. cit.*, p. 142-143.

La rapidité de l'avance allemande ne s'explique pas seulement par les qualités stratégiques des généraux de Hitler et par l'état de désorganisation dans lequel se trouvait le haut commandement soviétique depuis les purges de 1937-1938. Il faut admettre aussi – et les historiens de l'ex-URSS commencent à le reconnaître à leur tour – que beaucoup de Soviétiques, en 1941, attendaient avec impatience la chute du régime communiste et la fin de la terreur stalinienne. C'est ce qui explique que des régiments entiers se sont souvent rendus aux Allemands et que certains commandants d'unité ont cherché à collaborer avec eux dans une « guerre de libération ». Alexandre Soljenitsyne [1] insiste, en s'appuyant sur de nombreux cas concrets, sur l'espoir – de courte durée – qu'a fait naître dans le cœur de nombreux Soviétiques l'arrivée des troupes allemandes.

Pour les populations qui avaient eu le plus à souffrir de la tyrannie stalinienne des années trente, pour les Ukrainiens, en particulier, qui avaient payé un lourd tribut au pouvoir communiste au moment de la collectivisation des terres, les Allemands furent dans un premier temps accueillis favorablement. « C'est en offrant le pain et le sel que les villages de Cosaques du Don accueillirent eux aussi les Allemands [2]. » Dans les républiques baltes, les troupes allemandes furent accueillies avec enthousiasme par des populations singulièrement meurtries par les déportations et exécutions sommaires de juin 1941.

La réaction de Staline et des dirigeants soviétiques, après un léger temps de flottement dû au désarroi provoqué par l'invasion et les premières défaites, se manifesta de plusieurs façons. Ce fut d'abord la mise hors d'état de nuire de tous les ennemis intérieurs potentiels, y compris ceux qui se dissimulaient au sein de l'armée. A cet effet, les commissaires politiques furent réintroduits auprès de chaque commandant d'unité afin de contrôler leur loyalisme. Les unités, où étaient nombreux les soldats appartenant à des minorités nationales jugées peu sûres, furent particulièrement surveillées. Mais surtout, la mesure la plus spectaculaire fut le décret du Soviet suprême en date

1. A. Soljenitsyne, *l'Archipel du goulag*, Paris, tome III, p. 25 et ss.
2. *Ibid.*, p. 28.

du 28 août ordonnant la déportation vers l'Asie centrale et la Sibérie des 1 600 000 « Allemands de la Volga », descendants des colons allemands installés entre 1764 et 1768 par Catherine II. Une première expérience de déportation collective reposant uniquement sur des critères raciaux avait eu lieu en 1937 lorsque plusieurs dizaines de milliers de Coréens d'Extrême-Orient soviétique furent transférés de force au Kazakhstan, en raison de la détérioration des relations soviéto-nippones. En 1940, les Estoniens et les Finlandais de Leningrad furent transférés dans la péninsule de Kola pour y peupler la nouvelle République carélo-finnoise. Mais pour ce qui est de la déportation des Allemands, « c'est là que fut pour la première fois appliquée dans toute sa pureté la méthode dynamique consistant à exiler des peuples entiers, et on vit alors à quel point il était plus facile, à quel point il était plus fructueux d'utiliser une seule et unique clé – l'appartenance nationale – plutôt que de traîner toutes ces affaires judiciaires et nominatives concernant chaque individu. Et les Allemands qu'on pinçait dans le reste de la Russie (on les ramassait tous), le NKVD local n'avait pas besoin d'être grand clerc pour déterminer si c'étaient ou non des ennemis. Le nom est allemand? Allez, embarquez [1] ! » Il va de soi que la république autonome des Allemands de la Volga fut aussitôt dissoute. Pour le pouvoir, le transfert des Allemands en Sibérie et surtout au Kazakhstan présentait un autre avantage. Il affaiblissait encore l'importance de la population kazakhe dans la RSS du Kazakhstan.

L'autre réaction de Staline face à l'invasion hitlérienne fut de faire appel au patriotisme russe. Dans son message à la population diffusé à la radio le 3 juillet 1941, il n'était plus question de faire une guerre révolutionnaire ni de défendre la patrie soviétique, mais de défendre la « Terre russe » menacée par l'Allemand. Le discours du 7 novembre 1941 est encore plus explicite : « La guerre que vous faites est une guerre de libération, une guerre juste, une guerre où peuvent vous inspirer les figures héroïques de nos grands ancêtres, Alexandre Nevsky, Dimitri Donskoï, Alexandre Souvarov, Michel Koutou-

1. A. Soljenitsyne, *op. cit.*, tome III, p. 314.

zov [1]. » C'est l'apparition de ce qu'Henri Michel appelle « le néo-nationalisme russe ». Et pour contrebalancer la politique de tolérance religieuse pratiquée par les Allemands dans les territoires qu'ils contrôlaient, le gouvernement soviétique, dès l'automne 1941, avait mis fin à la politique antireligieuse des années trente, et l'Église orthodoxe fut associée à la « grande guerre patriotique ». Plus tard, on procéda de même à l'égard des musulmans d'Asie centrale et, en octobre 1943, une « Direction centrale des musulmans » fut créée à Tachkent sous la présidence d'un grand mufti.

LES PEUPLES D'URSS SOUS L'OCCUPATION ALLEMANDE

Dans l'esprit de Hitler, la guerre contre l'URSS avait pour objectif de détruire le communisme mais aussi d' « exploiter pour mille ans » les richesses de la Russie. L'occupation de la Russie devait assurer à l'Allemagne un nouvel espace vital, de nouvelles terres riches par leur agriculture et par les ressources de leur sous-sol. L'entourage de Hitler était partagé sur le sort à réserver aux territoires occupés. Pour l'idéologue du parti et le théoricien du racisme, Alfred Rosenberg, issu d'une famille allemande établie à Tallinn, l'attitude à l'égard des territoires occupés était un peu différente de celle de Hitler. Pour Rosenberg, il faudrait, après l'écrasement du bolchevisme en URSS, créer une série d'États vassaux ; pour cela, il faudrait utiliser les mouvements séparatistes de Biélorussie, d'Ukraine, du Caucase et d'Asie centrale et adopter dans l'immédiat une politique relativement modérée à l'égard des populations conquises à condition qu'elles se comportent avec loyalisme. Pour Himmler, comme pour Bormann, les Slaves étaient des « sous-hommes » tout juste bons à travailler pour le compte du Reich.

L'opinion des milieux militaires était quelque peu différente. Un certain nombre d'officiers supérieurs estimaient que pour mener jusqu'à la victoire la guerre en

1. Cité par H. Michel, *la Seconde Guerre mondiale*, Paris, 1968, tome II, p. 55 (coll. Peuples et Civilisations).

cours, il ne fallait pas négliger les bonnes dispositions à l'égard de l'Allemagne de certains militaires de l'Armée rouge qui s'étaient rendus et qui étaient prêts à continuer la lutte pour libérer la Russie du bolchevisme. Ils étaient convaincus de la véracité du vieil adage russe selon lequel « le Russe ne peut être vaincu que par le Russe ».

Concrètement, les territoires occupés furent placés dès le 17 juillet 1941 sous la responsabilité d'Alfred Rosenberg nommé « ministre des Territoires occupés à l'Est ». Mais son autorité ne s'exerçait pas dans la « zone des armées » administrée directement par l'autorité militaire et dont les contours étaient mobiles en fonction de la progression puis du recul des armées. Les territoires relevant du ministre des Territoires occupés siégeant à Berlin furent divisés en deux Commissariats du Reich, l'un pour l'Ukraine, l'autre pour le reste des zones occupées regroupées en *Ostland*. L'Ostland dirigé par le Commissaire général Heinrich Lohse était divisé en arrondissements relativement autonomes, ce qui entraîna autant de situations particulières. Dans les provinces baltes, une certaine autonomie fut accordée aux populations locales sous la surveillance des autorités allemandes. Au moins jusqu'en 1943, les populations acceptèrent facilement le régime allemand, en Estonie et Lettonie davantage qu'en Lituanie, et bénéficièrent d'une situation relativement privilégiée. Il n'en était pas de même en Biélorussie où le régime d'occupation s'appliquait dans toute sa rigueur. L'Ukraine, qui relevait du Commissaire général Erich Koch, était morcelée. L'Ukraine occidentale avec Lvov fut rattachée au gouvernement général de Pologne, l'Ukraine orientale avec Kharkov était sous la responsabilité de l'armée; la région d'Odessa et la Bukovine du Nord était sous le contrôle des Roumains qui y créèrent une Transnistrie roumaine. Seule, l'Ukraine historique avec Kiev dépendait effectivement de Koch.

A l'exception des Baltes qui bénéficiaient d'une situation privilégiée, toutes les autres populations soumises à l'autorité du ministère des Territoires occupés étaient à la merci totale des autorités d'occupation, bien que l'administration locale ait été assurée par des autochtones sous le contrôle de l'autorité allemande.

Il faut ajouter que, au-dessus des Commissariats et des chefs militaires, les SS de Himmler étaient partout présents pour assurer le maintien de l'ordre et pour lutter contre les Juifs et les communistes. Dès le début de l'occupation, les Juifs furent durement frappés. Le premier massacre se produisit à Babijar près de Kiev, les 29 et 30 septembre 1941, où plus de 33 000 Juifs furent massacrés par des groupes d'intervention allemands. Ce massacre fut suivi par beaucoup d'autres, principalement en Ukraine et dans la zone d'occupation roumaine, mais également dans les anciennes républiques baltes où près de 200 000 Juifs lituaniens, 80 000 Juifs lettons et 2 000 Juifs estoniens furent exterminés. Au total, 3 millions de Juifs d'URSS furent exterminés dans les territoires occupés par les Allemands. Mais paradoxalement, au moment même où les SS commençaient à persécuter les Juifs d'Ukraine, Staline poursuivait sa politique antisémite et faisait exécuter deux des principaux chefs du Bund, Henryk Erlich et Victor Atler, qui, ayant fui la Pologne occupée en 1939, s'étaient réfugiés en URSS où ils animaient un Comité juif antihitlérien [1]. Par la suite, Staline, à partir de 1942, chercha à récupérer le nationalisme juif et atténua sensiblement la politique antireligieuse menée jusque-là contre le judaïsme. En avril 1942 fut créé un « Comité antifasciste juif » dont le but réel était d'obtenir des Juifs leur aide financière pour l'effort de guerre. Il n'était pas question cependant d'octroyer aux Juifs une quelconque autonomie dans le domaine de l'enseignement et de l'information.

L'offensive du printemps et de l'été 1942 amena les armées allemandes du groupe sud au contact des populations allogènes de Crimée et du Caucase. Ces populations que le pouvoir soviétique avait durement brimées au cours des années trente firent, en général, bon accueil aux Allemands. Dès l'approche de la Wehrmacht, les populations musulmanes du nord et de l'ouest du Caucase chassèrent les représentants du pouvoir soviétique, tous russes, et mirent à leur place des comités locaux d'où émergèrent des chefs comme Madjir Kochkarev ou Kadi Baïramukov en pays karatchaï, ou encore Selim

1. H. Bogdan, *op. cit.*, p. 344; et W. Kolarz, *op. cit.*, p. 226-227.

Chadov dans la région autonome kabardo-balkar. Les Allemands reconnurent ces autorités qui remirent en place les institutions politiques et religieuses traditionnelles. Les kolkhozes furent dissous et la propriété tribale ancestrale rétablie. Les Tatars de Crimée opérèrent sensiblement de la même façon. Un Comité musulman avait été créé à Simferopol dès 1942. Certains nationalistes de Crimée tentèrent, autour d'Ahmed Ozenbashly, de relancer l'idée du regroupement des Turcs dans un ensemble pantouranien, mais les Allemands ne s'y montrèrent pas favorables [1].

En Biélorussie et en Ukraine, l'occupation allemande fut accompagnée par la dissolution immédiate des kolkhozes, mais les autorités allemandes, soucieuses de contrôler la production agricole, n'étaient guère favorables au retour à la propriété privée souhaitée par le monde paysan. La déception des paysans, et l'indignation provoquée par les persécutions infligées aux Juifs entamèrent singulièrement la sympathie témoignée aux Allemands dans les premiers temps de l'occupation. Certains nationalistes ukrainiens comme Avelnyk continuèrent pourtant à prôner une collaboration avec l'Allemagne, indispensable à leurs yeux pour la création d'une Ukraine indépendante. D'autres comme Mykol Lebed et Stefan Bandera, fortement implantés en Ukraine occidentale, tentèrent de créer à Lvov un gouvernement provisoire ukrainien, mais leur tentative fut interrompue par les autorités allemandes. Bandera et ses partisans passèrent alors dans la clandestinité et organisèrent une « armée insurrectionnelle ukrainienne », l'UPA, pour lutter à la fois contre les Allemands et contre les Soviétiques.

Du côté des populations grand-russiennes, la situation était plus complexe et dépendait en partie du comportement des autorités allemandes locales à l'égard des populations civiles. Il est certain que les brutalités commises contre les Juifs et les réquisitions de main-d'œuvre modérèrent le zèle de ceux qui, au départ, attendaient des Allemands une amélioration de leur sort.

Les appels au patriotisme russe lancés par Staline favo-

1. H. Carrère d'Encausse, *l'Union soviétique de Lénine à Staline*, *op. cit.*, p. 322 et ss.

risèrent la formation de groupes de partisans qui, sur les arrières des armées allemandes, menèrent la vie dure aux occupants. Cependant, d'autres Russes furent sensibles aux appels à la révolte lancés par le général Vlassov. Celui-ci, général de l'Armée rouge, capturé avec ses troupes par les Allemands en juillet 1942, entreprit de recruter une « armée russe de libération » (ROA) parmi les prisonniers soviétiques et parmi les volontaires civils. Le 12 avril 1943, deux mois après la chute de Stalingrad, Vlassov publia à Smolensk un programme d'inspiration beaucoup plus nationaliste grand-russien que proallemand. Il se faisait le champion d'une Russie indépendante où la liberté religieuse et la propriété privée seraient respectées, mais excluait toute idée de séparatisme pour les nationalités non russes et toute cession du territoire au profit de l'Allemagne ; d'autre part, il se montrait hostile à la présence des Juifs sur la Terre russe. En dépit des milliers de candidatures pour s'engager dans l'« armée Vlassov », les Allemands hésitaient à recruter des Russes qu'il aurait fallu armer et se bornèrent à constituer trois divisions combattantes de volontaires russes ; une partie de ces troupes fut envoyée sur des théâtres d'opération extérieurs. Seule la division du général Bouniatchenko fut engagée sur le front oriental aux côtés de la Wehrmacht ; elle termina la guerre à Prague en mai 1945 où elle retourna ses armes contre les SS, et participa ainsi à la libération de la ville avec l'accord de Vlassov et en collaboration avec la résistance tchèque. D'autres contingents russes furent constitués en « unités auxiliaires » chargées d'assurer le maintien de l'ordre à l'arrière et la sécurité des voies de communication. En revanche, les unités constituées de volontaires ukrainiens, baltes et musulmans furent, surtout après Stalingrad, intégrées au sein des groupes d'armées allemandes et combattirent à leur côté jusqu'à la fin de la guerre.

Au total, on peut estimer à 900 000 – dont 128 000 dans les Waffen SS [1] – le nombre des Soviétiques qui, à un moment ou à un autre de la guerre, ont combattu aux côtés des Allemands, soit lorsqu'il s'agissait de Russes pour libérer leur patrie du régime communiste, soit

1. *Cf. les Dossiers de l'Histoire*, n° 52, janvier-février 1985, p. 89.

lorsqu'il s'agissait de non-Russes, pour se débarrasser de la tutelle russe symbolisée à leurs yeux par le régime soviétique. Du côté des peuples allogènes, 110 000 Turkmènes, 110 000 Caucasiens, 82 000 Cosaques, 35 000 Tatars, 27 000 Lituaniens, auxquels il faut ajouter 3 divisions SS de Lettons, 2 d'Estoniens et 2 escadrons de Kalmouks ainsi que du côté des peuples slaves, 300 000 Russes, 220 000 Ukrainiens et 1 division SS de Biélorusses, combattirent aux côtés des troupes allemandes [1].

A l'examen de ces chiffres, une première constatation s'impose. De nombreux « citoyens soviétiques » ont accepté de combattre ou de se mettre au service de l'appareil militaire allemand, non par admiration pour le national-socialisme, mais par haine du régime communiste incarné par Staline ; il y en aurait encore davantage si les autorités allemandes, en dépit des avis de certains généraux de la Wehrmacht, n'avaient pas manifesté autant de réticence à l'égard de cette collaboration militaire que leur offraient spontanément des milliers de prisonniers de guerre soviétiques, de tout grade et de toute nationalité, ainsi que des milliers de civils des territoires occupés. Il est vrai que les dirigeants allemands avaient attaqué l'URSS non pas pour libérer les peuples qui s'y trouvaient mais pour tirer profit des richesses immenses de ce pays. Il faut reconnaître aussi que, malgré les menaces de représailles proférées quotidiennement par Radio-Moscou et Radio-Leningrad contre tous ceux qui avaient trahi ou qui trahiraient la « patrie soviétique », le nombre des Soviétiques prêts à jouer la carte allemande est toujours demeuré élevé, même après Stalingrad et en dépit des nombreuses exactions commises par certaines unités allemandes. Enfin, il faut souligner que les peuples les plus durement traités par le régime communiste furent ceux qui ont fourni le plus de volontaires pour combattre aux côtés de l'Allemagne. Mais il ne faut pas oublier non plus que de nombreux Russes aussi comptaient sur une victoire de l'Allemagne pour se débarrasser du régime stalinien et étaient prêts à y contribuer, même si Staline après 1945 et toute la propagande officielle ont voulu imposer l'image idéale d'un peuple

1. *Quid*, Paris, 1989, p. 1069.

russe unanime rassemblé autour de ses dirigeants dans la lutte contre l'agresseur fasciste.

LE TEMPS DES REPRÉSAILLES

A partir de l'hiver 1942-1943, les armées allemandes reculent partout. Dès janvier 1943, elles se retirent du Caucase, tandis qu'au nord l'étau se desserre quelque peu autour de Leningrad avec la reprise de Schlüsselburg. Le 2 février, c'est la capitulation du maréchal von Paulus à Stalingrad qui marque le point de départ d'une grande contre-offensive de l'Armée rouge qui repousse les Allemands jusqu'au Dniepr en décembre 1943. Après la levée du siège de Leningrad à la fin de janvier 1944, l'offensive générale du printemps aboutit à la réoccupation de l'Ukraine, de la Crimée, de la Biélorussie, de la Carélie et des Pays baltes. A la fin de l'été 1944, la quasi-totalité du territoire soviétique est libérée.

Au fur et à mesure de l'avance de l'Armée rouge, les populations des territoires « libérés » qui n'avaient pas suivi les Allemands dans leur retraite furent reprises en main par les autorités soviétiques et considérées à priori comme suspectes. Dès octobre 1943, les populations musulmanes du Caucase furent durement touchées par la répression. Ce fut d'abord la déportation de tous les Tchetchènes et Ingouches, soit plus de 400 000 personnes qui furent transférées dans des « zones de peuplement spécial » au Kazakhstan et en Sibérie. En novembre 1943, ce fut au tour des Karatchaïs, puis entre le 27 et le 30 décembre de la même année, la totalité du peuple kalmouk fut transférée en Asie centrale et en Sibérie. En 1944, les déportations touchèrent les Balkars en mars, et surtout les Tatars de Crimée en mai, aussitôt après la reprise de la presqu'île par l'Armée rouge. En fait, la décision prise le 18 mai 1944 concernait l'ensemble de la population de la Crimée. Officiellement, 228 343 habitants de Crimée furent déportés, dont 191 088 étaient des Tatars [1]. Les Tatars estiment eux à 400 000 le nombre des

1. D'après *Komsomolskaïa Pravda*, 25 mai 1988, cité par *le Figaro*, 10 juin 1988.

leurs qui furent victimes de ces déportations. On sait d'ailleurs qu'en avril 1944 les villages tatars de Crimée furent systématiquement incendiés par les « libérateurs [1] ». Un peu plus tard, le 15 novembre 1944, tous les Meskhets [2], soit quelque 200 000 personnes, furent transportées en plein hiver dans les steppes d'Ouzbékistan, mais près d'un quart d'entre eux moururent de froid et de faim au cours du voyage. Et pourtant jamais le territoire des Meskhets n'avait été occupé par les Allemands!

Au total, ce fut plus d'un million de personnes qui furent ainsi transférées hors de leur pays d'origine et qui vinrent rejoindre en Asie centrale et en Sibérie les Allemands de la Volga qui les avaient précédés en 1941. Il va de soi que les républiques ou territoires autonomes où vivaient ces peuples furent supprimés. On poussa même le principe de la responsabilité collective jusqu'à extraire des unités combattantes les recrues issues des « peuples punis » pour les transférer dans des camps de travail en Sibérie ou en Extrême-Orient soviétique. Quant aux régions vidées ainsi de leurs habitants, elles furent repeuplées avec des colons russes, ce qui renforça la présence russe dans le Caucase et en Crimée.

On prête à Staline la volonté d'avoir voulu également déporter l'ensemble de la population de Biélorussie et d'Ukraine, mais pour les Ukrainiens, Nikita Khrouchtchev affirmera plus tard que Staline dut renoncer à son projet en raison des problèmes techniques qu'aurait posé le déplacement d'une population aussi nombreuse. En Ukraine et en Biélorussie, la répression fut beaucoup plus sélective. On frappa bien sûr les « collaborateurs » demeurés sur place, mais aussi les élites, culturelles et religieuses, et en particulier le clergé uniate. Dans les Pays baltes, « en 1944, au retour des Russes, [...] on arrêta dru et serré [3] », mais c'est surtout à partir de 1945 qu'une nouvelle vague de déportations massives eut lieu.

En Ukraine comme dans les Pays baltes, beaucoup de

1. A. Soljenitsyne, *op. cit.*, tome III.
2. Peuple turc vivant dans le sud-ouest de la Géorgie. *Cf.* R. Caratini, *op. cit.*, p. 141-143; et A. Sheehy et B. Nahaylo, *The Crimean Tatars, Volga Germans and Meskhetians*, Londres, 1980, (Minority Rights Group).
3. A. Soljenitsyne, *op. cit.*, tome III, p. 317.

ceux qui se sentaient menacés par le retour du pouvoir soviétique suivirent les Allemands dans leur retraite. Près de 70 000 Estoniens quittèrent ainsi leur pays, 35 000 passèrent par mer en Suède et autant se réfugièrent en Allemagne. De même, 115 000 Lettons et 140 000 Lituaniens trouvèrent asile en Allemagne, mais 60 000 d'entre eux installés à l'est du pays se trouvèrent en zone soviétique d'occupation où l'Armée rouge eut vite fait de les récupérer et de les envoyer directement en Sibérie. Ce fut le cas aussi des troupes de Vlassov capturées en Tchécoslovaquie, ou des 170 000 Cosaques, hommes, femmes et enfants, réfugiés en Carinthie à la suite de la retraite allemande, livrés par les Alliés aux Soviétiques.

Le 8 mai 1945, la capitulation de l'Allemagne nazie mettait fin à une longue guerre, « une guerre pas comme les autres [1] », à l'issue de laquelle l'URSS se hissait au rang de « superpuissance » traitant d'égal à égal avec les États-Unis et le Royaume-Uni aux conférences de Yalta et de Potsdam. Pour tous les peuples d'Union soviétique, la victoire avait un goût quelque peu amer, car cela signifiait pour eux le maintien, voire le renforcement de la dictature stalinienne.

1. M. Garder, *Une guerre pas comme les autres*, Paris, 1962.

XIV

LE RETOUR A L'ORDRE STALINIEN (1945-1953)

La victoire sur l'Allemagne nazie à l'issue de la « grande guerre patriotique » et la présence de l'Armée rouge dans l'Est européen et jusqu'au cœur de l'ancien Reich donnèrent à Staline une dimension internationale dont il sut tirer parti à l'intérieur pour renforcer encore davantage le caractère dictatorial et oppressif du régime. Mais la victoire a apporté aussi à l'Union soviétique de substantiels avantages territoriaux que lui ont implicitement reconnus les Alliés occidentaux dès la conférence de Téhéran (décembre 1943) et surtout lors des conférences de Yalta (février 1945) et de Postdam (juillet-août 1945).

LES DERNIÈRES CONQUÊTES SOVIÉTIQUES

A l'issue de la guerre, le pouvoir soviétique, en effet, exerce désormais son autorité sur un territoire plus grand de 682 809 km^2 par rapport aux frontières de 1939. A ce propos, on remarquera que l'Union soviétique a été le seul des belligérants à bénéficier d'un tel accroissement territorial.

Au nord, l'armistice conclu avec la Finlande le 19 septembre 1944 et confirmé par le traité de Paris du 10 février 1947 permet à l'URSS de reprendre la Carélie avec Viipuri et d'y ajouter la région de Petsamo sur l'océan Arctique. L'ensemble représente un territoire de 44 158 km^2 que l'immense majorité de la population finnoise a quitté pour se réfugier en Finlande (420 000 sur

498 000). Les quelque 80 000 habitants demeurés sur place seront rapidement submergés par la colonisation russe systématiquement organisée dès 1945. Ces territoires furent dans un premier temps rattachés à la République socialiste soviétique carélo-finlandaise créée en 1940, mais, dès 1946, la région de Viipuri fut rattachée au district de Leningrad dans le cadre de la RSFS de Russie. Viipuri fut totalement « définlandisée » et devint une véritable ville russe, les quelques habitants finnois ayant été transférés dans les campagnes. Les trois républiques baltes annexées en 1940 furent conservées par l'URSS, même si officiellement les Alliés occidentaux n'ont jamais reconnu formellement cette annexion. L'Estonie et la Lettonie retrouvèrent leurs anciennes frontières de 1939, à l'exception de quelque 2 000 km^2 cédés pour des raisons essentiellement stratégiques à la RSFS de Russie. Quant à la Lituanie, elle récupéra le territoire de Vilnius ainsi que le port de Memel redevenu Klaïpeda.

Au nord-ouest, l'URSS se partagea avec la Pologne le territoire de Prusse orientale. La partie septentrionale (11 655 km^2) avec la ville de Königsberg, l'ancienne capitale des ducs de Prusse et la ville natale de Kant, et les villes chargées d'histoire de Friedland et de Tilsitt, firent partie désormais de l' « oblast » de Kaliningrad, nom qui à partir de 1946 désigna la ville de Königsberg. Plus de la moitié de la population allemande du territoire avait fui devant l'Armée rouge. Il restait en 1945 moins de 300 000 Allemands qui furent ou bien expulsés vers l'Allemagne ou bien transférés en Asie centrale. Des milliers de colons venus de Biélorussie et surtout du centre de la Russie d'Europe s'installèrent sur place. Tous les souvenirs du passé allemand furent systématiquement détruits. En moins de trois ans, l'ancienne Prusse orientale se transforma en une véritable province russe. Au début des années cinquante, moins de 5 000 Allemands vivaient encore dans ce qui avait été la « Prusse orientale ».

A l'ouest, la frontière soviéto-polonaise, qui avait fait l'objet de longues discussions entre les Alliés lors de la conférence de Yalta, fut globalement celle tracée à l'issue du pacte germano-soviétique, déjà proposée en 1919 par les Britanniques sous le nom de « ligne Curzon ». L'Union soviétique se voyait reconnaître la possession d'un vaste territoire de 178 705 km^2 qui avait été polonais de 1919 à 1939 et dont la population était de l'ordre de 11 millions d'habitants, en majorité biélorusses et ukrainiens, mais avec une importante minorité polonaise de l'ordre de 3 à 3,5 millions de personnes. Plus de deux millions d'entre eux furent transférés en Pologne occidentale où ils prirent la place des Allemands expulsés. Les divisions administratives mises en place en octobre 1939 furent rétablies et ces territoires furent à nouveau partagés entre la Biélorussie et l'Ukraine. En outre, l'Union soviétique fit pression sur son allié tchécoslovaque pour obtenir la cession de la Ruthénie subcarpatique. Ce petit territoire de 12 742 km^2 qui se trouve sur le versant occidental des Carpates avait fait partie de la Hongrie jusqu'en 1920, puis à la suite du traité de Trianon avait été attribué à la Tchécoslovaquie; en 1939, la Hongrie réoccupa cette province à la suite de la disparition de l'État tchécoslovaque. Dès octobre 1944, les troupes soviétiques avaient occupé le territoire et, en dépit des promesses faites aux dirigeants tchécoslovaques, interdirent aux autorités de Prague d'y rétablir leur administration.

Le dernier recensement tchécoslovaque de 1930 donnait pour ce territoire une population de 725 000 habitants dont près de 450 000 Ruthènes parlant l'ukrainien [1]. Dès le 26 novembre 1944, une assemblée de communistes locaux encadrés d'activistes du Parti venus d'URSS se tint à Munkatchevo (Munkács) pour demander le rattachement de ce territoire à l'Ukraine. Finalement, l'accord soviéto-soviétique du 29 janvier 1945 consacra la renonciation de la Tchécoslovaquie à ce territoire au profit de l'URSS. Un décret du Soviet suprême en date du 22 janvier 1946 intégra la Ruthénie subcarpatique à la RSS d'Ukraine sous le nom de « Zakarpadska Oblast ». Cette région présentait un intérêt stratégique d'une extrême importance dans la mesure où il donnait à l'URSS le contrôle des deux versants des Carpates avec une avancée en direction des plaines du moyen Danube.

1. Recensement de 1930 : population totale de 725 381 habitants répartis comme suit : 446 940 Ruthènes, 109 492 Hongrois, 91 255 Juifs, 33 961 Tchécoslovaques, 13 242 Allemands, 12 641 Roumains, etc. *Cf.* Jean Mousset, *les Villes de la Russie subcarpatique*, Paris, 1932, p. 35-36.

Au sud enfin, l'Union retrouva ses frontières de 1941 avec la réoccupation de la Bukovine du Nord et de la Bessarabie, soit au total 55 725 km^2 peuplés de 3 700 000 habitants en majorité moldaves roumanophones. La République socialiste soviétique put ainsi être reconstituée dans ses limites de 1940. A côté des Moldaves majoritaires, on trouvait aussi des Russes, des Ukrainiens et la minorité turque des Gagaouzes forte de plus de 100 000 représentants.

On peut rappeler enfin que, du côté de la Sibérie, l'Union soviétique a obtenu quelques rectifications de frontière. En octobre 1944, la république de Mongolie extérieure a cédé aux Soviétiques le territoire de Tannoutouva, d'une surface de 165 756 km^2 situé dans la haute vallée de l'Ienisseï, avec une population turco-mongole qui en 1945 était estimée à une centaine de milliers d'individus. Ce territoire a reçu aussitôt le statut de région autonome au sein de la RSFS de Russie. Enfin, à la suite de la capitulation japonaise, l'URSS a récupéré le sud de l'île de Sakhaline peuplé d'autochtones aïnous ainsi que les îles Kouriles, territoires qui tous deux présentaient un intérêt stratégique de première importance et qui, en outre, étaient entourés d'eaux poissonneuses.

Ainsi, « la Seconde Guerre mondiale a permis à l'URSS de réaliser presque tous les rêves expansionnistes des tsars [1] ». Non seulement, la quasi-totalité de l'héritage des Romanov a été récupérée, mais encore de nouvelles acquisitions ont permis de porter l'empire à des dimensions encore jamais atteintes.

LES PEUPLES PRIVILÉGIÉS : MYTHE ET RÉALITÉ

Au lendemain de la guerre, le pouvoir soviétique s'est plu à opposer les peuples de l'URSS qui « défendaient héroïquement l'honneur et l'indépendance de leur patrie en luttant contre les envahisseurs fascistes allemands » à ceux qui n'avaient pas hésité à servir l'occupant. Parmi les « bons » Soviétiques, les Russes occupaient la première place. Déjà, dès le début de la guerre, Staline

1. Reinhard Gehlen, *Mémoires,* Paris, 1972, p. 235.

n'avait pas hésité à substituer à la notion de « patriotisme soviétique » celle plus attractive de « patriotisme russe », conscient qu'il était que de tous les peuples de l'Union c'était le peuple russe qui serait le plus sensible à l'appel au sentiment national. Fort de l'expérience des années vingt et trente, Staline savait parfaitement qu'il ne pouvait guère compter sur l'adhésion des autres nationalités. Tout au long de la guerre, il fit appel au patriotisme russe, ce qui l'amena à faire d'ailleurs d'importantes concessions – souvent plus apparentes que réelles – à l'Église orthodoxe avec le rétablissement du patriarcat en septembre 1943. Le nouvel hymne soviétique, qui remplaça l'*Internationale* comme hymne national de l'URSS à la suite d'une décision du gouvernement en date du 22 décembre 1943, traduisait bien dans sa première strophe cette volonté d'exalter la Grande Russie :

Durable est l'Union des libres républiques
scellée à jamais par la Grande Russie.
Puissante, indivise est l'Union soviétique
par la volonté de ses peuples bâtie...

Dès lors, la victoire sur l'Allemagne était au premier chef la victoire du peuple russe. Recevant au Kremlin le 24 mai 1945 les chefs victorieux de l'Armée rouge, Staline s'adresse, à travers eux, au peuple russe :

« Je bois avant tout à la santé du peuple russe, parce qu'il apparaît comme la nation la plus avancée de toutes celles qui composent l'Union soviétique. Je porte un toast à la santé du peuple russe parce qu'il a été reconnu par tous, dans cette guerre, comme la force dirigeante de l'Union soviétique parmi tous les peuples de notre pays. Je porte un toast à la santé du peuple russe, non seulement parce qu'il est le peuple dirigeant, mais aussi parce qu'il possède un esprit lucide, un caractère ferme et de la persévérance. »

Ainsi, officiellement, le peuple russe recevait un brevet de patriotisme. Mais dans les faits, la situation était tout à fait différente. Toutes les épouses, toutes les mères, toutes les familles qui, au lendemain de la capitulation allemande, attendaient avec impatience le retour des prisonniers de guerre, furent vite déçues. Les prisonniers de guerre soviétiques, survivants des stalags allemands, qu'ils soient russes ou non, furent directement dirigés vers les bagnes sibériens car, en se rendant à l'ennemi, ils avaient trahi la patrie. Quand aux civils russes des régions occupées par les Allemands, les agents du NKVD se firent un devoir d'examiner leur attitude pendant l'occupation. Arrestations et déportations devinrent monnaie courante au moins jusqu'en 1950. Et souvent aussi, des militaires soviétiques, y compris des officiers d'origine russe, retour du front, furent également arrêtés sous le motif d'activités antisoviétiques ou d'espionnage. Les belles déclarations officielles dissimulaient mal la volonté de rétablir l'ordre ancien.

Les Géorgiens furent également l'objet de témoignages verbaux de satisfaction de la part du pouvoir soviétique qui rendit hommage à leur comportement au cours de la guerre. Moscou qui, dès le lendemain de la guerre, entreprit une campagne contre la Turquie en vue d'obtenir une modification du statut des détroits, laissa se développer en Géorgie une littérature irrédentiste. En décembre 1945, un article intitulé « Nos légitimes revendications envers la Turquie » et signé par deux universitaires géorgiens, Djanachia et Berdzenichvili, fut publié à Tbilissi dans le journal *Kommuniste*; on y évoquait le cas de vieilles terres géorgiennes de Colchide encore aux mains des Turcs. En fait, lorsque les États-Unis prirent position en faveur de la Turquie, Moscou mit fin à ces campagnes [1]. Les Arméniens, de la même façon, firent l'objet au lendemain de la guerre de toutes les sollicitudes des autorités soviétiques car Moscou cherchait à relancer l'image traditionnelle d'une Russie « protectrice des Arméniens ». C'est dans cet esprit qu'on lança dès novembre 1945 une grande action de propagande en faveur du « retour au pays » *(Nerkaght)* des Arméniens de la diaspora. Un décret de juillet 1946 accorda automatiquement le citoyenneté soviétique à tout Arménien qui entrait en URSS – ce qui ipso facto privait l'intéressé de sa nationalité antérieure puisque le droit soviétique ne reconnaissait pas la double nationalité. Les familles qui

1. W. Kolarz, *op. cit.*, p. 316-317.

s'installèrent à la campagne recevaient de l'État un prêt de 25 000 roubles, porté à 30 000 roubles si elles se fixaient en ville. Ces mesures attractives rencontrèrent au début un certain succès puisque 50 000 Arméniens arrivèrent en URSS en 1946, mais seulement 32 000 l'année suivante, et moins de 5 000 en 1948. Il est vrai que les offres alléchantes faites aux candidats à l'immigration ne coïncidaient pas avec la réalité sur le terrain. Les nouveaux venus étaient isolés du reste de la population et beaucoup cherchèrent à retourner là d'où ils étaient venus, si bien qu'en 1949 le mouvement de « retour au pays » fut pratiquement arrêté [1]. Pourtant, sur place, le pouvoir soviétique avait fait quelques concessions à l'Église grégorienne, espérant par son intermédiaire rallier les indécis. La vie religieuse, interrompue en 1938 avec l'assassinat du Katolikos Khoren Ier, avait repris peu à peu à partir de 1943, et en juin 1945, avec l'autorisation des autorités soviétiques, le congrès d'Etchmiadzin avait procédé à l'élection d'un nouveau Katolikos en la personne de l'évêque Kevork qui prit le nom de Kevork (Georges) VI. Le nouveau Katolikos damanda à Staline de rétablir la liberté religieuse. Un institut de théologie fut ouvert la même année et le monastère d'Etchmiadzin reçut l'autorisation de publier une revue [2]. Kevork VI s'associa au mouvement en faveur du rapatriement mais, en dépit de ses paroles lénifiantes, il ne put vaincre les réticences de ses compatriotes de la diaspora incités à la prudence par les organisations Dachnak et par les églises arméniennes de l'extérieur. Les récits d'Arméniens ayant fui l'URSS et réfugiés en Iran mirent fin définitivement à l'expérience du retour au pays [3]. Là aussi, on se rendit compte que les « faveurs » faites par Moscou en direction des Arméniens, tout autant que l'appui temporaire donné au Katolikos, étaient essentiellement dictées par des préoccupations de politique extérieure.

1. W. Kolarz, *op. cit.*, p. 296-298; et J.-P. Alem, *l'Arménie, op. cit.*, p. 87-88.
2. N. Struve, *op. cit.*, p. 225.
3. J.-P. Alem, *op. cit.*, p. 86-88.

PEUPLES SUSPECTS ET PEUPLES PUNIS

Au premier rang des peuples traités en suspects, il faut placer les peuples des républiques baltes. Après la première vague d'arrestations qui s'abattit sur le pays dès l'hiver 1944-1945, les Soviétiques utilisèrent les quelques communistes locaux et les sympathisants issus des milieux intellectuels pour administrer le pays sous le contrôle du NKVD. En Estonie, le poète Johannes Vares devint président de la République, l'historien Hans Kraus fut nommé vice-Premier ministre, tandis que le poète Johannes Semper fut chargé de l'éducation nationale. On eut même le sentiment que la culture nationale était respectée puisqu'en 1947 on remit en honneur le festival de la chanson estonienne, l'objectif étant de rallier au nouveau régime l'intelligentsia locale. Pourtant, en 1946, une nouvelle vague d'arrestations avait abouti à la déportation de 20 000 Estoniens. En Lettonie, dès le retour des Soviétiques, une administration provisoire composée en majorité de communistes russes fut mise en place. Une importante vague d'arrestations aboutit en 1946 à la déportation de 50 000 Lettons issus des milieux intellectuels de l'ancienne bourgeoisie; de nombreux prêtres de l'Église catholique minoritaire furent également arrêtés, ainsi que tous les évêques, à l'exception de l'archevêque Springovics. En Lituanie, la politique soviétique présenta deux aspects contradictoires. En tant qu'État, la Lituanie reçut des avantages territoriaux aux dépens de la Pologne, et Vilnius, polonaise pendant l'entre-deux-guerres, fut promue au rang de capitale; la plus grande partie de la minorité polonaise – 178 000 personnes – fut expulsée. Mais, parallèlement, 145 000 Lituaniens furent déportés en 1946, et le nouveau pouvoir frappa durement l'Église catholique. La moitié des prêtres, la quasi-totalité de l'épiscopat, fut arrêtée, et l'évêque de Telsiaï, Mgr Borisevius, fut condamné à mort le 3 janvier 1947 et aussitôt exécuté. Le primat de Lituanie, Mgr Reinys, archevêque de Vilnius, fut déporté en Sibérie où il mourut en 1953 [1]. La plupart des églises furent fermées, y compris la cathédrale de Vilnius en 1949.

A partir de 1948, la mise en route de la politique de collectivisation des terres provoqua de vives réactions de la part des populations baltes très attachées à ce système de démocratie paysanne mis en place à l'époque de l'indépendance. Entre le 24 et le 27 mars 1949, des milliers d'opposants à la collectivisation furent arrêtés; 40 000 Estoniens, 60 000 Lettons et 60 000 Lituaniens furent ainsi transférés en Asie centrale et en Sibérie, et progressivement remplacés sur leurs propres terres par des colons russes, biélorusses, voire ukrainiens [2].

La guerre et l'après-guerre modifièrent sensiblement les bases humaines des républiques baltes. A la veille de la guerre, les trois États regroupaient 6 millions d'habitants; on retrouvait un chiffre identique au recensement de 1959. La guerre, l'exil, et surtout les déportations leur avaient fait perdre de 1 à 3 millions d'habitants. Si l'accroissement naturel des années d'après-guerre avait contribué à retrouver les chiffres de population de 1939, il faut rappeler aussi que l'arrivée des colons slaves a profondément modifié la composition ethnique des républiques baltes. Entre 1939 et 1959, le nombre des Slaves est passé en Estonie de 92 500 à 267 000, en Lettonie de 235 000 à 647 000 et en Lituanie de 93 000 à 278 000. C'était la reprise de la politique des derniers Romanov dans les régions « rebelles [3] ».

Les Biélorusses et les Ukrainiens, quoique slaves, furent considérés comme « peuples suspects » au lendemain de la guerre. Certes, la Biélorussie et l'Ukraine bénéficièrent en tant qu'États d'avantages diplomatiques, puisque ces deux républiques obtinrent, grâce à l'insistance de Staline, un siège à l'ONU, ce qui, en apparence, leur donnait l'aspect d'États pleinement souverains. Staline avait même réclamé un siège à l'ONU pour chacune des républiques fédérées mais se contenta sans trop protester de ces deux sièges attribués à des républiques slaves, ce qui renforçait encore le caractère slave de

1. N. Struve, *op. cit.*, p. 228.
2. A. Berzins, *op. cit.*, p. 7.
3. *Ibid.*, p. 8.

l'Union soviétique. En tant qu'États, les deux républiques bénéficièrent aussi de substantiels avantages territoriaux, si bien qu'apparemment étaient réalisés les souhaits des nationalistes : il y avait bien une Grande Biélorussie et une Grande Ukraine.

En Biélorussie où la guerre avait laissé de nombreuses ruines, le Parti communiste soviétique s'est trouvé confronté à la persistance d'un sentiment national profond et a invité, dès la libération des territoires, le Parti communiste biélorusse à éliminer « les tendances anticollectives et antiétatiques » de la population. Les Biélorusses, malgré le retour à la patrie de la Biélorussie occidentale, avaient mal accepté l'attribution à la Lituanie de Vilnius. Et surtout, la recollectivisation des terres à partir de 1945-1946 provoqua de nombreuses réactions de la part des paysans qui constituaient la grande majorité de la population. A cela s'ajoutait la présence de quelque 500 000 catholiques uniates dans les provinces occidentales récupérées. Le pouvoir soviétique entre 1946 et 1949 procéda d'abord au démantèlement de l'Église uniate dont furent victimes les prêtres qui refusaient de rallier l'Église orthodoxe. De la même façon, on reprit à l'encontre des adversaires de la collectivisation des terres les méthodes coercitives utilisées dans les années trente. Et surtout, on transféra dans les Pays baltes et en Asie centrale plusieurs milliers de Biélorusses qui furent remplacés par des colons russes ou d'autres nationalités.

En Ukraine où l'occupation allemande avait renforcé le nationalisme ukrainien, d'abord antisoviétique, puis à partir de 1942-1943 antiallemand et antisoviétique, ce fut à ce nationalisme que s'attaqua en premier lieu le pouvoir soviétique restauré, représenté sur place par Nikita Khrouchtchev, premier secrétaire du PC ukrainien de 1938 à 1947 et qui cumula cette fonction avec celle de chef de gouvernement local de 1944 à 1947. Pour les Ukrainiens, Khrouchtchev symbolisait la répression des années trente, et son maintien à la tête des affaires signifiait la poursuite de la soviétisation. Les historiens et les journalistes furent accusés d'avoir publié des écrits d'inspiration nationaliste et bourgeois et d'être restés fidèles aux conceptions nationalistes. En novembre 1946, le poète Maxim Rilski, président de l'Union des écrivains ukrainiens, fut destitué et ses ouvrages mis à l'index. Désormais, les seuls auteurs autorisés furent ceux qui adaptèrent leurs œuvres à l'idéologie officielle dans le respect du patriotisme soviétique. Le dramaturge Korneitchouk, qui succéda à Rilski à la tête de l'Union des écrivains, fut lui aussi accusé de tiédeur et dut se retirer en 1951 [1].

C'est dans les nouvelles provinces incorporées à l'Ukraine cependant que l'ordre soviétique s'abattit avec le plus de rigueur. En Ukraine occidentale et en Galicie, après l'expulsion des minorités polonaises, ce furent les populations ruthéno-ukrainiennes qui furent à leur tour victimes de l'épuration, surtout si elles appartenaient à la bourgeoisie, à l'ancienne administration; les journalistes et les enseignants furent particulièrement visés. Mais ceux qui connurent les plus brutales persécutions furent les catholiques uniates qui représentaient une force de près de 4 millions de fidèles, principalement en Galicie. Dans un premier temps, l'Église uniate connut un certain répit et bénéficia même d'une tolérance officielle. C'est ainsi que, le 1er novembre 1944, Nikita Khrouchtchev en personne assista aux funérailles de l'archevêque de Lvov, Mgr Szepticky. Il est vrai qu'à ce moment-là la guerre était loin d'être terminée et Moscou n'entendait pas fournir des arguments aux nationalistes ukrainiens. Une fois écarté définitivement le risque d'un retour des Allemands, la situation changea du tout au tout. Le 11 avril 1945, tous les évêques de l'Église uniate furent arrêtés, et le nouveau métropolite de Lvov, Mgr Slipyi, fut condamné à mort, puis sa peine fut commuée en déportation. Après avoir ainsi décapité l'Église uniate, Moscou, en collaboration avec le Patriarcat de Moscou, chercha à rallier le bas clergé, l'invitant à rétablir l'unité religieuse par le retour à l'orthodoxie. Le 20 février 1946, un groupe de prêtres uniates conduits par le père Kostelnik fit acte d'allégeance à l'Église orthodoxe entre les mains du métropolite de Kiev. Puis à la suite d'un concile tenu à Lvov du 28 février au 10 mars, où siégeaient 214 prêtres uniates sur 1 270 que comptait le diocèse, les participants

1. W. Kolarz, *op. cit.*, p. 194 et ss.

demandèrent « spontanément » leur réunion à l'Église orthodoxe, ce qui fut entériné le 5 avril par le patriarche Alexis de Moscou [1].

En Ukraine carpatique, les nouveaux maîtres du pays ménagèrent dans un premier temps la population ruthène. En revanche, les membres des minorités allemandes et hongroises furent particulièrement maltraités. En vertu de l'ordre n° 0036 pour le front d'Ukraine, « toutes les personnes de nationalité allemande et hongroise en âge de porter les armes doivent être, au même titre que les militaires ennemis, arrêtées et dirigées vers les camps de prisonniers ». Sur la base de cet ordre, 24 000 civils de 18 à 50 ans furent ainsi rassemblés au camp de Szolyva avant d'être dirigés vers la Sibérie. En outre, 30 000 à 40 000 civils de tous âges, hommes et femmes confondus, furent mobilisés pour un « petit travail » (*malenkyi robot*) de quelques jours, qui dura pour beaucoup d'entre eux plusieurs années. En 1950, Staline donna l'ordre de préparer un plan de transfert de toute la population hongroise du territoire, mais la mort du dictateur interrompit l'exécution de ce plan [2]. L'amnistie du 17 septembre 1955 permit le retour au pays des déportés. A ces mesures de représailles collectives s'ajoutèrent des exactions ponctuelles. C'est ainsi que le 17 juillet 1946, dans la bourgade de Velikaïa Dobron (Nagydobrony), les Soviétiques décrétèrent la réquisition de toute la récolte pour forcer les paysans à adhérer à la ferme collective locale. Sous prétexte que le dépôt de blé avait été volontairement incendié par les habitants, un bataillon soviétique encercla le village et des avions venus d'Oujgorod larguèrent plusieurs bombes au phosphore sur la population bloquée à l'intérieur du village. Des 3 000 habitants du village, il n'y eut que 9 survivants qui trouvèrent refuge en Hongrie. Après la destruction du village et le massacre de la population, la population des villages voisins fut informée par les autorités que la destruction de Nagydobrony était un avertissement pour tous les Hon-

1. N. Struve, *op. cit.*, p. 229-231.
2. *Cf. Szolyva 1944 : Verses, levelek, imák a sztálini lágerekból* (« Poèmes, lettres et prières depuis les camps staliniens »), Ungvár/Oujgorod 1992.

grois d'Ukraine carpatique qui seraient tentés de s'opposer aux décisions du pouvoir soviétique. A la suite de ces événements, tous les curés et pasteurs hongrois furent arrêtés et déportés en Sibérie [1]. Les victimes du massacre de Velikaïa Dobron/Nagydobrony furent enterrées dans des fosses communes récemment mises à jour.

Les Ruthènes, eux aussi hostiles à la collectivisation des terres, furent soumis au même traitement; exécutions sommaires et déportations furent monnaie courante jusqu'en 1949-1950 dans tout l'oblast. En outre, ils furent persécutés dans leur foi. En 1947, les autorités tentèrent d'imposer le ralliement des Uniates de Ruthénie carpatique à l'Église orthodoxe « officielle ». Cette Église comptait 461 500 fidèles répartis en 281 paroisses, desservies par 374 prêtres. Il y avait aussi une dizaine de couvents. En 1947, l'archevêque orthodoxe de Lvov, Macaire, venu sur place, tenta d'obtenir le ralliement des prêtres ruthènes : un seul accepta. La riposte du pouvoir fut immédiate. Le 1er novembre 1947, l'évêque uniate Romza trouvait la mort dans un mystérieux accident de voiture. Puis en 1948, tous les évêques uniates furent arrêtés et les couvents fermés. Finalement, en août 1949, un concile tenu à Oujgorod sous la protection de la police, proclama le ralliement des Uniates ruthènes à l'Église orthodoxe [2]. Ralliement plus apparent que réel, mais qui obligeait les Uniates à célébrer leur culte dans la clandestinité malgré tous les risques encourus.

Le sort des peuples déportés dans des régions où les conditions climatiques et l'environnement étaient tout à fait différents de ceux de leurs terres d'origine fut particulièrement douloureux. Les Allemands de Russie furent dispersés à la fois dans les zones industrielles de l'Oural et du Kouzbass, mais également dans les kolkhozes et sovkhozes d'Ukraine orientale et du Kazakhstan. Ils se mirent courageusement au travail, « aussi bien dans les mines que dans les MTS ou dans les sovkhozes, on ne tarissait pas d'éloges sur les Allemands : il n'y avait pas de meilleurs ouvriers. Dès le début des années cinquante, en comparaison avec les autres relégués, et souvent même

1. *Le Courrier de la liberté*, janvier-février 1978.
2. N. Struve, *op. cit.*, p. 231 et ss.

avec les indigènes, c'étaient les Allemands qui avaient les maisons les plus solides, les plus spacieuses et les plus propres [1] ».

C'est d'ailleurs grâce à leur zèle au travail que l'on apprit leur existence, par le biais d'un décret du Soviet suprême en date du 5 avril 1951 attribuant des médailles pour « prouesses de travail » et « excellence de travail » à plusieurs kolkhoziens et tractoristes allemands de l'oblast d'Omsk [2]. Néanmoins, en dépit de la situation matérielle relativement favorable qu'ils avaient acquise grâce à leur travail, les « relégués » allemands ne disposaient d'aucune école, d'aucun établissement culturel et d'aucun encadrement religieux. Il en était de même pour tous les peuples ou fractions de peuples transférés hors de leur patrie d'origine à titre de mesure préventive ou de sanction ; qu'ils soient baltes, ou tatars, ou originaires du Caucase. Isolés parmi les populations autochtones et encadrés par les autorités soviétiques, tous ces peuples, privés de toute existence juridique et de nationalité, semblaient condamnés à disparaître ou à s'assimiler. Alors que les Allemands cherchaient à rendre supportable leur exil par leur travail acharné, d'autres peuples relégués refusaient la soumission et se bornaient au strict minimum du travail indispensable à leur survie. C'était le cas notamment des Tchetchènes exilés au Kazakhstan dont « l'attitude était toujours fière et même ouvertement hostile. Méprisant les lois de l'instruction obligatoire (en russe) [...], ils ne laissaient pas leurs filles aller en classe, de peur qu'on les leur abîme, et même les garçons n'y allaient pas tous [3] ».

LA FIN DU RÈGNE DE STALINE

A partir de 1950, l'ordre stalinien règne à nouveau partout. Les derniers groupes d'opposants armés qui menaient un combat inégal sous forme d'actions de guérilla dans le Caucase, dans les Pays baltes et surtout dans

1. A. Soljenitsyne, *op. cit.*, tome III, p. 323-324.
2. W. Kolarz, *op. cit.*, p. 108-109.
3. A. Soljenitsyne, *op. cit.*, tome III, p. 324-325.

les régions montagneuses d'Ukraine occidentale des confins polono-soviétiques, ont été les uns après les autres anéantis et les derniers combattants ont fui à l'étranger ou ont été capturés. Les peuples punis ou suspects sont étroitement surveillés et ne présentent plus aucun risque pour le pouvoir stalinien. A partir de 1950, Staline a inauguré une politique de reprise en main idéologique du pays qui visait l'ensemble des républiques fédérées et de leurs peuples, mais qui épargnait, au moins en paroles, le peuple russe, toujours présenté comme le ciment de l'unité nationale. Le pouvoir en effet se rendait compte que, malgré la propagande officielle, les masses, celles de Russie en particulier, aspiraient à conserver les quelques concessions accordées au cours de la guerre et restaient souvent indifférentes voire hostiles sur le plan idéologique. Un article de S. Kovalev dans le numéro d'octobre de la revue du Comité central, *Bolchevik*, faisait une analyse assez pessimiste des résultats obtenus au bout de plus de trente ans de lutte révolutionnaire : « Un secteur comprenant des masses de citoyens soviétiques conserve une attitude non communiste à l'égard du travail ; une attitude négligente se fait également ressentir au sein de l'intelligentsia [...]. Parmi les survivances du passé les plus répandues, il faut noter la pratique de la religion, la reconnaissance de la supériorité de la culture bourgeoise [...], le non-conformisme de certains savants et artistes. [1] » C'était l'aveu, sous la plume de l'un des théoriciens les plus en vue du Parti, que la tradition, la religion, les racines de la population étaient encore vivantes. Et cet article réservé à la lecture des seuls cadres du Parti montrait clairement le fossé qui existait entre la réalité soviétique et l'image d'un peuple communiant unanimement dans le marxisme-léninisme et l'internationalisme prolétarien, telle qu'elle était abondamment diffusée par la propagande officielle soviétique reprise en chœur par les médias occidentaux.

Outre ces graves défaillances idéologiques, la presse soviétique et les discours officiels dénonçaient la résistance larvée des dirigeants des partis communistes natio-

1. Cité par P. Faillant de Villemarest, *Histoire intérieure de l'URSS depuis 1945*, Paris, 1962, tome I, p. 29 et ss.

naux dans l'application des décisions prises à Moscou. D'importantes purges furent opérées au sein de la direction des partis d'Ouzbékistan, de Turkménistan, d'Azerbaïdjan et des républiques baltes – 30 % des responsables du Parti furent limogés au cours de l'année 1951. De nouveaux limogeages eurent lieu encore en 1952 à la veille de l'ouverture du XIXe congrès du Parti communiste de l'Union soviétique. On multiplia les attaques contre la résurgence des nationalismes dans les républiques périphériques. Toute l'élite intellectuelle des peuples non russes fut l'objet de critiques en raison de leur responsabilité dans la perduration des tendances nationalistes. Dans les républiques musulmanes d'Asie centrale, dès 1951, le pouvoir avait vivement attaqué les historiens locaux accusés de nationalisme et les invita à insister sur le rôle positif joué par la Russie dans ces régions, aussi bien dans le domaine culturel que sur le plan révolutionnaire. Le secrétaire général de l'Union des écrivains d'Ouzbékistan, Aïbek, le président de l'Académie des sciences du Kazakhstan, Satpaïev, le président de l'Union des écrivains du Kazakhstan, Mukanov, et de nombreux responsables de la vie culturelle des républiques d'Asie centrale furent démis de leurs fonctions. En Arménie soviétique, les attaques furent dirigées contre les « rapatriés » de 1945-1946 accusés de diffuser la « culture bourgeoise » et d'entretenir des contacts avec l'étranger; un certain nombre d'entre eux furent transférés en Crimée. Beaucoup d'intellectuels arméniens accusés de nationalisme furent mis en demeure de faire leur autocritique.

Ces attaques contre la survivance des nationalismes locaux dans les milieux intellectuels s'accompagnèrent d'une vague d'épuration et de limogeage au sein des partis communistes des républiques fédérées accusées de laxisme dans l'application des décisions du pouvoir central. Tout au long de l'année 1952, lors des congrès des partis communistes locaux, on élimina les dirigeants suspects de tiédeur idéologique et de complaisance à l'égard du « nationalisme bourgeois », et on les remplaça soit par des Russes, soit par des autochtones politiquement irréprochables.

Cette politique dite du « courant unique » coïncidait

avec une évolution de la politique extérieure de l'URSS amorcée en 1950 au moment des procès-spectacles organisés en Hongrie et en Tchécoslovaquie au cours desquels on avait dénoncé l'action des agents sionistes. Elle se traduisit en URSS par la remise à l'honneur de la politique antisémite des années trente dans le cadre d'une campagne contre le « cosmopolitisme ». Le 12 août 1952, vingt-quatre écrivains juifs de langue yiddish furent exécutés pour trahison et « complot contre le peuple soviétique »; de nombreux cadres et militants, d'origine juive, furent exclus du Parti et arrêtés. Ce fut le prélude à la grande opération qui allait déboucher le 13 janvier 1953 sur la découverte du « complot des blouses blanches ». On apprit ainsi que treize médecins du Kremlin, dont neuf étaient juifs, étaient accusés d'avoir provoqué la mort de Jdanov en 1948, et qu'ils se préparaient à assassiner les principaux dirigeants du pays en collaboration avec des agents sionistes.

Lors du XIXe congrès du PCUS qui se tint à Moscou du 5 au 14 octobre 1952 – le premier congrès de l'après-guerre –, Béria fit état des succès remportés par le Parti en Asie centrale et dans les républiques baltes dans la lutte contre le « nationalisme bourgeois », et il reprit dans sa conclusion l'un des vieux slogans de l'immédiat après-guerre : « La force qui cimente l'amitié des peuples de notre pays, c'est le peuple russe, la nation russe, la plus avancée de toutes les nations qui, ensemble, constituent l'Union soviétique. » Encore une fois, on rendait ainsi publiquement hommage au peuple russe, et c'était le Géorgien Béria qui s'en chargeait, moyen facile pour lui de faire oublier au peuple russe qu'il était le chef de cette police politique détestée par tous [1]. Et, paradoxe suprême, pour le Russe moyen, Béria passait pour l'homme qui, au sein du Parti, favorisait les non-Russes.

Pour les Soviétiques, ce XIXe congrès n'avait apporté aucun changement. Les délégués des 6 882 000 membres du Parti et candidats membres avaient à l'unanimité renouvelé leur confiance aux dirigeants groupés autour de Staline au sein d'un Présidium de vingt-cinq membres

1. P. Faillant de Villemarest, *op. cit.*, p. 41 et ss.

titulaires parmi lesquels dominait la « vieille garde », représentée entre autres par Béria, Boulganine, Chvervik, Kaganovitch, Khrouchtchev, Malenkov, Mikoyan et Molotov, assistés de onze suppléants, parmi lesquels les représentants de la « jeune génération » avec parmi eux Brejnev, Kossyguine et Souslov. Cette jeune génération entrait aussi à côté de Staline au secrétariat du Parti en la personne de Leonid Brejnev né en 1906 et de Mikhaïl Souslov né en 1902. Les Russes étaient encore une fois très largement majoritaires au sein des plus hautes instances du Parti.

Les futurs successeurs de Staline occupaient déjà à ses côtés des postes de haute responsabilité lorsque, le 5 mars 1953, la mort du vieux dictateur laissa vacante la direction du Parti et de l'État.

XV

LES PEUPLES DE L'URSS A L'ÉPOQUE DE KHROUCHTCHEV (1953-1964)

La mort de Staline a marqué incontestablement un tournant décisif dans l'évolution de l'Union soviétique, même si, dans l'immédiat, les espoirs suscités par la disparition du dictateur ont été souvent déçus. Pourtant, en 1953, tout le monde attendait des nouveaux dirigeants un peu plus de liberté, un peu moins d'arbitraire. Les premiers à faire entendre leur voix furent les détenus du camp de Vorkouta qui, le 22 juillet, se mirent en grève à l'initiative des nouveaux détenus, ukrainiens occidentaux pour la plupart, arrivés en juin en provenance des camps de Karaganda et de Taïchet. Quelques jours plus tard, l'armée rétablissait l'ordre à la mitrailleuse [1]. La « déstalinisation » commençait bien; mais que pouvait-on attendre d'autre de ces « nouveaux » dirigeants qui avaient tous fait carrière sous Staline?

LA SUCCESSION DE STALINE

Le lendemain de la mort de Staline, un communiqué de l'agence Tass annonçait la nomination de Georges Malenkov au poste de président du Conseil des ministres d'URSS. Lors des obsèques de Staline le 9 mars, la garde d'honneur regroupait autour du cercueil les six personnalités les plus en vue du Parti et de l'État, Malenkov, Béria, Khrouchtchev, Boulganine, Kaganovitch, et le maréchal

1. A. Soljenitsyne, *op. cit.*, t. III, p. 232-233.

Vorochilov, président du Présidium du Soviet suprême. Le 14 mars, la direction du PCUS fut réorganisée. Le Présidium du Comité central créé à l'issue du XIXe congrès fut ramené de 25 à 10 membres titulaires (Malenkov, Béria, Molotov, Vorochilov, Khrouchtchev, Boulganine, Kaganovitch, Mikoyan, Sabourov et Pervoukhine), tous slaves à l'exception de Béria et de Mikoyan, et le Secrétariat passa de 10 à 5 membres, dont Khrouchtchev et Souslov mais sans Malenkov.

Les nouveaux dirigeants apparemment unanimes pour assurer la « direction collective » du Parti et de l'État mais qui, en coulisses, étaient divisés en clans rivaux, annoncèrent sans tarder quelques mesures destinées à faire percevoir à la population que quelque chose avait vraiment changé. Ce fut d'abord un décret d'amnistie en date du 27 mars, mais dont la portée réelle était minime puisqu'il ne concernait que les condamnés à moins de cinq ans de prison pour délits de droit commun. Quelques jours plus tard, le 4 avril, le ministère de l'Intérieur annonçait la libération des médecins arrêtés en janvier dans le cadre de l'affaire du « complot des blouses blanches » et les lavait de toutes les accusations portées contre eux; en outre, des poursuites devaient être engagées contre les responsables de cette « machination ». D'ailleurs, deux jours plus tard, Ryoubine, l'adjoint de Béria, fut arrêté : il sera jugé en juillet 1954 et exécuté. Le 10 avril, le Comité central condamnait les « violations de la légalité socialiste par les organes de la Sécurité d'État ». C'était le prélude à l'élimination de Béria. Le 26 juin, en pleine séance du Présidium du Comité central, Lavrenti Béria était arrêté. La nouvelle ne sera annoncée officiellement aux Soviétiques que le 10 juillet. Béria et ses collaborateurs furent condamnés à mort et exécutés le 23 décembre 1953 à l'issue d'un procès à huis clos [1].

L'élimination de Béria fut ressentie par tous en URSS comme un événement symbole, porteur d'espoir pour tous ceux qui avaient eu à souffrir du système policier qu'il avait dirigé avec tant de zèle. En fait, il s'agissait surtout d'une opération politique de la part des dirigeants sovié-

1. B. Féron et M. Tatu, *Au Kremlin comme si vous y étiez*, Paris, 1991, p. 22-39.

tiques qui se débarrassaient ainsi de celui qui, maître de la police, pouvait constituer pour eux-mêmes une menace. En outre, Béria éliminé, on pouvait à bon compte le désigner comme « seul » coupable de la terreur stalinienne, et ainsi « blanchir » le Parti et sa direction.

Nikita Khrouchtchev, désigné le 13 septembre 1953 comme Premier secrétaire du Comité central du PCUS, devient dès lors l'homme qui monte; il s'engage aussitôt dans ce qu'on allait appeler bientôt la politique de déstalinisation. Après avoir placé en mars 1954 à la tête du nouveau *Comité de la Sécurité d'État* (KGB) l'un de ses proches, le général Serov, Khrouchtchev concentra alors toutes ses attaques contre la « vieille garde » du Parti représentée par Malenkov, Kaganovitch et Molotov. Après avoir été vivement critiqué par le Comité central, Malenkov abandonna la présidence du Conseil le 8 février 1955 où il fut immédiatement remplacé par un proche de Khrouchtchev, le maréchal Boulganine, qui devait se retirer à son tour le 27 mars 1958. A ce moment-là, Khrouchtchev, déjà maître de l'appareil du Parti depuis 1954, remplace Boulganine à la tête du gouvernement, ce qui le rend maître de l'appareil d'État.

LA QUESTION NATIONALE AU DÉBUT DE L'ÈRE POST-STALINIENNE

La mort de Staline et les changements successifs intervenus dans les plus hautes instances du Parti et de l'État entraînèrent un certain nombre de changements dans les républiques fédérées, qui furent interprétés par les populations comme le début d'une nouvelle politique du pouvoir central à leur égard. Les dirigeants locaux, sous la pression de leurs administrés, procédèrent ici et là à quelques réformes ponctuelles; ils reprenaient ainsi à leur compte le nouveau slogan lancé par la *Pravda* dès le 5 avril 1953 en faveur du respect de la « légalité socialiste », ce qui, au niveau des républiques fédérées, aurait dû se traduire par un plus grand respect de leur autonomie pourtant garantie par la Constitution. Toutefois, la marge de manœuvre des dirigeants des républiques fédérées était très étroite car, au niveau du pouvoir central, il n'était pas question de remettre en cause les structures de l'Union. Les mots d'ordre officiels publiés à l'occasion de la fête du 1er mai 1953 étaient très clairs sur ce point. Certes, on y évoquait les « droits des citoyens », mais on mettait aussi fortement l'accent sur « l'unité du grand État soviétique multinational ».

Il est certain que face à la « russification » imposée par Staline, il y a eu une certaine « dérussification » à partir de 1953, très limitée mais réelle cependant, différente selon les républiques fédérées. En Ukraine, toujours considérée par l'État soviétique tout autant qu'autrefois par la Russie impériale comme une « Terre russe », la thèse de l'union étroite entre Russes et Ukrainiens continua d'inspirer la politique de Moscou à l'égard de la « république-sœur ». Toutefois, les autorités soviétiques cherchèrent à limiter leur emprise sur l'Ukraine. Le 12 juin 1953, le premier secrétaire du PC ukrainien, Melnikov, à qui l'on reprochait d'avoir manifesté un « chauvinisme russe » trop exagéré dans l'exercice de ses fonctions, notamment en Galicie, fut « libéré de ses fonctions ». Il fut remplacé par le second secrétaire, l'Ukrainien Alexis Kiritchenko, très lié à Khrouchtchev, et qui s'entoura d'Ukrainiens dont certains comme l'écrivain Korneitchouk avaient été autrefois critiqués par Moscou [1]. Mais en même temps la très officielle *Pravda d'Ukraine* rappelait qu'il ne fallait pas pour autant sous-estimer le rôle de la Russie : « Les travailleurs d'Ukraine savent que leur bonheur, leur vie libre et heureuse, ils les doivent avant tout au *peuple russe.* » Les manifestations officielles organisées en 1954 à l'occasion des fêtes commémoratives du troisième centenaire de la signature du traité de Perejaslav, qui consacrait le retour de l'Ukraine à la mère patrie russe, furent l'occasion pour le pouvoir soviétique comme pour les nouveaux dirigeants ukrainiens de rappeler l'amitié éternelle qui unissait les peuples russe et ukrainien. Certes, à cette occasion Moscou donna une satisfaction d'amour-propre aux Ukrainiens : un décret du Soviet suprême d'URSS en date du

1. B. Féron, *l'URSS sans idole*, Paris, 1966, p. 29; et P. Faillant de Villemarest, *Histoire intérieure de l'URSS depuis 1945*, Paris 1962, t. I, p. 86.

19 février 1954 transféra à l'Ukraine la souveraineté sur la Crimée qu'exerçait alors la RSFS de Russie. Mais les limites des concessions faites aux Ukrainiens ressortaient clairement des discours prononcés au Kremlin le 29 mai en présence de Malenkov et de Khrouchtchev, à l'occasion de l'anniversaire du traité de Perejaslav. Le chef du gouvernement de la RSFS de Russie, Alexandre Pouzanov, célébra dans un long discours l'amitié entre les peuples russe et ukrainien « qui ont combattu ensemble contre les Mongols, contre les Turcs, et d'autres envahisseurs depuis, sous la direction de Lénine et de Staline, ainsi que contre les menées des contre-révolutionnaires de toutes sortes, *dont les nationalistes ukrainiens* ». Le nouveau premier secrétaire du PC ukrainien, Kiritchenko, lui répondit en célébrant à son tour l'amitié russo-ukrainienne et en rendant hommage à Khrouchtchev pour son action en Ukraine depuis 1938 en tant que premier secrétaire du PC ukrainien [1]. Mais pour beaucoup d'Ukrainiens, Khrouchtchev symbolisait la répression impitoyable du nationalisme ukrainien et la soviétisation forcée du pays.

Dans les républiques baltes, la mort de Staline mit fin au transfert massif des populations autochtones vers la Sibérie, et un certain nombre de ces « exilés » commencèrent à rentrer au pays. Les dirigeants locaux du PC tentèrent timidement de défendre les intérêts de leur république. Ainsi, le 24 juin 1953, le premier secrétaire du PC letton, Kalberzine, fit exclure du Comité central quatre Russes et les remplaça par des Lettons. En Lituanie, les autorités locales interrompirent momentanément la politique antireligieuse menée jusque-là et l'Église catholique put reprendre partiellement ses activités. Des prêtres arrêtés furent remis en liberté ; deux évêques purent même être consacrés le 11 septembre 1955 et une église fut inaugurée à Klaïpeda [2]. Cependant, le nationalisme lituanien demeurait latent et, dès 1954, le Comité central dénonçait « les récidives du nationalisme bourgeois [3] ».

Mais c'est surtout en Transcaucasie et dans les répu-

1. P. Faillant de Villemarest, *Histoire intérieure de l'URSS depuis 1945*, *op. cit.*, p. 151.
2. N. Struve, *op. cit.*, p. 228.
3. P. Faillant de Villemarest, *op. cit.*, t. I, p. 170.

bliques musulmanes d'Asie centrale que les années de l' « après-Staline » apportèrent un « dégel » certain. En Arménie, le premier secrétaire du PC Arutinov, éminence grise de Béria, et le second secrétaire Martirosian, furent destitués dès décembre 1953. La nouvelle direction du Parti conduite par Tovmassian, Margarian et Zarobian entreprit une « réarménisation » des cadres du Parti et de l'État, et même le ministère de l'Intérieur fut confié à un Arménien. Un apolitique respecté de tous, Arouchanian, se vit confier le poste honorifique de président du soviet suprême local qu'il conserva jusqu'en 1959 [1]. Pendant le même temps, l'Église arménienne, qui jouissait d'une situation relativement privilégiée par rapport aux autres Églises chrétiennes d'URSS, connut un renouveau d'activité ; le nombre des étudiants inscrits à l'Institut de théologie d'Etchmiadzin augmenta sensiblement, passant de 34 en 1953 à 42 en 1960. Des églises précédemment fermées par les autorités furent rendues au culte. Après la mort du Katolikos Kevork VI le 9 mai 1954, le problème de la succession donna lieu à des discussions parfois orageuses entre l'Église d'Arménie et les Églises de la diaspora. Finalement, le 29 septembre 1955, un concile put se tenir à Etchmiadzin auquel prirent part pour la première fois depuis bien longtemps des représentants religieux et laïcs des Églises de la diaspora. L'évêque des Arméniens de Roumanie, Vazguen Baldjian, fut élu Katolikos d'Arménie sous le nom de Vazguen Ier. Il multiplia dès lors les contacts avec les Églises et les communautés arméniennes de l'extérieur mais ne put les rallier en raison de l'appui trop voyant que lui apportait le pouvoir soviétique [2]. Mais, pour Moscou, il n'était cependant pas question d'octroyer aux Arméniens une quelconque satisfaction d'ordre politique. Le PC arménien, dès février 1955, avait lancé une sévère mise en garde aux anciens du parti Dachnak, accusés de vouloir remettre en question le régime soviétique. A la suite de violences commises à Erevan le 12 octobre 1955 à l'issue d'un match de football, les meneurs furent sévèrement punis, quatre condamnations à 25 ans de prison, deux à 15 ans et trois à 10 ans. En fait,

1. J.-P. Alem, *l'Arménie*, *op. cit.*, p. 89-90.
2. N. Struve, *op. cit.*, p. 224-226.

ce jour-là, des slogans antisoviétiques avaient été criés par la foule. Quelques jours plus tard, les autorités locales déclenchèrent une nouvelle campagne contre « les résurgences du nationalisme bourgeois ».

En Géorgie aussi la mort de Staline fut suivie de quelques changements politiques. La situation dans cette république était un peu spéciale dans la mesure où Staline lui-même était géorgien. Dans un premier temps, Béria tenta d'utiliser à son profit le nationalisme toujours vivace des Géorgiens contre lequel il avait lutté autrefois pour le compte de Staline. L'élimination de Béria provoqua quelques remous en Géorgie où l'on redoutait un retour à la politique de russification. Il n'en fut rien cependant dans l'immédiat, mais un certain nombre de protégés de Béria furent condamnés à mort en septembre 1955, dont Roukhadzé, ancien ministre de la Sécurité de Géorgie, ainsi que Tsérételi, l'un des responsables des purges de 1936-1937 en Géorgie [1]. En dépit de tout, le souvenir de Staline demeurait toujours présent et les accusations portées indirectement contre lui par le nouveau Premier secrétaire du PCUS, symbole du pouvoir central, provoquèrent des remous sur place, avant même que soit divulgué le contenu du rapport secret de Khrouchtchev. Les Géorgiens, très attachés à leur particularisme, avaient l'impression qu'à travers Staline c'étaient eux qui étaient visés par le pouvoir soviétique. A l'occasion de manifestations organisées à Tbilissi à l'occasion du troisième anniversaire de la mort de Staline, et interdites par les autorités, les étudiants lancèrent des slogans patriotiques et réclamèrent pour la nation géorgienne le droit à l'autodétermination. Le 9 mars, le pouvoir lança ses chars contre les manifestants; le bilan de la répression fut très lourd, au moins 500 morts et des milliers de blessés [2]. Le pouvoir soviétique à l'époque attribua cette manifestation aux « staliniens »... et il lui fut ainsi facile de justifier, tout en la minimisant, la répression aux yeux de l'opinion publique soviétique et de discréditer ainsi le nationalisme géorgien.

Dans les républiques musulmanes d'URSS, la mort de

1. P. Faillant de Villemarest, *op. cit.*, p. 267-269.
2. S.N. Gougouchvili et D.O. Zourabichvili, *la Géorgie*, *op. cit.*, p. 86-87.

Staline ne provoqua pas dans l'immédiat de changements majeurs. Au milieu des années cinquante, ces républiques se présentaient à bien des égards comme des colonies russes. Les postes de commande, tant politiques qu'économiques, étaient partout tenus par les Russes, mais plus spécialement au Kazakhstan. Partout, Russes et autochtones semblaient s'ignorer. Deux sociétés coexistaient, la société musulmane, qui s'efforçait de maintenir intactes ses traditions, et la société des « colons » russes ou ukrainiens qui l'encadrait. La survivance de certaines pratiques liées à l'islam, comme la polygamie, traduisait bien la résistance de la population autochtone à la russification. La cohésion de la société musulmane traditionnelle était encore renforcée par la pratique de l'endogamie partout, sauf chez les Tadjiks. Les femmes demeuraient par tradition exclues des activités économiques. Vincent Monteil rappelle à ce propos la faiblesse de l'élément féminin dans les emplois industriels : ainsi dans le combinat textile de Douchanbé au Tadjikistan, les femmes ne représentent que 3,3 % du personnel [1]. Malgré la présence de nombreux Russes sur place, la langue russe est peu utilisée dans la vie de tous les jours par les populations autochtones d'Asie centrale et d'Azerbaïdjan. Si en Asie centrale le russe est la langue officielle, en revanche en Azerbaïdjan, sous la pression des intellectuels locaux, le Soviet suprême a décidé en 1956 de faire de l'azéri la seule langue officielle de la république.

Au Kazakhstan où les Russes étaient déjà plus nombreux que les Kazakhs, l'annonce de l'arrivée de 300 000 « volontaires » russes a provoqué des troubles sérieux au cours de l'été 1954. Cette nouvelle immigration était liée aux décisions prises par le comité central du PCUS le 2 mars 1954 concernant la mise en culture des « terres vierges » au Kazakhstan et en Sibérie méridionale. L'inquiétude des Kazakhs était d'autant plus justifiée que les nouvelles terres à mettre en culture étaient constituées de pâturages utilisés par leurs troupeaux. Au départ, il s'agissait de la mise en culture de 13 millions d'hectares, mais en 1956 le chiffre sera porté à 35 millions. On comprend mieux ainsi la réaction des Kazakhs qu'il faut également replacer dans

1. V. Monteil, *les Musulmans soviétiques, op. cit.*, p. 130-133.

un climat général de mécontentement qui s'est développé en Asie centrale à ce moment-là. Au Kazakhstan comme dans les républiques musulmanes voisines, la population reprochait aux communistes locaux d'être trop serviles à l'égard du pouvoir central ; elle dénonçait la mainmise des Russes sur tous les postes de responsabilité dans l'Administration, dans le Parti et dans la police [1].

Pourtant, pour des raisons essentiellement de politique étrangère, le pouvoir soviétique a donné l'impression d'accorder un traitement de faveur aux musulmans d'URSS. C'est l'époque en effet où au Proche-Orient Moscou s'engage nettement aux côtés des pays arabes ; c'est le moment où le nouveau ministre soviétique des Affaires étrangères, Chepilov, se rend au Caire et conclut avec Nasser des accords de coopération politique et militaire. Dans ce contexte, Moscou a autorisé en juillet 1955 un nombre limité de musulmans soviétiques, Kazakhs, Kirghizes, Bachkirs et Tatars, à se rendre en pèlerinage à La Mecque sous la conduite du grand mufti de Tachkhent. Khrouchtchev qui, à partir de 1955, multiplia ses visites officielles dans les pays musulmans et dans le tiers monde, avait pris pour habitude de se faire accompagner par des personnalités originaires des républiques musulmanes. L'une d'entre elles était l'écrivain Charaf Rachidov qui depuis 1950 exerçait les fonctions de président du soviet suprême d'Ouzbékistan avant de devenir en 1959 premier secrétaire du PC ouzbek [2].

Ainsi, dans les premières années qui ont suivi la mort de Staline, un nouveau climat est apparu timidement dans les relations entre le pouvoir central et les républiques périphériques. Après l'élimination de Béria, symbole du système répressif, à la faveur de la libération de nombreux détenus en 1954 et 1955, avec l'amnistie accordée à ceux qui avaient été condamnés pour « collaboration avec l'ennemi » au cours de la guerre – ce qui concernait de nombreux Baltes, Biélorusses, Ukrainiens, musulmans des confins du Caucase, et également des Russes –, l'espoir d'un avenir meilleur commençait à renaître chez de nombreux peuples de l'URSS et beaucoup comptaient

1. V. Monteil, *op. cit.*, p. 83.
2. B. Féron et M. Tatu, *op. cit.*, p. 57.

sur le XXe congrès du PCUS prévu en février 1956 pour réaliser les grands changements attendus.

LE XXe CONGRÈS DU PCUS ET LE RAPPORT SECRET DE KHROUCHTCHEV

L'une des premières décisions prises par la nouvelle direction du PCUS réorganisée en 1954 après la mise à l'écart de Malenkov fut d'organiser la tenue d'un congrès du Parti. Dès le milieu de l'année 1955, un certain nombre de commissions se mirent au travail pour préparer la rédaction des rapports destinés à être présentés aux congressistes. En dépit des réticences formulées par les anciens compagnons de Staline, Khrouchtchev chargea une commission spéciale de dresser un bilan global de la politique de Staline et en confia la présidence à Pierre Pospelov, l'un des auteurs de la *Biographie abrégée de Staline*, véritable hagiographie à la gloire du dictateur, et qui avait dirigé de 1949 à 1952 l'Institut Marx-Engels-Lénine-Staline [1]. Ainsi, un « apparatchik » stalinien était chargé de dénoncer le culte de la personnalité sous Staline, et cela pour le compte du stalinien Khrouchtchev. Après la longue phase secrète de préparation, le XXe congrès du PCUS s'ouvrit le 14 février 1956 en présence de 1 436 délégués soviétiques et étrangers. Le moment fort de ce congrès fut la séance secrète qui se déroula dans la nuit du 24 au 25 février, au cours de laquelle Khrouchtchev donna lecture de son *Rapport sur le culte de la personnalité*, document rédigé à usage interne et à caractère secret, mais dont le contenu fut publié dès le 4 juin suivant par le Département d'Etat américain.

Dans l'esprit de Khrouchtchev. « le but du présent rapport n'est pas de procéder à une critique approfondie de la vie de Staline et de ses activités », mais « ce qui nous intéresse aujourd'hui, c'est de savoir comment le culte de la personne de Staline n'a cessé de croître, comment ce culte devint, à un moment précis, la source de toute une série de perversions graves et sans cesse plus sérieuses des

1. B. Lazitch, *le Rapport Khrouchtchev et son histoire*, Paris, 1976, p. 7-10.

principes du Parti, de la démocratie du Parti, de la légalité révolutionnaire ». Khrouchtchev ne condamnait pas toute l'œuvre de Staline ; il jugeait même que « Staline a joué un rôle positif » dans la lutte que « le Parti a menée... contre les trotskistes, les droitiers et les nationalistes bourgeois ». Ce qu'il condamnait, c'était « la pratique de la répression massive au moyen de l'appareil gouvernemental, d'abord contre les ennemis du léninisme [...] depuis longtemps vaincus politiquement par le Parti, et également ensuite contre de nombreux communistes honnêtes [...] qui avaient activement lutté contre les trotskistes et les droitiers pour le triomphe de la ligne du Parti léniniste ». Ce que condamnait Khrouchtchev, c'était la politique stalinienne de la fin des années trente. Il n'était pas question pour le Premier secrétaire du PCUS de blâmer les méthodes brutales employées contre les paysans qui s'opposaient à la collectivisation des terres ; il n'était pas question de dénoncer les violences exercées contre les peuples d'URSS qui cherchaient à défendre leur identité nationale et qui s'opposaient à la russification à outrance pratiquée par le pouvoir soviétique ; il n'était pas non plus question d'évoquer les persécutions subies par l'Eglise orthodoxe russe et par les Eglises périphériques. Ce que Khrouchtchev dénonçait principalement, c'étaient les procès politiques préfabriqués dont avaient été victimes des communistes authentiques, anciens compagnons de Lénine ; et en même temps qu'il condamnait les méthodes de Staline, Khrouchtchev justifiait la liquidation de « la clique de Béria » qui « se surpassait pour prouver la culpabilité de la personne arrêtée et le bien-fondé des documents qu'elle falsifiait ». A plusieurs reprises d'ailleurs, le Rapport évoque « le rôle spécialement bas de Béria, ennemi féroce de notre Parti, agent d'un service d'espionnage étranger ». Khrouchtchev employait ainsi à l'égard de Béria les mêmes qualificatifs utilisés autrefois par Staline contre « les ennemis du peuple ». Examinant le rôle de Staline pendant la guerre, Khrouchtchev reproche au dictateur l'imprévoyance coupable dont il a fait preuve au printemps 1941 quand de toutes parts arrivaient des informations sur les préparatifs de guerre allemands ; il rappelle aussi que l'Armée rouge avait été privée « d'excellents cadres militaires qui, sans le moindre doute, étaient loyaux au Parti et à la patrie » à l'occasion des purges qui frappèrent l'armée en 1937-1938. En revanche, Khrouchtchev est totalement silencieux sur les conditions dans lesquelles les Pays baltes furent incorporés de force à l'URSS au lendemain du pacte germano-soviétique. Sur la conduite de la guerre elle-même, il reproche à Staline de s'être attribué à lui seul le mérite de la victoire alors que « ce n'est pas Staline, mais bien le Parti tout entier, le gouvernement soviétique, notre héroïque armée, ses chefs talentueux et ses braves soldats, la nation soviétique tout entière, qui ont remporé la victoire dans la Grande Guerre patriotique... C'est à notre Parti communiste, aux forces armées de l'Union soviétique et aux dizaines de millions de Soviétiques mobilisés par le Parti que revient la part essentielle de la fin victorieuse de la guerre dans laquelle ils ont joué un rôle de premier plan ». Mais le Rapport reste étrangement muet sur le sort des dizaines de milliers de prisonniers de guerre soviétiques, victimes de l'incapacité de leurs chefs et de l'imprévoyance du pouvoir, et qui, au lendemain de la victoire, sont passés sans transition des camps hitlériens aux camps staliniens.

Dans ce très long rapport d'une centaine de pages, un seul passage – et encore est-il fort court – est consacré aux méthodes expéditives utilisées par Staline à l'égard de certains peuples de l'URSS. Tout en soulignant que « l'Union soviétique est à juste titre considérée comme un modèle d'Etat multinational parce que nous avons, dans la pratique, assuré l'égalité des droits et l'amitié de toutes les nations qui vivent dans notre vaste patrie », Khrouchtchev dénonce alors « les actes monstrueux dont Staline fut l'inspirateur, et qui constituent des violations brutales des principes léninistes fondamentaux de la politique des nationalités de l'Etat soviétique » ; et de préciser : « Nous voulons parler des déportations massives de peuples entiers, y compris tous les communistes et komsomols sans exception ; ces mesures de déportation n'étaient justifiées par aucune considération militaire. Ainsi, dès la fin de 1943 [...] la décision fut prise et mise à exécution de déporter tous les Karatchaïs des terres sur lesquelles ils vivaient. A la même époque [...] le même sort advint à toute la population de la république autonome des Kalmouks. En mars 1944, tous les Tchetchènes et tous les Ingouches ont été déportés, et la république autonome tchetchéno-ingouche liquidée. En avril 1944, tous les Balkars ont été déportés dans des endroits très éloignés du territoire de la république autonome kabardo-balkare [...]. Les Ukrainiens n'évitèrent ce sort que parce qu'ils étaient trop nombreux et qu'il n'y avait pas d'endroit où les déporter. Sinon ils auraient été déportés eux aussi. » En revanche, le Rapport était muet sur la déportation des Allemands de la Volga en 1941 et sur celle des Tatars de Crimée en 1944. Il ne faisait aucune allusion au transfert, loin de leur pays, de centaines de milliers de Baltes au lendemain de la guerre.

Dans sa partie finale, le Rapport fait allusion aux erreurs de Staline en politique extérieure et notamment la rupture avec Tito, à son ignorance des problèmes économiques, et évoque le climat d'inquiétude qui régnait à la direction du PCUS au lendemain du XIXe congrès, car personne ne se sentait à l'abri d'une arrestation en raison de « l'extrême méfiance » dont Staline faisait preuve à l'égard des membres du Politburo. Pour éviter que se renouvellent de tels abus dus au culte de la personnalité, Khrouchtchev invitait le Parti à « condamner » et à « extirper le culte de l'individu car il est étranger au marxisme-léninisme », à remettre en vigueur « d'une façon complète les principes léninistes de la démocratie socialiste, tels qu'ils sont exprimés dans la Constitution de l'Union soviétique, lutter contre l'arbitraire des individus qui abuseraient de leur pouvoir », et réparer « le mal occasionné depuis longtemps par des actes qui ne tenaient aucun compte de la légalité socialiste révolutionnaire » et qui « étaient dus à l'influence négative du culte de l'individu [1] ».

LES PREMIERS EFFETS DU XXᵉ CONGRÈS

Malgré le caractère ambigu de nombreux passages, le Rapport Khrouchtchev, lorsqu'il fut connu de tous au

1. Extraits du *Rapport Khrouchtchev*, d'après B. Lazitch, *op. cit*, p. 52-53.

cours de l'été 1956 grâce à la diffusion de ses principaux extraits par les radios occidentales, fit l'effet d'une bombe et provoqua des remous non seulement dans les démocraties populaires de l'Est européen, mais aussi en URSS. Aussitôt après la tenue du XXe congrès, les réhabilitations de certaines victimes du stalinisme et la libération de nombreux détenus politiques provoquèrent un choc dans l'opinion publique soviétique; les premiers témoignages des survivants des bagnes staliniens alimentèrent la polémique, au sein même du Parti.

Toute une série de mesures furent prises par les autorités pour rendre leurs droits aux peuples jugés collectivement coupables de trahison. Déjà, à la suite de la visite à Moscou du chancelier Adenauer en septembre 1955, les Allemands de la Volga avaient recouvré dès le 13 décembre de cette année la plupart de leurs droits civiques, ce qui leur permettait désormais d'être électeurs et même éligibles dans les soviets locaux des régions où on les avait transférés, et de bénéficier de certains droits culturels limités. Mais il leur fallut attendre jusqu'en août 1964 pour obtenir leur réhabilitation, sans pour autant disposer d'un territoire national particulier. Les quelque 300 000 Tatars, en vertu d'un décret du 28 avril 1956, bénéficièrent d'une amnistie « dans leur lieu de résidence », ce qui excluait toute possibilité pour eux de revenir dans leurs terres de Crimée. Il en fut de même pour les quelque 150 ou 200 000 Meskhets de Géorgie transférés en Asie centrale en 1944. A partir de 1957, bravant les autorités, les chefs de la communauté tatare ont adressé au pouvoir central pétition sur pétition pour réclamer leur réhabilitation et le droit de rentrer dans leur patrie, mais toujours sans résultat. Les cinq autres peuples victimes des déportations staliniennes et dont Khrouchtchev avait évoqué le sort tragique devant le XXe congrès eurent plus de chance. Un décret du Soviet suprême en date du 9 janvier 1957 prononça la réhabilitation collective des Balkars, des Ingouches, des Karatchaïs, des Kalmouks et des Tchetchènes, et les autorisa à regagner leur territoire d'origine [1]. On reconstitua immédiatement les anciennes républiques socialistes soviétiques autonomes

1. V. Monteil, *op. cit.*, p. 175.

de Kabardo-Balkarie, de Tchetchéno-Ingouchie et de Kalmoukie, toutes trois à l'intérieur de la RSFS de Russie. Mais en raison de l'immigration de colons russes, les peuples réhabilités étaient devenus minoritaires en Kalmoukie (35,1 % de la population en 1959) et en Tchetchéno-Ingouchie (41,1 %), mais pas en Kabardo-Balkarie (53,4 %). A plusieurs reprises, le retour des peuples déportés provoqua des heurts entre les nouveaux arrivants et les Russes installés sur place, notamment à Grozny en 1958.

Conformément aux décisions prises par le XXe congrès, le comité central adopta le 30 juin 1956 une résolution visant à « l'élimination du culte de la personnalité et de ses conséquences ». Les réticences de la vieille garde stalinienne à appliquer les nouvelles directives débouchèrent sur une crise grave au sein de la direction du Parti, qui éclata un an plus tard. Le 19 juin 1957, le Présidium du PCUS mit en minorité Khrouchtchev, mais le Premier secrétaire redressa la situation en convoquant le Comité central en session plénière. A l'issue de cette réunion qui dura du 22 au 29 juin, Khrouchtchev fut confirmé dans ses fonctions de Premier secrétaire du PCUS ; il en profita pour faire passer de 11 à 15 le nombre des membres du Présidium mais fit exclure les membres du « groupe anti-Parti », c'est-à-dire les anciens proches de Staline, Molotov, Malenkov, Kaganovitch et Chepilov. Ayant ainsi éliminé – et non liquidé – ses adversaires, le Premier secrétaire fit adopter un certain nombre de mesures allant dans le sens d'un renforcement des droits des citoyens. Ainsi un décret du 19 juin 1958 rendit obligatoire la publication des textes de loi dans le *Bulletin du Soviet suprême*, alors que du temps de Lénine et de Staline, une partie de la législation était tenue secrète. De même, le 25 décembre 1958, le Soviet suprême adopta une loi sur les fondements du droit pénal en URSS et dans les républiques fédérées qui remaniait sensiblement les dispositions du code pénal et du code d'instruction criminelle en diminuant les peines et en assurant de meilleures garanties à l'accusé ; le nouveau code pénal faisait de la peine capitale un châtiment maintenu à titre provisoire pour des cas exceptionnels « en attendant sa complète abrogation [1] ». Dans le même état d'esprit, Khrouchtchev, reprenant à son compte les conceptions léninistes du fédéralisme, procéda à quelques mesures de décentralisation. Dès 1957, les compétences judiciaires et législatives ainsi que les attributions des gouvernements des républiques furent élargies. En janvier 1960, le ministère fédéral de l'Intérieur fut dissous et ses fonctions furent transférées aux ministères de l'Intérieur des républiques.

Toutes ces mesures donnaient vraiment l'impression que quelque chose avait changé en Union soviétique avec l'arrivée au pouvoir de Nikita Khrouchtchev. Dans le domaine des arts et des lettres, la censure était devenue moins pointilleuse. Dès 1954, dans *le Dégel*, Ilya Ehrenbourg n'avait pas hésité à dénoncer la terreur stalinienne, ce qui ne l'avait pas empêché de faire preuve en son temps d'une très grande servilité à l'égard de Staline. Des écrivains célèbres, comme Mikhail Cholokov, osaient affirmer que beaucoup d'œuvres littéraires parues du temps de Staline étaient des plus médiocres alors que les grands classiques de la littérature russe étaient ignorés. Ce nouveau climat provoquait la colère des « conservateurs » qui, dès 1957, attaquèrent violemment les auteurs dont les œuvres pouvaient mettre en danger le régime communiste par leur subjectivisme exagéré. Les « libéraux » ne prêtaient guère attention à ces critiques. La revue littéraire *Novy Mir*, qui avait à sa tête depuis 1958 le libéral Tvardovski, s'enhardit jusqu'à publier des extraits du *Docteur Jivago* de Boris Pasternak, publié en Italie en 1957 mais encore interdit en URSS. L'attribution du prix Nobel de Littérature à Pasternak en octobre 1958, prix qu'il refusa sous la pression des autorités, déclencha la fureur des néo-staliniens. L'affaire en resta provisoirement là, mais ces menaces permanentes contre les « libéraux » montraient à quel point le changement était précaire en URSS.

1. B. Féron, *l'URSS sans idole*, *op. cit.*, p. 88-91.

LE RECENSEMENT DE 1959 ET SES ENSEIGNEMENTS

Le recensement général de la population qui eut lieu en Union soviétique le 15 janvier 1959, le premier de l'après-guerre, le premier aussi réalisé d'une façon scientifique après celui incomplet mais utilisable de 1926, nous donne un bilan à peu près fiable de la population de l'URSS post-stalinienne, et notamment de sa composition par nationalités.

Les 208 827 000 Soviétiques ainsi dénombrés se répartissaient comme suit en fonction de leur nationalité et de leur langue [1] :

a) PEUPLES INDO-EUROPÉENS

Slaves	Russes	114 114 000	54,6 %
	Ukrainiens	37 253 000	17,8 %
	Biélorusses	7 913 000	3,8 %
	Polonais	1 380 000	0,65 %
Non-Slaves	Arméniens	2 787 000	1,3 %
	Lituaniens	2 326 000	1,2 %
	Moldaves	2 214 000	1,1 %
	Allemands	1 619 000	0,8 %
	Lettons	1 400 000	0,65 %
	Tadjiks	1 397 000	0,65 %
	Ossètes	410 000	0,2 %
	Grecs	309 000	0,15 %

b) PEUPLES TURCO-MONGOLS

Ouzbeks	6 015 000	2,9 %
Tatars	4 968 000	2,5 %
Kazakhs	3 622 000	1,8 %
Azéris	2 940 000	1,4 %
Tchouvaches	1 469 000	0,7 %
Turkmènes	1 002 000	0,5 %
Bachkirs	989 000	0,49 %
Kirghizes	969 000	0,49 %
Bouriates	253 000	0,15 %
Isakoutes	237 000	0,14 %
Karakalpaks	173 000	0,08 %
Gagaouzes	124 000	0,07 %
Touvas	100 000	0,05 %
Ouïgours	95 000	0,05 %
Karatchaïs	81 000	0,04 %

1. *L'URSS 1959 en chiffres*, Moscou 1960, p. 240-245.

c) Peuples « caucasiens »

Géorgiens	2 692 000	1,3 %
Nationalités du Daghestan	947 000	0,45 %
dont : Avaretz	270 000	0,13 %
Lesghiens	223 000	0,1 %
Darguiniens	158 000	0,07 %
Koumyks	135 000	0,07 %
Tchetchènes	419 000	0,2 %
Kabardes	204 000	0,1 %
Ingouches	106 000	0,06 %
Adyguéens/Tcherkesses	80 000	0,04 %
Abkhazes	65 000	0,03 %

d) Peuples finno-ougriens

Estoniens	989 000	0,49 %
Oudmourtes/Votyaks	625 000	0,3 %
Mariis/Tcheremisses	504 000	0,25 %
Komis/Zyriènes	431 000	0,2 %
Caréliens	167 000	0,075 %
Hongrois	155 000	0,07 %
Finnois	93 000	0,05 %

e) Autres nationalités

Juifs	2 268 000	1,1 %
Tziganes	132 000	0,07 %
Nationalités du Nord	127 000	0,07 %

Cette liste de nationalités dont sont exclues les ethnies groupant moins de 50 000 représentants, nous rappelle tout d'abord le caractère multinational de l'État soviétique, dont la division administrative en républiques fédérées, républiques autonomes, territoires et districts autonomes ne donne qu'une image simplifiée. La première remarque qui s'impose est l'importance considérable de l'élément slave qui constitue plus des trois quarts de la population totale du pays, et la place prépondérante de la population russe qui, à elle seule, représente plus de la moitié de la population soviétique. A eux seuls, en 1959, les Russes formaient 54,6 % de la population contre 47,5 % en 1926 et 44,3 % en 1897. Pourtant, les Russes, comme la plupart des autres peuples de l'URSS, et notamment ceux des régions occidentales, ont payé un lourd tribut lors des deux guerres mondiales et au cours de la guerre civile de 1917 à 1920. La vigueur démographique que les Russes partagent d'ailleurs avec la plupart des nationalités cohabitantes, au moins jusqu'au début des années cinquante, ne peut donc pas expliquer à elle seule l'augmentation de leur pourcentage dans la population de l'Union, d'autant plus qu'à partir de 1955 le taux d'accroissement naturel des populations slaves a eu tendance à diminuer. Il faut donc envisager deux autres explications. D'une part, les Russes ont sans doute continué à assimiler de façon pacifique, notamment par les mariages mixtes, une partie des populations allogènes minoritaires comme ils l'avaient toujours fait tout au long de leur histoire ; c'est ce qui explique la réduction continue des effectifs de certains peuples résiduels en cours d'extinction comme les Vepses et les Vots de Carélie et d'Ingrie par exemple. Mais, d'autre part, il ne faut pas négliger les conséquences démographiques des purges et des déportations de l'époque stalinienne, qui ont touché davantage certaines nationalités que d'autres. Ce fut le cas par exemple des Kazakhs, victimes de la politique de sédentarisation forcée de Staline ; ils étaient 3 700 000 en 1926, et seulement 3 622 000 en 1959, alors que leur taux d'accroissement naturel était pour cette période de l'ordre de 1,5 % par an. C'est le cas aussi des Meskhets qui ont perdu le quart de leur effectif pendant leur transfert forcé en Asie centrale au cours de l'hiver 1944-1945. C'est encore le cas des populations autochtones des trois républiques baltes. Entre 1934 et 1959, la population estonienne est passée de 1 000 000 à 989 000, la lettone de 1 600 000 à 1 400 000 et la lituanienne de 2 400 000 à 2 336 000, même si dans le cas des États baltes, il faut tenir compte de l'exode vers l'Ouest de 260 000 de leurs ressortissants au moment de la débâcle allemande.

Le recensement de 1959 nous apporte aussi des renseignements intéressants sur les mouvements migratoires internes et nous permet de dresser un premier bilan de l'implantation de « colons » russes dans les républiques périphériques à la lumière du tableau suivant :

POURCENTAGE DES RUSSES
DANS LA POPULATION DES RÉPUBLIQUES FÉDÉRÉES

	1926	1959
RSFS de Russie	77,8	83,3
Ukraine	9,2	16,9
Biélorussie	7,7	8,2
Arménie	2,2	3,2
Azerbaïdjan	9,5	13,6
Géorgie	3,6	10,1
Kazakhstan	19,7	42,7
Kirghizie	11,7	30,2
Ouzbékistan	21,6	13,5
Tadjikistan	0,7	13,2
Turkménistan	8,2	17,3

Pour les républiques baltes et la Moldavie, la comparaison est plus difficile à faire. Mais ce qui est sûr, c'est qu'il y a eu une importante immigration russe dans ces républiques, si bien que, en 1959, les Russes constituaient 20,1 % de la population d'Estonie, 26,6 % de celle de la Lettonie, 8,5 % de celle de la Lituanie, et 10,2 % de celle de la Moldavie. Si l'on se place au niveau des républiques autonomes intégrées à la RSFS de Russie, la pénétration des Russes a été encore plus massive comme le montre les quelques exemples suivants :

POURCENTAGE DES RUSSES
DANS LA POPULATION DE CERTAINES RÉPUBLIQUES AUTONOMES

	1926	1959
RSSA de Kabardo-Balkarie	7,5	38,7
RSSA de Kalmoukie	10,7	55,9
RSSA des Komis	6,6	48,6
RSSA d'Ossétie du Nord	6,6	39,6
RSSA de Tchetchéno-Ingouchie	2,6	49,0
RSSA de Iakoutie	10,4	44,2

Ainsi, partout, les Russes étaient de plus en plus présents, ce qui a contribué à la diffusion de la langue et de la culture russes à travers toute l'Union soviétique, mais, pour beaucoup de peuples, le russe était considéré comme la langue de l'occupant. Cette russification a fait naître et se développer partout un sentiment de russophobie latent dont les événements actuels nous permettent de mesurer toute l'ampleur.

LE RETOUR À LA « LIGNE DURE »

A partir de 1959-1960, on assiste à un durcissement progressif de la politique soviétique dans la plupart des domaines. Déjà, l'écrasement par l'Armée rouge de la révolution hongroise en novembre 1956 avait clairement montré aux « pays satellites » quelles étaient les limites de leur souveraineté. Les relations avec le monde occidental, au beau fixe au moment du voyage de Khrouchtchev aux États-Unis, s'étaient brutalement dégradées après l'affaire de l'avion espion abattu en 1960; puis ce fut la crise de Berlin et la construction du « mur de la honte » en 1961, et l'affaire des fusées installées à Cuba. A l'intérieur, Khrouchtchev était de plus en plus pris à partie par les « conservateurs » qui lui reprochaient ses échecs en politique étrangère et les mauvais résultats de sa politique économique. Tout cela s'était traduit par un durcissement du pouvoir à l'égard de tous ceux qui risquaient d'affaiblir la toute-puissance du régime.

On a d'abord assisté à un renforcement du système répressif mettant fin ainsi à la libéralisation de la justice amorcée par la réforme de 1958. Deux décrets du Présidium du Soviet suprême publiés en mai et juillet 1961 prévoyaient que la peine de mort pourrait être désormais appliquée à ceux « qui dégradent d'une manière importante les bâtiments publics, qui fabriquent de la fausse monnaie, ainsi qu'aux récidivistes dangereux et aux spéculateurs [1] ». Mais ces nouvelles armes juridiques dont se dotait le pouvoir, destinées en principe à punir des délits de droit commun, pouvaient être facilement utilisées

1. B. Féron, *op. cit.*, p. 94 et ss.

contre les opposants politiques presque toujours qualifiés d'« asociaux » et de « hooligans ». De plus, dans certaines républiques, en Russie, dans les républiques baltes, en Géorgie, des peines plus sévères furent prévues contre les oisifs et contre ceux qui vivaient au-dessus de leurs moyens, mais, là encore, l'imprécision des textes laissait la porte ouverte à l'utilisation abusive de ces nouvelles dispositions pénales. Dans le même souci de renforcer l'arsenal répressif, on organisa des groupes de volontaires, les *Droujinyi,* chargés d'aider la police à maintenir l'ordre et d'informer les autorités de toute action suspecte, tandis que des « tribunaux de camarades » se chargeaient de poursuivre les auteurs de délits mineurs au niveau des entreprises ou des quartiers.

Les nationalités non russes qui avaient caressé un moment l'espoir que les nouveaux dirigeants seraient davantage respectueux de leurs droits qu'à l'époque stalinienne se rendirent compte dès 1959-1960 que Moscou revenait peu à peu aux méthodes centralisatrices et répressives d'autrefois.

Dans les républiques baltes où, à la faveur de la déstabilisation, les dirigeants communistes locaux avaient commencé à se dégager de la tutelle des cadres russes, la réaction de Moscou fut rapide et brutale. Lorsqu'en 1959 le Parti letton, à l'initiative du deuxième secrétaire Eduards Berklavs, voulut attribuer à des Lettons des postes importants tenus par des Russes et des Ukrainiens, et lorsque fut envisagé un renforcement de l'enseignement du letton dans les lycées et à l'université de Riga, Khrouchtchev réagit violemment; il se rendit en personne à Riga pour mettre en garde solennellement les dirigeants lettons contre toute renaissance du « nationalisme bourgeois ». Pour donner plus de poids à cet avertissement, Khrouchtchev avait fait venir également les premiers secrétaires des PC estonien et lituanien, Ivan Käbin et Antonas Snieckus. A la suite de la visite de Khrouchtchev, le PC letton fut épuré; le premier secrétaire Janis Kalberzins fut déchargé de ses fonctions « à sa propre demande » et le deuxième secrétaire Berklavs fut destitué ainsi que le Premier ministre Lacis. Le poste de premier secrétaire fut confié à un Letton de formation russe, Arvid Pelche, avec un Russe pour second [1]. La servilité de Pelche à ses maîtres soviétiques était telle qu'il n'hésitait pas à approuver chaleureusement l'arrivée dans son pays de « colons slaves », et il se disait fier « que la composition nationale de la république soit internationale [2] ».

En Arménie, le durcissement du pouvoir à l'égard des cadres locaux du Parti accusés de tendances centrifuges et nationalistes s'était traduit par la destitution du président Arouchanian remplacé aussitôt par un fidèle de Moscou, Saakyan. D'autres changements eurent encore lieu à l'issue du XXIIe congrès du PC arménien; Zarobian et Bagdassarian remplacèrent Tovmassian et Margarian à la tête du Parti en tant que premier et second secrétaire [3]. En Géorgie, où les émeutes de mars 1956 avaient provoqué une brutale intervention de l'Armée rouge, le nouveau premier secrétaire, Mjavanadzé, pratiqua dès lors une politique rigoureuse sur le plan idéologique, brisant dans l'œuf toute velléité de revendications à caractère nationaliste; en revanche, il se montra beaucoup plus souple au niveau des questions économiques, laissant même se développer une « économie parallèle » plus ou moins tolérée par les autorités mais qui déboucha vite sur une corruption généralisée [4].

En Ukraine, à la faveur du dégel des premières années Khrouchtchev, l'opposition nationaliste tenta de faire à nouveau entendre sa voix. Une *Union ukrainienne des travailleurs et des paysans* avait été créée en 1961 dans la clandestinité à l'initiative de Levko Loukanienko; son but était la réalisation de l'indépendance de l'Ukraine par des moyens constitutionnels. Il est vrai que la Constitution de 1936 prévoyait en son article 17 que « chaque république fédérée conserve le droit de sortir librement de l'URSS ». Arrêté par la police, Louvanienko, dont l'influence était assez grande en Ukraine occidentale, fut condamné à mort pour trahison, mais sa peine fut commuée en quinze

1. A. Berzins, *les Peuples baltes sous la botte soviétique*, in *Témoignages*, n° 64/1968, p. 8.
2. *Sovietskaïa Latviya*, 14 octobre 1964.
3. J.-P. Alem, *op. cit.*, p. 90.
4. S.N. Gougouchvili et D.O. Zourabichvili, *op. cit.*, p. 87.

ans de camp de travail [1]. Tout comme à l'époque de Staline, il y avait dans l'URSS de Khrouchtchev une grande différence entre les textes juridiques et la réalité.

Dans les républiques musulmanes, en revanche, le pouvoir soviétique semble avoir fermé les yeux sur la perduration des traditions culturelles islamiques. Mieux même, un « islam officiel » a été habilement utilisé à des fins de politique extérieure; son porte-parole était le mufti de Tachkhent, Zia-ud-Din khan Babakhanov, qui succéda à son père en 1957 à la tête de la direction spirituelle des musulmans d'Asie centrale et du Kazakhstan. Le mufti se fit l'ardent défenseur de la collaboration entre les musulmans soviétiques et le régime; il fut souvent chargé par le gouvernement soviétique de missions officielles dans les pays du Proche-Orient. Ici, les intérêts majeurs de la diplomatie soviétique l'emportaient sur l'idéologie athée [2]. Les nouveaux dirigeants des républiques musulmanes nommés à l'époque de Khrouchtchev surent en général habilement canaliser la tradition musulmane et l'utiliser au profit du pouvoir central qui, en général, leur laissait une assez large autonomie. C'est ce qui se passa au Kazakhstan avec Teimour Kunaev qui procéda au remplacement progressif des cadres russes du PC kazakh par des autochtones, en Kirghizie avec Turdakun Usubaliev, en Ouzbékistan avec Charaf Rachidov, au Tadjikistan avec Djabar Rasulov et en Turkménie avec Mukhamed Gapurov. Ainsi, dans le cadre de l'Asie centrale naissait peu à peu un « Islam soviétique » où coexistaient l'idéologie officielle marxiste et la tradition musulmane, et dont le poids dans la population de l'URSS s'affirmait de plus en plus.

Le durcissement du pouvoir que l'on a pu constater dans certaines républiques a été accompagné partout d'une reprise de la persécution contre les Églises chrétiennes, surtout à partir de 1959. A la faveur de la guerre, on avait assisté en URSS à un renouveau de la religion, et Staline par opportunisme avait fait quelques concessions à l'Église orthodoxe russe associée ainsi à la défense de la patrie contre l'envahisseur allemand. La hiérarchie avait

1. *Cf. Hérodote*, n° 54-55, 1989, p. 91.
2. V. Monteil, *op. cit.*, p. 181 et ss.

été rétablie, et de nombreux lieux de culte fermés dans les années trente avaient été rendus à leur usage traditionnel. Dans les premiers temps, Khrouchtchev poursuivit cette politique de relative tolérance et l'étendit même aux Églises périphériques; c'est ainsi qu'à la faveur de l'amnistie de 1955 de nombreux prêtres catholiques et uniates furent libérés. Cependant, à partir de 1959, la lutte contre la religion fut à nouveau à l'ordre du jour. Constatant que « l'influence de la religion continue à se faire sentir de nos jours [...] parmi une importante partie de la population », le pouvoir décida de reprendre d'une façon active le combat pour l'athéisme. De nombreuses églises furent à nouveau fermées et, entre 1959 et 1962, le nombre des édifices religieux affectés au culte passa de 20 000-22 000 à 11 500, tandis que celui des séminaires était ramené de 8 à 3. Parallèlement, les effectifs du clergé orthodoxe diminuèrent de moitié pour atteindre le chiffre de 14 500 prêtres au début de 1962. Le nombre des monastères en activité qui s'élevait à 69 en 1958 fut ramené à une trentaine en 1962 et à 10 en 1964. Les autorités revinrent à la stricte application du décret stalinien du 8 avril 1929 sur les associations religieuses, qui retirait au clergé la gestion des paroisses pour l'attribuer à un Conseil exécutif composé de laïcs, élu par les fidèles et présidé par le marguillier. Le concile de l'Église orthodoxe réuni à Zagorsk en juillet 1961 se vit contraint d'accepter ce renforcement du contrôle de l'État sur les associations religieuses [1]. L'année suivante, une nouvelle disposition précisa que l'élection du Conseil exécutif devait être entérinée par les autorités locales. Le prêtre, déjà sous la surveillance permanente du marguillier qui épiait ses faits et gestes pour le compte de la police, était placé désormais sous le contrôle des autorités locales. Devant cette situation, à la fin de 1963, un certain nombre de croyants lancèrent un appel à l'aide aux Patriarches des Églises orthodoxes du Proche-Orient [2], mais sans résultat. Il est vrai que la propagande officielle insistait toujours devant les étrangers sur la liberté religieuse qui régnait en URSS. Khrouchtchev accepta même

1. N. Struve, *op. cit.*, p. 255 et ss.
2. B. Féron, *op. cit.*, p. 108-110.

que l'Église orthodoxe russe participe aux travaux du Conseil mondial des Églises dont elle devint officiellement membre en 1960. A l'égard des autres Églises chrétiennes, la politique du pouvoir fut sélective. Les Églises d'Arménie et de Géorgie échappèrent en général aux mesures antireligieuses prises à partir de 1959. En revanche, dans les républiques baltes et en Ukraine occidentale, la politique antireligieuse fut renforcée. Il faut cependant mettre à part les Églises protestantes qui furent relativement épargnées dans la mesure où elles avaient perdu une partie de leur influence (500 000 membres réels en Lettonie en 1960 contre 1 070 000 en 1940, et le déclin fut identique en Estonie). En 1962, les Églises luthériennes d'Estonie et de Lettonie furent admises elles aussi au Conseil mondial des Églises [1]. En Lituanie, l'Église catholique, qui avait profité de l'accalmie des années 1954-1959 pour se réorganiser, dut à nouveau faire face à une nouvelle vague de persécutions. Des églises rouvertes en 1954 furent à nouveau fermées en 1960. Le recrutement des candidats à la prêtrise fut limité par un numerus clausus plus sévère. Le séminaire de Kaunas, qui accueillait encore 300 étudiants en 1947, n'était plus autorisé à en recevoir que 75 en 1955, et ce seuil fut abaissé à 50 en 1960. Les activités des quelque 400 prêtres encore en activité furent sévèrement contrôlées ; l'un d'entre eux, le père Balciunas, fut condamné en 1961 à vingt-cinq ans de prison pour avoir organisé un déplacement de jeunes [2]. Et, paradoxe, tandis qu'il persécutait sur place les catholiques, Khrouchtchev envoyait à Rome sa fille et son gendre Alexis Adjoubeï où ils furent reçus par le pape Jean XXIII. Cette visite permit toutefois la libération en février 1963 de l'archevêque uniate de Lvov, Mgr Slipyi, mais celui-ci ne put regagner son diocèse et dut s'exiler à Rome. Les Uniates, malgré tout, demeurèrent attachés à leur Église et continuèrent à pratiquer leur culte dans la clandestinité.

Cette même ambiguïté se retrouve dans de nombreux autres aspects de la politique de Khrouchtchev, en particulier dans sa politique à l'égard des écrivains. L'affronte-

1. N. Struve, *op. cit.*, p. 223-226, p. 232.
2. *Ibid.*, p. 228.

ment entre écrivains « conservateurs » ou « officiels » et écrivains « modernistes » ou « novateurs » était permanent, avec pour arbitre le pouvoir politique. Ainsi, en 1962, la censure laissa publier successivement dans la *Pravda* le poème d'Evtouchenko sur *les Héritiers de Staline,* où l'auteur attaquait à mots couverts certains membres staliniens de la direction du Parti, et dans *Novy Mir* le récit court mais combien révélateur d'Alexandre Soljenitsyne, auteur alors inconnu, intitulé *Une journée d'Ivan Denissevitch,* qui décrit dans toute sa dure réalité la vie des détenus dans les camps staliniens. Mais l'espoir retombe vite lorsque, à quelque temps de là, le 1er décembre 1962, à l'occasion d'une visite à une exposition de peinture, Khrouchtchev se lance dans une violente diatribe contre l'art moderne. Puis, le 8 mars 1963, s'adressant aux artistes et aux intellectuels, Khrouchtchev réaffirme la nécessité pour les artistes de se plier aux règles du réalisme socialiste. En fait, les écrivains et artistes contestataires se bornaient à demander le droit à la liberté de création. Ce droit comme bien d'autres leur était refusé; ceux qui ne respectaient pas les directives risquaient, comme ce fut le cas en février 1964 pour le poète Brodski, d'être condamnés pour « parasitisme social [1] ». A plus forte raison, les artistes et les écrivains des nationalités allogènes, s'ils s'écartaient des canons de l'art « officiel » ou s'ils manifestaient dans leurs écrits un attachement trop marqué à leur terroir, devenaient aussitôt des « voyous » ou des « nationalistes bourgeois », donc des « ennemis du socialisme ».

Le dégel, pour les peuples et les nations d'URSS, fut de courte durée. En dépit du retour rapide à la « ligne dure », la libéralisation toute relative de la fin des années cinquante a permis une certaine extériorisation des sentiments nationaux de tous les peuples de l'Union. Malgré des dizaines d'années de persécution et de répression, l'attachement des peuples à leurs traditions culturelles et religieuses est demeuré intact partout. Ce sentiment national se manifeste chez les Russes par leur fidélité à la foi orthodoxe qui s'exprime publiquement chaque fois

1. B. Féron, *op. cit.*, p. 141 et ss.

que cela est rendu possible, chez les musulmans par la persistance des traditions de l'islam dans la vie privée autant que dans la vie publique, ou bien chez les Baltes par l'attachement à leur identité nationale et par le refus permanent d'accepter le coup de force de 1940.

Devant ce qui constitue sans doute le plus grand échec du régime, Khrouchtchev, pris au piège du « dégel » et de la « déstabilisation », a réagi au coup par coup et de façon souvent contradictoire et désordonnée. En cela il fut différent de ses prédécesseurs. Mais en même temps, Khrouchtchev a entrouvert la porte à un timide vent de liberté qu'il sera désormais difficile de maîtriser, même s'il faudra encore attendre un quart de siècle pour qu'il provoque l'effondrement de tout l'édifice.

XVI

IMMOBILISME DU POUVOIR ET RÉSIGNATION APPARENTE DES PEUPLES : L'ÉPOQUE DE BREJNEV (1964-1982)

On a pris l'habitude de qualifier les deux décennies pendant lesquelles Leonid Brejnev a exercé les responsabilités suprêmes dans le Parti et dans l'État comme des années de stagnation et d'immobilisme, des années où le pouvoir cherche plus à consolider que réformer. Après la politique de « dégel » inaugurée par Khrouchtchev, on a l'impression que le pouvoir central s'efforce de reprendre en main la situation, une situation devenue plus difficile à contrôler et à maîtriser depuis que, après l'élimination de Béria et la déstalinisation, une partie de l'appareil de répression a été démantelée et que ce qu'il en est resté, malgré les pouvoirs qui lui ont été rendus, a été totalement discrédité et unanimement détesté.

LE PERSONNAGE DE BREJNEV

Après le limogeage de Khrouchtchev, les fonctions de Premier secrétaire du Comité central du PCUS furent attribuées à Leonid Ilitch Brejnev. Le nouvel homme fort du Parti représentait la « jeune génération » qui avait été promue par Staline à l'occasion du XIXe Congrès de 1952. Brejnev, né en 1906, un Ukrainien russifié, après un début de carrière dans l'organisation régionale du Parti à Dniepropetrovsk – en Ukraine, son pays natal –, avait servi au cours de la « grande guerre patriotique » d'abord en Transcaucasie puis en Ukraine où, avec le grade de général, il avait exercé les fonctions de Commissaire politique auprès des armées. Après la guerre, Brejnev exerça les fonctions de premier secrétaire du Parti en Moldavie (1950-1952), puis siégea au secrétariat du Comité central du PCUS d'abord en 1952-1953, puis à nouveau à partir de 1960. Entre-temps, il joua un rôle important au Kazakhstan en tant que second puis premier secrétaire du PC de 1956 à 1960, à l'époque du lancement de la politique de mise en valeur des « terres vierges ». Au moment de la chute de Khrouchtchev, Brejnev occupait également les fonctions honorifiques de président du Soviet suprême d'URSS.

Homme jeune, ingénieur de formation, Leonid Brejnev, que l'on considérait comme le protégé et le « dauphin » de Khrouchtchev, connaissait bien la question des nationalités en raison des nombreux postes qu'il occupa hors de la RSFS de Russie; mais en fait, dans toutes les républiques fédérées où il passa, il symbolisait la toute-puissance du PCUS qui parachutait ses hauts responsables pour veiller à l'exécution de ses décisions.

Dès l'accession au pouvoir de Brejnev, un certain nombre de changements furent opérés dans les instances dirigeantes du pays. Alexis Kossyguine remplaça Khrouchtchev à la tête du Conseil des ministres de l'URSS, tandis qu'Anastase Mikoyan devenait président du Présidium du Soviet suprême en remplacement de Brejnev. Mais le 9 décembre 1965, Mikoyan abandonna cette fonction au profit de Nicolas Podgorny. Très rapidement, avec Brejnev, on revint à la concentration des pouvoirs dans la bonne vieille tradition stalinienne. A l'issue du XXIIIe congrès du PCUS (29 mars-8 avril 1966), Brejnev se vit conférer le titre de Secrétaire général du Parti, porté autrefois par Staline et auquel avait renoncé Khrouchtchev. Il ne lui manquait plus que le titre de président du Soviet suprême qu'il reçut le 16 juin 1977 après le limogeage de Podgorny. Entre-temps, on avait décerné à Brejnev en 1973 le prix international Lénine pour sa contribution à l'amitié entre les peuples et à la paix, et, en 1976, on l'avait élevé à la dignité de maréchal d'URSS en raison de ses actions « éminentes » au cours de la guerre [1]. Ainsi, le culte de la personnalité « officiellement » condamné au lendemain de la disparition de Staline retrouvait droit de cité en Union soviétique, mais, en dépit de cette apparente « restauration », l'esprit n'y était plus car les temps avaient changé.

UN POUVOIR DE PLUS EN PLUS CENTRALISÉ

L'essentiel des préoccupations de la nouvelle direction mise en place le 14 octobre 1964 fut de remettre sur les rails le système de centralisation qui avait fait la preuve de son efficacité à l'époque stalinienne et qui avait été quelque peu mis à mal par les revirements successifs de la politique de Khrouchtchev. Brejnev, en effet, avait pris conscience qu'il existait un fossé profond entre les « masses », toutes nationalités confondues, et la classe dirigeante. Il connaissait aussi parfaitement l'état d'esprit des populations allogènes tel qu'il avait pu le constater lui-même sur le terrain à l'occasion des fonctions qu'il avait exercées dans les républiques fédérées. Il savait que, malgré la présence à la tête des républiques fédérées de dirigeants autochtones prorusses par conviction, par nécessité ou par opportunisme, les peuples allogènes demeuraient majoritairement hostiles au pouvoir soviétique, assimilé par tous, à tort ou à raison, à un pouvoir russe.

Dans les républiques baltes, les populations locales qui avaient toujours présentes à l'esprit les déportations massives de l'immédiat avant-guerre et de l'après-guerre, restaient très attachées au souvenir de l'époque où leurs pays étaient indépendants et n'avaient que mépris pour les « colons » russes ou slaves qu'on avait installés chez eux. Il en était de même en Géorgie et en Arménie, même si pour des raisons liées à l'Histoire les Arméniens, quoique manifestant des sentiments nationaux très développés, témoignaient moins d'hostilité à l'égard des Russes que les Géorgiens qui avaient ressenti la déstalinisation comme une injure faite à leur peuple. En Moldavie

1. Brejnev se verra même décerner en avril 1979 le prix Lénine de littérature.

soviétique, les populations roumanophones, passives en apparence, ne restaient pas indifférentes à ce qui se passait en Roumanie voisine où la nouvelle équipe dirigeante conduite par Nicolae Ceaucescu donnait l'impression de mener une politique « indépendante » vis-à-vis de Moscou. En Azerbaïdjan, chez les peuples musulmans du Caucase et dans les républiques musulmanes d'Asie centrale, les populations autochtones, majoritaires dans les campagnes – sauf au Kazakhstan –, semblaient passives mais restaient profondément attachées à leurs traditions culturelles et religieuses soigneusement entretenues, et refusaient le contact avec les nombreux résidents russes ou ukrainiens présents en milieu urbain et dans le secteur industriel.

Brejnev était parfaitement informé de la réalité de la situation dans les républiques périphériques et se rendait bien compte que tout affaiblissement du pouvoir central provoquerait inévitablement des troubles là où les peuples allogènes avaient un sentiment national développé. En revanche, il était suffisamment lucide pour savoir qu'un retour à la dictature de type stalinien et aux méthodes de répression brutale était devenu impossible après les douze années d'accalmie de l'époque Khrouchtchev. Comme le remarquait Michel Garder, « les jeunes générations pourraient, en particulier, se montrer moins résignées que les anciennes. Les millions de rescapés des camps staliniens seraient également susceptibles de réactions brutales. Mais même en supposant le triomphe de la force, ce recours à la terreur ne pourrait s'effectuer qu'au détriment du développement économique du pays et de son rayonnement à l'extérieur [1] », et cela d'autant plus que la « détente » avec le monde capitaliste demeurait à l'ordre du jour et que, depuis 1960, les relations entre Moscou et Pékin s'étaient considérablement dégradées, ce qui obligeait l'Union soviétique à maintenir un important dispositif militaire tout le long de la frontière sino-soviétique.

Il s'agit donc pour Brejnev de maintenir à Moscou un pouvoir centralisé indispensable à la cohésion de

1. M. Garder, *l'Agonie du régime en Russie soviétique, op. cit.*, p. 116.

l'empire, tout en donnant des gages de bonne volonté aux républiques fédérées, souvent plus apparents que réels.

Le pouvoir centralisé demeure la base du système sous Brejnev comme tous ses prédécesseurs, mais dispose aussi de relais qui permettent d'apaiser les peuples allogènes toujours sur la défensive face au pouvoir central. A la tête de l'appareil du Parti se trouve, depuis la réorganisation intervenue en novembre 1964, le Présidium du Comité central du PCUS [1] dont le président est toujours le Premier secrétaire puis secrétaire général du Comité central, Leonid Brejnev. Outre Brejnev, le Présidium comprend dix autres membres titulaires, huit Russes, un Ukrainien, Pietr Chelest, et un Arménien, Anastase Mikoyan, qui est en fait beaucoup plus un apparatchik qu'un représentant de sa nationalité d'origine; il comprend aussi six membres candidats (membres suppléants), trois Russes, un Biélorusse, Mazourov, un Géorgien, Mjavanadzé, et un Ouzbek, Rachidov. Le Biélorusse Mazourov deviendra membre titulaire en 1965. Les effectifs du Politburo furent augmentés au cours des « années Brejnev », mais avec toujours un dosage subtil entre Russes et non-Russes. Le Politburo issu du XXVIe congrès de 1981 comprenait 14 membres titulaires et 8 membres candidats. Parmi les titulaires, outre Brejnev, Ukrainien russifié, on trouvait 6 Russes (Andropov, Gorbatchev, Grichine, Romanov, Souslov, Oustinov), 1 Biélorusse (Gromyko), 4 Ukrainiens (Kirilenko, Tikhonov, Tchernenko, Chteherbitski), 1 Kazakh (Kounaev) et 1 Letton (Pelché), soit 11 représentants des nationalités slaves. Du côté des candidats membres, il y avait 4 Russes (Demitchev, Kouznetsov, Ponomarev, Solomentsev) à côté d'1 Azerbaïdjanais (Aliev), 1 Biélorusse (Kiselev), 1 Géorgien (Chevarnadzé) et 1 Ouzbek (Rachidov). Sous l'autorité du Présidium, le secrétaire du Comité central exerce la réalité du pouvoir, il est composé de 10 membres dont le Premier secrétaire puis secrétaire général, Leonid Brejnev, assisté de 9 secrétaires, tous

1. Le Présidium du Comité central du PCUS a remplacé en 1952 le Bureau politique (Politburo); en 1966, Brejnev reviendra à l'ancienne structure avec le retour à l'ancienne appellation du Bureau politique en lieu et place du Présidium.

russes. Le secrétariat issu du XXVIe congrès comprend toujours 10 membres tous slaves (6 Russes, 1 Ukrainien russifié, 2 Ukrainiens et 1 Biélorusse). Auprès du secrétariat existe depuis 1961 un Comité de contrôle du Parti, dirigé de 1966 à 1983 par Arvid Pelché, un Letton d'éducation russe. A côté de l'exécutif du Parti, le Comité central joue le rôle d'un véritable Parlement composé de 195 membres titulaires auxquels il faut ajouter les 165 candidats membres, tous désignés sur proposition de la section « cadres » du secrétariat [1]. Le Comité central se réunit sur convocation du Présidium pour prendre des décisions importantes, ou plutôt pour ratifier celles déjà décidées par le secrétariat. On remarquera l'importance de l'effectif des représentants des nationalités slaves au sein des organes dirigeants du PCUS, alors qu'ils ne représentaient que 79,7 % des 17 480 768 membres du PCUS (1981). Les Russes, qui représentent 60 % des effectifs du Parti, occupent 80 % des postes de haute responsabilité. On notera également l'absence de représentants de l'Arménie, de l'Estonie, de la Lituanie, de la Moldavie, de trois des républiques musulmanes d'Asie centrale (Kirghizie, Tadjikistan et Turkménistan), et des populations des républiques et territoires autonomes. C'est là la poursuite de la tradition inaugurée par Staline avec comme corollaire la réaction des peuples non slaves qui identifient le pouvoir communiste au pouvoir russe.

Ces structures du parti se retrouvent dans toutes les républiques fédérées, à l'exception de la RSFS de Russie qui dépend directement du comité central du PCUS. Depuis 1956, rompant ainsi avec la tradition stalinienne, l'habitude s'est peu à peu établie de confier les fonctions du Premier secrétaire à un autochtone, et celles de second secrétaire à un Russe, mais ce dernier poste est en réalité le plus important car, depuis le début des années soixante, c'est le deuxième secrétaire qui représente la direction centrale du PCUS et c'est lui qui propose les candidatures pour l'attribution des postes de responsabilité dans les républiques fédérées. Mais ce système dua-

1. Le nombre des membres titulaires et des membres suppléants n'est pas resté fixe au cours des « années Brejnev ». A l'issue du XXVIe congrès, il y avait 319 membres titulaires et 151 suppléants.

liste souffre quelques exceptions liées à des situations particulières, et a évolué. Ainsi en 1977, en Biélorussie, le premier et le second secrétaire étaient tous deux autochtones, tandis qu'en Lettonie, à côté du premier secrétaire autochtone August Voss, entré en fonctions en 1966, le second secrétaire n'était pas un Russe comme on pouvait s'y attendre, mais l'Ukrainien Beloukha nommé en 1963 [1]. Cette dualité pouvait se justifier dans la mesure où vivait sur place une minorité russe importante comme en Ukraine où l'élément russe représentait près de 20 % de la population, et à plus forte raison au Kazakhstan où les Russes, avec 42,4 % de la population de la république en 1970, étaient plus nombreux que les Kazakhs, mais était mal ressentie dans les républiques où les Russes étaient en très petit nombre comme en Arménie (2,7 % de la population en 1970), en Géorgie (8,5 %) ou en Lituanie (8,6 %). Ainsi par le biais du secrétariat général du PCUS et de sa « courroie de transmission » à l'échelon local représenté par le deuxième secrétaire, c'était le pouvoir central qui avait la haute main sur les instances locales du Parti.

La même mainmise du secrétariat général du PCUS se retrouve au niveau des institutions de l'État, et en premier lieu au niveau du Conseil des ministres de l'URSS dont le président et les membres sont proposés par la direction du Parti, puis nommés par le Présidium du Soviet suprême devant lequel ils sont responsables, les membres des deux Chambres du Soviet suprême se bornant, simple formalité, à entériner le choix des instances supérieures. Théoriquement, le Présidium du Soviet tient compte dans sa composition du caractère fédéral de l'État soviétique. A côté du président du Présidium en effet, il y a quinze vice-présidents qui représentent chacun une des républiques fédérées, avec en plus un secrétaire et seize autres membres. Les institutions de l'État, au niveau des républiques fédérées, sont semblables à celles du pouvoir fédéral, à quelques nuances près. On retrouve dans chaque république fédérée un présidium, un soviet suprême, un gouvernement, mais toutes ces instances étatiques fonctionnent sous le contrôle du secréta-

1. H. Carrère d'Encausse, *l'Empire éclaté, op. cit.*, p. 149-154.

riat des partis communistes locaux, dont le personnage clé est le deuxième secrétaire, émanation de la direction du PCUS. En fait, à tous les niveaux de l'État, tout se rattache donc aux instances supérieures du PCUS, et cela est encore renforcé par le fait que la plupart des membres du gouvernement fédéral ou des gouvernements des républiques fédérées siègent au Comité central du PCUS et parfois même au secrétariat ou au Politburo.

Sur ce plan-là, les « années Brejnev » n'ont donc apporté aucun changement fondamental dans les institutions au moins jusqu'en 1977, date de l'entrée en application d'une nouvelle Constitution. Après les années fertiles en changements et en rebondissements de la « décennie Khrouchtchev », c'est le retour à une « normalisation » qui dériva vite vers l'immobilisme. Les changements de personnes dans les postes de haute responsabilité sont exceptionnels, et c'est le plus souvent la maladie ou la mort qui provoquent l'arrivée de figures nouvelles. Ainsi, Alexis Kossyguine a dirigé le gouvernement soviétique du 14 octobre 1964 jusqu'à sa démission pour raison de santé le 23 octobre 1980 – il devait mourir le 18 décembre suivant –, et il sera remplacé par Nicolai Tikhonov. La centralisation stalinienne a donc été rétablie dans son intégralité par Brejnev. Certaines mesures de décentralisation prises en son temps par Khrouchtchev ont été abandonnées. C'est ainsi que le poste de ministre fédéral de l'Intérieur, supprimé en 1960 et dont les compétences avaient été transférées aux ministères de l'Intérieur des républiques fédérées, fut reconstitué en 1966, restaurant ainsi la toute-puissance du pouvoir central sur les forces de sécurité et de maintien de l'ordre.

Dans ce pays dirigé par une équipe de vieillards conservateurs, mais où la majorité de la population appartient à des générations qui n'ont pas ou peu connu les années trente, ni même la guerre, et qui aspirent à davantage de liberté, Brejnev, par souci de réalisme, s'efforce de donner quelques satisfactions d'ordre matériel à la population. En particulier, la population rurale jusque-là sacrifiée sur l'autel de l'idéologie ouvriériste et de la priorité à l'industrie bénéficiera enfin de la protection sociale dont elle avait été privée jusque-là, avec la création d'un salaire minimum et d'une retraite-vieillesse pour les kolkhoziens. Le tout accompagné d'un plan de réforme pour la gestion des entreprises destiné à améliorer leur fonctionnement et à permettre de dégager des « fonds de stimulation » destinés aux travailleurs sous forme de primes et d'avantages sociaux, et aux entreprises elles-mêmes pour leur autofinancement. Tout se passe comme si, par souci de réalisme, le pouvoir brejnévien cherchait à faire oublier le conservatisme idéologique et politique par l'amélioration des conditions de vie de la population.

L'APPARITION DE LA DISSIDENCE ET SES PREMIÈRES MANIFESTATIONS

Les populations des républiques fédérées, y compris celles de la république de Russie, Russes inclus, sont tout à fait conscientes que la réalité du pouvoir est entre les mains du PCUS et de ses représentants locaux. Toutes savent bien que tout dirigeant autochtone, même de haut rang, qui cherche à défendre les droits de ses compatriotes est aussitôt taxé de « nationaliste bourgeois » et limogé sans autre forme de procès. Ce fut le cas entre autres de l'Ukrainien Pietr Chelest, premier secrétaire du PC d'Ukraine de 1962 à 1973 et membre titulaire du bureau politique du PCUS de 1964 à 1973. Attaqué par la presse officielle pour ses prétendues prises de position nationalistes dans son livre *Oh! notre Ukraine soviétique*, publié à Kiev en 1970 – où on lui reprochait d'avoir trop idéalisé le passé ukrainien et d'avoir omis d'insister sur le rôle joué par la Russie dans la libération de l'Ukraine du joug étranger et sur l'aide apportée par Lénine aux révolutionnaires ukrainiens [1] –, Chelest perdit toutes ses fonctions au sein du Comité central du PCUS et fut cantonné dans le poste honorifique de vice-président du Conseil des ministres d'URSS dont il fut d'ailleurs déchargé l'année suivante. Mais les temps avaient quand même changé par rapport à l'époque stalinienne, car Chelest ne fut pas expédié vers un quelconque goulag!

1. *Le Monde*, 27 avril 1973.

A de rares exceptions près, les peuples allogènes ont eu en face d'eux des dirigeants locaux qui se sont faits les porte-parole du pouvoir central. Là où la consience nationale était développée, les populations ont tenté de vivre hors du système en conservant leur culture et leurs traditions en dépit de l'enseignement officiel qui cherchait à les mouler dans le cadre monolithique de la « patrie soviétique » ; elles ont su tirer parti des quelques libertés obtenues depuis la mort de Staline, ou des quelques tolérances tacitement accordées par des autorités locales soucieuses d'éviter une contestation trop voyante qui provoquerait leur propre limogeage.

Cette tolérance toute relative, interrompue fréquemment par des coups de semonce du pouvoir qui se traduisent par des procès intentés aux contestataires les plus bruyants et les plus connus, a permis cependant la lente émergence d'une opposition pacifique, à la fois en Russie et dans les autres républiques fédérées. C'est le début de ces mouvements de « dissidence » contre lesquels la réforme du code pénal en 1966 avait renforcé l'arsenal de la répression.

Les premières manifestations de la dissidence sont apparues en 1965-1966 sous la forme d'une littérature clandestine distribuée sous le manteau, que l'on désigne sous le nom global de *samizdat*. Ce terme est formé des mots *sam* (« soi-même ») et *izdatj* (« éditer »). Il s'agit de publications *autoéditées*, le plus souvent sous forme dactylographiée, qui échappent à la censure. Le rôle des samizdats était d'attirer l'attention de leurs lecteurs, et en premier lieu des intellectuels, sur les atteintes à la liberté, mais aussi de faire connaître au public des œuvres littéraires qui n'auraient jamais été acceptées par la censure. C'est ainsi qu'en 1966 fut publié sous forme de samizdat le récit de Varlam Chalamov intitulé *Kolyma : récits de la vie des camps*. Une autre possibilité pour les écrivains dissidents de faire connaître la vérité sur le système concentrationnaire soviétique à l'époque stalinienne et après consistait à faire passer leurs manuscrits à l'étranger pour les y faire publier, à condition encore que l'éditeur étranger ne soit pas l'objet de pressions de son propre gouvernement soucieux de préserver les acquis de la « détente ».

C'est par ce moyen cependant que furent connus du monde occidental dès 1968 *le Pavillon des cancéreux* et *le Premier Cercle* de Soljenitsyne, avant que ne sortît en 1973 le premier volume de *l'Archipel du goulag* dont la portée fut considérable en Occident, car ce livre contribua largement à la désacralisation du régime communiste d'URSS aux yeux de l'intelligentsia occidentale. Cette dernière publication de celui qui, en 1970, avait reçu déjà le prix Nobel de littérature pour ses ouvrages précédents, provoqua une vive réaction du pouvoir. Soljenitsyne fut arrêté le 12 février 1974 et expulsé d'URSS le lendemain, avant d'être déchu de sa nationalité.

Mais déjà auparavant, les procès et les condamnations d'écrivains comme Siniavski et Daniel en février 1966, le procès de dissidents comme celui de Galanskov, Dobrolovski, Lachkova et Guinzbourg en janvier 1968, les protestations contre l'intervention armée en Tchécoslovaquie en août 1968 pour mettre fin à l'expérience de « socialisme à visage humain » tentée par Alexandre Dubcek, tout cela se trouvait évoqué dans les samizdats, et notamment dans la *Chronique des événements en cours* publiée d'une façon régulière depuis avril 1968. Les interventions d'un « Groupe d'initiative pour la défense des droits civiques » fondé par l'historien Pierre Yakir d'origine juive et par le mathématicien d'origine ukrainienne Leonid Plioutch, les appels répétés du physicien Andreï Sakharov en faveur de la démocratisation du régime et du droit des peuples allogènes, la création d'un « Comité pour les Droits de l'homme » par le même Andreï Sakharov en novembre 1970, tout cela constituait autant de signes révélateurs de l'existence d'une véritable opposition en URSS, que le pouvoir qualifiait sans doute de « marginale », mais qui était devenue une réalité dont il fallait tenir compte. Face à cette situation, le pouvoir ripostait par de nouveaux procès comme celui de Boukovsky, ou par des internements en asile psychiatrique comme ce fut le cas pour Plioutch, par l'arrestation et l'internement dans des « camps à régime sévère » pour ceux qui publiaient ou diffusaient les samizdats. L'année 1972 fut marquée par l'arrestation de la plupart des responsables de la *Chronique des événements en cours*, mais ces mesures répressives furent incapables de freiner le développement de cette littérature « subversive ». Les intellectuels dissidents ne furent pas les seuls à subir les foudres du pouvoir en raison de leurs prises de position en faveur des Droits de l'homme. Au sein de l'Église orthodoxe russe, les prêtres qui osaient dénoncer publiquement la passivité de la hiérarchie face aux entraves apportées par l'État au libre exercice des cultes pourtant garanti par l'article 124 de la Constitution de 1936, étaient systématiquement arrêtés et poursuivis. Certains, comme le père Doudko, durent publiquement reconnaître qu'ils s'étaient trompés; d'autres, comme le père Iakounine, fondateur du « Comité de défense des croyants », furent condamnés à de lourdes peines de prison. Et les sanctions étaient encore plus sévères lorsqu'il s'agissait des catholiques grecs uniates d'Ukraine ou de Biélorussie, car outre le délit d'atteinte à l'ordre public, on les sanctionnait pour « activités nationalistes ».

Le mouvement de dissidence se développa également dans les républiques périphériques. Dans les républiques baltes, où les populations n'avaient jamais accepté leur incorporation par la force à l'Union soviétique, la dissidence se manifesta par la publication de nombreux samizdats et par la formation de groupes et d'associations clandestines. En Estonie, la population était mieux informée dans la mesure où, en raison de la proximité géographique et de la parenté linguistique, elle pouvait capter les émissions de la radio et surtout de la télévision finlandaises. Au début des années soixante-dix, deux mouvements de dissidence virent le jour, le « Mouvement démocrate estonien » et le « Front national estonien », largement soutenus par la population; les dissidents publiaient de nombreux samizdats dont l'un deux, le *Démocrate estonien* était un véritable mensuel d'information. En Lituanie, la dissidence s'appuyait sur l'Église catholique qui, en dépit des persécutions subies depuis 1944, conservait toute son influence dans une population demeurée fidèle à sa foi. Dès la fin des années soixante, à l'initiative des fidèles et avec l'appui du clergé, on multiplie les pétitions en faveur du respect de la liberté religieuse officiellement garantie par la Constitution. En

1970, l'arrestation de plusieurs prêtres accusés d'avoir enseigné le catéchisme à des jeunes qui se préparaient à la première communion provoqua de nombreuses manifestations de protestation qui se répétèrent en 1971 au moment de leur procès. Des associations clandestines ont peu à peu vu le jour comme le « Mouvement lituanien pour les Droits de l'homme » fondé en 1970, ou comme l' « Association catholique lituanienne » qui diffusa à partir de 1972 une publication clandestine intitulée *Chronique de l'Église catholique lituanienne* qui, dans un premier temps, défendait la liberté religieuse et dénonçait toutes les tracasseries dont étaient victimes les fidèles, mais qui peu à peu évoqua les questions politiques, rendit compte de l'activité des dissidents, et se fit le porte-parole du patriotisme lituanien. A cette lutte clandestine pour la liberté s'ajoutent parfois des actions publiques destinées à attirer l'attention du monde sur le sort de la nation lituanienne. Ce fut notamment le cas en mai 1972 lorsqu'un jeune Lituanien du nom de Romas Kalanta, âgé de dix-neuf ans, s'immola par le feu publiquement. Malgré les efforts du KGB pour dissimuler l'événement, la nouvelle de la mort de Kalanta provoqua de violentes manifestations. Les forces de l'ordre débordées tirèrent dans la foule : quinze personnes trouvèrent la mort, des centaines furent arrêtées et la police procéda à de nombreuses arrestations [1]. L'ampleur de la protestation montrait à quel point le peuple lituanien, après quarante années de domination soviétique, rejetait le système qu'on lui avait imposé.

Dans les républiques chrétiennes du Caucase, la dissidence existait aussi. En Arménie, dès la fin des années soixante, des artistes et des écrivains relancent la défense de l'identité arménienne en se plaçant principalement sur le terrain culturel, avec parfois l'accord tacite des dirigeants communistes locaux. On trouve parmi eux le metteur en scène Sergueï Paradjanov dont les prises de position non conformistes lui vaudront en 1973 une condamnation à cinq années de « camp à régime sévère », ou le poète Parouïr Sévak qui trouva la mort en 1971 dans un mystérieux accident de voiture. Ces intel-

1. P. Lorot, *les Pays baltes, op. cit.*, p. 91-92.

lectuels avaient constitué en 1965 un « Comité pour la préservation des monuments historiques arméniens » animé par le peintre Sarian et le romancier Saro Khanzadian. Le principe de la publication de l'*Encyclopédie arménienne* adopté en 1974 faisait partie de ces efforts pour la défense de la culture nationale. D'autres dissidents arméniens se placèrent sur le terrain purement politique. Déjà le 24 avril 1965, à l'occasion d'une manifestation autorisée pour le cinquantième anniversaire du génocide de 1915, 150 000 Arméniens défilèrent devant les autorités locales et le Katolikos Vazguen Ier, mais, très vite, la foule lança des slogans patriotiques, réclamant notamment le retour du Karabagh à la mère patrie. A la suite de cette manifestation pacifique, de nombreuses personnes furent arrêtées et le premier secrétaire du Parti local, Zaroubian, fut limogé et remplacé par Karen Demirchian. En 1966 fut créé dans la clandestinité un Parti national unifié réclamant le droit pour les Arméniens à l'autodétermination et le retour à la patrie arménienne du Karabagh et du Nakhitchevan. On leur attribua l'organisation d'une manifestation de masse qui eut lieu en 1968 à Stepanakert en faveur du retour à l'Arménie du territoire du Karabagh. Les militants du Parti national unifié furent systématiquement traqués ; nombre d'entre eux furent arrêtés et condamnés à de longs séjours en camp de travail. Trois d'entre eux même, accusés d'être les auteurs d'un attentat dans le métro de Moscou en janvier 1977, furent condamnés à mort et exécutés en 1979 [1]. En Géorgie également, au début des années soixante-dix, la dissidence se manifesta par la publication de samizdats retraçant la lutte du peuple géorgien contre le régime soviétique. L'un d'eux, publié en 1974, sous le titre de *Réflexions sur la situation de la Géorgie, son passé et ses perspectives,* évoquait le souvenir de la révolte étudiante de mars 1956 à Tbilissi et de la dureté de la répression qui la suivit [2]. D'autres publications évoquaient le sort des 200 000 Meskhets du sud-ouest de la Géorgie qui furent

1. *Cf.* A Ter Minassian, *l'Arménie soviétique* in *Historiens et Géographes,* n° 327, p. 331-371.
2. S.N. Gougouchvili et D.O. Zourabichvili, *la Géorgie, op. cit.,* p. 86 et ss.

déportés au Kazakhstan et en Asie centrale par Staline le 15 novembre 1944 et dont 30 000 à 50 000 d'entre eux trouvèrent la mort en cours de route, et réclamaient pour eux le droit de revenir en Meskhétie, droit que leur refusa continuellement le pouvoir soviétique qui les considérait non comme des Géorgiens mais comme des Azerbaïdjanais. Le problème meskhet était d'ailleurs évoqué par les samizdats russes notamment dans la *Chronique des événements en cours*. Le Parti géorgien, par l'intermédiaire de son premier secrétaire Vassili Mjavanadzé, avait, dès l'apparition des mouvements de dissidence, pratiqué une politique de répression brutale comme il l'avait fait en 1956 après la révolte des étudiants; en revanche, pour calmer les esprits, il fut preuve de tolérance à l'égard de l'économie parallèle qui, très tôt, s'était développée, et à l'égard des intellectuels qui, comme le professeur Akaki Bakhradzé ou l'écrivain Zvia Gamsakhourdia, luttaient pour la défense de la culture géorgienne menacée par la russification latente. Le remplacement à la tête du PC géorgien de Mjavanadzé par Édouard Chevarnadzé, officiellement chargé de la lutte contre la corruption, fut en réalité le signe d'un durcissement du pouvoir contre le particularisme géorgien. Les dissidents en seront les premières victimes, mais la répression, loin de ramener le calme, provoqua une radicalisation des opposants qui se traduisit de 1972 à 1976 par de nombreux attentats et sabotages.

Chez les musulmans d'URSS, l'opposition au régime fut plus discrète. En apparence, les institutions officielles exerçaient leur autorité et évitaient de heurter de front les populations restées fidèles à leurs traditions culturelles et à leur religion. Certains chefs locaux se comportaient en véritables potentats et donnaient l'impression de reprendre à leur profit la tradition des anciens émirs. C'était le cas notamment de Charaf Rachidov qui, après avoir été président du soviet suprême d'Ouzbékistan de 1950 à 1959, exerça les fonctions de premier secrétaire du Parti ouzbek de 1959 jusqu'à sa mort en 1983, tout en siégeant en tant que membre suppléant au Bureau politique du PCUS depuis 1961. Protégé de Brejnev qui le chargea à plusieurs reprises de missions officielles dans les pays musulmans du tiers monde où il avait pour rôle de développer la coopération avec l'URSS, Rachidov se constitua en Ouzbékistan comme à Moscou une véritable clientèle achetée à prix d'or, si bien que plus tard on put parler de véritable « mafia ouzbek[1] ». Mais, parallèlement, Rachidov défendait les intérêts des cadres autochtones aux dépens des cadres russes, tout en voulant donner l'image d'un Ouzbékistan où la culture soviétique et la culture ouzbek coexistaient pacifiquement. Le modèle ouzbek était cité par le pouvoir soviétique comme un exemple parfait d'intégration.

En dépit de toutes les persécutions ou, pour le moins, toutes les tracasseries administratives et policières subies par les dissidents, qu'ils soient russes ou non russes, les auteurs de samizdats et les contestataires avaient semé dans la conscience collective de la population une graine qui devait mettre plus de dix ans à germer. Chez les dissidents russes, il s'agissait surtout de défendre les Droits de l'homme et de réclamer une véritable démocratisation de la vie publique, ce qui n'excluait pas de leur part des prises de position en faveur des droits nationaux des autres peuples de l'Union. Mais, dans les républiques de la périphérie, les dissidents luttaient avant tout pour la défense de leur identité nationale et pour le respect de leurs traditions culturelles et religieuses. Si les médias soviétiques ont souvent évoqué l'action des contestataires russes pour les critiquer violemment et les dénoncer comme « éléments asociaux et subversifs » ou « agents de l'étranger », ils ont été généralement silencieux sur la dissidence dans les républiques périphériques. A cette attitude contradictoire en apparence, il y a deux séries d'explications. D'abord, il était difficile aux autorités soviétiques de dissimuler l'existence de dissidents russes dans la mesure où ceux-ci, nombreux à Moscou, pouvaient contacter les journalistes occidentaux présents dans la capitale, alors que dans les républiques périphériques, les dissidents n'avaient guère l'occasion de pouvoir rencontrer des journalistes étrangers, à supposer que ceux-ci fussent autorisés à s'y rendre. Ensuite, dans

1. Sur toute cette affaire, *cf.* l'excellent livre de R. Lesnik et H. Blanc, *l'Empire corrompu*, Paris, 1990, en particulier p. 192-197.

l'esprit de Moscou, passer sous silence l'existence de mouvements contestataires chez les non-Russes avait un objectif bien précis : il s'agissait de montrer au monde entier qu'il n'y avait pas de problème des nationalités en URSS. Et, en fait, il faut bien reconnaître que l'objectif avait été atteint. Pour le monde occidental, l'URSS passait pour un État multinational modèle qui avait su faire vivre ensemble des peuples nombreux et différents en assurant à tous une véritable égalité et le respect de leurs traditions. Quiconque osait dire le contraire était, en Occident, qualifié d'« antisoviétique primaire ».

LA CONFÉRENCE D'HELSINKI ET SES CONSÉQUENCES

Les mouvements de dissidence qui s'étaient multipliés au début des années soixante-dix, en dépit de la répression policière, tirèrent largement profit d'un événement international dont, aux dires des observateurs de l'époque, Brejnev avait été le principal bénéficiaire. Il s'agit de la conférence d'Helsinki à l'issue de laquelle, le 1er août 1975, fut signé par les chefs d'État ou de gouvernement de 35 pays – dont Leonid Brejnev au nom de l'URSS – l'Acte final de la conférence sur la sécurité et la coopération en Europe (CSCE). Certes, l'URSS tirait de cette conférence un incontestable succès diplomatique, puisque l'Acte final d'Helsinki proclamait solennellement l'intangibilité des frontières issues de la Deuxième Guerre mondiale – ce qui équivalait pour l'URSS à la reconnaissance officielle de toutes les annexions réalisées depuis 1939 (républiques baltes, Bessarabie, Ukraine carpatique, provinces orientales de la Pologne, Prusse orientale). Mais ce succès soviétique – on s'en rendit compte assez rapidement – était une victoire à la Pyrrhus dans la mesure où les signataires de l'Acte final – dont l'URSS – s'engageaient non seulement à faire respecter chez eux les Droits de l'homme et à garantir les principales libertés, mais aussi à assurer la liberté de circulation pour les hommes et les idées entre tous les pays. Il est certain qu'en signant ce traité, Brejnev, à aucun moment, n'a songé à appliquer ces dispositions et, en ce sens, il entendait agir à leur égard comme Staline l'avait fait après Yalta où, lui aussi, il s'était engagé à assurer la liberté aux peuples « libérés » par l'Armée rouge. Mais ce que Brejnev n'avait certainement pas prévu c'est qu'en URSS les dissidents allaient s'abriter derrière les accords d'Helsinki signés par Brejnev en personne et ratifiés par le Soviet suprême, donc devenus ainsi une *loi soviétique*, pour en exiger l'application.

Dès le 13 mai 1976, l'écrivain Iouri Orlov créait un « Groupe de surveillance de l'application des accords d'Helsinki » qui reçut l'appui du physicien Andreï Sakharov, prix Nobel de la paix depuis 1975, et de nombreuses autres personnalités du monde littéraire, artistique et scientifique. Le pouvoir réagit en multipliant les arrestations de dissidents. Ainsi, au début de 1977, Chtcharanski, Guinzbourg et Orlov furent arrêtés. Certains d'entre eux comme Guinzbourg furent expulsés d'URSS et s'établirent en Occident. Quant à Sakharov, le plus célèbre des dissidents russes, il fut dès janvier 1980 expulsé de Moscou et assigné à résidence à Gorki où il fut soumis à une étroite surveillance policière. Mais, cependant, il ne pouvait plus être question pour le pouvoir de revenir aux méthodes expéditives des années trente, à une époque où l'URSS, soucieuse de poursuivre la politique de détente inaugurée par Khrouchtchev et poursuivie par Brejnev, n'entendait pas ternir son image de marque aux yeux de l'étranger.

Dans les républiques périphériques, on assista également à la création de comités de défense des accords d'Helsinki où l'on défendait à la fois les Droits de l'homme mais aussi le droit au respect des identités nationales. Dans certains de ces groupes, on allait même jusqu'à évoquer le droit à l'autodétermination. Tous les peuples des républiques périphériques, en effet, étaient conscients des dangers que faisaient peser sur eux les progrès de la russification et plaçaient la lutte en tout premier lieu sur la défense de la langue nationale et des traditions culturelles et religieuses. Ils étaient d'autant plus inquiets que, lors des travaux du XXVe congrès du PCUS qui se tint à Moscou du 24 février au 5 mars 1976, on évoqua la prochaine entrée en vigueur d'une nouvelle

Constitution destinée à remplacer la Constitution stalienne de 1936. La nouvelle Constitution, adoptée par le Soviet suprême d'URSS le 7 octobre 1977 et qui devint effective à l'occasion du soixantième anniversaire de la révolution d'Octobre, introduisait la notion d'Union soviétique, « État du peuple tout entier ». L'article Ier le rappelait clairement : « L'Union des Républiques socialistes soviétiques est un État socialiste du peuple entier, qui exprime la volonté et les intérêts des paysans et des intellectuels, des travailleurs de toutes les nations et peuples du pays. » Cette notion de « peuple tout entier » était considérée par les non-Russes comme l'annonce d'une nouvelle étape dans la politique de russification et d'assimilation sous prétexte de « perfectionnement du régime socialiste » et de consolidation de « l'amitié des nations et des peuples de l'URSS ». Cette Constitution, selon Brejnev, devait « devenir un puissant instrument de développement et d'approfondissement de la démocratie socialiste ». Officiellement cependant, les droits des peuples de l'URSS étaient confirmés. « Les citoyens de l'URSS sont égaux devant la loi indépendamment de leur appartenance raciale et nationale [...]. L'égalité en droit des citoyens est garantie dans tous les domaines de la vie économique, politique, sociale et culturelle » (article 34), et, plus loin : « Les citoyens de l'URSS de races et de nationalités différentes jouissent de droits égaux », mais on précise – et c'est en cela que les opposants des républiques périphériques avaient de bonnes raisons de s'inquiéter : « L'exercice de ces droits est garanti par la politique de plein développement et de rapprochement de toutes les nations et peuples de l'URSS, *par l'éducation des citoyens dans l'esprit du patriotisme soviétique* et de l'internationalisme socialiste, par *la possibilité d'utiliser sa langue maternelle et les langues des autres peuples de l'URSS.* » (Article 36.) Ce dernier article pouvait donner lieu à bien des interprétations, et le pouvoir se réservait ainsi la faculté de restreindre l'usage des langues nationales : en effet, utiliser sa langue maternelle n'était pas un droit mais seulement une possibilité. Cette même restriction se retrouvait à propos des droits à l'instruction garantis par l'article 45; ici aussi, « ce droit est garanti

[...] par la possibilité de suivre un enseignement scolaire en langue maternelle » ; et, sur ce point, il y avait un recul par rapport à la Constitution de 1936 qui dans son article 121 précisait que le droit à l'instruction « est assuré [...] par l'enseignement à l'école donné dans la langue maternelle [1] ». Manifestement, la Constitution de 1977 laissait la porte ouverte à un étouffement progressif des langues et cultures nationales au profit d'une « culture soviétique ». Il est vrai que, pour les officiels soviétiques, grâce au système soviétique, la question des nationalités était déjà réglée, même sur le plan économique. Et Vitali Rouren, président du Soviet suprême, le confirmait en présentant le texte de la nouvelle Constitution aux députés : « Nous n'avons plus aujourd'hui de régions nationales arriérées. La vie des régions jadis arriérées s'est entièrement transformée par leur niveau de vie et le développement de leurs forces productives, de leur science et de leur culture ; elles se sont placées au même rang que les régions les plus évoluées, c'est-à-dire qu'elles ont effectué en quelques dizaines d'années un bond qui aurait nécessité des siècles dans d'autres conditions [2]. » En revanche, sur le plan de l'organisation étatique nationale, la Constitution de 1977 maintenait le système fédéral tel qu'il existait dans la Constitution de 1936, rappelant que l'URSS était un « État multinational fédéré uni, constitué selon le principe du fédéralisme socialiste *par suite de la libre autodétermination des nations et de l'association librement consentie des républiques socialistes soviétiques égales en droits* » (article 70) ; la primauté de la loi de l'URSS sur les lois des républiques fédérées était réaffirmée (article 74), tout autant que le droit à chaque république fédérée « de se séparer librement de l'URSS » (article 72). Quant aux structures administratives précédentes, républiques socialistes soviétiques autonomes, régions autonomes et districts autonomes, elles demeuraient intactes (articles 82-88).

L'inquiétude des intellectuels non russes, porte-parole

1. D. Colas, *Textes constitutionnels soviétiques*, Paris, 1987, p. 63-76 et p. 85-86.
2. *La Constitution de l'URSS*, Moscou (Agence de presse Novosty), 1980, p. 15.

des aspirations de leurs compatriotes soucieux de défendre leur langue et leur culture face au danger d'une russification annoncée, devait déboucher sur un réveil, parfois brutal, du sentiment national.

RUSSIFICATION ET RÉVEIL NATIONAL

La russification, en tant que politique visant à imposer par volonté délibérée du pouvoir la langue et la culture russes, a commencé véritablement au XIXe siècle. Ce fut une politique constante du pouvoir central menée aussi bien par les derniers Romanov que par le régime soviétique, mais qui fut singulièrement renforcée avec l'accession au pouvoir de Staline, et poursuivie avec la même rigueur par ses successeurs. La conséquence de la russification à outrance menée depuis 1930 fut l'apparition d'un profond sentiment antirusse qui n'a cessé de se développer dans les populations allogènes. Le soviétologue Alain Besançon constatait en 1976 que « les autres nations qui forment la plus grande partie de l'URSS ont en commun une haine inconciliable pour la nation russe » et que pour le gouvernement soviétique, « le problème national est le plus insoluble et le seul qui, à terme, paraisse fatal, le seul qui condamne à terme, sinon le communisme, du moins l'ensemble politique URSS »... Le pouvoir « s'est efforcé de canaliser le nationalisme local dans l'esprit de clocher et dans le folklore le plus truqué, tout en voulant le sublimer dans un patriotisme soviétique parfaitement évanescent [1] ». Vision prophétique qui valut à son auteur bien des critiques en son temps.

Si la russification est considérée par le pouvoir comme le meilleur moyen d'unifier par la langue et le système de pensée les peuples et les nations d'URSS pour mieux les unir au sein de la « patrie soviétique, État du peuple tout entier », les moyens pour réaliser cette politique sont multiples. Pendant les « années Brejnev », la politique de russification sous toutes ses formes a été intensifiée, dans

1. A. Besançon, *Court traité de soviétologie à l'usage des autorités civiles, militaires et religieuses*, Paris, 1976, p. 41-43.

la mesure où le pouvoir a pris conscience à la lecture des résultats des recensements de population, que le pourcentage des Russes avait tendance à diminuer régulièrement (50,4 % en 1959; 50,3 % en 1970; 50,2 % en 1979), alors que la proportion des populations non slaves, à l'exception des Baltes, augmentait. Pour le pouvoir soviétique, la russification était donc une nécessité vitale si l'on voulait maintenir la cohésion de l'empire.

Une remarque préliminaire s'impose. Pour les peuples allogènes, le risque de russification est d'autant plus réel que l'ethnie est numériquement peu nombreuse et vit disséminée au milieu de populations russes majoritaires. Dans ce cas, il y a en effet le risque pour le groupe allogène de se trouver parqué dans une sorte de « réserve », véritable conservatoire de traditions folkloriques parfois créées ou reconstituées artificiellement par le pouvoir, toujours soucieux de prouver qu'il respecte les traditions culturelles des nationalités allogènes. Si l'autochtone entend conserver ses traditions dans son milieu rural d'origine, il est condamné à l'isolement et à une lente disparition; s'il aspire à une promotion sociale, il n'a pas d'autre solution que de s'intégrer à la culture russe. Cette situation se rencontre chez de nombreux peuples minoritaires de la RSFS de Russie, plus ou moins marginalisés, qui, officiellement, bénéficient d'une autonomie administrative dans le cadre des républiques ou territoires autonomes, à l'intérieur desquels ils sont de plus en plus minoritaires en raison de l'arrivée de « colons russes ». Les exemples suivants sont assez éloquents sur ce point :

TERRITOIRES	*% d'autochtones sur le territoire*			*% de Russes sur le territoire*		
	1959	1970	1979	1959	1970	1979
RSSA de Carélie	13,1	11,8	11,1	63,4	68,1	71,3
RSSA de Iakoutie	46,4	43	36,8	44,2	47,3	50,4
RSSA de Komis	30,1	28,6	25,3	48,6	53,1	56,7

Le risque de russification est d'autant plus grand que ces peuples minoritaires en général n'ont jamais répugné à l'exogamie, ce qui, le plus souvent, dans le cas de mariage avec un ou une Russe, aboutit à la russification de la descendance.

La politique de russification a pris différents aspects selon les régions et les peuples considérés. Toutefois, certaines méthodes furent appliquées à l'ensemble des peuples. Il s'agit en premier lieu de la russification par le biais du service militaire, qui concerne l'ensemble de la population masculine de l'Union. Tous les jeunes gens dans leur vingtième année, quelle que soit leur origine ethnique, sont appelés à un service militaire dont la durée minima est de deux ans mais est portée à trois ans dans certaines armes (marine, aviation), car « la Défense de la patrie [...] est l'affaire du peuple tout entier » (article 31 de la Constitution de 1977), et la défense nationale relève exclusivement des compétences du pouvoir fédéral (article 73). L'amendement 18 B, qui en 1944 avait été ajouté à la Constitution de 1936 et qui permettait à chaque république fédérée de disposer de formations militaires sous le contrôle du pouvoir fédéral, ne fut pas repris dans le texte de 1977. Le service militaire aboutit à un brassage des différentes populations dans la mesure où les unités sont formées de l'amalgame de jeunes d'origine ethnique différente et où en général les recrues sont envoyées dans des garnisons hors de leur république d'origine. En outre, l'encadrement est assuré par des officiers qui sont, dans leur immense majorité, russes, voire ukrainiens. Comme le russe est la langue de commandement, les jeunes recrues, par la force des choses, sont obligées de l'apprendre quand ils ne le savent pas déjà à leur arrivée à la caserne, ce qui favorise le développement du bilinguisme. La loi militaire de 1967 insiste sur le rôle de l'armée en tant que creuset humain et culturel pour les populations de l'Union, où tous contribuent à la défense de la « patrie socialiste [1] ». Mais on peut émettre des doutes sur les effets réels de cette russification chez les peuples dont la conscience nationale est développée et où les sentiments antirusses sont bien ancrés.

Un autre moyen employé pour russifier les populations non russes consiste à favoriser l'enseignement en russe dans les républiques fédérées et dans les régions peuplées

1. H. Carrère d'Encausse, *l'Empire éclaté, op. cit.*, p. 163.

d'allogènes. Si au niveau de l'école élémentaire l'enseignement dans la langue maternelle est généralement assuré, et cela davantage en milieu rural qu'en milieu urbain, la situation est différente au niveau des enseignements secondaire et supérieur. Mais là encore, cela dépend des régions. Dans le cas de l'Ukraine, où la parenté linguistique entre le russe et l'ukrainien joue en faveur de la russification, les autorités ont délibérément entravé l'enseignement de la langue ukrainienne. Alors qu'en 1955-1956 72 % des élèves étaient scolarisés en ukrainien, le taux est tombé à 60 % en 1974-1975. Comme dans les universités d'Ukraine tout l'enseignement est dispensé en langue russe, toute famille ukrainienne qui désire faire faire des études supérieures à ses enfants se trouve ainsi contrainte de les faire inscrire dans une école russe. En Géorgie en revanche, l'enseignement à tous les niveaux se faisait à l'origine en langue géorgienne, mais, progressivement, certains enseignements au niveau universitaire furent donnés en russe. Dans les républiques musulmanes, où la population autochtone très attachée à ses traditions était peu disposée à quitter sa terre natale, l'enseignement supérieur dispensé en russe ne touchait en fait que les jeunes Russes installés là avec leur famille. Mais d'une façon générale, dans toutes les régions non russes de l'URSS, par le biais de l'enseignement se mettait en place une société à deux vitesses constituée de ceux qui acceptaient de faire leurs études en russe et qui avaient ainsi la possibilité de faire carrière – la plupart du temps hors de leur région d'origine ; ce fut le cas entre autres de nombreux Arméniens diplômés de l'enseignement supérieur qui occupèrent des fonctions de responsabilité dans l'industrie ou dans le secteur tertiaire dans toutes les régions d'URSS –, et de ceux qui, désireux de rester sur place parmi leurs compatriotes, se voyaient reléguer dans des emplois subalternes, principalement dans le secteur agricole.

Là où les populations se montraient décidées à conserver leur identité nationale et semblaient peu réceptives aux tentatives de russification, l'un des moyens utilisés par le pouvoir pour les tenir en main consistait en l'implantation de colons russes. Cette politique a été particulièrement efficace dans certaines républiques d'Asie centrale : elle avait déjà commencé à la fin du XIXe siècle au moment où le Turkestan venait d'être incorporé à l'empire et elle fut amplifiée par le pouvoir soviétique. Le cas le plus caractéristique est celui du Kazakhstan où le nombre des habitants d'origine slave (Russes et Ukrainiens) dépassait nettement celui des autochtones kazakhs :

	1959	1970	1979
Kazakhs	2 795 000 (30,0 %)	4 234 000 (32,6 %)	5 289 000 (36,0 %)
Russes	3 974 000 (42,7 %)	5 521 000 (42,4 %)	5 991 000 (40,8 %)
Ukrainiens	762 000 (8,2 %)	933 000 (7,1 %)	898 000 (6,1 %)
Population totale	9 310 000	13 008 000	14 684 000

Si, en valeur absolue, le nombre des Russes résidant au Kazakhstan a augmenté de deux millions d'unités entre 1959 et 1979 en raison à la fois de l'accroissement naturel et de l'immigration, on remarquera qu'en pourcentage leur poids a diminué dans la population de la république. Cette diminution relative s'explique en grande partie par l'apparition au cours des années soixante d'une distorsion entre la démographie des nationalités slaves et celle des populations musulmanes. Alors que, jusqu'au recensement de 1959, l'accroissement naturel était quasi identique dans toutes les composantes ethniques de l'URSS, à partir des années soixante, on assiste d'une part à une chute des taux de natalité accompagnée d'une légère progression des taux de mortalité chez les populations slaves (ou de tradition européenne comme les Baltes) et d'autre part à une forte progression des taux de natalité doublée d'une chute des taux de mortalité chez les populations musulmanes d'Asie centrale. Cette véritable « révolution démographique » devait largement contrecarrer la politique de russification en Asie centrale.

Dans les Pays baltes, l'implantation de colons russes, et accessoirement ukrainiens ou biélorusses, était motivée par le double souci de russification et de sécurité dans des régions frontières aux populations hostiles. C'est en Estonie et en Lettonie que furent installés le plus grand nombre de colons, principalement en milieu urbain. On estime qu'en 1979, la capitale de l'Estonie, Tallinn, était peuplée à 47 % de Russes; dans celle de la Lettonie, Riga, les Russes représentaient plus de la moitié de la population. La Lituanie avait été moins touchée par cette politique, mais Vilnius, sa capitale, comptait plus de 20 % de Russes dans sa population.

POURCENTAGE DES RUSSES DANS LA POPULATION DES RÉPUBLIQUES BALTES

	1959	1970	1979
Estonie	20,1	24,7	27,9
Lettonie	26,6	29,8	32,8
Lituanie	8,5	8,6	8,9

Lorsque l'on examine de plus près ces pourcentages, on remarque d'abord que l'immigration de colons russes en Estonie et en Lettonie s'est largement poursuivie entre 1959 et 1979, et dans le cas de ces deux pays on ne peut pas invoquer les différences de régime démographique entre autochtones et Russes, car leur taux d'accroissement naturel est identique. En revanche, dans le cas de la Lituanie, même si l'immigration russe a été relativement modeste, son importance est légèrement minimisée dans la mesure où le taux d'accroissement naturel lituanien est supérieur à celui des Russes.

En Ukraine, l'implantation de populations russes commencée dès l'époque stalinienne s'est poursuivie en s'amplifiant [1] :

	1959	1970	1979
Ukrainiens	76,8 %	74,9 %	73,6 %
Russes	16,9 %	19,4 %	21,1 %
Juifs	0,90 %	0,63 %	0,52 %

Au total en 1979, près de 10 400 000 Russes étaient établis en Ukraine aux côtés de 36 500 000 Ukrainiens. Les Russes étaient particulièrement nombreux dans les régions industrielles du sud-est de la république (Don-

1. R. Breton, *l'Ukraine, sixième grand d'Europe? Analyse de sa structure ethnolinguistique*, in *Hérodote* n° 58-59, 1990, p. 211 et ss.

bass, oblast d'Odessa) et en milieu urbain, notamment à Kiev où ils constituaient près du tiers de la population de la capitale de l'Ukraine. Inversement, en 1979, 5 800 000 Ukrainiens, soit 14 % du total des Ukrainiens d'URSS, étaient établis hors de leur république, principalement dans la RSFS de Russie (3 658 000), au Kazakhstan (898 000) et en Moldavie (561 000). Dans ces deux dernières républiques, les Ukrainiens, au même titre que les Russes, participaient à la politique de russification ou de slavisation des populations autochtones.

Devant toutes ces tentatives du pouvoir soviétique pour russifier les peuples et nations non russes et les fondre dans le moule artificiel de la « patrie soviétique », le degré de résistance des populations a été inégal. Il est évident que les peuples autochtones des espaces sibériens, peu nombreux, isolés, sans tradition nationale, ont été beaucoup plus passifs que des peuples qui, à un moment ou l'autre de leur passé, avaient constitué des États nationaux. Trois groupes de peuples ont manifesté par contre une résistance passive ou active – chacun selon son tempérament – aux tentatives de russification, et chez eux, les années Brejnev ont été marquées par un réveil de la conscience nationale. Il s'agit des peuples musulmans d'Asie centrale et des rives de la Caspienne, des Baltes et des Ukrainiens, et enfin des Arméniens et des Géorgiens. Face à la politique de russification, les musulmans d'Asie centrale et d'Azerbaïdjan ont pratiqué ce que l'on pourrait appeler une « résistance passive ». On ignore ou on feint d'ignorer l'environnement soviétique ou russe. La société traditionnelle se maintient dans son intégralité, et les mariages hors de la communauté, facteur habituel d'assimilation pacifique, sont l'exception. Les communistes locaux, malgré un vernis de culture marxiste, demeurent des musulmans qui ne cherchent guère à lutter contre la persistance des traditions religieuses de leurs compatriotes; ils ont tendance à utiliser le « système » à leur profit. Officiellement, il y a au milieu des années soixante-dix quelque 200 mosquées ouvertes aux croyants dont 146 dans les républiques d'Asie centrale et au Kazakhstan, 27 dans les régions musulmanes du Caucase septentrional, 16 en Azerbaïdjan et 13 pour le Tatarstan, alors qu'en 1917 il y en avait 26 000 dans tout l'Empire russe [1]. En fait, il y a beaucoup d'autres lieux de culte clandestins et fréquentés par d'importantes couches de la population. Deux universités musulmanes, l'une à Boukhara, l'autre à Tachkent forment les dignitaires « officiels » de l'Islam. Mais de nombreux imams et mollahs, non officiels, participent à la diffusion des préceptes du Prophète et contribuent au maintien des traditions religieuses chez les quelque cinquante millions de musulmans d'URSS. Les pèlerinages aux lieux saints locaux rassemblent des foules considérables en dépit des menaces plus verbales qu'effectives proférées par les autorités locales. Les dirigeants locaux du Parti dirigent des partis dans lesquels les militants sont des musulmans attachés à leurs traditions, ce qui ne semble guère les gêner dans la mesure où, donnant des gages de fidélité au PCUS, ils jouissent d'une large autonomie. Toute leur politique consiste à faire croire à Moscou que leurs républiques sont parfaitement intégrées à l'Union soviétique. Quant aux officiels de l'Islam, comme le grand mufti Zia-ud-Din Khan Babakhanov, ils font preuve de bonne volonté à l'égard du régime en multipliant les déclarations selon lesquelles « la participation à la construction du socialisme n'empêche pas les fidèles de suivre le chemin prescrit dans le Coran [...]. Le dévouement à la patrie est partie intégrante de la foi en Allah [2] ». En fait, dans les républiques musulmanes, l'Islam et le Parti communiste coexistent à l'intérieur des organisations de masse officielles, et, par le biais du clientélisme et de la corruption, les dirigeants locaux ont mis en place sur le terrain un véritable « lobby » musulman qui assure le maintien d'une réelle identité nationale, le tout recouvert d'un vernis marxiste très superficiel. Si le pouvoir brejnévien tolère cette situation quelque peu inhabituelle dans le monde soviétique, c'est qu'il est représenté sur place par des hommes considérés comme sûrs, tels Charaf Rachidov en Ouzbékistan, Geidar Aliev en Azerbaïdjan ou Teimour Kunaev au Kazakhstan, qui

1. Chiffres fournis par H. Carrère d'Encausse, *l'Empire éclaté*, *op. cit.*, p. 233-234.
2. *Cf. la Vie religieuse en URSS* in *le Monde*, 8 septembre 1978.

savent donner des gages de bonne volonté au pouvoir central tout en appliquant sur place le principe de la « préférence nationale », réservant ainsi à leurs « clients » autochtones, et aux dépens des Russes souvent, les principaux postes de responsabilité. En cela, d'une façon indirecte, ils ont contribué à faire prendre conscience de leur force aux 50 millions de musulmans d'Union soviétique.

Dans les républiques baltes, la conscience nationale, en dépit des persécutions, demeurait toujours très vive au sein des populations. Au lendemain de la conférence d'Helsinki, les comités locaux pour la surveillance de l'application des accords signés par le gouvernement soviétique se sont multipliés. Deux pays ont été à l'avant de ce mouvement en faveur des Droits de l'homme et du respect de l'identité nationale. Il s'agit de l'Estonie et de la Lituanie. Dès 1977, les intellectuels estoniens ont entamé le combat pour la défense des droits nationaux, relayés parfois par les manifestations étudiantes. Ici, la défense des Droits de l'homme était étroitement associée à la protestation contre la russification du pays. La rentrée universitaire de 1980 fut particulièrement agitée. Le 22 septembre, à la suite de l'interdiction par les autorités d'un spectacle du groupe « pop » local, Propeller, dont le récital comportait des chansons jugées trop « nationalistes », plusieurs milliers de jeunes ont manifesté dans les rues de Tallinn aux cris de « Dehors les Russes ! » « Halte à la russification ! » Les manifestants se sont heurtés violemment à la police qui procéda à plusieurs centaines d'arrestations. Les 1er et 3 octobre, de nouvelles manifestations de jeunes eurent lieu dans la capitale, puis le 7 et le 8. A la contestation des jeunes qualifiés de hooligans par les autorités s'ajouta au même moment une vague de grèves dans plusieurs usines de Tallinn et de Tartu. Le 10 octobre, de nouvelles manifestations eurent encore lieu à Tallinn avec des banderoles réclamant la fin de l'occupation russe en Estonie. Cette agitation étudiante et ouvrière avait été précédée d'un « Appel de la Baltique » lancé par des intellectuels et des universitaires pour réclamer le départ des troupes russes d'Estonie et pour protester contre l'intervention soviétique en Afghanistan. Le 28 octobre d'autre part, 41 intellectuels estoniens avaient adressé à la *Pravda* une lettre protestant contre le pacte germano-soviétique qui avait mis fin à l'indépendance des Pays baltes. Le procès de deux des chefs de file de la dissidence, cosignataires de l'appel, Mart Niklus et Iouri Kuuk accusés de « propagande anti-soviétique », qui s'ouvrit à Tallinn le 4 janvier 1981, marquait clairement la volonté du pouvoir soviétique de briser l'opposition estonienne. Niklus fut condamné à 10 ans de camp de travail « à régime sévère » ; il avait déjà connu les bagnes soviétiques de 1956 à 1964. Quant à Kuuk, qui avait subi avant son procès un traitement en asile psychiatrique qui l'avait complètement brisé, il fut condamné à 2 ans de camp de travail. Peu après son transfert à Vologda, Kuuk mourut d'épuisement après une longue grève de la faim. D'autres manifestations eurent lieu encore à plusieurs reprises en 1981 au moment où les autorités décidèrent d'imposer le russe dès l'école maternelle.

En Lituanie, c'est autour de l'Église catholique que se cristallisèrent toutes les forces de l'opposition. L'élection de Jean-Paul II en 1978, un pape issu de cette Pologne avec laquelle la Lituanie avait eu des liens très étroits pendant plusieurs siècles, réveilla les catholiques lituaniens. La visite de Jean-Paul II dans son pays natal en juin 1979 fut suivie par les Lituaniens avec ferveur dans la mesure où ils pouvaient capter les images de la télévision polonaise. Au lendemain de l'élection de Jean-Paul II, un « Comité de défense des croyants » a été créé par cinq prêtres polonais qui ont aussitôt demandé l'aide du pape pour leur église persécutée. Il est vrai qu'en 1979 l'Église de Lituanie était dans une situation particulièrement tragique, aucun diocèse ne disposant d'un évêque titulaire depuis la mort de l'évêque de Kaunas, Mgr Matulatis-Labukas, et l'Église ne disposait plus que de 700 prêtres (contre 1 580 en 1940) pour une population de 3 300 000 habitants dont les trois quarts se déclaraient catholiques [1]. Le 1er juillet 1979, une pétition signée par 148 149 Lituaniens fut présentée aux autorités pour réclamer la liberté religieuse et obtenir la réouverture de la cathédrale de Klaïpeda. La réaction du pouvoir fut moins brutale qu'en Estonie, car les revendications portaient sur la seule question de la liberté religieuse et n'évoquait pas les questions politiques. Toutefois, dans

1. *Cf. Bulletin de l'Assomption*, hiver 1978, et *le Monde*, 30 mai 1979.

l'esprit de la population, la liberté religieuse était étroitement associée à la liberté de la nation.

La Lettonie paraissait en retrait par rapport à ses deux voisins mais cette passivité apparente s'expliquait par la présence sur place d'une forte minorité russe; les intellectuels, ici aussi, avaient cependant constitué un « Comité de défense des Droits de l'homme » qui diffusait épisodiquement des samizdats.

En Ukraine où la politique de russification s'était amplifiée depuis l'arrivée à la tête du Parti de Vladimir Chtcherbitski en 1972, un « Groupe pour la surveillance de l'application des accords d'Helsinki » avait vu le jour en 1977 à l'initiative de Levko Loukianenko qui avait déjà passé 15 ans dans un camp de travail pour avoir réclamé en 1961 l'indépendance de l'Ukraine. Cette nouvelle initiative valut à Loukianenko une nouvelle condamnation à 15 ans de camp pour « activités antisoviétiques ». Ses idées en faveur du droit à l'autodétermination pour le peuple ukrainien furent diffusées après son internement par les nombreuses associations informelles qui se constituaient en Ukraine à partir de 1978, telles que l' « Association historique et pédagogique » ou l' « Association de défense de la langue ukrainienne ». Les dissidents ukrainiens menèrent dès lors la lutte sur le terrain de la défense de la langue nationale [1].

L'Arménie et la Géorgie constituaient aussi des « points chauds » sur le plan de la défense des droits nationaux. Tous comme les Baltes et les Ukrainiens, les Arméniens et les Géorgiens avaient conscience de former des nations, avec une culture et une langue originales, avec une histoire nationale glorieuse derrière eux. Dès 1977, en liaison avec le groupe de Sakharov, fut constitué à Erevan un « Groupe arménien pour la surveillance des accords d'Helsinki » qui publia le 1er avril de cette année une déclaration publique exigeant le respect des Droits de l'homme et des libertés publiques en Arménie, et la transformation de l'URSS en un « État de droit ». Le groupe fut démantelé par la police dès 1978 mais ses idées demeurèrent en dépit des arrestations et des pro-

1. *Entretien sur la situation en Ukraine avec Leonid Plioutch et Levko Loukianenko*, in *Hérodote* n° 54-55, 1989, p. 91 et ss.

cès. Mais, au-delà de cette revendication en faveur de plus de liberté, beaucoup d'Arméniens caressaient toujours le rêve d'une Arménie réunifiée où seraient réunies autour de la mère patrie les vieilles terres arméniennes du Karabagh et du Nakitchevan. La Géorgie voisine demeurait, elle aussi, très attachée à son identité nationale. Tout comme en Arménie, la présence des Russes était réduite, et leur nombre avait eu tendance à diminuer (un peu plus de 400 000 en 1959 soit 10,1 % de la population et seulement 371 000 en 1979, ce qui représente 7,4 % de la population).

La Géorgie comporte aussi plusieurs minorités nationales dont les quelque 100 000 Abkhazes, Turcs musulmans de Colchide, eux-mêmes minoritaires dans leur république autonome, et les 65 000 Ossètes de la région autonome d'Ossétie du Sud, auxquels s'ajoutent quelque 278 000 Azéris. A plusieurs reprises, la Géorgie post-stalienne a été secouée par des sursauts de nationalisme que le pouvoir a toujours durement réprimés. Les mesures de russification ont été renforcées au début des années soixante-dix. La naissance en 1976 d'un « Groupe géorgien pour l'application des accords d'Helsinki » a donné un nouvel élan à la contestation ; son objectif était la défense des Droits de l'homme, ainsi que la défense de la culture nationale et le respect de la liberté religieuse, mais en son sein militaient des hommes qui, comme l'écrivain Zvia Gamsakhourdia, étaient partisans de l'indépendance. Au départ, l'action des dissidents géorgiens se plaça sur le terrain de la défense de la langue nationale. Lors du VIIIe congrès de l'Union des écrivains qui se tint à Tbilissi en avril 1976, l'écrivain Djaparidzé protesta énergiquement contre la décision des autorités d'imposer le russe à l'université dans les disciplines scientifiques.

Son intervention fut suivie d'une lettre ouverte signée par 365 intellectuels adressée au premier secrétaire du PC géorgien, Chevarnadzé, et à Leonid Brejnev, réclamant le respect de la culture nationale. La contestation gagna aussi les milieux religieux avec l'élection en 1977 du Patriarche Ilia, connu pour son action en faveur de la liberté religieuse, et écarté une première fois du trône patriarcal en 1972 [1]. Si, sur le plan religieux, le pouvoir se montra conciliant, en revanche il manifesta sa fermeté face à la dissidence politique. Au début de 1978, Zvia Gamsakhourdia fut arrêté puis traité dans un hôpital psychiatrique. A l'issue de son internement, il déclara à la radio qu'il abjurait ses thèses nationalistes. La direction de Radio-Tbilissi alla jusqu'à intenter un procès en diffamation à deux journalistes correspondants du *Baltimore Sun* et du *New York Times* qui avaient jugé l'« autocritique » de Gamsakhourdia arrachée par la force [2].

Beaucoup plus graves furent les troubles qui affectèrent la Géorgie au printemps de 1978. Les autorités géorgiennes, dans le cadre de la révision constitutionnelle, décidèrent de supprimer l'article 137 de l'ancienne Constitution qui proclamait « la langue géorgienne comme langue officielle de l'État ». Cet article était remplacé dans le nouveau texte présenté en mars 1978 par un nouveau texte précisant que les Géorgiens « pouvaient utiliser » leur langue maternelle conjointement avec « les langues des autres nationalités de l'Union soviétique ». Les Géorgiens interprétèrent cette nouvelle rédaction comme une mesure destinée à moyen terme à faire du russe la langue officielle. Le 14 avril 1978, 20 à 30 000 Géorgiens se rassemblèrent dans le centre de Tbilissi pour réclamer le retour à l'ancien texte. A côté des slogans en faveur de la défense de la langue nationale, les manifestants lancèrent également des slogans antirusses et antisoviétiques. L'affrontement avec la troupe envoyée sur place fut évité grâce à l'habileté de Chevarnadzé qui s'adressa aux manifestants en leur promettant qu'ils seraient entendus. Effectivement le pouvoir céda et le géorgien demeura la langue officielle [3]. Ainsi, Chevarnadzé retourna à son profit la situation en déclarant peu après devant le soviet suprême géorgien : « Après en avoir discuté avec les différentes couches de la population, il nous paraît utile de laisser en vigueur la formule ancienne [4]. Il se donnait ainsi l'image d'un « libéral »

1. S.N. Gougouchvili et D.O. Zourabichvili, *op. cit.*, p. 105.
2. *Valeurs actuelles*, 6 novembre 1978.
3. *La Géorgie soviétique entre nationalisme et socialisme* in *le Monde*, 28-29 janvier 1979.
4. *Cf. Valeurs actuelles*, 6 novembre 1978.

ouvert à toutes les discussions. Mais, en sous-main, les autorités soviétiques encouragèrent l'action des minorités nationales de Géorgie. En mai 1978, plusieurs milliers d'Abkhazes manifestèrent à leur tour pour réclamer leur attachement à la RSFS de Russie, mais les organisateurs furent arrêtés. Le pouvoir soviétique, tout en voulant donner un avertissement aux Géorgiens, n'entendait pas pour autant remettre en question les frontières intérieures de l'URSS. Le pouvoir n'avait pourtant pas renoncé à sa politique de russification, notamment en favorisant le russe dans l'enseignement. En juin 1980, pour protester contre cette russification larvée de l'enseignement, 365 intellectuels adressèrent une lettre ouverte à Chevarnadzé et à Brejnev qui demeura sans effet. Le 23 mars 1981, les étudiants de Tbilissi organisèrent une manifestation pour protester contre la révocation d'Akaki Bakhradzé de sa chaire de littérature géorgienne à l'Université. Une nouvelle manifestation eut lieu une semaine plus tard à l'occasion du IXe congrès de l'Union des écrivains, et encore une autre le 14 avril à l'occasion du troisième anniversaire de la grande manifestation de 1978. La Géorgie fut dès lors considérée comme la « nation rebelle » par excellence [1].

Les peuples qui ne disposaient d'aucune autonomie administrative, ceux qu'Hélène Carrère d'Encausse appelle les « apatrides », avaient beaucoup plus de mal à se faire entendre. C'était le cas principalement des Allemands, des Tatars de Crimée et des Juifs. Les Allemands d'URSS, au nombre de 1 936 000 en 1979, déportés au début de la guerre dans les régions de l'intérieur, avaient obtenu par un décret en date du 29 août 1964 leur réhabilitation, puis, en 1967, ils retrouvèrent leurs droits culturels et religieux. Un certain nombre d'écoles primaires en langue allemande furent ouvertes au Kazakhstan, et l'Église luthérienne fut autorisée à reprendre un minimum d'activité. Ces dernières mesures n'avaient qu'une portée limitée en raison de la dispersion de la communauté allemande. La majorité des Allemands se trouvaient au Kazakhstan (858 000 en 1979), dans les régions de Sibérie occidentale de la RSFS de Russie (761 000), mais

1. S.N. Gougouchvili et D.O. Zourabichvili, *op. cit.*, p. 88-89.

il y avait aussi des groupes plus restreints en Kirghizie (89 000) et au Tadjikistan (32 000). Cette dispersion, ajoutée à leur long passé dans le monde russe, a favorisé la russification, si bien qu'en 1979, seulement deux tiers des Allemands d'URSS se déclaraient germanophones. A partir de 1970, à la suite de longues négociations entre Moscou et Bonn et après intervention de la Croix-Rouge, la possibilité d'émigrer fut accordée à ceux qui pouvaient faire état d'attaches familiales en RFA. De la sorte, entre 1970 et 1980, près de 50 000 départs furent ainsi autorisés. Mais on estimait alors à plus de 200 000 le nombre de candidats au départ. Pour les autres cependant il n'était pas question de quitter l'Union soviétique dans la mesure où, depuis plus de deux siècles, leurs ancêtres s'étaient séparés de la communauté allemande. Pour eux, il n'était pas question de réclamer leur retour dans leur ancienne république de la Volga, mais l'essentiel était de préserver leur identité culturelle.

La situation des Tatars de Crimée, transférés en 1944 en Asie centrale, était différente. Les Tatars de Crimée, au nombre d'environ 400 000 en 1979 dont 250 000 en Ouzbékistan, n'avaient cessé depuis la déstalinisation de réclamer le droit au retour dans leur territoire ancestral. A partir de 1964, une représentation permanente des Tatars, dûment mandatée par la communauté nationale, fut installée à Moscou. Son rôle était de multiplier les interventions auprès du pouvoir central pour obtenir justice. En août 1965 et en mars 1966, des représentants tatars furent reçus au Présidium du Soviet suprême d'URSS et y déposèrent des pétitions revêtues de plus de 100 000 signatures. Devant le résultat négatif de ces interventions, de nombreuses manifestations eurent lieu en Ouzbékistan, mais c'est surtout à Moscou que les représentants tatars continuèrent d'agir. Le 21 juillet 1967, une délégation tatare fut reçue au Kremlin par Iouri Andropov, le chef du KGB, et par les représentants des autorités judiciaires. On leur promit la réhabilitation et l'amnistie pour les manifestants tatars arrêtés, mais il n'était pas question de retour en Crimée. En août 1967, de nouvelles manifestations eurent lieu à Tachkent, à la suite desquelles, le 5 septembre, un décret du Présidium du Soviet suprême donna partiellement satisfaction aux revendications des Tatars. L'accusation de collaboration avec les Allemands qui avait été portée contre l'ensemble du peuple tatar fut supprimée ; les Tatars retrouvèrent leurs droits de citoyen, liberté de résidence, droits culturels à titre individuel, mais il n'était pas question des droits collectifs ni de « nation tatare ». Pour les Tatars, ce premier succès était insuffisant, car l'objet de leur lutte était d'obtenir le droit de retourner en Crimée. A partir de 1970, les dissidents russes ont inclu dans leurs revendications pour les Droits de l'homme le droit pour les Tatars de regagner leur patrie. Mais en dépit des protestations, pétitions et manifestations, le pouvoir brejnévien est resté sourd à ces demandes [1].

A la différence des Allemands et des Tatars de Crimée, les Juifs d'URSS disposaient d'un territoire avec la région autonome du Birobidjan où vivaient seulement 100 000 d'entre eux, soit environ 6 % de leur communauté. La situation des Juifs s'est considérablement dégradée à l'époque de Brejnev. Dans une communauté déjà fortement russifiée – 14,2 % des Juifs avaient encore le yiddish comme langue maternelle en 1979 contre 21,5 % en 1959 – où le mariage hors de la communauté était fréquent, les possibilités de diffusion de la culture nationale étaient réduites. Les quelques rares écoles où l'enseignement était donné en général en yiddish se trouvaient au Birobidjan mais elles étaient sur place largement concurrencées par les écoles russes. Ailleurs, là où se trouvait l'immense majorité de la population juive, il n'y avait aucun enseignement en yiddish. Il en était de même pour l'enseignement de l'hébreu, considéré a priori comme suspect dans la mesure où c'était la langue officielle de l'État d'Israël qualifié de « sioniste ». Les publications en langue yiddish étaient rares : 5 livres publiés en 1976 contre 360 en 1940, et la presse se limitait à deux titres, le quotidien *Birobidjaner Stern* tiré à 10 000 exemplaires et le mensuel *Sovietishe Heimland* tiré à 25 000 exemplaires. On était loin des 171 journaux et revues juives de 1917. Face à cet étouffement de la culture juive et aux persécutions religieuses (66 synagogues en service

1. H. Carrière d'Encausse, *l'Empire éclaté*, *op. cit.*, p. 199-204.

à l'époque de Brejnev, dont la moitié dans des régions où il n'y avait pratiquement pas de Juifs), les demandes d'émigration vers Israël se multiplièrent. De 1967 à 1982, 251 000 Juifs d'URSS obtinrent des autorités l'indispensable visa de sortie, qui obligeait le bénéficiaire à abandonner sur place tous ses biens sans compter les lourdes taxes à acquitter avant le départ. L'année 1979 marque l'apogée de ce mouvement de départ : cette année-là en effet, 51 000 départs furent autorisés. Mais à partir de 1980, l'octroi des visas de sortie fut considérablement réduit. Les *refuzniks*, ceux à qui on refusait le visa d'émigration, devenaient alors des parias, perdaient leur emploi et parfois étaient jetés en prison ou internés en asile psychiatrique. La résistance juive à l'oppression culturelle et religieuse se manifesta – comme cela se produisait parallèlement chez les autres nationalités – par la publication de samizdats en yiddish, telle la revue *Alef* publiée à Riga ou la revue *Tarbut* à Moscou. La vie religieuse clandestine s'organisait sous forme de réunions dans des appartements privés. Des cours clandestins d'hébreu étaient donnés çà et là en dépit des interventions permanentes de la police. Une université juive parallèle fonctionna même à Kharkov avec l'appui financier d'unviversités étrangères, sous le patronnage d'Alexandre Paritsky. L'arrestation et la condamnation à trois ans de camp de travail de ce dernier en août 1981 interrompit provisoirement l'activité de ce centre d'études fréquenté surtout par les enfants des refuzniks [1]. Mais paradoxalement, d'autres membres de la communauté juive étaient intégrés au système : c'est ainsi qu'en 1976 on pouvait noter que près de 300 000 Juifs étaient membres du PCUS, soit 13,7 % de la population juive [2].

L'émigration, l'assimilation et la crainte aussi de nombreux Juifs à se déclarer comme tels lors des recensements, explique la diminution du nombre des Juifs en URSS. Ils étaient 2 268 000 en 1959, 2 151 000 en 1970 et seulement 1 810 000 en 1979. La grande majorité se trouvait dans la partie européenne de l'URSS, 700 000 en

1. G. Fabre-Rosane, *le Combat culturel des Juifs d'URSS* in *le Monde*, 14 février 1982.
2. H. Carrère d'Encausse, *op. cit.*, p. 213.

Ukraine, 634 000 en Russie, 134 000 en Biélorussie et 80 000 en Moldavie lors du recensement de 1979. Pour le pouvoir brejnévien, le problème juif était difficile à gérer dans la mesure où la pression extérieure, notamment celle des États-Unis et de la communauté juive internationale, limitait ses possibilités de répression brutale.

En dépit de l'immobilisme apparent qui caractérise la politique menée par Brejnev entre 1964 et 1982, et qui contribue à donner au monde extérieur l'image d'un pays fort et puissant, l'édifice construit par Lénine et consolidé par ses successeurs révèle peu à peu ses éléments de faiblesse. Les nations et les peuples de l'URSS ont commencé à sortir de la léthargie apparente dans laquelle les avait placés le régime policier dans lequel ils vivaient. Face à la centralisation d'un pouvoir veillissant émergeaient lentement des forces centrifuges longtemps réduites à l'impuissance, mais prêtes à s'extérioriser au moindre signe de faiblesse du pouvoir.

EFFONDREMENT DU COMMUNISME ET LIBÉRATION DES PEUPLES

XVII

LA QUESTION NATIONALE DANS LES PREMIERS TEMPS DE LA PERESTROÏKA

La mort de Leonid Brejnev, le 10 novembre 1982, marque sans doute le début de l'agonie de l'Union soviétique. Le pays est entré en 1975 dans une longue phase de récession économique aggravée par le coût élevé de la course aux armements et par les dépenses militaires liées aux interventions sur des théâtres d'opérations extérieurs, notamment en Afghanistan. Les problèmes intérieurs, la montée de la dissidence et le réveil des nationalités sont des facteurs supplémentaires de difficulté. Et dans les démocraties populaires de l'Est européen, la crise qui secoue la Pologne depuis l'été 1980 reflète bien la lassitude, voire l'hostilité des peuples au régime communiste. Chacun attend du futur maître du Kremlin les réformes indispensables pour redresser une situation qui n'a cessé de se dégrader depuis 1980 avec la maladie de Brejnev qui a paralysé le système.

INTERRÈGNE ET INCERTITUDES (1982-1985)

Après de longues négociations entre les membres du bureau politique, le plénum du Comité central annonça finalement le 12 novembre l'élection à l'unanimité de Iouri Andropov au poste de Secrétaire général du PCUS. La majorité du Bureau politique aurait sans doute préféré confier la direction du Parti à Konstantin Tchernenko, porte-parole du clan brejnévien et garant de la continuité. Mais Andropov avait l'appui de ceux qui, comme Mikhaïl Gorbatchev, membre du Bureau politique depuis 1980, souhaitaient mettre en œuvre une politique radicale de réforme pour assurer la survie du régime [1]. Andropov avait derrière lui une carrière qui donnait de sérieuses garanties à ceux qui auraient pu douter de son attachement au régime. Ambassadeur à Budapest de 1954 à 1957, c'est lui qui avait organisé la répression de la révolution hongroise de 1956. Puis en tant que président du KGB de 1967 à 1982, Andropov avait été l'homme qui avait traqué sans relâche les dissidents et les opposants. Dès son arrivée au pouvoir, il annonça sa volonté d'assainir la vie politique et économique en luttant contre la corruption, mais aussi de renforcer la lutte contre toutes les formes de dissidence. Face à la contestation venue des peuples et nations allogènes, il entendait poursuivre la politique de son prédécesseur.

Lors de la réunion commune tenue par le Soviet suprême et le Comité central les 21 et 22 décembre 1982 à l'occasion du soixantième anniversaire de la fondation de l'URSS, Andropov reprit à son compte le vieux thème brejnévien de la *fusion* entre les diverses nations de l'Union pour construire *ensemble* le socialisme. « Il s'agit non seulement de rapprocher les nations, mais encore de réaliser leur fusion », déclara-t-il à cette occasion. L'année 1983 sera marquée par une reprise de la lutte antireligieuse, notamment en Lituanie, et par l'arrestation de nombreux dissidents, ce qui porta un coup sérieux à la diffusion des samizdats. Mais cette année fut aussi le début de la campagne de lutte contre la corruption, notamment en Asie centrale. Aussitôt après la mort du premier secrétaire du PC ouzbek, Rachidov, en octobre 1983, les premières enquêtes mirent à jour la corruption généralisée qui régnait en Ouzbékistan avec la complicité de l'ancien protégé de Brejnev. Andropov n'eut guère le temps de mettre en pratique son programme de réformes. Peu après son élection à la présidence du Présidium du Soviet

1. B. Féron et M. Tatu, *Au Kremlin comme si vous y étiez*, *op. cit.*, p. 220 et ss.

suprême le 16 juin 1983, il tombait gravement malade, mais, officiellement, la ligne politique qu'il avait tracée demeurait.

La mort d'Andropov le 9 février 1984 provoqua une nouvelle vacance du pouvoir qui échut finalement le 13 février à Konstantin Tchernenko, un « apparatchik » type, âgé de soixante-treize ans et déjà malade. Une fois encore, le pouvoir suprême se trouvait entre les mains d'un homme de transition, incapable physiquement d'assurer la plénitude de ses fonctions, même si, comme Brejnev et Andropov, il reçut la charge honorifique de président du Présidium du Soviet suprême. Moins d'un an après son accession au pouvoir, Tchernenko mourait, le 10 mars 1985. Dans la nuit même de sa disparition, les hiérarques du Parti, sur proposition d'Andreï Gromyko, désignaient Mikhaïl Gorbatchev pour lui succéder au secrétariat général du PCUS, et la nouvelle tomba le 11 mars aux premières heures de la matinée. La promptitude avec laquelle les instances suprêmes du Parti avaient désigné le successeur de Tchernenko traduisait bien la gravité de la situation du pays et la nécessité urgente d'y porter remède.

GORBATCHEV AU POUVOIR : L'IDÉOLOGIE DE LA « PERESTROÏKA »

Avec Mikhaïl Gorbatchev, c'est pour la première fois dans l'histoire de l'URSS un homme jeune – il est né en 1931 – qui accède au poste de secrétaire général du PCUS. Mikhaïl Sergueievitch Gorbatchev a fait la plus grande partie de sa carrière à Stavropol où il a gravi tous les échelons de la hiérarchie d'un apparatchik de 1959 à 1978. Entré au secrétariat du Comité central en 1978, où il fut chargé plus spécialement des problèmes de l'agriculture, il fut élu l'année suivante membre suppléant du Bureau politique avant d'en devenir membre titulaire en 1980. Sous Andropov et Tchernenko, Gorbatchev renforça sa position au Bureau politique où il bénéficiait du soutien de Gromyko.

En l'espace de quelques mois, Gorbatchev, devenu secrétaire général du Parti, s'est attaché à renouveler en profondeur les instances supérieures du Parti et de l'État. Au niveau du gouvernement, ce fut d'abord le départ de l'inamovible chef de la diplomatie soviétique depuis 1957, Gromyko, à qui fut confiée la charge honorifique de président du Présidium du Soviet suprême, et qui fut remplacé aux Affaires étrangères par Édouard Chevarnadzé, jusque-là premier secrétaire du PC de Géorgie ; ce fut aussi la nomination de Nikolai Tikhonov à la tête du gouvernement à la place du brejnévien Ryjkov. Au niveau de la direction du Parti, ce fut l'entrée en force des « réformateurs » proches de Gorbatchev. Chevarnadzé entrait au Bureau politique tandis que Boris Eltsine, déjà Premier secrétaire du Parti pour la région de Moscou, devenait membre du secrétariat du Comité central, et qu'Alexandre Iakovlev était nommé chef du département de la propagande au Comité central.

La situation économique du pays était telle qu'un changement de politique était considéré par tous comme indispensable. Pour les nouveaux dirigeants, le redressement du pays supposait une « restructuration » *(perestroïka)* complète des mécanismes de l'économie. Lors du XXVIIe congrès du Parti qui se tint du 26 février au 6 mars 1986, Tikhonov dressa un bilan accablant de la politique économique des années Brejnev. Quant à Gorbatchev, il prit clairement position en faveur d'une réforme en profondeur de l'économie ; mais il évoqua aussi l'impérieuse nécessité d'une démocratisation de la société et de la vie politique par la « transparence » *(glasnost)* et la libre discussion. Les nécessités du redressement économique supposaient également la réduction des dépenses militaires et le désengagement en Afghanistan, et par là même l'établissement de nouveaux rapports avec le monde occidental dont par surcroît on attendait l'aide économique. Mais il était clair que l'aide de l'Occident, et en particulier celle des États-Unis, était conditionnée par la mise en œuvre d'une politique accordant davantage de place au respect des Droits de l'homme. Déjà en décembre 1985, Gorbatchev avait manifesté par quelques gestes spectaculaires sa volonté d'ouverture; il avait ainsi autorisé Elena Bonner, la femme du dissident Sakharov, à se rendre aux États-Unis pour y suivre un traitement médical. Puis le 11 février 1986, c'était la libération du dissident juif Chtcharanski aussitôt expulsé d'URSS, et surtout c'était le 16 décembre de la même année la fin de l'exil intérieur de Sakharov, autorisé par Gorbatchev à regagner Moscou. Mais une semaine avant, le dissident ukrainien Martchenko, arrêté en octobre 1983 pour « propagande antisoviétique », était mort en prison!

La libération d'une centaine d'autres dissidents au début de 1987 semblait confirmer la volonté de Gorbatchev de promouvoir une *autre* politique dans une Union soviétique encore traumatisée par la catastrophe survenue le 26 avril 1986 dans la centrale nucléaire de Tchernobyl, et dont on commençait à mesurer les conséquences. Et l'opinion publique n'hésitait pas à critiquer le pouvoir pour son incompétence et sa responsabilité dans ce drame.

Beaucoup commençaient à se demander si la volonté de changement sans cesse affichée par Gorbatchev était sincère, et si oui, quelles en étaient les raisons profondes? Gorbatchev au départ voulait-il faire du « neuf » ou voulait-il seulement sauver le système? La réponse a été donnée par Gorbatchev lui-même dans un livre intitulé *Perestroïka: vues neuves sur notre pays et le monde*, publié en 1987 d'abord aux États-Unis puis traduit aussitôt dans toutes les grandes langues de diffusion. Dès le début de l'ouvrage, Gorbatchev se pose en homme du système, et fier des succès soviétiques : « Au cours des sept dernières décennies [...] notre pays a franchi des siècles d'un bond. L'une des plus grandes puissances de la planète a vu le jour lorsqu'elle a remplacé l'Empire russe arriéré et son système à demi colonial et à demi féodal. Des forces productives considérables, un puissant potentiel intellectuel, une culture très développée, *une communauté unique composée de plus de cents nations et nationalités*, une solide protection sociale pour 280 millions de personnes sur un territoire qui couvre le sixième de la terre, *telles sont nos grandes et incontestables réussites*, et c'est à juste titre que les citoyens soviétiques en sont fiers [1]. »

Vision optimiste vite contrebalancée par la prise de conscience des difficultés économiques : « Ce pays a commencé à perdre son dynamisme [...]. Des aspects de ce que l'on appelle la stagnation se mirent à faire leur apparition dans notre société ainsi que d'autres phénomènes étrangers au socialisme [2]. » La chute de la croissance a provoqué un développement de la propagande cherchant par tous les moyens à dissimuler les échecs ; il faut donc maintenant pratiquer une politique de transparence. Il faut faire en sorte que « les individus se sentent impliqués dans tous les processus [3] » ; il faut que tout le monde « en mette un coup ». « Nous restaurons le principe du socialisme dans son intégralité : à chacun selon ses capacités, à chacun selon son travail. Notre volonté est d'affirmer pour tous la justice sociale, les mêmes règles de discipline, des droits égaux, une loi unique, et pour chacun des responsabilités réelles. » Tout cela doit être accompagné « d'une large démocratisation de tous les aspects de la société [...] principale garantie de l'irréversibilité du processus actuel [4] ». Mais Gorbatchev se présente aussi comme le continuateur et le restaurateur du socialisme : « Tout espoir que nous puissions nous mettre à bâtir une société différente, non socialiste, et passer dans l'autre camp est irréaliste et dérisoire [5] », ce qui l'amène au passage à justifier la collectivisation des terres « qui a rendu possible l'introduction de méthodes modernes d'agriculture [6] » et l'industrialisation à outrance des années vingt et trente.

Après avoir dénoncé certaines tares de la société soviétique parmi lesquelles il mentionne les progrès de l'alcoolisme et de la toxicomanie, les privilèges de la *nomenklatura*, les manquements à la morale socialiste

1. M. Gorbatchev, *Perestroïka*, Paris 1989, p. 16-17.
2. *Ibid.*, p. 17-18.
3. *Ibid.*, p. 33.
4. *Ibid.*, p. 36-37.
5. *Ibid.*, p. 45.
6. *Ibid.*, p. 50.

et parmi eux la corruption. Gorbatchev consacre un long passage de son livre à la question nationale en Union soviétique, mais la considère comme réglée, ainsi que l'avaient déjà affirmé tous ses prédécesseurs, et il n'hésite pas à considérer comme positifs pour les nationalités les 70 ans de régime communiste. « On qualifiait la Russie tsariste de prison des nations. La Révolution et le socialisme les ont débarrassées de l'oppression et des inégalités, et ont permis d'assurer le progrès économique, intellectuel et culturel de toutes les nations et de toutes les nationalités [...]. Toute personne de bonne foi ne peut qu'admettre que notre parti a accompli un travail colossal et a transformé la situation. » Gorbatchev admet cependant qu'il y a des problèmes. Selon lui, grâce aux « progrès de l'éducation et des normes culturelles ajoutés à la modernisation de l'économie », il y a eu « l'émergence, dans chaque nation, d'une intelligentsia; il y a eu croissance de la conscience nationale et croissance d'un légitime intérêt national pour ses racines historiques », ce qui entraîne parfois « qu'une certaine partie du peuple se laisse glisser vers un nationalisme étroit[1] ». Étrange explication qui manifestement est en contradiction avec les faits. Si les Baltes, les Arméniens, les Géorgiens et tant d'autres peuples ont été gagnés par la fièvre nationaliste, ce n'est pas à cause des « bienfaits » du socialisme qui leur aurait prétendument permis de développer leur conscience nationale, mais c'est parce que le socialisme leur a été imposé par la force et qu'il a cherché à détruire leur identité nationale pour les fondre dans le *moule soviétique*! Le nationalisme a été pour tous ces peuples une réaction d'autodéfense contre la soviéto-russification que le pouvoir a tenté de leur imposer. La condition indispensable au bon fonctionnement d'un État multinational et à la bonne entente entre ses habitants réside dans l'adhésion librement consentie de ceux-ci aux structures étatiques dans lesquelles ils vivent.

Certes, Gorbatchev se pose en défenseur du respect des cultures nationales : « Chaque culture nationale est un trésor qu'il faut préserver »; mais, ajoute-t-il aussitôt,

1. *Ibid.*, p. 167-168.

« l'intérêt bien compris que l'on porte à tout ce qui est de valeur dans chaque culture nationale ne devrait pas dégénérer en tentatives pour se détourner des processus objectifs d'interaction et de rapprochement ». On est dans la droite ligne de la « doctrine Brejnev » sur l'indépendance des démocraties populaires, mais dont l'exercice ne devait pas nuire à l'intérêt de l'ensemble du groupe. En réalité, ce que Gorbatchev veut dire – et il le précise plus loin –, c'est qu'il faut respecter les cultures et les langues même lorsqu'elles ne sont parlées que par un nombre réduit de locuteurs, mais que la langue russe doit être « le mode commun de communication » tout comme pour les immigrants venus aux États-Unis « c'est l'anglais qui est devenu le langage commun [1] ». Gorbatchev oublie toutefois de préciser que si les immigrants européens ont adopté l'anglais à leur arrivée aux États-Unis, c'est parce qu'ils avaient fait librement le choix de s'installer dans un pays anglophone, alors que les Baltes ou les peuples du Caucase ou d'Asie centrale ont été intégrés par la force dans un État russophone.

La position de Gorbatchev est très proche de celle de ses prédécesseurs, et en ce sens il est le représentant d'un système qu'il n'entend pas changer mais seulement renforcer pour le rendre plus efficace et plus performant. C'est bien là le sens du message qu'il entend faire passer au monde occidental à qui ce livre sur la perestroïka était destiné. Sur la question nationale, tout en se déclarant respectueux des cultures allogènes, il considère que l'intérêt général de l'Union soviétique doit l'emporter sur les intérêts particuliers de chacun de ses peuples. Gorbatchev avait été encore plus explicite sur ce point dans son Rapport au XXVIIe congrès où il avait attaqué certaines républiques « parasitaires » dont les dirigeants étaient plus soucieux de la défense des intérêts locaux, voire personnels, que de travailler à la prospérité et à la grandeur de la « patrie soviétique » ; il avait alors dénoncé le « localisme » dans l'attribution des postes de responsabilité que pratiquaient les dirigeants de certaines républiques, ce qui débouchait sur

1. *Ibid.*, p. 170-171.

le népotisme et la corruption. Pour éviter les abus entraînés par de telles pratiques, le représentant de la « ligne dure » au sein du PCUS, Igor Ligatchev, avait suggéré à ce même congrès une plus grande mobilité géographique dans l'affectation des cadres afin de mieux réaliser le brassage ethnique indispensable à l'unité morale et politique du peuple soviétique [1]. En fait, les interventions de Gorbatchev et de Ligatchev lors du XXVIIe congrès n'étaient pas contradictoires avec l'affirmation tant de fois répétée selon laquelle le règlement de la question nationale était une des plus grandes réussites du régime. Bien au contraire, c'est parce que le pouvoir avait été trop respectueux des identités nationales que les dirigeants de certaines républiques avaient abusé de la situation, et ces abus devaient être corrigés au plus tôt.

Ce « succès » de la politique des nationalités du régime soviétique, Mikhaïl Gorbatchev le souligna encore le 2 novembre 1987 à l'occasion du soixante-dixième anniversaire de la révolution d'Octobre : « Camarades ! Nous sommes en droit de dire que nous avons réglé la question des nationalités. La révolution a frayé la voie à l'égalité en droit des nations non seulement au plan juridique, mais aussi au plan socio-économique ; elle a notamment contribué à l'égalisation des niveaux de développement économique, social et culturel de toutes les républiques et régions, de tous les peuples. L'amitié des peuples soviétiques est une des plus grandes conquêtes d'Octobre [...] et pour nous un des piliers de la puissance et de la solidité de l'État soviétique. » Nouvel exemple parfait de la « langue de bois », dans la pure tradition des discours de tous les dirigeants soviétiques depuis 1917, et que contredisait la réalité. Les disparités régionales à l'intérieur de l'URSS étaient flagrantes comme le montre le tableau suivant :

1. H. Carrère d'Encausse, *la Gloire des nations*, Paris 1990, p. 20-28.

	Mortalité infantile en %	*Revenu par habitant (moyenne nationale : 100)*
Russie	17,8	110
Biélorussie	11,8	102
Ukraine	13,0	96
Moldavie	20,4	84
Estonie	14,7	133
Lettonie	11,1	123
Lituanie	10,7	114
Arménie	20,4	86
Azerbaïdjan	26,2	71
Géorgie	19,6	108
Kazakhstan	25,9	93
Kirghizie	32,2	72
Ouzbékistan	37,7	62
Tadjikistan	43,2	54
Turkménistan	54,7	71
URSS	23,0	100

D'après « L'URSS de la perestroïka à l'après-communisme », dossier *le Monde*, Paris, 1991, p. 81.

En dépit des risques que pouvaient représenter certaines mesures annoncées par le pouvoir dans le cadre de la perestroïka, la glasnost instituée par Gorbatchev, le droit à la libre expression officiellement programmé, le droit à la critique, tout cela donnait enfin la possibilité de s'exprimer à tous ceux qui jusque-là avaient été condamnés au silence. Et, paradoxalement, les « bonnes intentions » de Gorbatchev allaient mettre le feu aux poudres dans la mesure où au même moment on annonçait la mise en place d'une politique de remise en ordre dans les républiques fédérées et on donnait aux peuples la possibilité de faire entendre leur voix.

PERESTROÏKA ET GLASNOST À L'ÉPREUVE DE LA QUESTION NATIONALE (1986-1987)

Le pouvoir avait mis au premier plan de ses préoccupations la lutte contre la corruption et contre ceux qui, dans le Parti et dans l'Administration, la pratiquaient. Sur ce plan, les dirigeants de certaines républiques d'Asie centrale étaient directement visés. Le 16 décembre 1986, la destitution, sur injonction de Moscou, du premier secrétaire du PC kazakh, Teimur Kunaev, un proche de Brejnev, fut un révélateur de la persistance de la question nationale en URSS. Le motif invoqué pour justifier le limogeage de Kunaev était qu'il avait donné une place trop importante à ses compatriotes kazakhs au sein du Parti et de l'Administration. En fait, depuis le début de l'année, des attaques avaient été lancées contre la corruption au Kazakhstan et un certain nombre de proches de Kunsaev avaient été destitués, certains même arrêtés. Mais le remplacement de Kunaev par le Russe Guenadi Kolbin fut interprété par les Kazakhs comme un retour à la russification du pays, au moment où justement le poids de l'élément kazakh dans la population de la république

COMPOSITION DE LA POPULATION DU KAZAKHSTAN PAR NATIONALITÉ (1989)

Population totale	*16 436 000*
dont	
Kazakhs	6 531 000
Russes	6 226 000
Allemands	956 000
Ukrainiens	895 000
Coréens	400 000 (env.)
Ouzbeks	332 000
Biélorusses	200 000
Autres nationalités	896 000

Carte : Patrick Mérienne

se renforçait régulièrement depuis 1959. Les Kasakhs, de plus, avaient toujours mal accepté la présence de Russes chez eux, auxquels s'étaient ajoutés d'autres groupes ethniques depuis la fin de la Seconde Guerre mondiale.

Les Kazakhs avaient toujours mal accepté la russification latente pratiquée par les autorités. Le russe était devenu la langue officielle de l'Administration, des tribunaux et des services publics. Il est vrai que la diversité des nationalités cohabitantes au Kazakhstan rendait indispensable l'utilisation d'une langue commune de communication. Mais les Kazakhs ne l'entendaient pas ainsi. Le limogeage de Kunaev raviva les passions. Jusque-là, la direction du PC local se trouvait partagée entre un représentant de chacune des deux nationalités majoritaires, un Kazakh et un Russe. La décision du 16 décembre remettait en cause cet équilibre. Aussitôt le lendemain, quelque 10 000 manifestants occupaient le centre de la capitale, Alma-Ata, et parmi eux de nombreux membres des confréries musulmanes clandestines. Aux cris de « Le Kazakhstan aux Kazakhs ! » « Dehors les Russes ! » ils se rendirent au siège local du Parti pour obtenir l'annulation des décisions prises à Moscou. Les forces spéciales de sécurité, les *Spetnats*, intervinrent brutalement. Officiellement, il y eut dix morts et de nombreux blessés, mais les Kazakhs donnaient un bilan plus lourd. Les troubles se prolongèrent jusqu'au 20 décembre. La *Pravda* du 28 décembre dénonça vigoureusement « le nationalisme kazakh » et reprit à son compte les idées défendues par Ligatchev lors du XXVIIe congrès, insistant à son tour sur la nécessité de « promouvoir des personnes de toutes les nationalités à des postes de responsabilité et d'échanger régulièrement les personnels et les travailleurs expérimentés » entre les diverses républiques et régions de l'URSS. Or, on était loin au Kazakhstan d'avoir réalisé un tel brassage. Kunaev au contraire avait systématiquement donné la préférence aux jeunes cadres kazakhs frais émoulus de l'université d'Alma-Ata dont les diplômes, aux dires de la presse moscovite, étaient davantage attribués en fonction de l'appartenance à la nationalité kazakhe qu'à la réelle capacité de l'impétrant.

Justifiées ou non, les attaques du pouvoir central contre les pratiques des dirigeants kazakhs, connues pourtant depuis longtemps et tolérées par Brejnev, avaient réveillé le sentiment national au Kazakhstan à un moment où l'Islam connaissait partout un véritable renouveau, dénoncé lui aussi par la presse officielle. A côté des 36 mosquées « officielles », de nombreux lieux de culte jusque-là clandestins s'ouvraient au grand jour, et certains lieux comme le tombeau d'un nommé Oukasha Outa, compagnon supposé du Prophète, rassemblaient des foules immenses qui bravaient maintenant le pouvoir ouvertement.

Devant la gravité de la crise au Kazakhstan, le pouvoir central fit un geste de bonne volonté en nommant au poste de deuxième secrétaire du PC un Kazakh. Un « Comité pour les relations interethniques » fut créé le 9 janvier 1987 pour rechercher un compromis sur la répartition des postes au sein du Parti et dans l'Administration. Mais il fallut attendre jusqu'en juin 1989 pour qu'un Kazakh soit à nouveau premier secrétaire du PC ; il s'agissait de Nursultan Nazarbaev.

En Ouzbékistan aussi, le pouvoir s'est attaqué à la corruption. La lutte contre la « mafia ouzbek » avait déjà commencé du temps d'Andropov et s'était poursuivie depuis. En janvier 1986, le PC ouzbek avait attaqué Rachidov décédé en 1983, et lors du XXVIIe congrès du PCUS, on avait dénoncé la corruption, les vols de toutes sortes, le trucage des statistiques qui étaient devenus monnaie courante à l'époque où Rachidov dirigeait le PC ouzbek. De nombreux responsables locaux du Parti furent limogés au cours de l'été 1986 et l'épuration se poursuivit en 1987. Les Ouzbeks acceptèrent mal d'être considérés collectivement comme « plus corrompus que les autres » ainsi que se plaisait à l'écrire la presse officielle. Le journaliste Kamal Ikramov, fils d'un ancien dirigeant du PC ouzbek victime des purges staliniennes en 1938, répondit à ces attaques en rappelant qu'il fallait faire la distinction entre le peuple ouzbek et certains de ses dirigeants corrompus, et il fut soutenu par l'écrivain azéri Mirza Ibragimov [1]. Les Ouzbeks pouvaient à juste titre se considérer comme les victimes d'une véritable « discrimination raciale » dans la mesure où ce n'étaient pas eux qui avaient porté au pouvoir Rachidov; ils savaient bien que Rachidov et les principaux dirigeants de leur république étaient les protégés de Brejnev et, surtout, de son gendre Iouri Tchourbanov [2]. Et beaucoup pensaient que les véritables corrompus étaient ailleurs qu'à Alma-Ata, et plus précisément à Moscou au sein même du Bureau politique. Les deux juges qui menaient l'enquête depuis 1986, Telman Gdylan et Nikolaï Ivanov firent arrêter en octobre 1988 le successeur de Rachidov à la tête du PC ouzbek, Imanjon Ousmankhodjaev et celui-ci avoua qu'il avait largement payé non seulement Tchourbanov, mais aussi Grigori Romanov, membre du Bureau politique depuis 1985, et Igor Ligatchev lui-même [3]. Les deux juges furent alors dessaisis du dossier quelques mois plus tard. Visiblement, on ne tenait pas à ce qu'ils remontent jusque dans les plus hautes sphères du régime.

Au Tadjikistan, le pouvoir avait pris des mesures préventives contre le renouveau religieux. En dépit de l'athéisme officiel, les vieilles coutumes de la société musulmane perduraient. Des femmes s'immolaient encore par le feu pour protester contre leur condition, et, selon le premier secrétaire du PC local Kakhar Makhlanov, ces pratiques se maintenaient parce que les autorités les avaient volontairement ignorées jusque-là [4]. De nombreux chefs musulmans clandestins accusés de « propagande religieuse illégale » furent condamnés en 1986 à de lourdes peines de prison. Cette sévérité n'était pas sans relation avec l'appel à la guerre sainte lancé par les Tadjiks d'Afghanistan à leurs frères d'URSS.

Dans les républiques d'Asie centrale où le compromis entre la tradition musulmane et les dirigeants communistes locaux avait assuré un calme apparent pendant

1. *Literaturnaïa Gazeta*, 10 juin 1987 et 12 août 1987, cités par H. Carrère d'Encausse, *l'Empire éclaté*, *op. cit.*, p. 46-48.
2. R. Lesnik et H. Blanc, *op. cit.*, p. 197 et ss.
3. *Ibid.*, p. 228.
4. *L'URSS de la perestroïka à l'après-communisme*, *op. cit.*, p. 63.

plus de deux décennies, il avait suffi que Moscou limoge quelques dirigeants corrompus pour que remonte en surface la haine profonde contre l'occupant russe.

L'évolution de la situation fut sensiblement identique en Géorgie. Lorsque le nouveau premier secrétaire du Parti, Djoumbev Patiachvili, qui avait succédé à Chevarnadzé quand celui-ci était devenu ministre des Affaires étrangères d'URSS, entreprit une large épuration en limogeant au cours de l'été 1985 cinq ministres, trois membres du comité central géorgien ainsi que le procureur général de la République ; les Géorgiens réagirent en multipliant les manifestations et les grèves. Les dissidents menés par Zviad Gamsakhourdia et Merab Kostava dénoncèrent les nouvelles menaces qui pesaient sur l'identité nationale de la Géorgie. L'Association « Ilia Tchavtachavadzé » qui, depuis 1987, rassemblait les intellectuels contestataires, concentra tous les efforts contre un ancien projet remis à l'ordre du jour en 1984 pour le percement d'un tunnel ferroviaire à travers le Caucase afin d'améliorer la liaison entre la Géorgie et la RSFS de Russie. On dénonça pêle-mêle les menaces contre l'environnement, le coût élevé des travaux, les risques liés à l'instabilité de l'écorce terrestre dans cette région aux séismes fréquents. En fait, la véritable explication à cette opposition au tunnel, c'est que les Géorgiens redoutaient l'arrivée de techniciens russes, et à long terme celle de nouveaux « colons ».

En Arménie voisine où là aussi les dissidents disposaient de relais grâce à la prolifération d'associations culturelles plus ou moins tolérées par les autorités, c'était la question du Karabagh qui rassemblait les opposants. Jamais les Arméniens ne s'étaient consolés du fait qu'une partie de leurs compatriotes avaient été intégrés par Staline à l'Azerbaïdjan et demeuraient soumis au bon vouloir des autorités de Bakou. Le 17 octobre 1987, Erevan connut à son tour des manifestations. Des milliers d'Arméniens se dirigèrent vers le siège du soviet suprême de la république pour demander le retour à la mère patrie du territoire du Haut-Karabagh. Des nouvelles alarmantes arrivaient de cette vieille terre arménienne que les Azéris étaient en train de « coloniser » avec l'installation de populations azéris eu milieu des Arméniens encore majoritaires. Devant le silence des responsables locaux, l'opposition appuyée par l'Église lança une campagne de pétitions en Arménie comme au Karabagh dont l'objet était la réunification de la terre arménienne.

La glasnost et le retour à un « certain » droit à la liberté d'expression faisaient ainsi resurgir des conflits nationaux que le pouvoir considérait comme définitivement réglés grâce à « la solidarité et à l'internationalisme prolétariens ».

Dans les républiques baltes où les mouvements d'opposition s'étaient solidement implantés dans une semi-clandestinité depuis le début des années soixante-dix, la glasnost leur a permis de se manifester d'une façon plus visible, et de nouveaux groupes plus radicaux sur le plan politique ont fait leur apparition. En Lettonie, en juillet 1986, s'est ainsi formé à Liepava un « Groupe Helsinki 86 » animé par des dissidents de longue date, Linards Grantins, Raimonds Bitienek et Martins Boriss, qui adressa une lettre ouverte au PCUS, aux dirigeants locaux du Parti, au pape Jean-Paul II et à l'ONU pour attirer leur attention sur la situation en Lettonie. Les dirigeants du groupe furent aussitôt arrêtés pour publication d'« informations mensongères ». La glasnost avait des limites qu'il était imprudent de franchir. Au cours de l'année 1987, à plusieurs reprises, les opposants – mais parfois aussi des provocateurs – organisèrent des manifestations, le 14 juin pour commémorer le souvenir des déportations de 1941, le 23 août à l'occasion de l'anniversaire du pacte germano-soviétique, et le 18 novembre à l'occasion de l'anniversaire de l'indépendance en 1918. Chaque fois, le scénario était le même; quelques milliers de manifestants se rassemblaient au centre de Riga puis étaient dispersés par la police qui procédait à quelques arrestations. C'était l'occasion pour le pouvoir de dénoncer le comportement asocial et l'hooliganisme des Lettons.

En Lituanie, c'est par l'intermédiaire des associations religieuses et du clergé catholique que se manifesta l'expression du sentiment national. Ici aussi, la population célébra par des manisfestations pacifiques l'anniversaire du pacte germano-soviétique.

En Estonie, dès 1987, un groupe de dissidents, avec Vello Väärtnoy, Eke-Päät Nomm, Heiki Ahonen et Ervi Orula, créa un « Parti pour l'indépendance de l'Estonie » qui s'intégra à une organisation plus représentative, le « Mouvement charte 87 pour la Défense des droits de l'homme ». Le Parti communiste estonien lui-même chercha à récupérer le mouvement national en lançant le concept d'une « Estonie économiquement indépendante ». Ici se dessinait une évolution qui, des pays Baltes, allait gagner toutes les républiques fédérées et qui se caractérisait par le ralliement progressif des dirigeants communiste locaux aux aspirations nationales de leurs compatriotes [1].

En Moldavie, le mouvement nationaliste avait été plus lent à prendre corps. Pour l'URSS, la Moldavie avait une position stratégique de premier plan en raison de sa situation géographique au contact de la Roumanie avec laquelle la population moldave avait des liens culturels et historiques. Déjà en 1967, lorsque Ceaucescu avait manifesté à l'égard de la Bessarabie – la Moldavie soviétique – des visées irrédentistes, le premier secrétaire du PC moldave, Ivan Bodul, avait alors dénoncé « les falsifications bourgeoises de l'Histoire » et avait déclaré que « la Bessarabie n'a jamais été un territoire roumain [2] ». Vingt ans plus tard, force était de constater que les Moldaves n'avaient pas été aussi soviétisés qu'on voulait le faire croire. A partir de mai 1987, à la faveur de la glasnost, on assista en Moldavie à une renaissance du sentiment national, qui se traduisit chez les intellectuels par des prises de position en faveur de l'identité culturelle moldave et par le déclenchement d'une campagne en faveur du retour à l'alphabet latin pour la transcription de la langue nationale, alors que, depuis 1946, l'alphabet cyrillique avait été imposé par le pouvoir soviétique. L'opposition moldave, d'abord culturelle et religieuse, n'allait pas tarder à s'aligner sur le modèle balte et à dénoncer, elle aussi, le pacte germano-soviétique qui avait laissé les mains libres à Staline. Toutefois le PC moldave s'efforçait de contrôler la situation. Dans son discours du 29 septembre 1987 aux

1. P. Lorot, *les Pays baltes*, *op. cit.*, p. 92 et ss.
2. *Le Monde*, 16 mars 1967.

cadres et aux militants, le premier secrétaire, Semion Grossou, leur rappelait que leur mission était de « lutter contre la tendance nationaliste de certains jeunes ».

Les Tatars de Crimée eux-mêmes, qui depuis leur réhabilitation en 1967 n'avaient pas cessé de lutter pour obtenir le droit de retourner dans leurs terres ancestrales et d'y rétablir leur république autonome, profitèrent de la glasnost pour exprimer au grand jour leurs revendications. Le 24 juin 1987, plusieurs centaines d'entre eux manifestèrent publiquement sur la place Rouge à Moscou pour faire entendre leur voix et furent brutalement dispersés par la police. En août, d'autres manifestations eurent encore lieu à Moscou, ainsi qu'en Ouzbékistan où vivaient de nombreux Tatars. En octobre, quelques milliers de Tatars qui avaient réussi à revenir en Crimée tentèrent de se rendre à Simferopol pour présenter aux autorités de Crimée leurs revendications, mais en furent également empêchés. Tout ce que purent obtenir les Tatars, ce fut la création d'une commission chargée d'examiner leurs demandes, et qui en juin 1988... les rejeta.

Les Tatars n'étaient pas les seuls à manifester à Moscou. Les refuzniks juifs, eux aussi, par de fréquentes manifestations, cherchaient à obtenir du pouvoir le droit à l'émigration qu'on leur avait refusé. Malgré l'arrivée au pouvoir de Gorbatchev, les autorisations de sortie accordées aux Juifs étaient toujours difficiles à obtenir comme du temps de Brejnev. Il n'y eut encore que 6 100 départs vers Israël en 1985 et 6 900 en 1986. Mais la situation se débloqua brutalement en 1987 à la suite de la pression des Etats-Unis. Cette année-là, le nombre des départs s'éleva à 39 600 pour dépasser la centaine de mille l'année suivante et atteindre 453 000 en 1990. C'était le résultat des rencontres Reagan-Gorbatchev; l'une des conditions mises par les Etats-Unis pour accorder une aide économique à l'URSS était la libre émigration pour les Juifs d'URSS. Gorbatchev y trouvait largement son compte, car l'autorisation donnée aux Juifs de sortir librement d'URSS lui donnait un brevet d'honorabilité aux yeux de l'Occident, et en même temps cela permettait de contrecarrer l'influence des divers mouvements antisémites, comme « Pamiat », qui se développaient alors en Russie, mais aussi en Ukraine.

Seules les républiques slaves semblaient avoir échappé à ce réveil quasi général du sentiment national largement visible dans de nombreuses républiques depuis l'arrivée au pouvoir de Gorbatchev. L'accident nucléaire de Tchernobyl, le 26 avril 1986, apporta dans un premier temps des arguments supplémentaires à Gorbatchev pour justifier la poursuite de sa politique de réformes et de responsabilisation des cadres de l'économie. Mais, à plus long terme, Tchernobyl allait être exploité à la fois par les autorités locales contre le pouvoir central et par les défenseurs de l'environnement, presque toujours liés aux mouvements d'opposition.

En Russie, le nationalisme russe renaissant s'est cristallisé autour du mouvement *Pamiat* (la mémoire), organisation extrémiste que d'aucuns accusèrent d'avoir été manipulée par les conservateurs pour entraver l'action réformatrice de Gorbatchev. Dès son apparition au grand jour à la fin de 1985, Pamiat se présenta comme une organisation de défense de la tradition nationale et orthodoxe de la Russie. Son principal dirigeant, Dimitri Vassiliev, s'est vite fait connaître par ses prises de position antisémite et antimaçonnique. Reçus par Boris Eltsine à l'issue d'une manifestation publique à Moscou le 6 mai 1987, Vassiliev et ses amis ont réclamé la reconnaissance officielle de leur mouvement dont le but est de défendre « la mémoire sacrée du peuple et l'identité nationale russe [1] ». En Biélorussie et en Ukraine, le réveil national, quoique de plus en plus visible, ne touchait encore pour l'instant que les milieux intellectuels, et on attendait surtout de Gorbatchev qu'il redressât la situation déjà compromise de l'économie.

On était loin, sur le terrain, des belles déclarations officielles qui niaient l'existence de la question nationale en URSS. Déjà, à la périphérie comme au centre, la volonté de défendre les cultures et les identités nationales s'exprimait au grand jour depuis que le pouvoir avait accordé aux peuples un minimum de liberté d'expression. Gorbat-

1. *Le Monde*, 24 juin 1987.

chev avait-il mesuré les conséquences de sa politique d'ouverture et de transparence? Croyait-il vraiment qu'il allait pouvoir canaliser le mécontentement latent des populations en le dirigeant contre ses prédécesseurs et leurs partisans jugés par définition responsables de tous les maux? C'est possible. Mais il est peu probable qu'un homme comme Gorbatchev, qui avait travaillé à l'ombre d'Andropov, le chef du KGB, ait ignoré à ce point l'ampleur du mécontement chez de nombreux peuples et nations d'URSS. Il est vraisemblable cependant que Gorbatchev, pris lui-même au piège de la « langue de bois », ait pensé qu'en faisant des réformes et en donnant un peu plus de liberté il pourrait maintenir et même renforcer le socialisme en Union soviétique, car, pour lui, « les problèmes et les difficultés des années soixante-dix et quatre-vingt ne traduisent pas une crise du socialisme en tant que système politique et social, mais furent plutôt le résultat d'un certain manque de rigueur dans l'application des principes du socialisme, d'écarts par rapport à ses normes, et d'une fidélité indue à des méthodes et des formes de gestion sociales mises en place dans des conditions spécifiques au cours des premiers stades du développement socialiste [1] ».

1. M. Gorbatchev, *op. cit.*, p. 46.

XVIII

L'EXPLOSION DES NATIONALISMES (1988-1991)

Jusqu'en 1988, les revendications des peuples contestataires étaient surtout d'ordre culturel et religieux. A partir de 1988, elles prennent une dimension politique qui remet en cause maintenant les structures mêmes de l'État soviétique. L'explosion des nationalismes qui se manifeste simultanément dans les républiques du Caucase et dans les pays Baltes avant de s'étendre peu à peu à toute l'Union soviétique en 1989 a-t-elle été un phénomène spontané, ou bien a-t-elle été accompagnée, voire suscitée ou amplifiée par Gorbatchev, désireux de montrer aux Russes que l'empire était en péril et que seule la perestroïka pouvait sauver la situation? Ou bien encore, le feu des nationalismes qui couvait depuis longtemps a-t-il été attisé par les conservateurs désireux de déstabiliser un Gorbatchev dont le « libéralisme » risquait de saper les bases mêmes du régime? Voilà autant de questions qui méritent d'être posées face à cette accélération inattendue de l'Histoire en URSS à la fin des années quatre-vingt.

Le réveil des nations et des peuples, le réveil de ces « oubliés de l'Histoire » était en soi un phénomène logique dans la mesure où des sentiments longtemps dissimulés et retenus ont eu la possibilité – pour la première fois depuis 1917 pour certains et depuis 1940 pour d'autres – de s'extérioriser, sans oublier non plus que déjà à la fin du XIXe siècle, certains des problèmes nationaux qui ont refait surface aujourd'hui se posaient déjà. En ce sens, Mikhaïl Gorbatchev, volontairement ou contraint par la nécessité, a eu le mérite d'apporter un peu de liberté dans un pays qui en avait été totalement privé pendant des décennies, voire des siècles entiers. En fait, il a pris le risque de déstabiliser l'édifice même qu'il entendait consolider.

L'expression des sentiments nationaux n'a pas pris partout la même dimension ni la même forme, mais l'objectif final, conscient ou inconscient, était la recherche de l'indépendance.

LE RÉVEIL DES PEUPLES DANS SA DIVERSITÉ

La révolution pacifique des peuples baltes

Les trois républiques baltes, en dépit de leurs différences, avaient en commun l'appartenance à l'aire culturelle germano-scandinave; toutes trois, intégrées à l'Empire russe au XVIIIe siècle, avaient résisté à toutes les tentatives de russification et étaient devenues indépendantes à l'issue de la Première Guerre mondiale avant d'être incorporées de force à l'Union soviétique à la suite du pacte germano-soviétique. Les peuples baltes n'avaient jamais accepté cette situation et conservaient présentes à leur mémoire toutes les souffrances et humiliations endurées depuis la soviétisation de leurs pays. Rien d'étonnant dès lors à ce qu'ils aient profité de l'affaiblissement du pouvoir central pour réaliser leurs aspirations.

Pressées par les mouvements d'opposition qui sortaient peu à peu de la clandestinité, les autorités locales ont jugé utile de faire quelques concessions symboliques, répondant ainsi à l'attente des populations. Dès 1988, les soviets suprêmes locaux ont remis en honneur les anciens hymnes nationaux et les drapeaux de l'époque de l'indépendance en lieu et place de ceux imposés par les Soviétiques en 1944. Partout, la langue locale a repris sa place de langue officielle. De même, les autorités locales rendirent aux Églises la plupart des lieux de culte qui avaient été fermés précédemment. C'est ainsi que la cathédrale de Vilnius fut rendue au culte en octobre 1988, au moment même où le pouvoir mettait fin aux mesures d'éloignement qui frappaient de nombreux évêques, prêtres et pasteurs. Ces mesures venues trop tardivement ne calmèrent pas les esprits. Au cours de manifestations rassemblant des foules toujours plus nombreuses, et notamment lors de celles qui eurent lieu dans les trois pays le 23 août 1988, c'étaient l'indépendance et la fin de l'occupation soviétique qui étaient au premier rang des revendications.

Les dirigeants communistes autochtones, soucieux de ne pas se couper de leurs compatriotes, décidèrent, en dépit de la désapprobation du PCUS, de canaliser le mouvement nationaliste dans le cadre de « Fronts populaires ». En juin 1988, le premier secrétaire du PC estonien, Vainö Vaelaes, fut le premier à avoir autorisé la constitution d'un Front populaire qui vit officiellement le jour le 1er octobre et dont le but était de soutenir la perestroïka. Quelques jours plus tard naissait à Riga un « Front populaire letton » en vue de faire de la Lettonie un « État de droit ». En Lituanie, ce fut le premier secrétaire du PC, Brazaoukas, qui présida le congrès constitutif du « Mouvement de soutien aux réformes » légalisé le 22 octobre sous le nom de *Sajudis*.

La collaboration entre l'opposition nationale et les communistes locaux réformateurs marquait la volonté de tous de parvenir *par des moyens pacifiques* à réaliser les aspirations des populations. En matière de réforme politique, ce fut l'Estonie qui joua le rôle de pionnier avec la proclamation par le soviet suprême de la souveraineté de la République le 16 novembre 1988 ; désormais les autorités estoniennes exerceront le pouvoir suprême sur place et les lois fédérales ne seront applicables qu'après leur approbation par le soviet suprême de Tallinn. Il n'était donc pas encore question de se séparer de l'Union soviétique. Cette déclaration de souveraineté, votée pourtant par une assemblée exclusivement composée de communistes, fut déclarée illégale par le Soviet suprême d'URSS dès le 26 novembre. Cela n'empêcha pas les parlementaires estoniens à s'engager plus avant sur la voie des réformes. Le 18 janvier 1989, le soviet suprême de Tallinn vota une loi imposant la connaissance de la langue estonienne à tous les fonctionnaires et agents des services publics ; puis, le 18 mai, il décida que les autorités estoniennes disposeraient désormais de la totalité des pouvoirs en matière économique, y compris celui de se doter d'une monnaie propre [1]. Franchissant une étape supplémentaire, le soviet suprême d'Estonie adopta le 10 avril 1989 une nouvelle loi électorale qui réservait le droit de vote aux seuls Estoniens ainsi qu'aux autres résidents à condition qu'ils aient au moins 5 ans de résidence sur le territoire de la République; le délai était porté à 10 ans pour l'éligibilité. Devant la réaction de Moscou qui jugea cette loi « non conforme » à la Constitution de l'URSS, les autorités estoniennes firent machine arrière. Mais pour les Estoniens comme pour leurs voisins lettons et lituaniens, il n'était pas question de se soumettre aux injonctions de Moscou. La pression monta encore le 23 août 1989 à l'occasion d'une gigantesque manifestation – autorisée par les autorités locales – qui rassembla à Tallinn plus de 300 000 personnes. Ce fut l'occasion d'adresser à Gorbatchev une pétition portant plus de 430 000 signatures, qui réclamait la reconnaissance par l'URSS du fait que les États baltes n'étaient pas devenus soviétiques de leur plein gré, et qui exigeait le rétablissement de leur indépendance. Ce jour-là, les Estoniens n'étaient pas seuls à manifester. Les Lettons et les Lituaniens s'étaient joints à eux dans une véritable chaîne humaine unissant sur 560 km Tallinn à Vilnius en passant par Riga, à laquelle participèrent des centaines de milliers de Baltes criant bien haut leur désir d'indépendance.

La Lituanie avait suivi un cheminement comparable à celui de l'Estonie. Le mouvement Sajudis allié aux communistes réformateurs, avait remporté un franc succès aux élections au Congrès des députés du peuple d'URSS du printemps 1989. Et le 18 mai, à son tour, le soviet suprême de Lituanie proclama la souveraineté de la République. Allant plus loin que le soviet estonien, le soviet de Lituanie avait créé une commission chargée d'examiner les conditions dans lesquelles la Lituanie avait été incorporée à l'Union soviétique. Le 21 août 1989, les conclusions du rapport de la commission étaient rendues publiques : « L'ultimatum délivré par l'Union soviétique à la république de Lituanie le 14 juin

1. P. Lorot, *les Pays Baltes*, *op. cit.*, p. 98, p. 102-103.

1940 n'avait aucune justification dans le droit ou la raison et fut adressé sous la menace ouverte de la force militaire. » Le pacte germano-soviétique y était qualifié de « crime international » et il appartenait à l'URSS et à la communauté internationale d'en liquider les conséquences. Deux jours plus tard, les Lituaniens répondaient par leur participation massive à la chaîne humaine de protestation. En Lettonie, le soviet suprême avait, lui aussi, voté le 28 juillet 1989 la déclaration de souveraineté de la République, et les Lettons furent également très nombreux à participer aux manifestations du 23 août.

Les partis communistes des républiques baltes qui avaient pris l'initiative de faire voter ces déclarations de souveraineté se trouvaient ainsi en opposition ouverte avec le PCUS et le pouvoir central. Ils en tirèrent les conséquences. Le 21 décembre 1989, à l'issue d'un Congrès extraordinaire, la majorité du PC lituanien, sur proposition du premier secrétaire, Brazaoukas, se prononça pour la rupture avec le PCUS, suivi par le PC letton en février 1990 et le PC estonien en mars.

Au début de l'année 1990, toutes les conditions étaient réunies pour une accession à l'indépendance par la voie démocratique. A la veille du renouvellement des parlements locaux prévu en février-mars, le principe du multipartisme fut adopté partout. Les élections donnèrent une large majorité aux partisans de l'indépendance. Le 11 mars 1990, le soviet suprême de Lituanie dominé par le Sajudis proclama l'indépendance de la République, suivi le 30 mars par celui d'Estonie, et le 4 mai par celui de Lettonie.

Pendant un certain temps, le pouvoir central chercha à utiliser sur le terrain les minorités russes pour entraver la montée du séparatisme balte. Les Russes étaient nombreux en Lettonie (33 % de la population en 1989) et en Estonie (28 %), moins nombreux en Lituanie (9 %). Moscou chercha à dresser la minorité polonaise (8 %) contre les Lituaniens. Toutes ces tentatives pour dresser les communautés les unes contre les autres ont échoué dans une large mesure. Dans les trois républiques, les Soviétiques favorisèrent l'apparition de « fronts internationalistes » pour défendre « le maintien du pouvoir soviétique », mais leur audience demeura limitée, même auprès des russophones. Le « Parti polonais des Droits de l'homme », créé en juin 1990 par Ciechanivisz, n'eut guère plus de succès; il réclamait la création d'une « République soviétique polonaise » pour assurer la défense de 250 000 Polonais de Lituanie au cas où le pays deviendrait indépendant [1]. La grève des travailleurs russes d'Estonie en août 1989 ne fut suivie que par un dixième d'entre eux [2]. Quant aux manifestations anti-indépendantistes, elles ne rassemblèrent guère plus que quelques milliers de participants, en majorité des militaires soviétiques en uniforme et leur famille. L'autre moyen utilisé par le pouvoir central pour faire reculer les partisans de l'indépendance fut l'emploi de la menace assortie de propositions de dialogue. Lors de sa visite à Vilnius le 10 janvier 1990, Gorbatchev tenta un dernier effort pour dissuader les Lituaniens de proclamer leur indépendance; il leur reconnut certes le droit pour eux, comme pour leurs voisins lettons et estoniens, à faire sécession, mais à la condition de le faire légalement et sans nuire aux intérêts des autres peuples de l'Union soviétique. Une fois les indépendances devenues un fait acquis, ce fut le temps des interventions brutales et ponctuelles des militaires ou des forces spéciales de sécurité, principalement en Lituanie et en Lettonie. A cela s'ajoutèrent le blocus économique de Lituanie et l'arrêt des livraisons de pétrole à partir du 19 avril, ce qui amena le gouvernement de Vilnius à suspendre le 29 juin pour une durée de 100 jours les effets de la déclaration d'indépendance. De la part de Moscou, il ne pouvait s'agir que d'un combat d'arrière-garde destiné à ralentir un processus de sécession devenu inéluctable et que, les trois présidents nouvellement élus, le Lituanien Vytautas Landsbergis, l'Estonien Arnold Ruutel et le Letton Anatolijs Gorbonnous, avaient décidé de mener à bonne fin lors de la réunion commune qu'ils tinrent à Tallinn le 12 mai 1990.

1. P. Lorot, *Pays baltes : le cadre géopolitique de l'indépendance* in *Hérodote*, nos 58-59, 1990, p. 204-205.
2. *Le Monde*, 18 août 1989.

Les ambiguïtés du pouvoir face à la poudrière du Caucase

A la différence des pays Baltes relativement homogènes sur le plan des cultures, les républiques du Caucase se caractérisent par leur diversité ethnique et religieuse, et par le souvenir, toujours présent à l'esprit, des conflits qui ont opposé les différentes communautés au cours des siècles. La « paix soviétique », imposée par la force aux peuples du Caucase au début des années vingt, au moment même où ils tentaient de s'organiser en États indépendants, était parvenue à maintenir dans ces régions un calme précaire, parfois ponctué de brusques réveils des sentiments nationaux toujours brutalement réprimés. La politique soviétique dans le Caucase reposait d'abord sur un habile dosage entre la rigueur idéologique étouffant dans l'œuf toute velléité d'expression du sentiment national – à moins qu'elle ne soit profitable aux intérêts extérieurs de l'URSS – et une relative tolérance – pouvant d'ailleurs être à tout moment remise en question – dans le domaine de l'économie, ce qui permettait l'existence d'une « économie parallèle » assurant la satisfaction des besoins matériels des populations tout en apportant de fructueux bénéfices à leurs dirigeants. Cette politique reposait aussi à l'origine sur un découpage administratif de ces régions – particulièrement machiavélique – qui avait été l'œuvre personnelle de Staline et auquel ses successeurs s'étaient bien gardés de toucher. Dans le territoire de chacune des trois républiques du Caucase en effet, on avait inclus des groupes minoritaires appartenant à l'ethnie majoritaire de la république voisine. Ainsi, des minorités arméniennes avaient été rattachées à l'Azerbaïdjan, et vice versa, sans parler de petits groupes ethniques comme les Ossètes dont une partie avait été incorporée à la RSFS de Russie et l'autre partie à la Géorgie. Un tel puzzle administratif, qui était loin de coïncider avec le puzzle ethnique déjà fort compliqué, avait pour objectif de faire du pouvoir central l'arbitre indispensable et le véritable maître de la situation. Cette politique du *divide et impera*, déjà expérimentée par les

LES PAYS DU CAUCASE
FÉDÉRATION DE RUSSIE
KALMOUKIE
Elista
R. DES ADYGHÉENS
Maïkop
KARATCHEVO
Tcherkessk
KABARDO-BALKARIE
Naltchik
OSSÉTIE DU NORD
Ordjonikidzé
Grozny
TCHETCHÉNO-INGOUCHIE
Nakhatchkala
DAGHESTAN
MER NOIRE
Soukhoumi
ABKHAZIE
OSSÉTIE DU SUD
Tskhinvali
ADJARIE
Batoumi
GÉORGIE
TBILISSI
ARMÉNIE
EREVAN
AZERBAIDJAN
BAKOU
Stepanakert
Nakhitchevan
Rép. autonome du NAKHITCHEVAN
Région autonome du KARABAGH
TURQUIE
IRAN
MER CASPIENNE
Frontières d'État
Frontières de Républiques ou de Régions autonomes
Les noms des capitales sont soulignés
Carte : Patrick Mérienne

derniers Romanov, avait atteint son plus haut degré de perfection avec le régime soviétique.

Avec l'arrivée au pouvoir de Gorbatchev, beaucoup attendaient une réponse à leurs aspirations. En Arménie, où en dépit d'un sentiment national très vif il n'y avait pas d'hostilité particulière à l'égard des Russes, l'opinion publique attendait de Gorbatchev le règlement du contentieux territorial avec l'Azerbaïdjan à propos de la région du Haut-Karabagh *(Nagorno-Karabagh)*. Ce petit territoire de 4 400 km^2 administré par l'Azerbaïdjan avec le statut de territoire autonome était une vieille terre arménienne peuplée en 1989 de 188 000 habitants. Depuis son rattachement à l'Azerbaïdjan, de nombreux Azéris s'y étaient installés, si bien que le pourcentage des Arméniens dans la population totale était passé de 94,4 % en 1926 à 76 % en 1989 ; depuis le début des années quatre-vingt, le gouvernement de Bakou avait envoyé de nombreux fonctionnaires et cadres, si bien que l'Administration et la police du Karabagh étaient en grande partie aux mains des Azéris. A la faveur de la glasnost, les Arméniens du Karabagh avaient engagé en 1987 une vaste campagne de pétitions et avaient ainsi rassemblé près de 80 000 signatures en faveur de leur rattachement à l'Arménie. Lorsque au début de 1988 Gorbatchev fit savoir au premier secrétaire du PC arménien son opposition à toute modification des frontières, des manifestations de protestation eurent lieu dès le 11 février à Stepanakert, la capitale du Karabagh, ainsi qu'à Erevan où elles se prolongèrent jusqu'à la fin du mois. Au Karabagh, devant le refus de Moscou de prendre en compte les revendications arméniennes, le soviet de la région autonome vota le 20 février à l'unanimité des 110 députés arméniens, et en l'absence des 30 députés azéris, le rattachement de la région à l'Arménie. Le 26 février, peut-être un million d'Arméniens défilèrent pacifiquement aux cris de « un peuple, une république » dans les rues d'Erevan malgré les appels à la patience lancés par le chef du PC arménien Karen Demirchian. Non seulement les Arméniens d'Erevan témoignèrent ainsi leur solidarité avec leurs compatriotes du Karabagh, mais ils réclamaient aussi davantage d'autonomie pour leur république, ainsi que l'arrêt des nouvelles implantations industrielles polluantes. Depuis Tchernobyl, les revendications politiques étaient toujours associées aux préoccupations écologiques. Au Karabagh, pendant ce temps, Arméniens et Azéris s'affrontaient, et la mort de deux Azéris provoqua une explosion de violence en Azerbaïdjan. La population azérie, montée contre Gorbatchev depuis que celui-ci en 1987 avait évincé du Politburo et du gouvernement soviétique l'unique représentant de l'Azerbaïdjan, Guedar Aliev, profita des troubles du Karabagh pour se livrer à des actes de violence contre la communauté arménienne de Bakou. Le 28 février à Soumgait, dans la banlieue industrielle de Bakou, une foule déchaînée s'attaqua aux quartiers arméniens, incendiant immeubles et magasins, tuant ou blessant leurs occupants. Le bilan du « pogrom » de Soumgait était lourd : officiellement 32 morts et plus de 300 blessés. Ni la police locale, ni l'armée n'avaient bougé. Ce n'est que le lendemain que les forces de sécurité firent leur apparition. L'émotion en Arménie fut considérable ; le « Comité Karabagh » constitué au début de la crise par des intellectuels, dont Parouir Khaïrikyan et Levon Ter-Petrossian, fit vite figure de « contre-gouvernement » face aux autorités locales indécises. A Moscou, le 23 mars, le Présidium du Soviet suprême déclarait illégale la décision du soviet du Karabagh et invitait les autorités d'Azerbaïdjan et d'Arménie à « prendre des mesures à l'encontre de ceux qui, par leurs activités, déstabilisent la situation et portent préjudice à l'amitié et à la coopération des peuples frères de l'Union soviétique ». Et, parallèlement, Moscou envoya des renforts de troupe à Erevan où toute manifestation était désormais interdite, tandis qu'au Karabagh la population arménienne déclenchait un mouvement de grève illimitée qui se prolongea jusqu'au 26 juin. En Arménie comme au Karabagh, en dépit des interdictions, les manifestations se poursuivaient d'autant plus que les verdicts, prononcés en mai contre les auteurs des violences antiarméniennes de février, paraissaient trop cléments selon les Arméniens... mais trop sévères aux yeux des Azéris, ce qui provoqua des manifestations de protestation au même moment... à

Bakou. Le 11 juin, à Bakou, de nouvelles violences contre les Arméniens firent encore des morts et des blessés, ce qui provoqua en Arménie de nouvelles manifestations. Le 15 juin, à Erevan, le soviet suprême, prenant acte des vœux du soviet du Karabagh, décida à l'unanimité de demander à Moscou le rattachement du territoire à la république d'Arménie. Le pouvoir soviétique répondit à cette demande par l'envoi de nouveaux renforts en Arménie, auquel répondirent des manifestations de protestations quasi quotidiennes à Erevan. Au cours de l'une d'entre elles, le 5 juillet, un manifestant fut tué par balles et des dizaines d'autres blessés.

Pour les Arméniens, qui avaient toujours manifesté de manière pacifique et qui, à la différence d'autres nationalités, n'avaient jamais demandé à se séparer de l'URSS, la répression brutale des Soviétiques provoqua un profond sentiment d'amertume. Les Arméniens avaient l'impression d'être trahis par Moscou ; ils se rappelaient qu'à Bakou les forces de l'ordre étaient demeurées passives lorsqu'on massacrait leurs compatriotes, alors qu'ici, à Erevan, l'armée tirait sur la foule qui manifestait pacifiquement. C'est à ce moment qu'ils prirent conscience que c'était à eux seuls qu'il appartenait d'organiser leur propre défense. Et dans le Haut-Karabagh, on vit alors apparaître les premières milices arméniennes, mais également aussi des milices azéries. Ce fut le début d'une véritable guerre civile, avec son cortège de destructions, de pillage, de massacres, et des flots de réfugiés, arméniens fuyant l'Azerbaïdjan et azéris fuyant l'Arménie, tandis que la présence militaire soviétique assurait la sécurité des frontières interrépublicaines et le maintien de l'ordre en Arménie.

Le séisme du 7 décembre 1988 qui fit en Arménie près de 25 000 morts et 500 000 sans-abri n'apporta aucune trêve. Ses conséquences furent importantes à plusieurs titres. D'abord, les Arméniens – et le monde entier avec eux – purent constater l'incapacité du système soviétique, et de l'armée en particulier, à faire face aux missions de secours qui leur incombaient. Et surtout, le nouveau drame qui s'était abattu sur le peuple arménien fut utilisé par Gorbatchev pour faire un coup de force en Arménie.

Le 10 décembre, les autorités militaires soviétiques procédaient à l'arrestation de la plupart des membres du comité Karabagh, alors qu'ils étaient en train d'organiser les secours aux victimes du tremblement de terre. Puis le 14 décembre, le Soviet suprême d'URSS décidait de placer sous le contrôle direct de Moscou le Haut-Karabagh en y installant un comité d'administration spéciale placé sous la direction d'un envoyé du gouvernement central, Arkadi Volski, assisté de trois Arméniens et d'un Azéri. Cette mesure ramena un certain calme dans la région. Les Arméniens n'avaient pas renoncé à leurs revendications ; et le 27 mai 1989, lors d'une manifestation commémorant la proclamation de l'indépendance en 1919, la foule, qui arborait les drapeaux de l'Arménie indépendante, se heurta aux forces de l'ordre, et il y eut une vingtaine de tués parmi les manifestants. Pour calmer les esprits, et comme pour montrer qu'il ne s'agissait que d'une « tragique méprise », le pouvoir fit un geste en libérant le 31 mai les membres du comité Karabagh et en remplaçant le premier secrétaire du PC arménien, Demirchian, totalement discrédité, par Vladimir Movsessian.

En Azerbaïdjan, le pouvoir central procéda au même moment au remplacement du premier secrétaire, Bagerov, en place depuis 1982 par Vezirov. Ici aussi, la situation était très tendue. Le pouvoir, depuis le début de 1989, était confronté à la montée du nationalisme azéri représenté par un Front populaire azerbaïdjanais qui se faisait le défenseur de la langue et de la culture azéris, et qui réclamait la souveraineté de la république. Avec l'arrivée de Vezirov, considéré comme un libéral, le Front populaire multiplia les manifestations en faveur de la souveraineté de l'Azerbaïdjan. La situation catastrophique de l'économie, en dépit de la richesse du sous-sol, et le niveau de vie extrêmement bas de la population autochtone donnèrent des arguments aux partisans du changement. Le Front populaire d'Azerbaïdjan organisa en août des grèves pour exiger l'expulsion des travailleurs arméniens encore présents sur place. En même temps, les militants du Front populaire, avec l'accord tacite des autorités, mirent en place un blocus total du Karabagh et de l'Arménie, en coupant les voies ferrées et les routes reliant Bakou à Erevan. Puis, le soviet suprême d'Azerbaïdjan proclama le 23 septembre la souveraineté de la république et légalisa en même temps le Front populaire. Le blocus du Karabagh fut enfin levé le 12 octobre lorsque Moscou eut assuré l'Azerbaïdjan que les troupes soviétiques maintiendraient l'ordre au Karabagh et garantiraient le maintien du statu quo territorial. Une fois de plus, Moscou, au nom du respect des frontières, prenait le parti de l'Azerbaïdjan qui recouvra tous ses droits sur le Karabagh après le rappel du comité d'administration spéciale, mettant fin ainsi au calme précaire qui régnait dans la région depuis janvier.

La réaction des Arméniens fut immédiate. Le 1er décembre, le soviet suprême d'Arménie, tenant compte du vœu clairement exprimé des populations, proclama le rattachement du Karabagh à l'Arménie. Cette décision allait rallumer la guerre. Le 13 janvier 1990, les milices azéries déclenchèrent une attaque contre Stepanakert, tandis qu'à Bakou, une manifestation de protestation contre une condamnation jugée trop sévère des auteurs du massacre de Soumgait dégénéra en un nouveau pogrom antiarménien, faisant officiellement 34 morts. Après un temps d'hésitation, Moscou proclama l'état d'urgence en Arménie, au Karabagh et en Azerbaïdjan. A Bakou, cette mesure provoqua de nouveaux troubles. Non seulement les Azéris se livrèrent à leurs exactions habituelles contre les Arméniens, mais ils s'attaquèrent aussi aux Russes nombreux dans la ville. Les partisans du Front populaire, devenus maîtres de la ville, remettaient maintenant en cause le pouvoir soviétique, réclamaient l'indépendance et l'union avec les Azéris d'Iran. Le 19 janvier au soir, les blindés de l'Armée rouge donnèrent l'assaut à Bakou et le lendemain, après de durs combats, parvinrent à se rendre maîtres de la situation. Le bilan de cette intervention était très lourd, il y avait officiellement 125 morts, mais sans doute bien plus, ainsi que des milliers de blessés [1].

Une nouvelle fois la violence l'emportait. Gorbatchev, par ses tergiversations et par le double jeu de sa politique

1. *Le Monde*, 18 janvier 1990 et 21-22 janvier 1990.

au Caucase, n'avait fait qu'aggraver la situation. Il avait déjà perdu toute crédibilité aux yeux des Arméniens; il avait maintenant déchaîné, après la dure répression à Bakou, la haine des Azéris partagée par tous les musulmans d'URSS; il suscitait l'inquiétude des démocrates russes inquiets de ce retour aux méthodes brutales de répression. C'était maintenant la guerre ouverte entre les Azéris et le Caucase pour le contrôle du Karabagh, une guerre dans laquelle l'Armée rouge se gardait bien d'intervenir. Pourtant, à l'intérieur de chacune des deux républiques ennemies, l'Armée rouge maintenait l'ordre. En Arménie, elle s'efforçait de contenir la montée des partis nationalistes, intervenant parfois avec une brutalité extrême comme ce fut le cas le 27 mai à Erevan où des affrontements entre soldats soviétiques et civils arméniens firent une vingtaine de morts. Cela n'empêcha pas la victoire des nationalistes aux élections de juillet au soviet suprême d'Arménie, et, le 4 août, Levon Ter-Petrossian, un nationaliste modéré, fut élu président de la République par 140 voix contre 76 à son concurrent Movsessian, premier secrétaire du PC. En Azerbaïdjan au contraire, après le retour au calme qui suivit les tragiques événements de janvier, les communistes locaux qui avaient repris à leur compte les revendications des nationalistes du Front populaire regagnèrent facilement le contrôle du pays. Le nouveau premier secrétaire du PC, Ayaz Moutabilov, appuyé par l'ancien chef du Parti, Gudar Aliev, pouvait ainsi gagner largement les élections par le renouvellement du soviet suprême en octobre et se faire élire président de la République, malgré les réserves émises par le « bloc démocratique » sur la régularité des opérations de vote.

Divisés déjà sur la question du Karabagh, l'Azerbaïdjan et l'Arménie étaient maintenant divisés sur le plan politique, face à un pouvoir central qui de jour en jour perdait le contrôle de la situation.

La Géorgie sur la voie de l'indépendance

En dépit de la relative prospérité du pays à l'époque où Chevarnadzé était le premier secrétaire du PC, les Géorgiens n'avaient jamais renoncé à l'espoir de retrouver un jour leur indépendance. Face au nationalisme géorgien qui s'exprimait parfois de façon spectaculaire comme ce fut le cas en 1956 et en 1978, le pouvoir central, selon son habitude, a toujours encouragé les minorités nationales de Géorgie à lutter pour la défense de leur identité. A côté des Géorgiens largement majoritaires, on trouvait en Géorgie, outre des Russes (7 % de la population totale) et des Azéris (5 %), d'autres groupes ethniques très minoritaires comme les Ossètes au nombre de 70 000 qui disposaient d'une région autonome où ils constituaient les deux tiers de la population, et les Abkhazes au nombre de 100 000 qui, eux, vivaient à l'intérieur d'une république autonome dans laquelle ils ne formaient que le cinquième de la population. Au moment où, à la faveur de la perestroïka, les Géorgiens relançaient le débat sur la question de l'indépendance, les Abkhazes qui craignaient plus que tout la création d'une Géorgie indépendante commencèrent à s'organiser. Un Front populaire abkhaze favorable au rattachement de l'Abkhazie à la RSFS de Russie se constitua à la fin de 1987 et, avec l'appui du premier secrétaire du PC local, Boris Adeïbou, proclama le 18 mars 1988 la sécession de l'Abkhazie par rapport à la Géorgie. Le pays, et notamment sa capitale Soukhoumi, fut alors secoué par des heurts violents entre Abkhazes et Géorgiens, qui se prolongèrent pendant tout l'été, tandis que le Front populaire abkhaze demandait l'appui de Moscou. Au même moment, les Ossètes, pour les mêmes raisons, s'inquiétaient de la montée du nationalisme géorgien et réclamaient leur rattachement à l'Ossétie du Nord qui dépendait de la RSFS de Russie. Pour ne pas aggraver les tensions en Géorgie, Moscou ne donna pas suite aux demandes des Abkhazes et des Ossètes. En Géorgie, il est vrai, la poussée nationaliste s'amplifiait, et les mouvements d'opposition accusaient ouvertement Moscou de soutenir en sous-main les séparatistes ossètes et abkhazes. Les accusations de corruption lancées par Gorbatchev contre les dirigeants géorgiens et l'arrivée à la tête du PC géorgien de Djoumber Patiachvili suivie d'une vaste épuration au sein du Parti et de l'Administration, piquèrent au vif le sentiment national de la population. Le

12 novembre 1988, à l'occasion de l'anniversaire de l'occupation de la Géorgie par l'Armée rouge en 1921, plus de 120 000 personnes se rassemblèrent à l'hippodrome de Tbilissi à l'appel du Parti national-démocrate pour y entendre les chefs de l'opposition, Merab Kostava, Zviad Gamsakhourdia, Nadar Nagadzé, dénoncer tout à la fois le pillage des richesses du pays par l'Union soviétique, la russification, l'agitation abkhaze, la répression de la révolte de 1956 et la dégradation de l'environnement [1]. Si les forces de l'ordre s'étaient montrées discrètes ce jour, il n'en fut pas de même le 9 avril 1989 lorsque les Spetnats dispersèrent brutalement une manifestation pacifique organisée par l'opposition pour dénoncer le séparatisme abkhaze et les violences dont étaient victimes les Géorgiens en Abkhazie, et pour réclamer le droit à l'autodétermination. Les blindés entrèrent en action contre la foule agenouillée qui écoutait l'appel au calme lancé par le Katolikos Ilya tandis que les fantassins lançaient sur la foule des gaz toxiques avant de charger en utilisant des pelles tranchantes. Le bilan officiel fit état de seize morts et d'une centaine de blessés, mais l'opposition avançait le chiffre plus vraisemblable d'une centaine de morts. Devant l'émotion suscitée partout par la brutalité des forces de l'ordre, Moscou dépêcha sur place Chevarnadzé. Celui-ci imposa de profonds changements à la tête de la Géorgie, dont les principales victimes furent le premier secrétaire Patiachvili, le Premier ministre Tchkeidzé et le président du soviet suprême Tcherkezia. C'est au chef local du KGB, Guivi Goumbaridzé, protégé de Chevarnadzé, que fut confiée la direction du PC géorgien avec pour mission de faire la lumière sur les événements du 9 avril. Pour le porte-parole de Chevarnadzé, Guennadi Guerassimov, l'intervention des forces de sécurité avait été une provocation, « un coup de poignard dans le dos de la perestroïka », ce qui dégageait la responsabilité de Gorbatchev au moment même où celui-ci condamnait ceux qui cherchaient à faire sortir la Géorgie de l'URSS et à y « liquider le socialisme [2] ». La venue de Chevarnadzé ramena le calme à Tbilissi où la

1. *Le Figaro*, 12-13 novembre 1988, 14 novembre 1988.
2. *Le Monde*, 15 avril 1989.

population fut autorisée, le 26 mai, à célébrer l'anniversaire de la proclamation de l'indépendance en 1918. Mais au début de juillet, la reprise des troubles en Abkhazie au cours desquels plusieurs Géorgiens furent tués provoqua une intervention de la milice géorgienne qui fit une vingtaine de morts. La violence, ici aussi, reprenait le dessus. A l'appel d'un comité de salut national constitué autour de Gamsakhourdia, un ordre de grève général fut lancé pour protester contre l'appui donné par Moscou aux séparatistes abkhazes, et, le 25 juillet, c'est aux cris de « Vive la Géorgie libre ! » « A bas l'Empire russe ! » que l'on manifesta dans les rues de Tbilissi.

Le rapport officiel sur les événements du 9 avril publié le 14 août mit en cause la responsabilité des dirigeants locaux du Parti qui donnèrent l'ordre au général Igor Rodionov « de faire place nette ». Ce dernier d'ailleurs sera sanctionné et relevé de son commandement des troupes de Transcaucasie [1]. Mais une commission d'enquête parallèle constituée par le soviet suprême de Géorgie, tout en confirmant la responsabilité des dirigeants locaux du Parti, indiqua que certaines hautes personnalités de Moscou, et notamment le président du KGB Krioutchkov, Igor Ligatchev et le général Iazov avaient donné le feu vert pour la répression [2].

Pressés par l'opinion publique, les dirigeants géorgiens reprirent à leur compte les revendications en faveur de l'indépendance. Le 19 novembre 1989, le Soviet suprême vota un texte lui donnant le droit de se retirer de l'URSS et de suspendre les lois fédérales contraires aux intérêts de la Géorgie. Ainsi, les dirigeants communistes géorgiens eux-mêmes se ralliaient à l'idée d'indépendance et comptaient bien en tirer parti aux prochaines élections. A Moscou, Gorbatchev, confronté déjà au séparatisme balte et au conflit du Karabagh, préféra laisser le soin aux communistes géorgiens de gérer la situation. Au cours de l'été 1990, après avoir fait preuve de sa détermination en bloquant pendant une semaine le trafic ferroviaire, le Front populaire géorgien, qui regroupait toutes les forces de l'opposition, obtint du Soviet suprême l'introduction

1. *Le Figaro*, 15 août 1989; *le Monde*, 9 septembre 1989.
2. *Le Monde*, 14 octobre 1989.

du multipartisme pour les prochaines élections. Pour la première fois depuis 1920, les électeurs géorgiens ont pu, le 28 octobre, choisir librement leurs députés. La coalition anticommuniste et indépendantiste unie au sein de la « Table ronde pour une Géorgie libre » l'a nettement emporté, et, le 14 novembre, le nouveau soviet suprême a choisi comme président de la République le dissident Zviad Gamsakhourdia par 232 voix contre 5. Peu après, le Parti communiste géorgien se déclarait indépendant du PCUS. La Géorgie était ainsi devenue de facto un État indépendant.

La Moldavie à l'heure roumaine

Malgré les menaces répétées de Moscou, les Moldaves, qui, comme les Baltes, avaient été victimes du pacte germano-soviétique, prirent part à partir de 1989 à la révolte générale des nationalités contre le pouvoir central. Deux mouvements d'opposition s'étaient constitués en 1988 à l'initiative d'intellectuels, le « Mouvement démocratique moldave » et le « Club Alexei Mateevici ». Leurs dirigeants au départ avaient des objectifs purement culturels : il s'agissait pour eux de défendre la langue et la culture moldaves contre l'influence russe. Aux accusations lancées contre eux par les autorités qui leur reprochaient d'être « des ennemis de la perestroïka » sous couvert de nationalisme [1], les Moldaves répondirent par des manifestations de plus en plus fréquentes. Au cours du printemps de 1989, l'opposition se regroupa autour d'un Front populaire moldave dirigé par le secrétaire de l'Union des écrivains, Georgui Malartchouk, et par Ion Cataveica, dont le programme visait à la défense de la culture et de l'identité nationales. Le 25 juin, le Front populaire organisa à Kichinev (Chisinau en moldave) une manifestation qui rassembla plus de 100 000 participants à l'occasion de l'anniversaire de l'annexion de la Bessarabie par l'URSS en 1940. Le Front populaire publia à cette occasion un manifeste exposant ses principales revendications : « Nous voulons être reconnus comme Roumains de Bes-

1. *Le Figaro*, 28 février 1989.

sarabie, nous en sommes fiers. Nous voulons que notre langue devienne langue d'État dans notre république. Nous voulons stopper l'immigration artificiellement organisée par les autorités dans le but de nous russifier davantage. » Devant l'ampleur du mouvement national, un certain nombre de dirigeants du PC moldave se rallièrent aux thèses du Front populaire. Le 27 août, à l'occasion d'une nouvelle manifestation encore plus imposante que celle du 25 juin, le président du soviet suprême moldave, Mircea Snegur, cautionna par sa présence les revendications de la foule; cette fois, on réclamait non seulement le respect de la culture nationale mais aussi l'autonomie politique et économique [1]. Deux jours plus tard, le soviet suprême faisait du moldave la langue officielle de la république. La minorité russe de Moldavie (12,8 % de la population), appuyée par Moscou qui dénonçait « l'hystérie nationaliste » des Moldaves, riposta en déclenchant une grève dans l'industrie qui dura plusieurs semaines. A la suite d'affrontements violents entre nationalistes moldaves et soldats soviétiques à l'occasion des fêtes du 7 novembre commémorant la révolution d'Octobre, Moscou remplaça le premier secrétaire du PC moldave, le brejnévien Grossou, par un réformateur proche de Gorbatchev, Pyotr Lushinski. L'apaisement provoqué par cette mesure fut de courte durée, car la révolution de décembre à Bucarest ranima la flamme nationaliste. Dès le 22 décembre, Kichinev connut une manifestation de masse à caractère irrédentiste; les manifestants y réclamèrent la réunification de toutes les terres roumaines, Moldavie soviétique incluse. Pour le Front populaire moldave, « les frontières sont aujourd'hui des fictions. Si l'URSS persiste à vouloir les conserver en l'état, il y aura sûrement un bain de sang en Moldavie [2] ». La situation en Moldavie devenait de plus en plus explosive et, en dépit des gestes du pouvoir comme l'ouverture temporaire de la frontière entre la Roumanie et la Moldavie à Albija le 6 mai 1990 – ce qui donna lieu à des manifestations irrédentistes de part et d'autre –, les Moldaves s'acheminaient chaque jour

1. *Le Monde*, 29 août 1989.
2. *Valeurs actuelles*, 8 janvier 1990.

davantage vers l'indépendance [1]. Les élections au soviet suprême sous le signe du multipartisme donnèrent la victoire aux nationalistes; l'un d'entre eux, Mircea Druc, devint Premier ministre et fit proclamer dès juin la souveraineté de la république, tandis que l'ex-communiste Mircea Snegur était élu président de la République.

Face au nationalisme moldave, Moscou vit sans déplaisir se développer à l'intérieur de la Moldavie divers mouvements séparatistes de la part des populations minoritaires. Déjà en janvier 1990, les Russes de la région de Tiraspol avaient décidé par référendum de s'organiser en territoire autonome à l'intérieur de la Moldavie, puis, en septembre, toute la région russophone se constitua en une « république russe du Dniestr » avec un gouvernement provisoire présidé par Igor Smirnov. De même, les 150 000 Gagaouzes turcophones de la région de Komrat cherchèrent à s'organiser en république indépendante, et, à la suite des élections du 28 octobre 1990 déclarées illégales par les autorités de Moldavie, ils se dotèrent d'un gouvernement présidé par Stepan Topal qui manifesta clairement sa volonté de rester à l'intérieur de l'URSS. La visite de Gorbatchev en Moldavie le 30 novembre apaisa quelque peu les tensions. Mais dans l'esprit des nationalistes moldaves, c'est Moscou qui était à l'origine de tous ces mouvements séparatistes. Les élections présidentielles du 8 décembre maintinrent au pouvoir Mircea Snegur. Si l'idée d'une union avec la Roumanie voisine a fait long feu en raison du caractère peu attractif du régime Ilescu à Bucarest, en revanche, l'indépendance de la Moldavie était devenue une réalité.

Le réveil des Slaves

Par rapport à certaines républiques de la périphérie, les républiques slaves d'URSS furent plus tardivement touchées par le réveil du nationalisme. C'est surtout en Ukraine que le désir d'autonomie et le souci de défendre l'identité nationale était le plus développé. Ce « nationa-

1. *Le Monde*, 8 mai 1990.

lisme ukrainien » n'était pas un phénomène nouveau; il remontait au XIXe siècle, mais le régime soviétique, en cherchant à le briser par la force, l'avait renforcé, même si pendant longtemps il ne put se manifester au grand jour. Dès le début de la perestroïka, la catastrophe de Tchernobyl a servi de catalyseur pour tous les mouvements de dissidence. On a pu alors dire que « le réveil de la conscience nationale s'est caractérisé par l'apparition d'une nouvelle dimension *ethnoécologique* [1] ». Dissidents et intellectuels contestataires ont, par le biais de la défense de l'environnement et du slogan « Une Ukraine sans nucléaire », relancé le combat pour la défense de l'identité nationale. De nouveaux mouvements d'opposition sont apparus au grand jour comme l'Union ukrainienne d'Helsinki dont le programme reposait sur la démocratisation de la société et de l'État, le droit à l'autodétermination pour toutes les nationalités et la transformation de l'URSS en une confédération d'États indépendants, ou comme le « Mouvement populaire d'Ukraine pour la Perestroïka » créé à Kiev en septembre 1989 et qui devint un an plus tard le « Mouvement populaire d'Ukraine » plus connu sous le sigle *Roukh*, avec pour président l'écrivain dissident Ivan Dratch. En Ukraine occidentale, aux revendications politiques s'ajoutaient celles en faveur de la liberté religieuse pour les catholiques uniates condamnés depuis 1945 à la clandestinité.

C'est au cours de l'été 1989 que le réveil ukrainien est apparu dans toute son ampleur. Le 23 août à Kiev, des milliers de manifestants brandissant le drapeau bleu et jaune de l'Ukraine indépendante ont commémoré à leur manière l'anniversaire de la signature du pacte germano-soviétique. Le 17 septembre à Lvov, à l'occasion du cinquantième anniversaire de l'occupation de l'Ukraine occidentale par l'Armée rouge, plus de 100 000 manifestants ont réclamé la reconnaissance officielle pour l'Église uniate et ont poussé des cris hostiles à l'Église orthodoxe « complice de la russification ». La question de la légalisation de l'Église uniate s'est trouvée résolue peu

1. Z. Kowalewski, *l'Ukraine : réveil d'un peuple, reprise d'une mémoire*, in *Herodote* n° 54-55, 1989, p. 117 et ss.

après, avec la visite de Gorbatchev au pape Jean-Paul II le 1er décembre ; et dans les semaines qui suivirent, de nombreuses paroisses uniates purent à nouveau fonctionner au grand jour. Le retour à Lvov du métropolite uniate Mysroslav Lubachivsky, le 30 mars 1991, et le rétablissement de la hiérarchie catholique-grecque régla définitivement la question des Uniates mais provoqua des tensions avec l'Église orthodoxe sur la question des édifices de culte confisqués à son profit en 1948 [1].

Le ralliement à la cause d'une Ukraine indépendante du deuxième secrétaire du PC, Leonid Kravtchouk, permit aux communistes réformateurs de conserver la majorité au soviet suprême lors des élections de mars 1990, mais dans les soviets locaux d'Ukraine occidentale, et dans de nombreuses municipalités, les listes nationalistes conduites par d'anciens dissidents l'emportèrent. C'est ainsi que l'écrivain et journaliste Vlatchislav Tchornovil, qui avait passé quinze ans en camp de travail pour ses activités à la tête du samizdat *le Messager ukrainien*, fut élu président du soviet de la région de Lvov. Kravtchouk, élu président du soviet suprême d'Ukraine, s'efforça de canaliser à son profit le nationalisme ukrainien et fit voter le 16 juillet 1990 une loi rétablissant « la souveraineté de la république socialiste soviétique d'Ukraine » et prévoyant que, dans la nouvelle Constitution, les lois ukrainiennes auraient la primauté par rapport aux lois soviétiques. Quelques jours plus tard, le soviet suprême exigeait de Moscou le retour en Ukraine des appelés engagés dans les opérations militaires au Caucase et en Asie centrale. L'élection de Kravtchouk à la présidence de la République le 23 juillet 1990 était un pas de plus vers l'indépendance de l'Ukraine, réclamée avec de plus en plus de détermination à l'occasion de chaque manifestation, mais le pouvoir restait entre les mains d'un ex-apparatchik rallié bien tardivement à la cause du nationalisme.

La Biélorussie, dont l'identité culturelle était moins affirmée que celle de l'Ukraine, a suivi néanmoins une évolution assez semblable. Ici aussi, les effets de Tcherno-

1. *Le Figaro*, 29 novembre 1989; *le Monde*, 6 mars 1990; *Œuvre d'Orient, lettre d'information n° 2*, janvier 1992.

byl ont provoqué une vive émotion dans la population. Sous la pression des écologistes et des intellectuels, le Parti communiste de Biélorussie s'est rangé du côté des réformateurs favorables à l'autonomie de la république. Le 27 juillet 1990, le soviet suprême, où les communistes ont pu conserver la majorité lors des élections de mars 1990, a proclamé la souveraineté de la république à l'unanimité des 230 votants, tandis que les 120 élus de l'opposition démocratique boycottaient le scrutin [1].

Le cas de la Russie est sensiblement différent dans la mesure où cette république a toujours occupé une place privilégiée au sein de l'URSS, en fournissant au PCUS et aux institutions d'État la plupart de leurs hauts responsables. Pour l'opposition démocratique issue des milieux de la dissidence, la question essentielle était la démocratisation de la vie politique, le respect des Droits de l'homme et la réforme de l'économie. En ce sens, l'opposition soutenait les réformes de Gorbatchev tout en déplorant leur timidité et la lenteur de leur application. L'apparition de mouvements ultranationalistes comme Pamiat, le retour à certaines valeurs de l'ancienne Russie, le renouveau religieux facilité par la nouvelle législation sur les cultes votée en mars 1990, l'attitude parfois ambiguë de Gorbatchev, amenèrent un certain nombre de communistes réformateurs ou ex-communistes comme Boris Eltsine à prendre leurs distances par rapport au pouvoir central et à privilégier dans leurs préoccupations les intérêts de la Russie. Le triomphe de ce courant aux élections de mars 1990 les conforta dans l'idée que, face à la désagrégation de l'empire, c'était sur le terrain russe qu'il fallait se battre désormais. Le 29 mai 1990, Boris Eltsine, chef de file de l'opposition réformatrice, devenait président du Parlement de Russie, puis, le 12 juin, il faisait adopter par ce même Parlement une loi sur la souveraineté d'État de la république, par 907 voix contre 13 et 9 abstentions [2].

Les républiques qui avaient proclamé leur souveraineté ou leur indépendance, fortes de la légitimité de leurs dirigeants issus du suffrage universel, constituaient face à

1. *Le Monde*, 29-30 juillet 1990.
2. *Le Monde*, 31 mai 1991 et 14 juin 1991.

Gorbatchev et au pouvoir fédéral un véritable contre-pouvoir.

Islam et xénophobie en Asie centrale

Alors que dans la plupart des républiques fédérées la lutte pour la défense de l'identité nationale s'était peu à peu transformée en un combat pour l'indépendance, voire pour la séparation par rapport à l'URSS, les aspirations nationales dans les républiques musulmanes d'Asie centrale ne se sont jamais transformées en un mouvement en faveur de l'indépendance et n'ont jamais remis en cause l'appartenance à l'Union soviétique. Les nationalistes musulmans étaient davantage antirusses qu'antisoviétiques.

A partir des années soixante, le compromis qui s'était tacitement établi entre les dirigeants communistes locaux et le pouvoir central avait assuré une paix relative dans ces régions. En échange de leur fidélité inconditionnelle à l'URSS et à sa politique, les apparatchiks autochtones avaient bénéficié d'une relative liberté d'action qui leur avait permis de se constituer des « clientèles » et de se comporter en dignes successeurs des anciens émirs. Quant aux masses populaires, elles semblaient indifférentes au système politico-social qui les entourait et conservaient soigneusement leurs traditions culturelles et religieuses. A la faveur de la perestroïka, les changements dans le personnel politique que Gorbatchev tenta d'imposer dans certaines républiques, dans le cadre de la lutte contre la corruption, produisirent de telles réactions, notamment au Kazakhstan en 1986, qu'on préféra limiter la campagne de moralisation aux cas les plus criants. Aussi longtemps que se prolongea l'intervention militaire en Afghanistan, le pouvoir soviétique s'efforça d'étouffer le renouveau islamique chez les musulmans d'URSS, mais à partir de 1988 le désengagement en Afghanistan mit fin aux campagnes antireligieuses du pouvoir. Le mouvement religieux clandestin pouvait dès lors s'exprimer au grand jour avec la prolifération des confréries musulmanes et la réouverture de nombreuses mosquées. Ici, le réveil national fut surtout un réveil religieux, et les mollahs dont l'influence était grande sur les populations autochtones étaient davantage soucieux de réislamiser la société que de remettre en cause les structures politiques.

En revanche, l'Asie centrale n'a pas été à l'abri des affrontements interethniques relevant davantage d'une xénophobie exacerbée par les difficultés économiques que d'une volonté de changement politique. La cohabitation de populations différentes avait toujours provoqué ici des heurts parfois violents entre les communautés. Ces affrontements sont devenus plus fréquents et plus meurtriers à partir de 1989. C'était le résultat du découpage administratif artificiel mis en place par Staline, auquel s'ajoutaient les effets de la politique d'immigration constante qui consistait à installer en Asie centrale des colons russes et également les peuples « déplacés ». Toutes les républiques d'Asie centrale comptaient à côté de la population autochtone majoritaire des minorités allogènes, des Russes présents partout, mais aussi des Ouzbeks en Kirghizie, au Tadjikistan et au Turkménistan, ainsi que des représentants d'autres nationalités (Arméniens, Ukrainiens, Tatars, Meskhets, etc.). Les difficultés économiques croissantes et la paupérisation des populations autochtones victimes du chômage parce que le plus souvent non qualifiées ont créé une source supplémentaire de conflits entre les différentes communautés. C'est ainsi qu'au début de juin 1989 des heurts violents faisant une centaine de morts et plus de 500 blessés ont opposé en Ouzbékistan des autochtones à des membres de la communauté meskhète dont les succès commerciaux suscitaient l'envie; puis, à la fin du même mois, c'est à Novy Ouzen au Kazakhstan que des autochtones s'en prenaient aux Russes. Dès février 1990, les troubles interethniques reprenaient, mais cette fois-ci à Douchanbé au Tadjikistan où des jeunes tadjiks avaient attaqué les Russes et les Arméniens, puis les violences gagnèrent l'Ouzbékistan où le bruit avait couru qu'on allait y installer des réfugiés arméniens [1]. En juin, de nouvelles violences interethniques firent plusieurs centaines de victimes dans la mino-

1. *Le Monde*, 16 février 1990.

rité kirghize d'Ouzbékistan et dans la minorité ouzbeke de Kirghizie, ce qui amena le président ouzbek Karimov à demander l'intervention de Moscou [1].

Ici, dans les républiques musulmanes d'Asie centrale, le pouvoir soviétique était considéré comme le garant de la paix civile entre les diverses communautés. A la différence de la plupart des autres républiques de la périphérie, il n'était pas question de séparatisme.

LA RÉPONSE BUREAUCRATIQUE DU POUVOIR À LA CRISE DES NATIONALITÉS

Pour les dirigeants soviétiques, le réveil des nations dans les pays Baltes et leur aspiration à l'indépendance, la dérive nationaliste avec ses conséquences dramatiques en Transcaucasie, les manifestations xénophobes en Asie centrale, ont constitué autant de sources supplémentaires de préoccupations qui s'ajoutaient aux sérieuses difficultés de l'économie.

Aux déclarations optimistes des dirigeants qui présentaient traditionnellement l'URSS comme un modèle d'État multinational à l'intérieur desquels les diverses communautés vivaient dans un climat d'amitié et de confiance mutuelle, a succédé peu à peu une prise de conscience de la réelle existence d'un problème des nationalités. Jusqu'en 1988, les responsables de la politique soviétique s'en sont toujours tenus aux thèses défendues lors du XXVIIe congrès de 1986 et aux idées de Ligatchev préconisant une rotation fréquente des cadres dirigeants du Parti et de l'État entre les républiques. On a eu alors le sentiment que le pouvoir revenait à la politique de russification, ce qui ne fit qu'augmenter les tensions dans les républiques périphériques. Cette impression fut confirmée par les changements opérés par Gorbatchev dans la composition du Bureau politique : en 1988, Edouard Chevarnadzé était le seul non-Russe à y siéger, encore y siégait-il à cause de ses fonctions au sein

1. *Time Magazine*, 20 avril 1992; *le Monde*, 11 juin 1990.

du gouvernement et non en tant que représentant de la Géorgie [1].

Le pouvoir soviétique à partir de 1989 a cherché à répondre à la nouvelle situation créée par les événements de 1988 par des mesures ponctuelles, souvent désordonnées et contradictoires. Sur le terrain, les représentants officiels du pouvoir ont souvent cherché à établir le dialogue avec les plus modérés des opposants pour canaliser le mécontentement populaire, mais localement, sous la pression du KGB ou des nostalgiques de l'ordre établi, ils ont pu au contraire choisir la méthode de répression comme ce fut le cas à Tbilissi en avril 1989. A Moscou, Gorbatchev et les instances supérieures ont tenté de trouver la solution miracle qui permettait de calmer les esprits par des concessions limitées tout en maintenant à l'intérieur de l'Union soviétique les républiques qui s'engageaient sur la voie du séparatisme. La vérité, c'est que les concessions qui étaient accordées sont toujours venues trop tard.

Déjà, lors du plénum du Comité central du 26-28 novembre 1988, l'accent avait été mis sur la nécessité d'élargir les droits des républiques fédérées et d'harmoniser les rapports entre les républiques et le pouvoir fédéral [2], et cela dans le cadre d'une modification de certains articles de la Constitution de 1977. Sur proposition de Gorbatchev et dans cet esprit, le Soviet suprême d'URSS procéda à une révision constitutionnelle qui fut adoptée le 1er décembre 1988, dont l'objectif était de transformer l'Union soviétique en « un État socialiste de droit » dans lequel l'État et le Parti seraient séparés. Certes les articles 34 et 35 concernant l'égalité entre tous les citoyens et toutes les nationalités étaient maintenus en l'état, tout comme l'article 74 qui donnait la primauté des lois fédérales sur les lois républicaines. Mais la grande nouveauté fut la création d'une nouvelle institution, le *Congrès des députés du peuple* (article 77). Ce Congrès était composé de 2 250 députés élus pour cinq ans par tous les citoyens majeurs de l'Union soviétique; la pluralité des candidatures était admise pour ces élections. Les électeurs

1. *Le Monde*, 2 décembre 1988.
2. *Le Monde*, 30 novembre 1988.

seraient appelés à désigner ainsi, dans le cadre de ce Congrès, trois groupes égaux de députés, les députés des circonscriptions territoriales, les députés des organisations sociales et les députés des circonscriptions territoriales nationales. Le Congrès des députés du peuple à son tour élisait le Soviet suprême, nouvelle version, formé de 542 députés élus pour cinq ans. La moitié d'entre eux constitue le *Soviet de l'Union*, l'autre moitié le *Soviet des nationalités*. C'est sur la question de la composition du Soviet des nationalités que l'on put juger les réelles intentions du pouvoir face aux demandes des populations allogènes. Le texte primitif proposé par Gorbatchev par l'article 111 attribuait 7 députés à chaque république fédérée, 4 à chaque république autonome, 2 à chaque région autonome et un seul pour chaque district ou arrondissement national, ce qui assurait à la RSFS de Russie une surreprésentation puisqu'elle comptait sur son territoire 16 des 20 républiques autonomes de l'URSS et 5 des 8 régions autonomes. Devant le tollé général suscité par le texte proposé, le Soviet suprême modifia la version primitive de l'article 111 et porta à 11 le nombre des députés pour chaque république fédérée. La Constitution révisée prévoyait également que le Congrès élisait le président du Soviet suprême, chef de l'État soviétique, et approuvait la nomination des membres du gouvernement et du président du Conseil des ministres, sur proposition du Président. On s'acheminait ainsi vers l'établissement d'un régime présidentiel en URSS.

Les élections des 26 mars et 9 avril 1989 pour le Congrès du peuple furent les premières depuis celles de novembre-décembre 1917 à se dérouler d'une façon à peu près démocratique. Elles donnèrent une large victoire aux réformateurs conduits par Boris Eltsine qui obtint à Moscou 85 % des suffrages. Dans les républiques périphériques, les dirigeants officiels du Parti furent en général écartés par les électeurs, soit au profit des responsables des Fronts populaires dominés par les nationalistes (dans les pays Baltes, en Arménie, en Géorgie) soit au profit de candidats communistes inconnus qui battaient les caciques du Parti.

Ces élections marquaient ainsi le début d'une certaine

démocratisation de la vie publique en URSS, et surtout consacraient l'échec des candidats communistes conservateurs les plus marqués par le système. Mais elles donnaient aussi une légitimité, dans les républiques contestataires, aux mouvements d'opposition dont les candidats avaient été élus. Le 25 mai lors de l'ouverture de la première session du Congrès des députés du peuple, Mikhaïl Gorbatchev fut élu président du Soviet suprême par 2 123 voix contre 86, mais pour la désignation des membes du Soviet de l'Union, les conservateurs l'emportèrent. Ce fut une déception pour les réformateurs, mais aussi pour les députés des républiques séparatistes. Noyés dans la masse indécise des députés du Congrès, les représentants des peuples séparatistes majoritaires dans leur république, n'avaient guère la possibilité de faire aboutir leurs revendications à Moscou en raison de leur faible poids numérique. C'était sur place qu'il leur fallait mener la lutte s'ils voulaient obtenir qu'on reconnaisse enfin leur droit à l'autodétermination.

Une fois encore apparaissait l'ambiguïté de l'attitude des dirigeants soviétiques et de Gorbatchev en particulier. Le pouvoir en effet entendait régler la question nationale dans le seul cadre d'une Union soviétique plus ou moins rénovée et démocratisée, tandis que certaines républiques attendaient de lui qu'il leur accorde le droit de recouvrer leur indépendance. Gorbatchev restait persuadé, en dépit de la gravité de la situation dans le Caucase et dans les pays Baltes, que seule l'Union soviétique était en mesure de trouver une solution à la question nationale, alors même que l'aspiration à l'autodétermination et à la souveraineté apparaissait maintenant dans les républiques slaves, en Ukraine, en Biélorussie, et en Russie même. Le discours télévisé de Gorbatchev le 1er juillet 1989 traduisait bien la contradiction de son attitude. Gorbatchev y donnait un excellent diagnostic de la situation et admettait que le pouvoir avait commis des erreurs dans le passé : « Ce fut une erreur d'avoir tenté de fondre dans le même moule des groupes différents, alors qu'au contraire la conscience nationale se développait [...]. Nous récoltons aujourd'hui les fruits de l'illégalité des dernières décennies, de la déportation des peuples dans leur ensemble et l'ignorance des intérêts des petits groupes ethniques. Cela ne pouvait pas ne pas laisser de traces. » Mais dans ce même discours, Gorbatchev insistait aussi sur la nécessité impérative de maintenir « l'intégrité de l'Union » et dénonçait « les slogans irresponsables, les provocations ethniques, l'opposition entre les nations » qui « peuvent nous conduire tous ensemble au désastre [1] »... alors que bien souvent certains affrontements interethniques étaient entretenus discrètement par les agents du pouvoir. Le programme du PCUS sur la question nationale publié par la *Pravda* [2], après avoir constaté « l'acuité exceptionnelle » et « le caractère explosif » de la situation dans certaines républiques, mettait l'accent sur la nécessité de « transformations radicales dans la Fédération soviétique » afin que les républiques fédérées puissent bénéficier de « tous les droits répondant à leurs statuts d'États socialistes souverains », et suggérait la décentralisation de l'économie. Tout en admettant que « les privilèges de certains et la limitation des droits des autres pour des raisons de nationalité, de religion, de langue ou de durée de résidence sont inadmissibles », le Parti restait hostile à l'idée de sécession pour certaines républiques car « un citoyen d'une république est aussi un citoyen de l'URSS ». Certaines mesures concrètes furent annoncées par Gorbatchev le 19 septembre à l'issue d'un plénum du Comité central : les républiques fédérées se virent reconnaître les droits d'États souverains, c'est-à-dire qu'il leur appartenait désormais de « résoudre tous les problèmes de la vie politique et sociale, à l'exception de ceux qu'elles remettent de leur gré à la compétence de l'Union », ainsi que la possibilité d'avoir des relations directes avec des États étrangers ou des organisations internationales. Gorbatchev se prononçait aussi à cette occasion pour l'établissement d'un nouveau pacte fédéral à négocier entre toutes les parties intéressées [3]. Mais l'imprécision des mesures annoncées et l'interprétation plus ou moins large qu'on pouvait en faire laissèrent sceptiques même les plus

1. *Le Figaro*, 3 juillet 1989.
2. *Pravda*, 17 août 1989.
3. *Le Monde*, 20 septembre 1989.

modérés des opposants nationalistes. D'autant plus que, simultanément, la presse officielle du Parti se déchaînait contre les nationalistes baltes, moldaves, arméniens et géorgiens, et dénonçait les prétendues persécutions dont étaient victime les russophones dans les républiques périphériques. L'opposition catégorique de Gorbatchev aux revendications d'indépendance formulées par certains peuples de l'Union allait se heurter désormais à une attitude de plus en plus résolue des représentants des peuples séparatistes dont la légitimité venait d'être consacrée lors des élections au Congrès du peuple. La réponse dilatoire du pouvoir face aux demandes des peuples ne pouvait que radicaliser la position des séparatistes.

VAINES TENTATIVES POUR CONSTRUIRE UNE NOUVELLE UNION (1990-1991)

Au moment où Gorbatchev lançait l'idée de négocier un nouveau pacte fédéral en vue de construire une nouvelle Union soviétique, la situation dans de nombreuses républiques fédérées n'était déjà plus contrôlée par le pouvoir. Les Républiques baltes étaient déjà pratiquement en état de sécession ; dans le Caucase, la guerre faisait rage entre Arméniens et Azéris, et un peu partout en Asie centrale, les affrontements interethniques faisaient de nouvelles victimes. Également, les Républiques slaves faisaient preuve de leur impatience vis-à-vis du pouvoir central. Comme le soulignait Yves Lacoste, « ce qui apparaît tout à fait extraordinaire dans le cas de l'Union soviétique, c'est que le mouvement de sécession ne se manifesta pas seulement à la périphérie, parmi les peuples qui ont été colonisés, mais aussi au centre même, en Russie, dans la nation qui est non seulement prépondérante politiquement, mais qui a de surcroît les deux tiers du territoire de l'empire et forme la moitié de sa population [1] ».

Mikhaïl Gorbatchev, confronté déjà à des difficultés économiques croissantes en dépit des réformes dont les résultats tardaient à se manifester, a tenté une dernière fois de canaliser, sinon d'enrayer, ces mouvements cen-

1. Y. Lacoste, in *Hérodote*, n° 58-59, 1990, p. 15 et ss.

trifuges toujours plus audacieux. Pour se concilier les bonnes grâces des réformateurs, il a fait adopter le 13 mars 1990 par le Congrès des députés du peuple un nouvel amendement à la Constitution abrogeant l'article 6, mettant fin ainsi au rôle du PCUS et officialisant le pluripartisme, alors que quelques mois auparavant il avait fait repousser par le même Congrès cette même mesure que réclamait Sakharov. Mais Gorbatchev faisait aussi adopter par le Congrès un texte instituant un véritable régime présidentiel et se faisait aussitôt élire président de l'Union soviétique pour une durée de cinq ans, malgré l'opposition des représentants de certaines républiques qui trouvaient excessifs les pouvoirs attribués au chef de l'État. Aussitôt après son élection, Gorbatchev reconnaissant enfin le caractère irréversible de certains mouvements séparatistes, présenta au Congrès un projet de loi sur les modalités de sécession d'une république, qui fut adopté le 3 avril et dont le but était d'éviter les « sécessions sauvages ». La « loi sur la procédure de résolution des problèmes liés à la sortie d'une république fédérée de l'URSS » proclamait le droit de toute république fédérée de sortir de l'Union, mais l'exercice de ce droit était lié à la réalisation d'un certain nombre de conditions dans le cadre d'une procédure longue et compliquée. La condition première à toute sécession éventuelle était subordonnée à la solution préalable de la question de droits des minorités et de la protection des intérêts de l'URSS et des autres républiques fédérées et autonomes. Pour que le droit à l'indépendance puisse être accordé, il fallait d'abord que les électeurs se prononcent en ce sens à la majorité des deux tiers, ensuite que le Congrès des députés du peuple d'URSS organise des négociations entre la république sortante, l'URSS et les autres républiques afin de mettre en place des accords entre la république sortante et ses anciens partenaires; ceux-ci, une fois conclus, devant être définitivement approuvés par le Congrès. Ces principes posés, la loi fixait les étapes de la procédure. D'abord, le soviet suprême de la république souhaitant sortir de l'Union décidait d'organiser un référendum qui avait lieu dans un délai de 6 à 9 mois après la décision; dans le cas où il y avait à l'intérieur de la république sortante des républiques et régions autonomes avec des groupes minoritaires importants, on décompterait séparément les résultats du vote. Ensuite, dans un deuxième temps, les résultats du référendum seraient transmis pour examen au Soviet suprême d'URSS. Une période transitoire inférieure à 5 ans pendant laquelle les lois soviétiques et la Constitution de l'URSS resteraient en vigueur, permettrait la préparation des traités liés aux conditions de sortie. Au cours de la deuxième année de la période transitoire, un nouveau référendum pourrait être organisé soit à la demande du procureur d'État de la république sortante, soit à l'initiative d'un dixième des électeurs. Si à l'issue de ce deuxième scrutin, la majorité des deux tiers n'était pas atteinte, la procédure serait aussitôt interrompue. Dans le cas contraire, le Soviet suprême de l'URSS convoquerait avant la fin de la période transitoire le Congrès des députés du peuple pour ratifier la sécession et les accords entre la république sortante, l'URSS et les autres républiques [1].

Loin de provoquer l'apaisement dans les républiques sécessionnistes, le vote de cette loi provoqua l'effet contraire. La longueur et la procédure prévue par cette loi renvoyait aux calendes grecques les indépendances qui avaient été proclamées en Lituanie le 11 mars et en Estonie le 30. En dépit de la nouvelle loi, le Parlement letton à son tour proclama le 4 mai la restauration de l'indépendance du pays. Mais la loi sur la sécession donnait à Gorbatchev *juridiquement* le droit de déclarer illégales toutes les proclamations d'indépendance qui avaient eu lieu, et c'est ce qu'il fit dès le 14 mai. Gorbatchev avait ainsi *légalement* tous les pouvoirs pour rétablir *la légalité socialiste*.

Tandis que les républiques les unes après les autres proclamaient leur souveraineté d'État, Gorbatchev poursuivait ses efforts en vue de construire une nouvelle Union. Lors de la réunion du comité central du 8 octobre 1990, Gorbatchev évoqua les risques d'une « libanisation » de l'URSS et lança un appel à l'union de « toutes les forces progressistes et patriotiques [...] pour la mise en

1. *Izvestia*, 6 avril 1990.

place d'un programme anticrise répondant aux intérêts du peuple entier, de toutes ses couches »; il fallait pour cela construire « une Union d'États souverains ». La préparation du nouveau « traité de l'Union » fut la dernière tentative du pouvoir soviétique pour sauver la cohésion et l'intégrité de l'empire. Le projet de traité prévoyait la création d'une Fédération de républiques souveraines égales entre elles et garantissant à tous les peuples le respect des Droits de l'homme et les principales libertés. Alors que l'on procédait à la rédaction du traité, Gorbatchev, le 17 décembre, demanda au Congrès des députés du peuple des pouvoirs exceptionnels qui lui furent en partie accordés, mais il annonça aussi l'organisation au printemps prochain d'un référendum sur l'avenir de l'Union. Le principe du référendum fut approuvé le 25 décembre par les députés, qui, deux jours plus tard, avant de se séparer, élevèrent au poste de vice-président d'URSS le conservateur Guennadi Ianaev dont la candidature avait été proposée par Gorbatchev.

Pour les réformateurs les plus résolus, le référendum ne réglait rien et semblait déjà dépassé. Beaucoup s'inquiétaient des hésitations de Gorbatchev et de l'ambiguïté de sa politique, et certains redoutaient le retour à la « ligne dure ». Ce fut le cas de Chevarnadzé qui, le 20 décembre 1990, démissionna de toutes ses fonctions en évoquant ses craintes de dérive du pouvoir vers la dictature. Les craintes de Chevarnadzé se confirmèrent dans les faits au début de janvier 1991 par la double intervention de l'Armée rouge, à Vilnius, dans la nuit du 12 au 13, contre l'immeuble du ministère de la Défense lituanien qui fit 14 morts et 120 blessés, et à Riga contre le ministère de l'Intérieur letton faisant 5 morts et une cinquantaine de blessés. Au même moment, un décret présidentiel venait de renforcer les pouvoirs du KGB. Boris Eltsine, déjà exclu du Bureau politique depuis février 1988 et démissionnaire du Parti communiste depuis juillet 1989, accusait Gorbatchev « d'avoir trompé le peuple » et se posait en véritable chef de l'opposition démocrate, solidaire de tous les peuples en lutte pour leur liberté. Ainsi, lors de la manifestation de soutien à Boris Eltsine du 23 février 1991 à laquelle prirent part plusieurs dizaines de milliers de Moscovites, on voyait dans la foule à côté du drapeau de l'ancienne Russie les drapeaux des républiques baltes et ceux d'autres républiques sécessionnistes. Les réformateurs s'inquiétaient aussi de la création, le 7 mars, autour de Gorbatchev, d'un Conseil de sécurité nationale de 8 membres, dont Guennadi Ianaev le nouveau vice-président, Vladimir Krioutchkov président du KGB, Boris Pugo le ministre de l'Intérieur et le maréchal Iazov ministre de la Défense.

Le soutien donné par Eltsine aux séparatistes des républiques périphériques en lutte contre le pouvoir soviétique mérite qu'on s'y arrête. Le peuple russe, comme les autres peuples de l'Union, réclamait, lui aussi, le droit à la parole et à l'autodétermination, et son leader les réclamait aussi pour les autres peuples. En ce sens, les positions d'Eltsine étaient assez proches de celles de Soljenitsyne : « A l'heure actuelle, il semble que la solution la plus paisible et la plus ouverte pour l'avenir soit celle-ci : que ceux qui veulent se détacher pour mener une vie indépendante le fassent [...]. Il faut d'urgence proclamer haut et clair que les trois républiques baltes, les trois républiques de Transcaucasie, les quatre d'Asie centrale, et également la Moldavie [...] – que ces 11 républiques, oui ! – sont destinées de façon irréversible à faire sécession. » Ainsi, pour le plus célèbre des dissidents, la Russie doit se débarrasser de l'empire, y compris même de la partie méridionale du Kazakhstan « effectivement peuplée de Kazakhs [1] ». Quant aux provinces slaves dont les populations n'ont été séparées « en trois branches que par le terrible malheur de l'invasion mongole et de la colonisation polonaise [2] » à l'intérieur desquelles vivent encore « 100 peuples et nationalités de toutes dimensions, nous pouvons mettre en œuvre toutes les forces de notre intelligence et de notre cœur pour établir une communauté féconde de nations amies, en assurant l'intégrité de chacune des cultures qu'elle renfermera et la conservation des langues qu'on y parlera [3] ». Certes,

1. A. Soljenitsyne, *Comment réaménager notre Russie?*, *op. cit.*, p. 10-13.
2. *Ibid.*, p. 18.
3. *Ibid.*, p. 13.

pour Soljenitsyne, le problème ukrainien est délicat, et il s'adressait en ces termes à ses « frères ukrainiens » : « Le cruel partage ne doit pas avoir lieu, et il ne doit y avoir ni russification forcée, ni ukrainisation forcée. » Mais d'ajouter aussitôt : « Bien entendu, si le peuple ukrainien *désirait effectivement* se détacher de nous, nul n'aurait le droit de le retenir de force [1]. »

Le référendum annoncé par Gorbatchev eut lieu le 17 mars 1991. La question posée aux électeurs était la suivante : « Considérez-vous comme nécessaire de maintenir l'Union des républiques socialistes soviétiques comme une fédération renouvelée de républiques souveraines dans laquelle les Droits de l'homme et les libertés des peuples de chaque nationalité seront pleinement garantis ? » Avant le référendum, les gouvernements des républiques baltes, d'Arménie, de Géorgie et de Moldavie, décidèrent de ne pas y participer car, pour eux, la question était déjà réglée puisque leur objectif était l'indépendance. Dans les 9 républiques qui acceptèrent de participer au scrutin, la situation se compliqua en raison de l'adjonction dans certaines d'entre elles de questions supplémentaires. En Russie, on ajouta une deuxième question : « Considérez-vous comme nécessaire de créer un poste de président de la RSFS de Russie ? » Dans les provinces occidentales d'Ukraine, les autorités locales en ajoutèrent également une deuxième : « Voulez-vous que l'Ukraine devienne un État indépendant, pleinement libre sur le plan intérieur et international assurant des droits égaux aux citoyens indépendamment de leur nationalité et de leurs croyances religieuses ? » En Azerbaïdjan, en Kirghizie et en Ouzbékistan, des questions supplémentaires d'intérêt local furent adjointes à la question principale. Au Kazakhstan enfin, le texte de la question fut modifié de la façon suivante : « Considérez-vous qu'il soit nécessaire de conserver l'URSS comme une union d'États souverains égaux [2] ? »

Environ 180 millions d'électeurs étaient appelés aux urnes. Dès le 21 mars, le président de la Commission d'organisation du scrutin, Vladimir Orlov, annonçait que

1. *Ibid.*, p. 22-23.
2. *Time Magazine*, 25 mars 1991.

le taux de participation avait atteint 80 % et que près de 76 % des électeurs avaient voté oui à la question posée, ce qui démontrait « le souhait des peuples de ce pays de vivre ensemble dans un seul État [1] ». Les résultats complets de la consultation ne furent connus que le 27 mars et étaient assez ambigus. D'une façon générale, dans les républiques d'Asie centrale où il n'y avait aucun observateur étranger, les taux de participation allaient de 89 % au Kazakhstan à 97,7 % au Turkménistan, et le oui dépassait partout 90 %, avec le chiffre record de 98 % au Tadjikistan. Ailleurs, les résultats étaient plus diversifiés. Ainsi, en Russie, 75,7 % des électeurs avaient pris part au vote et 71 % avaient voté oui à la première question, et à peu près autant avaient voté également oui à la « question Eltsine » qui prévoyait l'élection d'un président de la République au suffrage universel. Mais à Moscou et à Leningrad où de nombreux observateurs étrangers étaient présents, le oui à la première question l'emporta de justesse avec respectivement 50,02 % et 50,5 % des voix, tandis que le oui à la deuxième question atteignait 70 %. En Ukraine, où le oui à la première question l'emporta avec 70 % des suffrages exprimés grâce au vote des campagnes (alors qu'à Kiev il n'obtenait que 52,8 % des voix), le oui à l'indépendance obtint 80,2 % dans les provinces occidentales! Dans les républiques où les autorités avaient refusé d'organiser les élections, ce fut le Parti communiste et l'armée qui installèrent dans leurs bâtiments des bureaux de vote, ce qui donna parfois d'étranges résultats comme en Lituanie où 652 000 électeurs votèrent à 96,7 % pour le oui.

La victoire des partisans du oui à une fédération rénovée renforça dans une certaine mesure la position de Gorbatchev et lui permit de continuer de travailler à la préparation du nouveau traité sur l'Union. Le 23 avril, à Novo-Ogarevo près de Moscou, Gorbatchev et les représentants de l'Ukraine, de la Biélorussie, de l'Azerbaïdjan et des cinq républiques d'Asie centrale signaient une déclaration commune sur la nécessité de signer au plus vite le nouveau traité de l'Union. Mais en même temps, en Russie, tirant les conséquences du vote positif à la

1. *Le Monde*, 22 mars 1991.

deuxième question posée, Boris Eltsine, qui s'était fait accorder des pouvoirs spéciaux par le Congrès de Russie, fit adopter par les députés russes une loi institutant dans sa république un régime présidentiel. Les élections présidentielles eurent lieu dans la RSFS de Russie le 12 juin. Boris Eltsine l'emporta facilement dès le premier tour avec plus de 55 % des voix, mais avec 70 % des voix à Moscou et 90 % dans son ancien fief de Sverdlovsk, écrasant l'ancien chef du gouvernement soviétique, Ryjkov, soutenu par les conservateurs et les quatre autres candidats marginaux. Le même jour, lors des élections municipales, deux proches de Eltsine, qui avaient rompu avec le Parti communiste en même temps que lui, Gavril Popov et Anatoli Sobtchak, étaient élus respectivement maires de Moscou et de Léningrad. Le 10 juillet 1991, dans la grande salle du Kremlin, le président Eltsine prêtait serment de « respecter la Constitution et les lois de la RSFS de Russie, de défendre sa souveraineté, de défendre les droits des peuples de la Russie et de remplir les obligations que m'a confiées le peuple », et cela avec la bénédiction du Patriarche Alexis II et en présence de Mikhaïl Gorbatchev. Dans son discours d'investiture, le président Eltsine déclara notamment que « les jours où les peuples ont été réduits au silence appartiennent à tout jamais au passé » et que la nouvelle Russie renonçait désormais à « tout diktat idéologique [1] ».

L'un des premiers gestes du nouveau président fut de signer le 29 juillet un traité avec la Lituanie par lequel les deux républiques « se reconnaissent mutuellement comme sujets de droit international et comme États souverains en accord avec leurs actes fondamentaux [2] ». La Russie était ainsi après l'Islande, et bien avant les pays occidentaux, le premier grand État à reconnaître officiellement l'indépendance de la Lituanie!

Ainsi, alors que dans les républiques périphériques, à l'exception de celles d'Asie centrale, le séparatisme l'emportait, face à un Boris Eltsine président charisma-

1. *Le Monde*, 12 juillet 1991; R. Lesnik et H. Blanc, *Qui abattra Eltsine?*, Paris 1992, p. 10-15.
2. *Le Figaro*, 31 juillet 1991.

tique de la plus importante et de la plus riche des républiques d'URSS, le président Gorbatchev tentait désespérément de sauver l'ancien système en cherchant à le rénover. Des rumeurs persistantes de putsch militaire se développaient. Les conservateurs, de plus en plus isolés des masses, manifestaient ouvertement leur inquiétude face aux évolutions en cours qui, selon eux, sapaient les bases idéologiques du régime et conduisaient à l'éclatement de l'Union soviétique. Les « libéraux » de l'entourage de Gorbatchev lui reprochaient d'être trop timide, et son plus proche conseiller, Pakovlev, renonça à ses fonctions le 28 juillet. Certaines républiques, comme l'Ukraine dont les représentants avaient signé la déclaration de Novo-Ogarevo, annonçaient qu'elles ne signeraient pas le nouveau traité de l'Union dont la signature était prévue pour le 20 août. Seules, la Russie, le Kazakhstan et l'Ouzbékistan étaient disposées à signer. Or, le 19 juillet, la veille de la date prévue pour cette signature, le président Gorbatchev était destitué par un putsch conservateur dirigé par le vice-président Ianaev « pour éviter le chaos économique et l'éclatement de l'Union ». Il était quand même simpliste pour les conjurés d'accuser Gorbatchev d'être « le fossoyeur de l'empire ». En réalité, c'étaient les presque trois quarts de siècle de dictature et d'oppression pendant lesquels tous les peuples et nations de l'empire avaient été réduits au silence qui étaient les vrais responsables de l'éclatement de l'URSS. Gorbatchev, lui, face à un tel héritage, avait tenté de sauver l'essentiel; il avait renoncé aux « colonies » d'Europe de l'Est pour sauver le régime communiste en Union soviétique, mais ni les Russes ni les autres peuples ne voulaient le sauver.

XIX

EMPIRE ÉCLATÉ OU EMPIRE RÉNOVÉ?

Alors que le monde occidental continuait à miser sur Gorbatchev pourtant de plus en plus contesté à l'intérieur de l'URSS à la fois par les rénovateurs conduits par le président de Russie Eltsine et par les conservateurs nostalgiques de l'ordre ancien, un coup d'État renversait le 19 août 1991 le président Gorbatchev, et cela la veille du jour où le nouveau traité sur l'Union allait être signé par la Russie, le Kazakhstan et l'Ouzbékistan.

LE PUTSCH ET SES CONSÉQUENCES IMMÉDIATES

Après avoir annoncé que Gorbatchev était « incapable d'assurer ses fonctions pour raisons de santé », un « Comité pour l'état d'urgence » présidé par Guennadi Ianaev, vice-président de l'URSS depuis décembre 1990, prenait le pouvoir. Aux côtés de Ianaev figuraient tous les défenseurs de la « ligne dure », le Premier ministre Valentin Pavlov, le vice-président du Conseil de défense Oleg Baklanov, le chef du KGB Vladimir Krioutchkov, le ministre de l'Intérieur Boris Pugo, le ministre de la Défense le maréchal Dimitri Iazov ainsi que deux « techniciens », le président de l'Union des paysans Tiziokov et le président de l'Association des entreprises d'État Kroutchkov. Ce comité décrétait aussitôt l'état d'urgence sur tout le territoire, rétablissait la censure abolie depuis le 12 juin 1990 et interdisait toutes les manifestations. Les auteurs du putsch affirmaient avoir agi ainsi par souci d'assurer « la survie de la patrie soviétique ».

Il est vrai que, pour les gardiens de l'orthodoxie communiste, les raisons de s'inquiéter ne manquaient pas en cet été 1991. L'Union soviétique, qui avait dû renoncer à sa position privilégiée en Europe de l'Est en 1989, qui avait dû accepter la réunification de l'Allemagne en 1990, était maintenant en pleine décomposition. La guerre faisait rage dans le Caucase; les affrontements interethniques menaçaient l'Asie centrale, les pays Baltes étaient indépendants de fait; la Biélorussie et l'Ukraine s'apprêtaient à suivre leur exemple. Quant à la Russie, Boris Eltsine, qui avait rallié le camp des démocrates et s'attaquait maintenant aux privilèges du Parti communiste, se comportait déjà en véritable chef d'un État indépendant.

Les putschistes n'avaient pas compris cependant que les Russes, tout comme les autres peuples de l'Union soviétique, avaient pris goût à la liberté et à la démocratie, et qu'ils n'étaient pas disposés à renoncer aux acquis arrachés au pouvoir à la faveur de la perestroïka. Dès la nouvelle du putsch, Boris Eltsine, fort de la légitimité que lui avait conférée sa récente élection à la présidence de la Russie, lança un appel à la résistance civile et invita l'armée et le KGB à se placer sous son autorité en Russie. La mobilisation des Moscovites, le refus de l'armée d'obéir aux putschistes, les hésitations du KGB firent échouer le putsch. Le président Eltsine sut habilement retourner la situation à son profit. Dans l'après-midi du 21 août, les putschistes furent arrêtés, tandis que Gorbatchev devenu ainsi l'obligé d'Eltsine rentrait à Moscou. Le 23 août, Gorbatchev vint s'expliquer devant les députés du Parlement de Russie et dut admettre qu'il avait commis des erreurs dans le choix de ses collaborateurs. Tous les putschistes, en effet, avaient été placés à leur poste par Gorbatchev lui-même. Le Président dut aussi accepter tous les changements opérés par Eltsine dans l'appareil de l'État au lendemain du putsch. En moins d'une semaine, Gorbatchev démissionna de son poste de secrétaire général du PCUS, appela le Comité central à se dissoudre. Puis, le 29 août, Eltsine imposa la mise hors la loi du Parti communiste sur tout le territoire de l'URSS, tandis que le Soviet suprême, avant de s'autodissoudre, retirait à Gorbatchev les pouvoirs spéciaux qu'il lui avait donnés en décembre 1990.

Ainsi, un contre-pouvoir, représenté par la plus puissante des républiques et par son président, Boris Eltsine, avait eu raison en quelques jours du régime mis en place par Lénine lors de la révolution d'Octobre. La parenthèse dans l'histoire de la Russie ouverte en octobre 1917 par un putsch réussi se refermait en août 1991 avec un putsch raté. Le régime communiste n'était pas le seul vaincu. Avec lui, c'était tout l'empire qui allait à la dérive. Les républiques, les unes après les autres, proclamaient leur indépendance, l'Ukraine le 24 août, la Biélorussie le 25, la Moldavie le 27, l'Azerbaïdjan le 30, puis l'Arménie le 21 septembre. Les républiques d'Asie centrale choisirent aussi la voie de l'indépendance, le Turkménistan le 24 août, la Kirghizie et l'Ouzbékistan le 31 août, le Tadjikistan le 9 septembre, et le Kazakhstan, beaucoup plus tardivement, le 16 décembre. Pourtant, lors du putsch, les présidents d'Ouzbékistan et du Turkménistan, Islam Karimov et Sapamurad Nyazov, avaient soutenu les putschistes, tandis que le président de Kirghizie, Astar Akaev, les avait condamnés. Celui du Kazakhstan, Nursultan Nazarbaev, avait longtemps hésité avant de choisir le camp des vainqueurs; quant au président takjik, Hakhar Makhanov, il avait choisi de démissionner [1].

LA FIN DE L'UNION SOVIÉTIQUE

Gorbatchev tout comme Boris Eltsine ont cherché aussitôt à mettre en place des structures politiques provisoires afin d'assurer la continuité juridique de l'État soviétique. Le 5 septembre 1991, les députés du Congrès du peuple, les seuls à détenir une véritable légitimité en raison de leur élection, ont adopté une loi qui mettait en place des « institutions transitoires ». A la tête de l'Union, un *Conseil d'État* formé du président de l'URSS et des présidents des républiques fédérées qui acceptaient de

1. *Le Spectacle du monde*, octobre 1991, p. 37.

rester dans la nouvelle Union à construire, exercerait le pouvoir exécutif. Le pouvoir législatif était confié au *Soviet des républiques* dans lequel chaque république dispose de 20 députés, avec en plus un député par entité nationale autonome, mais où, lors des votes, chaque république ne dispose que d'une voix, ce qui réduit sensiblement l'influence de la Russie qui disposait de 52 députés grâce aux représentants de ses nombreuses régions et territoires autonomes, et au Soviet de l'Union (ou des Nationalités) dans lequel les députés étaient choisis dans le Congrès du peuple selon le quota des nationalités en vigueur et en accord avec les dirigeants des républiques. Enfin un *Comité économique interrépublicain*, formé de représentants des républiques fédérées sur une base égalitaire, était chargé de toutes les questions relatives à l'économie sous le contrôle du Conseil d'État [1].

Dans le cadre de ces nouvelles institutions, le président Gorbatchev, sorti très affaibli de la crise d'août 1991, a tenté de remettre sur pied un nouveau traité de l'Union dont le principe avait été approuvé par les Soviétiques lors du référendum du 17 mars. Cette idée de construire une nouvelle Union, appuyé par le président kazakh Nazarbaev, déboucha sur un nouveau projet de traité que Gorbatchev souhaitait voir signer le 26 novembre par les républiques qui acceptaient d'y souscrire. En fait, le traité ne fut jamais signé en raison des atermoiements de Boris Eltsine désireux d'encaisser les dividendes de sa fermeté face aux putschistes. Malgré tous les efforts de Gorbatchev pour sauver l'Union en la reconstruisant sous la forme d'« un État confédéral et démocratique », seul moyen selon lui d'éviter la désagrégation de l'empire, « source de heurts entre les nations, entre les Républiques, et même de guerres », Eltsine entendait se démarquer du Président et garder l'initiative [2].

Le 8 décembre, Boris Eltsine rencontrait à Brest-Litovsk le président ukrainien Leonid Kravtchouk et son collègue biélorusse Stanislav Chouchvevitch. Les accords

1. *Ibid.*, p. 27 ; et F. Barry et M. Lesage, *URSS : la dislocation du pouvoir*, Paris 1991, p. 81 et ss.
2. Y. Lacoste, *De l'étrange fin d'un empire et des grands dangers qu'elle entraîne*, in *Hérodote* n° 64, 1992, p. 5.

signés à l'issue de cette rencontre sonnaient le glas de l'Union soviétique. Constatant que l'URSS avait cessé d'exister, les trois États slaves décidaient de créer une *Communauté des États indépendants* (CEI) et de développer entre eux des relations sur la base de la reconnaissance mutuelle et du respect mutuel de la souveraineté, de l'égalité entre les partenaires et du principe de non-ingérence dans les affaires intérieures. Les trois républiques s'engageaient à respecter les Droits de l'homme, à garantir à leurs citoyens, quelle que soit leur nationalité, les libertés essentielles, et à développer les traditions culturelles, linguistiques et religieuses de leurs minorités nationales. Les signataires s'engageaient à réduire leurs dépenses militaires et à liquider progressivement leur armement nucléaire. Et surtout, les trois républiques slaves ouvraient leur Communauté à toutes les anciennes républiques fédérées qui partageaient le même idéal et qui voulaient coopérer avec elles sur une base égalitaire [1].

Dès le 10 décembre, les cinq républiques d'Asie centrale, suivies par la Moldavie et l'Arménie, annoncèrent qu'elles étaient disposées à rejoindre la CEI sous certaines conditions. Deux jours plus tard, le parlement de Russie votait la dissolution de l'URSS, tandis que les cinq républiques d'Asie centrale demandaient officiellement leur adhésion à la CEI. Le 21 décembre à Alma-Ata, un accord conclu entre les représentants de onze des anciennes républiques officialisa la naissance de la CEI. Outre les trois républiques slaves, huit autres Républiques entraient aussi dans la nouvelle Union, les cinq républiques d'Asie centrale, l'Arménie, l'Azerbaïdjan et la Moldavie. Seules, les républiques baltes et la Géorgie avaient choisi l'indépendance totale, hors de la CEI.

Le 25 décembre, le président Gorbatchev annonçait sa démission de toutes ses fonctions. Le drapeau rouge, frappé du marteau et de la faucille qui avait flotté pendant près de trois quarts de siècle sur les tours du Kremlin, laissait la place au drapeau blanc-bleu-rouge de la Russie.

1. *Les Échos*, 10 décembre 1991.

LES INCERTITUDES DE L'AVENIR

L'effondrement du régime communiste et la transformation de l'ex-URSS en une Communauté d'États indépendants n'ont pas réglé la question des nationalités, en dépit des déclarations d'intention formulées par les participants à la rencontre de Brest-Litovsk. Les conflits antérieurs demeurent, de nouvelles tensions sont apparues sans toutefois – jusqu'à présent – provoquer la catastrophe annoncée par tous les nostalgiques de l'ordre établi, ceux de là-bas comme ceux d'ici. Mais il est vrai que les problèmes sont nombreux, et le tout dans le cadre d'une économie délabrée, d'une inflation galopante, d'un développement des antagonismes sociaux dus à la paupérisation des uns et à l'enrichissement rapide des autres, ce qui accentue les tensions politiques à l'intérieur de chacune des composantes de la CEI et exacerbe les oppositions interethniques.

Certains problèmes ont été déjà résolus ou sont en passe de l'être. La question de l'armée a été en partie résolue lors de la conférence de Minsk le 30 décembre 1991 qui a mis sur pied une « armée unifiée de la CEI » sous les ordres du maréchal Evgeni Chapolnikov, et où l'on adopte le principe du transfert de l'armement nucléaire sur le territoire de la Russie, ce qui a été achevé en mai 1992. Jusque-là en effet, les armes stratégiques étaient réparties sur les territoires de Russie, d'Ukraine, de Biélorussie et du Kazakhstan, et les armes tactiques étaient présentes partout [1]. En février 1992, une nouvelle réunion tenue à Minsk a jeté les bases d'une défense conventionnelle unifiée mais l'Ukraine, la Moldavie et l'Azerbaïdjan ont refusé de s'y associer et ont choisi de constituer leurs propres armées. Dans ce domaine, c'est surtout l'Ukraine qui pose problème car le président Kravtchouk a réclamé que lui soit remise une partie de la flotte de la mer Noire. Un accord a cependant été conclu le 3 août 1992 entre les présidents russe et ukrainien : la flotte de la mer Noire, son commandement, ainsi que le

1. J. Sapir, *les Implications stratégiques de la décomposition de l'URSS*, in *Herodote*, n° 64, 1992, p. 28.

port militaire de Sébastopol en territoire ukrainien, seront placés sous une juridiction commune russo-ukrainienne. Quant au partage des unités, il devra être réalisé d'un commun accord avant 1995.

Dans le domaine de l'économie, l'interdépendance entre les républiques contraint les partenaires de la CEI à rechercher un minimum de coopération, en dépit de la diminution des échanges interrépublicains depuis 1991. Un peu partout, la tendance est à l'autarcie, et la crise monétaire a déjà conduit l'Ukraine à mettre en service une monnaie nationale, le « coupon », qui circule sur son territoire conjointement au rouble. Chaque république a tendance à vouloir valoriser ses propres ressources et cherche à les commercialiser plutôt hors des frontières de l'ex-URSS pour obtenir des devises fortes.

Les problèmes les plus sérieux et souvent non résolus se rattachent à la question des nationalités. La Russie qui, à elle seule, rassemble la moitié des habitants de l'ex-URSS, se trouve confrontée aux mêmes problèmes que l'ancienne Union soviétique, dans la mesure où, à côté d'une population russe majoritaire, vivent des populations allogènes très diverses et dont les groupes les plus nombreux avaient disposé jusqu'en 1991 d'une autonomie formelle dans le cadre de 16 républiques autonomes, de 5 régions autonomes et de 10 arrondissements nationaux. Au sein de ces entités administratives particulières, les autochtones cohabitent le plus souvent avec des Russes souvent plus nombreux qu'eux, et parfois avec d'autres nationalités, slaves ou non. Dès l'été 1990, la plupart des républiques autonomes se sont proclamées souveraines; un an plus tard, les régions autonomes sont devenues républiques autonomes. Mais, par-dessus ces divisions administratives officielles, on a assisté depuis le début de 1991 à la formation de nouveaux groupements, d'abord informels, dont le critère était davantage géographique et économique qu'ethnopolitique, et qui peu à peu ont été officialisés par Moscou. Après le putsch, Boris Eltsine a entamé des négociations avec les représentants des républiques autonomes et des associations régionales. Un nouveau *Traité de la Fédération de Russie* a pu être signé le 31 mars 1992. Le pouvoir central conserve sous sa responsabilité le budget général et la monnaie, la défense et la politique extérieure, la fixation des frontières de la Fédération, et les problèmes relatifs aux « droits et libertés de l'individu ». Les républiques autonomes et les diverses associations générales disposent d'une large autonomie dans le domaine de l'éducation, de la santé, de l'exploitation des ressources naturelles et obtiennent le droit de participer aux relations internationales d'une façon indépendante. Pour Boris Eltsine, la signature de ce traité était un succès qui consacrait la pérennité de la Russie : « La Russie unie a existé, elle existe et elle existera. Le cours de l'histoire russe ne sera pas rompu », déclara-t-il au moment de la signature. Deux républiques refusèrent de signer, le Tatarstan et la Tchetchénie. Dans la république tchetchéno-ingouche, le président Dokou Zavgaev avait été renversé en septembre 1991, et le *Congrès national du peuple tchetchène*, dirigé par un ex-général soviétique d'origine tchetchène, Djokhar Doudaev, et par l'écrivain Khousain Akhmadov, avait pris le pouvoir. Le 9 octobre, à la suite de manifestations des nationalistes tchetchènes à Grozny, Doudaev s'était proclamé président de la République, malgré la mise en garde de Boris Eltsine qui dénonça le comportement irresponsable des « rebelles » susceptibles de « mettre en danger l'intégrité territoriale de la Fédération de Russie [1] ». A l'issue d'élections organisées par le gouvernement provisoire, Doudaev fut élu président de la République tchetchène le 27 octobre mais Moscou invalida le scrutin et dépêcha des troupes. Le nouveau pouvoir tchetchène se heurta vite à de nombreuses difficultés. La population ingouche très minoritaire (157 000 Ingouches face à 613 000 Tchetchènes) refusa de se séparer de la Russie, et les Cosaques russophones dits « Cosaques du Terek » demandèrent leur rattachement à la Russie ; enfin, les communistes tchetchènes, en mars 1992, constituèrent un gouvernement en exil et prirent la tête d'un mouvement de résistance armée contre Doudaev. Dans la république de Tatarie [2], un pro-

1. *Le Monde*, 26 octobre 1991.
2. Il s'agit ici de la Tatarie de la Volga qui regroupe les « Tatars de Kazan ».

cessus analogue se développa. Dès 1988-1989, plusieurs groupements comme le « Centre public tatar » de Moulioukov et l'Ihifak de Baïramov avaient entamé la lutte pour obtenir la souveraineté du Tatarstan et un partage plus équitable des ressources naturelles de leur territoire jusque-là exploitées au seul profit de la Russie. Les nationalistes tatars étaient soutenus par les Bachkirs de Tatarie, et aussi par une partie des russophones. Maîtres du pouvoir depuis septembre 1991, les nationalistes tatars organisèrent le 21 mars 1992 un référendum sur l'autodétermination, déclaré illégal par la Cour constitutionnelle de Russie. 64,4 % des électeurs se prononcèrent pour l'autodétermination du Tatarstan; 80 % des 2 500 000 inscrits avaient pris part au vote. C'était un succès pour le nouveau président Mintimer Chaïmlev, un nationaliste considéré comme modéré [1], mais, pour Eltsine, la question du Tatarstan, jointe à celle de la Tchetchénie, était une source supplémentaire de difficultés.

Hors de la Fédération de Russie, les conflits entre nationalités étaient encore plus graves. En Transcaucasie, les deux républiques qui avaient adhéré à la CEI étaient en guerre ouverte, à propos du Karabagh. L'Arménie comptait sur la CEI pour imposer dans le conflit qui l'opposait à l'Azerbaïdjan un arbitrage qui tienne compte du vœu des populations arméniennes du Karabagh qui s'étaient prononcées le 10 décembre 1991 à une large majorité pour l'indépendance, première étape vers le rattachement à l'Arménie. L'Azerbaïdjan, déçu par la CEI accusée de favoriser les Arméniens, s'est mis à rechercher des appuis extérieurs du côté de la Turquie et même de l'Iran pour maintenir l'intégrité de son territoire. En fait, les forces armées de la CEI se sont retirées de la région et ont laissé à la CSCE le soin de régler le conflit. A plusieurs reprises, les grandes puissances de la CSCE associées à l'Iran et à la Turquie ont tenté d'imposer des cessez-le-feu aux belligérants mais sans grand résultat. Et l'avenir dans cette région est plus qu'incertain. La Géorgie, qui ne fait pas partie de la CEI, est confrontée à d'autres types de problèmes. Le président Zviad Gamsak-

1. *Le Figaro*, 23 mars 1992.

hourdia, élu triomphalement président de la République le 26 mai 1991 avec 87 % des voix, a mis en place un régime autoritaire, très vite contesté par ceux-là même qui l'avaient porté au pouvoir. Sa politique ultranationaliste de « regéorgisation » a provoqué la résistance armée des minorités nationales ossètes et abkhazes. Dès septembre 1991, l'opposition a exigé son départ et a multiplié contre lui des manifestations de plus en plus violentes. Assiégé dans le bâtiment du Parlement depuis le 22 décembre sous la protection des fidèles de la garde nationale, Gamsakhourdia a dû se retirer le 2 janvier 1992 mais a lancé un appel à la résistance de ses partisans. Un Conseil d'État formé des représentants de l'opposition et d'anciens communistes a élu pour président, le 10 mars 1992, Édouard Chevarnadzé, l'ancien ministre des Affaires étrangères de Gorbatchev et ancien dirigeant du PC géorgien. Étonnant retournement de la situation où l'ancien apparatchik et responsable du KGB local prenait la place de l'ancien dissident qu'il avait autrefois fait emprisonner, et cela à la grande satisfaction du monde occidental ! Rien pour autant n'était réglé. Les partisans de Gamsakhourdia continuaient la lutte dans certaines régions. Les Ossètes, un moment rassurés, furent vite déçus par le nouveau pouvoir. Mais Chevarnadzé ne tarda pas en effet à reprendre la politique de son prédécesseur à l'égard des minorités nationales. L'agitation des Ossètes et des Abkhazes a repris au cours de l'été 1992, et Chevarnadzé n'a pas hésité à envoyer l'armée contre les séparatistes et à annuler la déclaration de souveraineté faite par le parlement abkhaze. Mais le conflit risque de s'étendre à toute la région du Caucase septentrional dans la mesure où les « peuples montagnards » (Kabardes, Balkares) et les Tchetchènes apportent leur soutien verbal pour l'instant aux victimes de ce qu'ils appellent « l'impérialisme géorgien ». De leur côté, les résidents russes encore présents dans la région comptent beaucoup sur la Russie pour défendre leurs intérêts et assurer la protection des minorités dont ils font eux-mêmes partie.

La présence de quelque 25 millions de russophones en dehors des frontières de la Fédération de Russie constitue en effet une autre source de conflits au sein de la CEI, et plus encore dans les États qui ont choisi d'y rester en dehors. Dès le 26 août 1991, Boris Eltsine avait déjà évoqué la possibilité de modifier le tracé de certaines frontières pour les faire mieux coïncider avec la géographie des ethnies. Une telle modification pourrait être envisagée dans la partie septentrionale du Kazakhstan où les Russes sont majoritaires – Soljenitsyne avait déjà songé à cette possibilité [1] – et même en Ukraine orientale où les Russes sont majoritaires dans certains districts. La question des frontières de l'Ukraine a d'ailleurs été évoquée au Parlement de Russie à propos de la Crimée rattachée à l'Ukraine en 1954 par Krouchtchev et où les Russes sont majoritaires, malgré le retour de quelques familles tatares.

Il n'est pas question bien sûr d'envisager que les 25 millions de Russes de l'extérieur abandonnent tous leur habitat actuel pour regagner une Russie incapable de les recevoir, devenant ainsi les « pieds-noirs » russes pour reprendre l'expression d'Hélène Carrère d'Encausse [2]. En fait, à la suite de l'agitation xénophobe dans certaines républiques d'Asie centrale, et de la guerre dans le Caucase, un certain nombre de Russes ont préféré regagner la Russie. Mais dans les autres républiques, les Russes sont demeurés sur place. Là où leurs droits risquaient d'être remis en question par l'ultranationalisme des dirigeants de certaines républiques, et dans la mesure où ils étaient en groupes compacts majoritaires dans certains districts, les Russes ont choisi la voie du séparatisme. Ainsi, les Russes de Moldavie avaient créé dès le 2 septembre 1990 une *république russe du Dniestr* autour de la ville de Tiraspol : depuis 1991, le gouvernement moldave a tenté de reprendre par la force le contrôle sur cette région. La médiation de la CEI a permis la conclusion d'un accord de paix le 3 juillet 1992 signé par Boris Eltsine et le président moldave Mircea Snegur, et une force d'interposition de la CEI a commencé à se déployer, mais les risques d'affrontement demeurent car le problème politique est toujours en suspens. La question de la Répu-

1. A. Soljenitsyne, *Comment réaménager notre Russie ?, op. cit.*, p. 12-13.
2. H. Carrère d'Encausse, *la Gloire des nations, op. cit.*, p. 374.

blique gagaouze, qui s'est proclamée indépendante le 19 août 1990, n'est toujours pas réglée. Les Gagaouzes, enclavés à l'intérieur du territoire de la Moldavie, ne sont pas en mesure de constituer un État indépendant; peu nombreux, ils se sont tournés successivement vers Moscou, vers Ankara, et ont pris contact avec les communautés gagaouzes de la région d'Odessa et de Rostov sur le Don. Seul, un statut de large autonomie dans le cadre de la Moldavie, qui assurerait aux Gagaouzes le respect de leur identité nationale, garanti par la CEI, pourrait régler ce problème mineur par rapport à celui des russophones vivant hors de Russie.

C'est en Ukraine et dans les États baltes que la question des russophones semblent poser le plus de problèmes. En Ukraine, c'est près de 12 millions de Russes, soit 21 % de la population, qui vivent à côté de la majorité ukrainienne. La majorité d'entre eux a voté pour l'indépendance de l'Ukraine lors du référendum du 1er décembre 1991. L'Ukraine a promis de garantir les droits de toutes les nationalités qui vivent sur son territoire, mais il est évident que la question de la langue jouera un rôle important dans les relations entre les Ukrainiens et les Russes, car si beaucoup d'Ukrainiens sont bilingues, peu de Russes ont fait l'effort d'apprendre l'ukrainien. Pour peu que l'Ukraine impose l'ukrainien comme seule langue officielle, on peut prévoir alors une vive réaction de la minorité russe et de Moscou.

Dans les États baltes, le statut des 1 700 000 Russes, auxquels il faut ajouter les 400 000 Ukrainiens et Biélorusses, demeure encore incertain. Les Russes sont particulièrement nombreux en Estonie (28 % de la population totale) et en Lettonie (34 %) ; ils sont légèrement majoritaires à Tallinn et constituent 67 % de la population de Riga. Leur présence est plus réduite en Lituanie (9 % de la population totale). Dans l'esprit des populations autochtones, la présence des Russes est le résultat d'une « colonisation » entreprise par Moscou dans le cadre de la soviétisation de leur pays. L'adoption des nouvelles lois sur la citoyenneté doit régler le statut des russophones. En Lituanie, la loi votée le 10 décembre 1991 donne la citoyenneté à ceux qui étaient citoyens en 1940 et à leurs descendants, ainsi qu'à quiconque réside sur place depuis trois années pleines. La loi votée en Estonie est à peu près identique. En revanche, le Parlement letton a adopté une législation beaucoup plus sévère : la loi votée en décembre 1991 exige 16 ans de résidence pour obtenir la nationalité lettone [1]. En outre, l'adoption par les trois États baltes de la langue locale comme seule langue officielle pose également de sérieuses difficultés aux résidents russophones qui n'ont jamais cherché à apprendre la langue des peuples au milieu desquels ils vivaient. Si, sur le plan humain, le cas des Russes des républiques baltes peut provoquer des situations parfois douloureuses propres à émouvoir, il ne faut pas oublier non plus le drame qu'ont vécu pendant un demi-siècle d'occupation soviétique des milliers de familles estoniennes, lettones et lituaniennes, et qui n'avait suscité alors en Occident aucune manifestation de solidarité de la part des pétitionnaires professionnels et des spécialistes de la sélectivité dans l'indignation. En liaison avec les États baltes, il faut enfin mentionner le problème de l'oblast de Kaliningrad-Königsberg, peuplé de Russes, et qui depuis l'indépendance de la Lituanie se trouve séparé géographiquement de la Fédération de Russie : depuis 1991, des familles allemandes venues de Sibérie et d'Asie centrale s'y sont installées. Certaines évoquent la possibilité de créer à long terme sur ce petit territoire une zone franche germano-russe autonome.

Un dernier point d'interrogation sur l'avenir de la CEI concerne les républiques d'Asie centrale. Dans ce puzzle ethnique divisé en cinq États indépendants tous membres de la CEI, l'Islam constitue un trait d'union, malgré la division des peuples entre chiites et sunnites, entre Tadjiks indo-européens minoritaires et turcophones majoritaires auxquels on peut ajouter les Azéris, turcophones mais chiites, en Azerbaïdjan. Les Russes y sont présents partout mais surtout au Kazakhstan (38 % de la population) et en Kirghizie (21 %), et ils jouent un rôle important dans l'industrie et dans les services. A la dif-

1. *Cf.* G. Lemarcq, *l'Indépendance des États baltes et la question des nationalités*; et I. Sokologorsky, *les Russes en Estonie* in *Hérodote*, n° 64, 1992.

férence des autres républiques, la plupart des anciens dirigeants sont restés en place et continuent de s'appuyer sur leurs clientèles, et ils ont emboîté le pas au réveil général de l'Islam. Pour l'instant, ce n'est qu'au Tadjikistan que l'opposition anticommuniste a réussi en avril 1992 à chasser du pouvoir le président Nabiev, pourtant élu à la présidence de la République en novembre 1991 avec 65 % des voix. Mais en novembre-décembre 1992, les néo-communistes ont repris par la force le contrôle du Tadjikistan dans un climat de guerre civile particulièrement meurtrière. Les républiques d'Asie centrale, en dépit de leurs divergences, ont jeté les bases d'une coopération économique régionale dans le cadre de la CEI, et ont accepté en mai 1992 de signer avec la Russie un traité de sécurité collective. En effet, les pays musulmans voisins, l'Iran et la Turquie notamment, ne sont pas indifférents à ce qui se passe chez leurs voisins du Nord. Mais leurs ambitions pourraient provoquer une rivalité dangereuse susceptible de déboucher sur un conflit turco-iranien. De leur côté, certaines républiques musulmanes de la CEI s'intéressent aussi à leurs frères vivant au-delà de leurs frontières. L'idée d'un « grand Azerbaïdjan », qui pourrait se constituer aux dépens de l'Iran, et d'un « grand Tadjikistan », regroupant les Tadjiks de la CEI et la minorité tadjik d'Afghanistan, est parfois évoquée dans les milieux nationalistes de Bakou et de Douchanbé !

Une telle remise en question des frontières internationales serait alors susceptible de provoquer de nouvelles tensions dans cette région auxquelles seraient inévitablement mêlées les puissances occidentales tout autant que la CEI [1].

Il est difficile aujourd'hui de prévoir pour les prochaines années quelles seront les conséquences de l'éclatement de l'ex-URSS. La situation nouvelle issue des événements de 1991, imprévisible et imprévue, laisse la porte ouverte à de nombreuses hypothèses. La CEI est-elle viable et va-t-elle, après avoir surmonté les difficultés

1. *Cf.* J.-P. Perrin, *l'Échiquier d'Asie centrale* in *le Spectacle du monde*, juin 1992.

actuelles, donner naissance à une véritable *Confédération* d'États indépendants, fondée sur la coopération mutuelle et sur une base égalitaire, et permettant à tous ses membres de surmonter leurs difficultés économiques et sociales? Ou bien alors va-t-on assister, dans les prochaines années, à de nouvelles déchirures, amenant la séparation des républiques d'Asie centrale de ce qui ne serait plus alors qu'une Fédération d'États slaves, eux-mêmes confrontés à des rivalités internes?

En fait, la réponse à ces questions réside en grande partie dans l'aptitude des dirigeants de la Russie à redresser l'économie de leur république et à donner ainsi l'impulsion nécessaire à l'ensemble de la CEI, rendant ainsi attractives pour les peuples de l'ancien empire les nouvelles structures mises en place le 8 décembre 1991, mais à condition que chacun fasse table rase des souvenirs douloureux d'un passé récent.

CONCLUSION

Un peu plus de onze siècles après la fondation du premier État russe par Riurik, la Russie, en dépit des crises et des catastrophes de toutes sortes qui ont ponctué son histoire, apparaît encore aujourd'hui comme une des grandes puissances du monde actuel.

Dès les premiers temps de son existence, l'État russe, menacé de toutes parts, a cherché à assurer sa survie en se faisant tour à tour colonisateur et conquérant, libérateur et pacificateur. De ce fait, la Russie s'est retrouvée rapidement à la tête d'un empire dont certains des caractères actuels étaient déjà présents : immensité du territoire, diversité linguistique et culturelle des populations cohabitantes, difficultés latentes dans les relations entre l'ethnie russe majoritaire et les autres nationalités.

Jusqu'au début du XIXe siècle pourtant, cet empire multinational était parvenu à gérer sans difficultés majeures le problème posé par la présence sur la « Terre russe » de peuples allogènes fort différents les uns des autres. Le régime tsariste a longtemps respecté les différences culturelles et religieuses des populations – et surtout de celles qui n'étaient pas slaves – aussi longtemps que celles-ci ne constituaient pas une menace pour la sécurité de l'empire. Parfois même, les peuples de certaines provinces de la périphérie ont bénéficié d'une plus grande liberté que le peuple russe lui-même ou que certains autres peuples d'Europe soumis à une domination étrangère. A cet égard, il valait mieux être estonien, letton ou tatar dans la Russie d'Alexandre Ier qu'irlandais dans l'Angleterre de Victoria.

La situation s'est sensiblement modifiée au cours du XIXe siècle à partir du règne de Nicolas Ier. Le concept d'État-nation introduit sous l'influence des idées de la Révolution française s'est répandu aussi bien dans les milieux proches du pouvoir que chez les élites de certaines nationalités de l'empire. L'État russe est alors devenu centralisateur et a cherché à imposer aux populations la langue russe et la religion orthodoxe. Les peuples allogènes, du moins ceux d'entre eux qui avaient une identité nationale bien établie, ne sont pas restés passifs et ont réagi, mais de façon différente en fonction de leur tempérament, de leurs traditions, et aussi des situations locales. Ici, ce fut la révolte suivie de la répression ; là, ce fut la résistance passive aboutissant parfois à des compromis tacites.

L'idéologie nationaliste, contraire à la tradition russe, s'est traduite par la mise en place d'une politique de russification et de conversion à l'orthodoxie des Slaves non russes des provinces occidentales et de leurs voisins baltes, et ainsi que d'une politique de ségrégation raciale à l'égard des Juifs. Au sud et au sud-est, le nationalisme russe s'est manifesté par une politique expansionniste en direction du Caucase et de l'Asie centrale ; là, l' « impérialisme sécuritaire », face à l'Empire ottoman et aux Indes britanniques, a placé dans la mouvance de la Russie de nouveaux peuples, chrétiens et surtout musulmans. Mais ces nouveaux « sujets » du tsar ont pu maintenir leurs traditions culturelles et religieuses, et parfois même conserver une certaine autonomie politique, notamment dans les émirats d'Asie centrale, pour peu qu'ils se montrassent loyaux sujets de l'empire. Et là encore, même au moment où le nationalisme russe régnait en maître, la situation des populations allogènes de l'empire était supportable. Il valait mieux être ouzbek ou géorgien dans la Russie d'Alexandre III qu'Apache ou Comanche dans les États-Unis de Lincoln ou de Cleveland.

Les révolutions de 1905 et de 1917 ainsi que la Première Guerre mondiale ont eu raison de l'empire et du régime tsariste. Un certain nombre de peuples – et en particulier ceux des provinces occidentales dont le territoire avait été occupé par les armées des Puissances centrales – ont profité de l'occasion pour se libérer de la tutelle d'une Russie en pleine décomposition. Le nouveau pouvoir issu de la révolution d'Octobre, exploitant le désir de liberté des nations non russes de l'empire, a proclamé haut et fort le droit des peuples à l'autodétermination, espérant ainsi les rallier à la cause révolutionnaire. Certains peuples sujets sont parvenus à s'organiser en États indépendants. On a pu ainsi assister à la résurrection de la Pologne et à la naissance de nouveaux États, Finlande, Estonie, Lettonie, Lituanie. Ces trois derniers États ont conservé leur indépendance jusqu'à ce que la complicité objective entre Hitler et Staline y mette fin. Quant aux autres peuples qui tentèrent sur la foi des promesses de Lénine de choisir leur propre destin, les Arméniens, les Géorgiens, les Ukrainiens, les Turcs d'Asie centrale, tous furent réintégrés par la force dans la Russie bolchevique. Tout comme les Russes, les peuples allogènes se retrouvèrent dès lors maintenus sous la contrainte à l'intérieur d'un système politico-social fondé sur la dictature du prolétariat. Russes et allogènes furent ainsi logés à la même enseigne et soumis à une idéologie destructive de leurs traditions culturelles, historiques, politiques et religieuses.

S'il y a eu une « prison des peuples », ce fut moins dans l'empire des tsars que dans le régime issu de la révolution d'Octobre. Que pèsent en effet les quelques centaines d'exécutions qui suivirent les insurrections polonaises du XIXe siècle ou le départ forcé pour la Turquie de quelques dizaines de milliers de Tcherkesses, à côté des centaines de milliers d'Ukrainiens liquidés physiquement au cours des années trente en raison de leur opposition à la collectivisation forcée des terres, des centaines de milliers de Kazakhs victimes de la politique de sédentarisation forcée décidée par Staline, des centaines de milliers de Tatars, Tchetchènes, Ingouches, Kalmouks, Bachkires, Polonais de Galicie, Allemands de la Volga, Baltes, déportés au cours ou au lendemain de la « grande guerre patriotique » et dont une partie mourut de faim ou de froid avant d'atteindre les zones qu'on leur avait assignées ?

Parmi les causes de l'effondrement du communisme dans l'ex-URSS, la question nationale occupe une place qu'il ne faut ni sous-estimer ni surestimer. Tous les peuples de l'Union ont pu à la faveur de la perestroïka et de la glasnost exprimer au grand jour les sentiments qu'ils avaient longtemps cachés au plus profond d'eux-mêmes; tous les peuples, y compris le peuple russe dont l'actuel porte-parole, Boris Eltsine, s'est montré souvent solidaire des aspirations des peuples de la périphérie. Aujourd'hui, toutes les aspirations refoulées, toutes les rancœurs dissimulées nous interpellent, parfois d'une façon brutale et irrationnelle, et entraînent ici et là des conflits, voire des guerres. En Occident, on est un peu trop tenté d'insister sur les conséquences parfois désastreuses de ce réveil des nationalismes, et l'on évoque avec appréhension les affrontements interethniques du Caucase où Arméniens et Azéris s'entre-déchirent à cause du découpage machiavélique de leurs territoires respectifs imposé par Staline et confirmé par ses successeurs; on évoque aussi les combats auxquels se livrent Moldaves, Gagaouzes et Russes dans l'ancienne Bessarabie; on redoute la montée de l'intégrisme musulman en Asie centrale et en Azerbaïdjan. Pourtant, dans la majorité des cas, le réveil des nations et leur accession à la souveraineté se fait de façon pacifique, non seulement dans les républiques baltes, mais aussi à l'intérieur de la Fédération de Russie où, à l'exception de la Tchetchénie, un *modus vivendi* acceptable et accepté par tous, et fondé sur le respect des identités nationales, a pu être trouvé. De nouvelles structures sont en gestation; de nouveaux regroupements se mettent peu à peu en place soit à l'échelon régional sous la forme d'unions informelles reposant sur des bases historiques ou des intérêts économiques, soit à un échelon plus élevé avec la Fédération de Russie, elle-même composante de la CEI.

La CEI, véritable confédération dont la composition et les structures ne sont pas encore définitives, peut servir de cadre à une nouvelle Union fondée sur la libre adhésion des participants et sur les principes de la démocratie. Certes, les 5 républiques d'Asie centrale, voire l'Azerbaïdjan, qui appartiennent encore aujourd'hui à la CEI, constituent en son sein un bloc uni par l'Islam et peuvent être tentées un jour ou l'autre de se séparer de leurs partenaires de la CEI et de se rapprocher de leurs voisins méridionaux.

Quelles que puissent être les évolutions futures, un fait cependant est certain : la notion d'empire centralisé et dominateur, tel que le concevait Alexandre III et que l'ont réalisé Lénine, Staline et tous leurs successeurs, est aujourd'hui totalement dépassée. En revanche, la Russie se trouve encore en mesure de jouer le rôle de pôle d'attraction pour les peuples qui ont été associés à son destin en raison des vicissitudes de l'Histoire, et qui acceptent librement de maintenir avec elle des liens fondés sur une base d'égalité et de respect mutuel. Pour cela, la Russie doit regagner la confiance perdue par les peuples qui ont eu souvent tendance à identifier dictature communiste et domination russe. Le retour à un esprit de communauté, fondé sur les principes de la démocratie et de la libre adhésion de peuples égaux en droits, sera seul capable de rendre à la nouvelle Russie sa mission historique de poste avancé de l'Orient chrétien et de lui donner la place qu'elle mérite au sein de la « maison commune européenne » [1].

1. H. Carrère d'Encausse, *Victorieuse Russie*, Paris 1992 – en particulier p. 343 et ss.

ANNEXES

I

Les divisions administratives de l'URSS (1991)

	Superficie (km²)	*Population (1989)*	*Capitale*
RSFS de Russie	17 075 400	147 386 000	Moscou
dont 16 républiques autonomes			
Bachkirie	143 600	3 952 000	Oufa
Bouriatie	351 300	1 042 000	Oulan Oudé
Carélie	172 400	792 000	Petrozadovsk
Daghestan	50 300	1 792 000	Makhatchkala
Iakoutie	3 103 200	1 081 000	Iakoutsk
Kabardino-Balkarie	12 500	760 000	Naltchik
Kalmoukie	75 900	322 000	Elista
Komis (des)	415 900	1 263 000	Syktyvkar
Mariis (des)	23 200	750 000	Yochkar-Ola
Mordovie	26 200	964 000	Saransk
Ossétie du Nord	8 000	634 000	Ordjonikidzé
Oudmourtie	42 100	1 609 000	Ijevsk
Tatarie (Tatarstan)	68 000	3 640 000	Kazan
Tchetchéno-Ingouchie	19 300	1 277 000	Grozny
Tchouvachie	18 300	1 336 000	Tcheboksary
Touva	170 500	309 000	Kyzyl
dont les 5 régions autonomes			
Adyghéens (des)	7 600	432 000	Maïkop
Gorno-Altaisk	92 600	192 000	Gorno-Altaisk
Juifs (des) Birobidjan	36 600	216 000	Birobidjan
Karatchevo	14 100	418 000	Tcherkessk
Khakasses (des)	61 900	569 000	Abakan
dont 10 arrondissements nationaux			
Bouriatsky-Aguinski	20 600	77 000	Aguinskoïé

Bouriatsky Oust-Ordynski	21 600	136 000	Oust-Ordynski
Evenks	767 600	24 000	Toura
Imalo-Nénetz	750 300	87 000	Salékhard
Khanty-Mansis	523 500	269 000	Khanty-Mansiisk
Komis-Permiaks	32 900	159 000	Koudymkar
Koriaks	301 500	39 000	Palana
Nénetz	176 700	55 000	Narian Mar
Taïmyr	879 300	55 000	Doukinka
Tchoukokta	737 700	115 000	Anadyr
RSS de Biélorussie	207 600	10 200 000	Minsk
RSS d'Ukraine	603 700	51 704 000	Kiev
RSS d'Estonie	45 100	1 573 000	Tallinn
RSS de Lettonie	63 700	2 681 000	Riga
RSS de Lituanie	65 200	3 690 000	Vilnius
RSS de Moldavie	33 700	4 341 000	Kichinev
RSS d'Arménie	29 800	3 283 000	Erevan
RSS d'Azerbaïdjan	86 400	7 029 000	Bakou
dont			
République autonome du Nakhitchevan	5 500	295 000	Nakhitchevan
Région autonome du Nagorno-Karabagh	4 400	188 000	Stépanakert
RSS de Géorgie	69 700	5 449 000	Tbilissi
dont			
République autonome d'Abkhazie	8 600	537 000	Soukhoumi
République autonome d'Adjarie	3 000	393 000	Batoumi
Région autonome d'Ossétie du Sud	3 900	99 000	Tskhinvali
RSS de Kazakhstan	2 715 000	16 538 000	Alma-Ata
RSS de Kirghizie	198 500	4 291 000	Frounzé
RSS d'Ouzbékistan	449 600	19 906 000	Tachkent
dont			
République autonome de Karakalpakie	165 500	1 214 000	Noukous
RSS du Tadjikistan	143 100	5 112 000	Douchanbé
dont			
Région autonome de Gorno-Badakhchan	63 700	161 000	Khorog
RSS de Turkménistan	488 100	3 534 000	Achkabad

II

Pourcentage des Russes dans les républiques autonomes, régions autonomes et arrondissements nationaux de la RSFS de Russie (1989) [1]

Républiques autonomes	
Bachkirie	39,3
Bouriatie	70,0
Carélie	73,6
Daghestan	9,2
Iakoutie	50,3
Kabardino-Balkarie	32,0
Kalmoukie	37,7
Komis	57,7
Mariis	47,5
Mordovie	60,8
Ossétie du Nord	29,9
Oudmourtie	30,9
Tatarie	43,3
Tchetchéno-Ingouchie	23,1
Tchouvachie	26,7
Touva	32,0
Régions autonomes	
Adyghéens	68,0
Gorno-Altaisk	60,4
Juifs	83,2
Karatchevo	42,4
Khakasses	79,5
Arrondissements nationaux	
Bouriatsky-Aguinski	40,8
Bouriatsky Oust-Ordynski	56,8
Evenks	67,5

1. *Argumenty i Fakty, XIII-1991.*

Imalo-Nénetz	59,2
Khanty-Mansis	66,9
Komis-Permiaks	36,1
Koriaks	62,0
Nénetz	65,8
Taïmyr	67,1
Tchoukokta	66,1

III

Regroupements régionaux en cours dans la Fédération de Russie (situation début 1992) [1]

I. Association « Grande Volga » regroupant les oblasts d'Astrakhan, Volgograd, Samara, Saratov, Penza, Oulianovsk, Nijni-Novgorod ainsi que les républiques de Kalmoukie, du Tatarstan, de Tchouvachie et de Mordvie.

II. Association « Grand Oural » regroupant les oblasts de Kourgan, Orenbourg, Perm, Ekaterinbourg, et Tcheliabinsk ainsi que les républiques de Bachkirie et d'Oudmourtie.

III. L'oblast de Tioumen.

IV. Association « Extrême-Orient » regroupant les oblasts de l'Amour, Khabarovsk, Primorié, Sakhaline, Kamchatka, Magadan et Tchita ainsi que les républiques de Bouriatie, du Birobidjan et de Iakoutie-Sakha. »

V. Association des « Villes du sud de la Russie » regroupant 19 villes de Russie méridionale et du piedmont nord-caucasien avec entre autres Rostov sur le Don, Naltchik, Krasnodar et Astrakhan.

VI. Les nouvelles « républiques autonomes » des Adyghéens, de Karatchevo, de Khakassie et du Gorno-Altaisk ((ex-« régions autonomes »)

VII. La république indépendante de Tchetchénie.

1. 1. D'après *les Nouvelles Entités régionales en RSFS de Russie,* in *Hérodote,* n° 61, 1992 p. 71-73.

BIBLIOGRAPHIE SOMMAIRE

Il serait vain de vouloir dresser une liste exhaustive des ouvrages traitant de l'Empire russe ou soviétique dans ses rapports avec les peuples qui le composaient, ou de l'histoire de ces peuples. Nous nous limiterons ici à un nombre réduit de titres considérés comme ouvrages de base auxquels s'ajoutent ceux mentionnés dans les notes.

I. Sources et ouvrages de référence

Encyclopedia Universalis.
Encyclopedia Britannica.
Grande Encyclopédie soviétique.
L'URSS en chiffres (publication annuelle), Moscou.
A. Miroglio (sous la direction de), *l'Europe et ses populations*, La Haye, 1978.
D. Colas, *Textes constitutionnels soviétiques*, Paris, 1987.
R. Caratini, *Dictionnaire des nationalités et des minorités en URSS*, Paris, 1990.
F. Conte et M. Koszul, *les Grandes Dates de la Russie et de l'URSS*, Paris, 1990.

II. Ouvrages généraux sur la Russie et l'URSS

Outre les ouvrages classiques de Klioutchévski et de Milioukov, on se limitera aux titres suivants :

H. Carrère d'Encausse, *l'Union soviétique de Lénine à Staline (1917-1953)*, Paris, 1972.
A. Gauthier et A. Reynaud, *Genèse et économie de l'URSS*, Paris, 1989.
P. George, *l'URSS*, Paris, 1962.
D. Hamon, *Géographie de l'URSS*, Paris, 1990.
G. Jorré, *l'URSS : la terre et les hommes*, Paris, 1946.

J.-P. Nettl, *Bilan de l'URSS 1917-1967*, Paris, 1967.
P. Pascal, *Histoire de la Russie des origines à 1917*, Paris, 1957.
N.V. Riasanovsky, *Histoire de la Russie*, Paris, 1990.
P. Sorlin, *la Société soviétique*, Paris, 1964.
G. Welter, *Histoire de la Russie*, Paris, 1963.

III. Travaux particuliers

A. Sur l'évolution de l'empire

H. Carrère d'Encausse, *l'Empire éclaté*, Paris, 1978.
la Gloire des nations et la fin de l'Empire soviétique, Paris, 1990.
A. Leroy-Beaulieu, *l'Empire des tsars et les Russes*, Paris, 1897-1898 (réimpression 1991).
B. Nolde, *la Formation de l'Empire russe*, Paris, 1952-1953, 2 vol.

B. Sur les Églises

W. Fletcher, *l'Église clandestine en URSS*, Paris, 1972.
N. Struve, *les Chrétiens en URSS*, Paris, 1963.

C. Sur les principales nationalités

a) Slaves

Cambridge History of Poland, Cambridge, 1950-1951, 2 vol.
H. Carrère d'Encausse, *Victorieuse Russie*, Paris, 1992.
W. Kolarz, *la Russie et ses colonies*, Paris, 1954.
R. Portal, *les Slaves : peuples et nations*, Paris, 1965.
Russes et Ukrainiens, Paris, 1970.

b) Non slaves

J.-P. Alem, *l'Arménie*, Paris, 1972.
F.X. Coquin, *la Sibérie : peuplement et immigration paysanne au XIXe siècle*, Paris, 1969.
S.N. Gougouchvili et D.O. Zourabichvili, *la Géorgie*, Paris, 1983.
R. Grousset, *l'Empire des steppes*, Paris, 1969.
Histoire de l'Arménie, Paris, 1947.
W. Kolarz, *la Russie et ses colonies*, Paris, 1954.
D.M. Lang, *A Modern History of Georgia*, Londres, 1964.
C. Lemercier-Quelquejay, *la Paix mongole : joug tatar ou paix mongole ?* Paris, 1970.
P. Lorot, *les Pays Baltes*, Paris, 1991.
J. Meuvret, *Histoire des Pays baltiques*, Paris, 1934.
V. Monteil, *les Musulmans soviétiques*, Paris, 1982.
L. Musset, *les Peuples scandinaves au Moyen Âge*, Paris, 1951.
A. Sauvageot, *les Anciens Finnois*, Paris, 1961.
T. Vuorela, *The Finno-Ugric Peoples*, The Hague, 1964.

IV. Principaux journaux et revues consultés

Outre les grands journaux ou revues de la presse quotidienne (*le Monde, le Figaro, Libération*) ou hebdomadaire (*le Point, l'Express, l'Observateur*), nous signalons plus particulièrement les revues suivantes plus spécialisées :

Dossiers du monde
Est et Ouest
Géopolitique
Hérodote
Notes et études documentaires, et plus particulièrement : M. Lesage, *la Crise du fédéralisme en URSS* (1990) ; et F. Barry et M. Lesage, *l'URSS : la dislocation du pouvoir* (1991).

Les analyses de la presse soviétique nous ont été fournies par la *Banque thématique sur l'URSS,* « Top Russie » (anciennement « Top URSS ») dont nous remercions les responsables, Hélène Blanc et Renata Lesnik.

TABLE DES MATIÈRES

Troisième Partie :
Le temps des révolutions (1905-1922)

Quatrième Partie :
Russes et allogènes à l'heure du communisme

Cinquième Partie :
Effondrement du communisme et libération des peuples

TABLE DES CARTES

Cet ouvrage a été réalisé par la
SOCIÉTÉ NOUVELLE FIRMIN-DIDOT
Mesnil-sur-l'Estrée
pour le compte des Éditions Perrin
en mars 1993

Imprimé en France
Dépôt légal : mars 1993
N° d'édition : 1078 – N° d'impression : 23034